기독교문서선교회(Christian Literature Center: 약칭 CLC)는 1941년 영국 콜체스터에서 켄 아담스에 의해 시작되었으며 국제 본부는 미국 필라델피아에 있습니다. 국제 CLC는 59개 나라에서 180개의 본부를 두고, 약 650여 명의 선교사들이 이동도서차량 40대를 이용하여 문서 보급에 힘쓰고 있으며 이메일 주문을 통해 130여 국으로 책을 공급하고 있습니다. 한국 CLC는 청교도적 복음주의 신학과 신앙 서적을 출판하는 문서선교기관으로서, 한 영혼이라도 구원되길 소망하면서 주님이 오시는 그날까지 최선을 다할 것입니다.

김영한 박사
기독교학술원장, 숭실대학교 기독교학대학원 설립원장

본서는 우주와 문화의 기원과 종말을 통섭적으로, 곧 학문통합적으로 파악해서 알파와 오메가인 창조주로부터 이해하고자 하는 일종의 신학적 만유 이론을 제시하고자 한다. 오늘날 포스트모던 시대에서 정통신학이 위축하고 있는 상황에서 지라르에 의한 정통 기독교 사상의 르네상스를 소개하면서 저자가 시도하는 우주와 문화의 기원에 관한 철학적-신학적 설명은 참신하고 정통 기독교 철학과 신학 연구에 새로운 길을 제시하고 있다. 본서는 오늘날 현대 물리학, 빅뱅 이론, 양자물리학, 기독교 창조론과 종말론에 정통 기독교 세계관을 가지고 관심을 가지고 연구하려는 자에게 가장 명료하고 방대한 소개와 자료들을 소개하고 있다.

정성욱 박사
미국 덴버신학대학원 조직신학 교수

본서는 르네 지라르의 사상과 현대자연과학의 다양한 사상적 조류들을 비교신학적, 비교철학적 관점에서 논구한 탁월한 저서다. 본서가 다루는 주제들에는 우주의 기원과 창조신화, 양자물리학 자연신학, 삼위일체 신학과 빅뱅우주론, 현대 물리학과 불교 등이 포함된다. 이러한 주제들은 지성의 제자도를 실천하기 위해서 고민하며 분투하는 모든 그리스도인들이 꼭 관심을 가지고 탐구할만한 가치가 있는 주제들이다. 본서를 들고 읽으라 (*tolle lege*). 놀라운 영적, 지적 유익을 얻게 될 것이다. .

최용준 박사
한동대학교 학문과 신앙연구소 소장

본서는 정일권 박사가 과학과 종교, 학문과 신앙, 자연 과학과 인문 과학을 융합하고 통섭하는 또 하나의 걸작이다. 나아가 동양의 불교 사상과 서양의 기독교 세계관을 넘나드는 그의 깊이 있는 통찰력은 읽는 이로 하여금 탄성과 진지함을 갖게 만들 것이다.

이신열 박사

고신대학교 조직신학 교수, 개혁주의학술원 원장

기독교와 과학이라는 융복합적 주제를 개괄적으로 이해하고자 하는 모든 사람들에게 본서를 적극적으로 추천한다. 특히 정일권 박사는 우주의 기원을 자연과학적 맥락에서, 그리고 문화의 기원을 기독교적 맥락에서 고찰하여 기존의 기독교와 과학의 관계이해에 있어서 새로운 접근 방식을 제공했다

이경직 박사

백석대학교 조직신학 교수, 한국기독교철학회 회장

본서는 지라르의 시각에서 현대 자연과학을 설명하고 평가하는 대담한 시도를 담고 있다. 정 박사는 지라르의 희생양 메커니즘을 우주 기원 설명과 연결하고, 지라르의 문명 이론을 폴킹혼의 자연신학과 연결하고, 지라르의 미메시스 이론을 빅뱅 이론 등 우주론과 연결하고, 지라르의 우주적 그리스도론을 현대 물리학과 불교를 분석하는 일과 연결한다. 본서는 대담하고도 독창적인 시도다.

우주와 문화의 기원

르네 지라르와 자연과학

The Origin of the Universe and the Culture- René Girard and the Natural Science
Written by Ilkwaen Chung
All rights reserved.
Korean Edition Copyright ⓒ 2019 by Christian Literature Center, Seoul, Korea

우주와 문화의 기원: 르네 지라르와 자연과학

2019년 4월 26일 초판 발행
지은이　|　정일권

편집　　|　변길용, 곽진수
디자인　|　박성준, 신봉규, 박인미
펴낸곳　|　(사)기독교문서선교회
등록　　|　제16-25호(1980.1.18)
주소　　|　서울특별시 서초구 방배로 68
전화　　|　02-586-8761~3(본사) 031-942-8761(영업부)
팩스　　|　02-523-0131(본사) 031-942-8763(영업부)
이메일　|　clckor@gmail.com
홈페이지|　www.clcbook.com
송금계좌|　기업은행 073-000308-04-020 (사)기독교문서선교회

ISBN 978-89-341-1945-6 (03230)

이 도서의 국립중앙도서관 출판예정도서목록(CIP)은 서지정보유통지원시스템 홈페이지
(http://seoji.nl.go.kr)와 국가자료공동목록시스템(http://www.nl.go.kr/kolisnet)에서 이용하실 수 있습니다.
(CIP제어번호: CIP2019005766)

이 책의 저작권은 저자와 (사)기독교문서선교회가 소유합니다. 신저작권법에 의하여 한국 내에서 보호받는 저작물이므로 무단 전재와 무단 복제를 금합니다.

우주와 문화의 기원

르네 지라르와 자연과학

정일권

CLC

목차

추천사
김영한 박사　기독교학술원장, 숭실대학교 기독교학대학원 설립원장　　1
정성욱 박사　미국 덴버신학대학원 조직신학 교수　　1
최용준 박사　한동대학교 학문과 신앙연구소 소장　　2
이신열 박사　고신대학교 조직신학 교수, 개혁주의학술원 원장　　2
이경직 박사　백석대학교 조직신학 교수, 한국기독교철학회 회장　　2

서론
1. 기원 연구와 통합 학문　　9
2. 만유 이론과 기독교 세계관　　14

제1장 우주의 기원과 창조신화
1. 왜 무(無)가 아니고 유(有)인가?　　23
2. 우주의 우연성(contingency)과 필연적 존재　　27
3. 창조신화의 초석적 폭력　　31
4. 창세기와 바벨론 창조신화 『에누마 엘리쉬』　　34
5. 영원회귀의 우주론과 희생양 메커니즘　　41
6. 위대한 설계자와 '명백한 기적'　　44
7. 플란팅가와 방법론적 자연주의의 문제　　48
8. 스스로 우주를 창조한 자연법칙의 기원　　55
9. 힉스 메커니즘과 희생양 메커니즘　　60

제2장 양자세계의 신비와 의식의 수수께끼
1. 폴킹혼의 자연신학과 지라르의 문명 이론　　68
2. 양자세계의 신비, 양자정보, 양자 얽힘　　72
3. 물리학에서 메타물리학으로　　75
4. 양자컴퓨터, 참여적 우주 그리고 우주적 의식　　78

5. 물질주의의 황혼 87
   6. 폴킹혼과 지라르: '과학과 종교'와 '폭력과 종교' 93
   7. 수학적 로고스의 위대함과 모방적 욕망의 비극 98
   8. 아름다운 방정식: 수학의 불가사의한 효율성 101
   9. 잉여지성과 자연주의에 맞선 진화론적 논증 110
   10. 인공지능 시대와 의식의 수수께끼 113

제3장 현대 자연과학의 계보학과 기독교적 유산

   1. 유대-기독교적 탈신성화와 자연과학의 탄생 119
   2. 마녀사냥의 종식과 자연과학의 탄생 125
   3. 자연과학이 왜 중국 문화권에서는 탄생하지 못했는가? 133
   4. 초월적 신 개념과 자연법칙 139
   5. 창조세계에 대한 명상 144
   6. 삼위일체론과 양자물리학의 계보학 149
   7. 토랜스, 맥스웰의 전자기장 이론, 아인슈타인 154
   8. 존재적 관계와 연기(緣起), 즉 공성(空性) 160
   9. 물질의 구조와 페리코레시스 166

제4장 빅뱅 우주론과 무(無)로부터의 창조

   1. 빅뱅 이론의 아버지 르메트르와 아인슈타인 173
   2. 르메트르와 호일: 빅뱅 우주론과 정상상태 우주론의 대결 178
   3. 정상상태 우주론과 영원회귀의 불교 우주론 187
   4. 우주의 공성(空性)과 요가적(yogic) 우주론 192
   5. 붓다들의 우주론: 우주는 연기이기에 공이다 198

제5장 인류원리와 미세조정

   1. 인류원리와 코페르니쿠스 원리 201
   2. 코페르니쿠스, 다윈, 프로이트와 인류원리 207
   3. 인류적 미세조정과 다중우주론 213
   4. 골디락스 수수께끼 219
   5. 인류적 우주론(Anthropic Cosmology) 225
   6. 창조의 극장과 우주적 드라마 229
   7. 혼돈으로부터의 질서: 카오스 이론과 미메시스 이론 235
   8. 양자역학, 카오스 이론 그리고 하나님의 행동(Divine Action) 241

제6장 만유인력, 만유모방 그리고 인류의 범죄

1. 모방적 욕망과 타락 그리고 폭력적 성스러움 — 247
2. 진화의 그림자: 자유와 모방적 욕망의 대가 — 250
3. 경쟁적 미메시스와 원죄론의 과학적 설명 — 252
4. 인류의 자기심판(Selbstgericht) — 255
5. 뉴턴의 만유인력과 지라르의 만유모방(universal mimesis) — 258
6. 거울 뉴런과 신경인문학 — 264
7. 밈(Meme), 미메시스 그리고 문화의 진화 — 268
8. 만유인력과 사회적 중력 — 270

제7장 우주의 공성(空性): 현대 물리학과 불교

1. 양자물리학과 동양사상: 뉴에이지 과학과 에소테리즘 — 274
2. 깨달음의 우상화과정에 대한 탈신성화 — 278
3. 우주의 공성(空性)과 출가승의 다르마 — 282
4. 프로테스탄트 불교, 현대 물리학 그리고 모방적 욕망 — 286
5. 초끈 이론, M 이론, 다중우주론, 그리고 불교철학 — 291
6. '붓다 브레인': 뇌과학과 법열로 솟아오른 두개골 — 297
7. 칼 융, 파울리의 양자 이론 그리고 만다라 — 301
8. '순수 구원론'으로서의 불교와 자연과학 — 312

제8장 우주의 종말과 오메가 포인트

1. 예수 그리스도의 부활과 우주의 종말 — 318
2. 부활의 물리학적 가능성: 판넨베르크, 티플러, 폴킹혼 — 322
3. 『인간 현상』, 인류원리 그리고 우주적 그리스도 — 328
4. 창조의 개현과 하나님의 드라마(Theodramatik) — 336

결론 삼위일체론과 만유 이론 — 341

서론

1. 기원 연구와 통합 학문

본서는 문화의 기원에 대한 인문학적 논의와 우주의 기원에 대한 현대 자연과학적 논의를 통섭하고, 인문학과 자연과학이라는 두 지평의 융합[1]을 모색하여 기원의 문제를 분석해 보려는 작은 시도다. 통섭(consilience)은 흔히 '지식의 통합'이라 불리기도 하는데, 한마디로 자연과학과 인문학을 연결하려는 통합학문 이론을 가리킨다. 자연과학과 인문학의 두 관점은 본래 하나였으나, 점차 세분되어 지금에 이르게 되었다.

최근에 '기원 연구 프로젝트'(Origin Project)라는 말이 자연과학에서 화두로 떠오르고 있는데, 필자가 본서에서 다루려는 르네 지라르(René Girard)의 방대한 연구도 일종의 기원 연구 프로젝트에 속한다고 볼 수 있다. 지라르는 인문학계의 다윈으로 평가받을 정도로 저명한 인물이다.

그가 다윈의 『종의 기원』(On the Origin of Species)을 염두에 두고 저술한

---

[1] 가다머(Hans-Georg Gadamer)는 '지평융합'을 과거의 지평과 현재의 지평을 통합하는 것이라고 불렀다. 그에 의하면, 두 지평은 서로 통합되면서 역동적으로 움직이며, 지평은 과거와 현재에 대해서 모두 열려있다.

『문화의 기원』(Les origines de la culture)이 기원 연구 프로젝트의 특징을 잘 드러낸다.² 지라르는 프랑스의 동료 포스트모던 철학자들과 대화를 나누면서 문화의 기원에서 시작되는 새로운 그랜드 내러티브와 스토리를 가리켜 '미메시스 이론'(Mimetic Theory)이라고 했다. 필자는 본서에서 우주와 문화의 기원을 화두로 제시하고 인문학과 자연과학의 두 지평을 융합해 가는 과정에서, 지라르가 『문화의 기원』에서 활용한 미메시스 이론을 중심으로 논의를 전개해 나갈 생각이다.

지라르의 미메시스 이론은 일명 '인문학의 M 이론'으로 통한다. 이것은 그의 이론이 물리학의 '대통일 이론'(Grand Unified Theory) 혹은 '만유 이론'(the unified field theory)의 후보로 거론되는 '자연과학의 M 이론'에 비견될 수 있음을 함의한다. 베일리의 평가에 따르면, "지라르는 현대에 가장 포괄적이고 중대한 지성의 발전을 이루었다. 그는 인문학에서의 대통일 이론 혹은 만유 이론과 같은 것을 공식화했다."³ 베일리는 더 나아가 보편성을 배제하는 포스트모던의 분위기 속에서 지라르가 '어떤 광범위한 새로운 이론을 제안하면서 그것의 보편적 적용 가능성을 주장하기 때문에' 많은 사람에게 스캔들과 같은 존재가 되었다고 평가한다.

미셀 세르(Michel Serres)는 아카데미 프랑세즈(Académie française) '불멸의 지성' 40인에 속하는 인물인데, 지라르의 이론을 '인류의 빅뱅'(Urknall)이라고 평가했다.⁴ 심지어 어떤 학자들은 지라르를 가리켜 '인문학의 아인슈타인'이라고 비유하기도 한다.⁵ 지라르의 이런 학문적 업적과 평가는 그의

---

2   René Girard, *Les origines de la culture*. Entretiens avec Pierpaolo Antonello et João Cezar de Castro Rocha (Paris: Desclée De Brouwer, 2004); 르네 지라르, 『문화의 기원』, 김진식 역 (서울: 기파랑, 2006).

3   Gil Bailie, *Violence Unveiled: Humanity at the Crossroads* (New York: Crossroad, 1995), 4-6.

4   Michel Serres, "préface," in Gérard Bucher/Michel Serres, *La vision et l'énigme: Éléments pour une analytique du logos* (Paris: Cerf, 1989).

5   Pierre Chaunu: *Le sursis* (Paris: Robert Laffont « Libertés 2000 », 1978), 172.

이론이 자연과학과 인문학의 두 지평을 융합하여 우주와 문화의 기원 연구 프로젝트를 수행하는 데 있어 적절하고 타당하다는 것을 보여준다.

일종의 기원 연구 프로젝트에 속하는 본서가 통섭적 연구를 지향하는 이유는 세분화된 학문과 문화가 본래 하나의 공통된 기원을 가지고 있다고 생각되기 때문이다. 지라르의 미메시스 이론은 포스트모더니즘 이후의 새로운 통섭적이고 학문 융합적인 논의를 위해 중요한 단초를 제공한다고 볼 수 있다. 그의 이론은 문화의 기원에서 시작하여 인류문화의 개현, 발전, 진화에 이르는 과정을 논하는 새로운 그랜드 내러티브(grand narrative)이기 때문이다.

또한 그의 이론이 문학에서 출발하고 있음에도 불구하고 최근 뇌과학 분야에서 발견한 '거울 뉴런'(mirror neuron)으로 인해 자연과학적 지지와 확증을 받기도 한다. 물리학자들이 우주 기원의 수수께끼를 해독하고 그 메커니즘을 이해하려고 노력했다면, 지라르의 문화 이론은 문화의 기원을 말하는 인류 창조신화의 수수께끼를 해독하고 자연과 구분된 인류문화의 메커니즘을 희생양 메커니즘의 빛 속에서 파악하고자 했다.

필자는 이러한 기원 연구에 관한 연구서를 이미 두 권의 책으로 출판했다. 본서는 그 세 번째 연구서에 해당한다. 본서의 주된 특징은 문화의 기원에서 우주의 기원까지 더 소급해 감으로써 그 논의를 확장해 간다는 점이다.

첫 번째 책인 『붓다와 희생양: 르네 지라르와 불교문화의 기원』은 지라르의 기원 연구를 토대로 아시아 문화에서 중요한 역할을 한 불교문화의 기원과 불교문화의 문명사적 역설을 다룬다. 여기서 필자는 불교문화의 기원과 역설을 신성하면서도 축제적인 반대구조인 세계 포기(world-renunciation)에서 발견하려고 시도하였다.[6]

---

6 정일권, 『붓다와 희생양: 르네 지라르와 불교문화의 기원』 (서울: SFC 출판부, 2013).

이것은 이미 불교연구의 새로운 획을 그은 것(bahnbrechend, 신기원을 이루는)으로 국제적인 주목과 평가를 받은 바 있는 필자가 저술한 독일어 단행본[7]을 좀 더 발전시켜 한국 독자들에게 소개한 책이다. 지라르가 희생양과 그 메커니즘에 관한 단 하나의 주제를 평생에 걸쳐 연구하여 세계 창조신화의 수수께끼를 해독하고 문화의 기원을 해명한 것처럼, 필자도 불교문화의 기원을 발생학적으로 역추적해 본 것이다.

두 번째 책인『우상의 황혼과 그리스도: 르네 지라르와 현대사상』[8]에서는 프리드리히 니체(Friedrich Nietzsche)와 지라르의 사상을 중심으로 현대사상의 기원을 추적해 보았다. 현대사상 특히 프랑스 포스트모더니즘과 후기구조주의, 그리고 해체주의 기원이라고 할 수 있는 니체의 철학사상을 지라르와의 관계 속에서 비판적으로 분석해 보았다. 화이트헤드(A. N. Whitehead)의 말과 같이 '서양 철학이 플라톤 철학의 각주'라고 한다면, '현대철학은 니체 철학의 각주'라 해도 과언이 아닐 것이다.

필자는 이 철학적 기원 연구에서 소위 인문학에 디오니소스적 전환을 가져온 니체의 사상을 그의 '디오니소스 대 십자가에 달리신 자'(Dionysos gegen den Gekreuzigten) 사이의 관계와 반립(antithesis)을 중심으로 전개해 나갔다. 그리하여 서구 민주주의, 인권, 평등, 자유 그리고 자연과학의 탄생 및 그 계보학에 존재하는 유대-기독교적 메시지를 드러내려고 했다. 필자는 본서의 한 부분에서 우상의 황혼/그리스도, 곧 십자가에 달리신 자가 역사

저자는 과분하게도 이 책을 통해 제30회 한국기독교출판문화상 목회자료(국내) 부문 최우수작으로 선정되는 영광을 누렸다.

[7] Ilkwaen Chung, "Paradoxie der weltgestaltenden Weltentsagung im Buddhismus. Ein Zugang aus der Sicht der mimetischen Theorie Renée Girards," *Beiträäge zur mimetischen Theorie 28* (Müunster, Germany: Lit Verlag, 2010). 이 단행본은 르네 지라르의 미메시스 연구 시리즈(*Beiträge zur mimetischen Theorie*) 제28권으로 출판되었다.

[8] 정일권,『우상의 황혼과 그리스도: 르네 지라르와 현대사상』(서울: 새물결플러스, 2014).

속에 가져온 우상의 황혼과 자연의 탈신성화가 근대 자연과학의 발전에 촉매제 역할을 했다고 주장했다.

기원 연구에 대한 통섭적 연구의 3부작 가운데 마지막 책에 해당하는 본서에서는 문화의 기원보다 더 궁극적 기원인 우주의 기원에 대한 최근의 자연신학적 논의를 지라르의 이론과 융합하고 통섭시키려는 시도가 이루어진다. 지라르의 이론은 문화 이론의 영역에 해당하기 때문에 우주의 기원까지 다루지 못하는 한계가 있다. 그래서 본서는 이런 한계를 넘어서 지라르의 미메시스 이론과 자연과학을 통섭하여 연구하는 데 역점을 둔다.

구체적으로 말하자면, 빅뱅 우주론(big-bang cosmology)과 양자물리학 등 현대 물리학의 새로운 발견들로 인해 최근에 생겨난 자연신학의 논의들을 보완하여 '창조-타락-구원-완성'이라는 기독교적 세계관과 스토리텔링을 완성하려고 시도한다.

지라르의 이론은 문학, 법학, 신학, 사회학, 인류학, 신화학, 종교학, 철학, 사회학, 경제학 그리고 뇌과학 등 문화의 기원에서부터 파생되고 세분된 인류문화의 거의 모든 분야를 아우르는 새로운 그랜드 이론(Grand Theory)이라고 할 수 있다. 최근에 DNA의 발견과 견줄 수 있는 거울 뉴런의 발견으로 인해 지라르의 미메시스 이론은 뇌과학적으로 확증되었으며, 이에 힘입어 자연과학과의 학제적 융합연구가 국제적으로 빠르게 이루어지고 있다.

대표적인 예가 스콧 개럴스(Scott R. Garrels)가 편집하여 2011년에 출판한 『미메시스와 자연과학: 모방에 대한 경험적 연구와 문화와 종교에 대한 미메시스 이론』(*Mimesis and Science: Empirical Research on Imitation and the Mimetic Theory of Culture and Religion*)이라는 결과물이다.[9] 여기서 수많은 학자가 미메시스

---

9 Scott R. Garrels(ed), *Mimesis and Science: Empirical Research on Imitation and the Mimetic Theory of Culture and Religion* (East Lansing: Michigan State University Press, 2011).

이론과 자연과학 사이의 학제적 융합과 통섭을 시도하고 있다.

필자는 본서에서 위 책의 내용을 좀 더 발전시켜 미메시스 이론과 자연과학의 통섭적 융합 연구를 뇌과학뿐 아니라, 천체물리학과 양자물리학에 이르기까지 그 범위를 확대할 계획이다. 다시 말해, 지라르가 시도한 『문화의 기원』에 대한 이해에서 좀 더 궁극적인 기원, 즉 '우주의 기원'으로 소급하여, 우주의 기원에 대한 자연과학의 연구 결과들을 포함시키는 융합적 연구를 시도할 것이다.

최근의 자연과학, 특히 양자물리학과 빅뱅 우주론은 다시금 메타물리학적(형이상학적)인 궁극적 질문과 조우하게 되었는데, 그 결과 자연과학은 양자 이론에서 말하는 물질의 신비와 빅뱅 우주론에서 말하는 우주의 시작점에 대한 문제 등 형이상학적, 종교적, 신학적 영역과의 만남과 대화와 소통이 불가피하게 되었다. 이러한 추세는 일부 학자들이 양자물리학에 근거해서 물질의 신비를 넘어 뉴에이지 과학에 근접하는 에소테릭한(esoteric, 소수만이 알고 이해하는 비밀스러운) 양자 신비주의까지 주장하도록 만들었다.

이런 모습은 기계론적이고 결정론적인 고전물리학에서는 도저히 상상할 수조차 없던 것이었다. 바야흐로 물리학이 메타물리학(형이상학)에 근접하고 있다. 한 마디로 자연과학과 인문학이 단순한 조우만이 아니라, 서로 소통하고 대화할 수 있는 시점에 이른 것이다. 이러한 변화는 우주와 문화의 기원에 대한 융합 연구와 통섭 연구를 창조-타락-구원-완성의 드라마라는 구도로 살펴보려는 본서의 시도에 긍정적인 환경을 제공해 준다.

2. 만유 이론과 기독교 세계관

영국의 이론물리학자 겸 신학자인 존 폴킹혼(John Polkinghorne)은 우주 및 시공간의 창조와 종말을 말하는 신학이야말로 최근 물리학자들이 수립하려는 대통일 이론과 같다고 한다. 그는 "그리스도인에게 있어서 진정한 '만유 이론'이 삼위일체적 신학"이라고 주장한다.[10]

만유의 주와 우주적 그리스도, 그리고 생명의 영을 믿고 사유하는 신학이 바로 우주의 기원과 종말뿐 아니라, 인류문화의 기원, 타락, 폭력 그리고 구원과 완성을 이야기하는 오래되고 전통적인 만유 이론이라 할 수 있다. 물론 물리학의 대통일 이론과 달리, 신학은 메타물리학적인 차원까지 포함한다. 다중우주론이나 M 이론(M-theory) 역시 철저하게 수학적이고 물리적인 이론이기는 하지만, 관찰과 실험이 불가능한 메타물리학적인 요소를 포함하고 있다.

본서는 알파와 오메가인 우주적 하나님의 드라마(Theodramatik)에 관한 것인 동시에, 우주를 사유하는 인류의 위대함과 더불어 모방적 욕망(désir mimétique)으로 인한 인류의 비극성과 연약함, 야만성과 폭력성, 비참함, 그리고 어리석음에 대해서도 서술한다. 이것은 모방적 욕망으로 인한 비극과 폭력 그리고 탐욕으로부터의 인류 구원뿐 아니라, 우주적 종말과 완성에 대한 스토리를 말한다.

다시 말해, 알파 포인트(Alpha Point), 곧 제로점(zero point)인 빅뱅 우주론에서의 특이점(特異點, singularity)에서 비롯된 시공간의 탄생에서부터 시작하여 우주의 종말과 완성을 말하는 오메가 포인트(Omega Point)까지에 대한 이야기인 것이다. 뉴턴의 고전물리학, 아인슈타인의 상대성 이론, 양자물리학 그리고 빅뱅 우주론 등 만유 이론을 향한 모든 과학적 추구는 사실상 오래전부터 우주 창조와 그 묵시적 종말과 완성을 피력해 왔던 유대-기독교적 만유 이론과 그랜드 스토리의 토양에서 싹트기 시작했다. 이에 따르면 자존성(aseity)을 지닌 필연적 존재(Necessary Being)인 창조주는 사랑의

---

[10] John Polkinghorne, "The Demise of Democritus," in *The Trinity and an Entangled World. Relationality in Physical Science and Theology*, eds., John Polkinghorne (Grand Rapids: Eerdmans, 2010), 12.

자유 가운데 우연성(contingency)을 지닌 우주를 무로부터 창조하였고, 이 피조물은 다시금 종말을 맞게 된다.

이런 관심을 두고 필자가 이 책에서 이야기하려는 이론들로는 이런 것이 있다. 전통적 기독교의 창조론인 '무로부터의 창조'(creatio ex nihilo)를 확증하는 것으로 이해할 수 있는 빅뱅 이론을 우선 논의할 것이다. 또한 아인슈타인의 상대성 이론, 우주적 인류원리(anthropic principle)와 미세조정(fine-tuning), 양자 이론, 만유 이론으로 제시되는 최근의 M 이론과 초끈 이론(Superstring theory), 그리고 '문화의 기원'을 해독한 지라르의 새로운 거대담론인 미메시스 이론을 전반적으로 살펴볼 것이다.

양자역학의 창시자인 하이젠베르크(Werner Heisenberg)는 세계공식(Weltformel) 혹은 신의 공식(Gottesformel)을 발견하려고 노력했다. 아인슈타인 이래로 물리학자들의 꿈은 만유 이론을 발견하는 것이었다. '물리학의 성배'라고도 불리는 만유 이론이란 우주의 네 가지 기본적인 힘인 중력, 전자기력, 약력(약한 핵력), 강력(강한 핵력)을 단일한 법칙으로 통합하는 이론을 일컫는다. 19세기 말에서 20세기 초에, 맥스웰(James Clerk Maxwell)과 아인슈타인은 전기 이론과 자기 이론, 그리고 빛 이론을 통합하였다. 그로부터 반세기가 지난 1970년대에 이르러 강한 핵력과 약한 핵력을 통합하는 단일 이론과 전자기력(electromagnetic force)이라는 표준모델이 수립되었다.

빅뱅 이론으로 잘 알려진 스티븐 호킹(Stephen Hawking)은 끈 이론(String theory)과 M 이론이 이제 남아 있는 중력까지도 하나의 이론 속에 통합시키려 한다고 말했다. 그는 '모든 것을 통일하는 단 하나의 법칙'에 대한 후보로 M 이론을 제안한다.[11] M 이론은 한마디로 우주를 설명하는 여러 이론의 집합을 가리킨다. 끈 이론에서 시작하여 초끈 이론을 거쳐 형성된

---

[11] 호킹은 『위대한 설계』(The Grand Design)에서 M 이론이 가장 일반적인 초대칭 중력 이론이기 때문에, 우주에 대한 최종 이론의 유일한 후보가 된다고 말한다.

M 이론에 의하면, 시공간의 기본 구성물은 흔들리는 미세한 끈이고 전체 우주는 11차원으로 구성된다. 하지만 이 이론은 실험을 통해서 검증된 빅뱅 우주론과 상대성 이론, 그리고 양자역학과는 달리, 물리학의 범주를 초월하여 실험으로 검증할 수 없으므로 일종의 철학적 주장에 해당한다고 볼 수 있다.

20세기 뇌과학과 신경학의 중대한 발견인 DNA 이중 나선 구조 발견의 중요성과 비견되는 거울 뉴런(mirror neuron)의 발견은 인류학적이고 사회적인 중력이 존재함을 보여준다. 물리학의 중력과 만유인력이 우주적으로 보편적인 것처럼, 미메시스, 곧 모방이 사회적인 중력으로 작용하고 있다.

이 책에서 다룰 중요한 한 주제인 '사회적 중력'은 인간이 다른 인간에게서 느끼는 매력(attraction)을 말한다. 인간은 매력적인 모델에게 강하게 끌려서 모방적으로 욕망한다. 미메시스가 없다면, 개미 혹은 알프스의 소가 자신에게 주어진 일에 집중하거나 풀만 뜯는 것처럼, 인간도 타자 혹은 욕망의 모델을 의식하거나 모방하거나 매력을 느끼지 못하게 될 것이다. 인간의 두뇌 속에서는 거울 뉴런이 있어서 인간은 무의식적인 차원에서부터 타자의 행위와 욕망을 복사하고 모방한다. 이처럼 인류는 전기장과 같이 모방의 그물망과 사회적 중력의 장 속에 살고 있다.

프랑스의 신비적 여류 사상가인 시몬 베유(Simone Weil)는 파스칼의 『팡세』에 비견될 만한 『중력과 은총』(Gravity and Grace)에서 거대한 사회적 짐승의 우상이 끌어당기는 미메시스적인 소용돌이에 대해서 분석한다.[12] 그녀는 이 책에서 밑으로 끌어 내리는 사회적 중력에 맡겨진 인간의 불행과 초자연의 빛인 은총을 통한 구원이라는 기독교적 주제를 다룬다.

아마도 인간의 두뇌뿐만 아니라 인간의 욕망과 감정도 우주에서 가장

---

[12] 지라르는 인간 상호 간의 관계들을 지배하는 사회적 메커니즘을 충실하게 묘사하고 있다는 점에서 베유를 위대한 작가로 평가한다.

미묘하고 복잡할 것이다. 그런데 비록 우주의 기원까지 해독하는 인간의 수학적 로고스가 위대할지라도, 고도로 복잡한 욕망과 감정의 파토스에 쉽게 흔들리는 인간은 갈대처럼 연약하기 짝이 없다. 사회적 중력과 인류학적 매력 그리고 군중의 소용돌이에 갈대처럼 연약하게 이리저리 흔들리며 끌려다니는 존재가 다름 아닌 인간인 것이다. 기독교는 창조의 면류관인 인간의 위대함과 비참함을 동시에 시사한다.

베유에 의하면, 세상의 모든 것은 중력이라는 필연성의 영향 아래 놓여 있으며 초자연의 빛인 은총을 통해서만 구원받을 수 있다. 중력은 자연의 법칙을 말하며 은총은 초자연의 법칙을 가르친다. 양자는 사회적 중력 아래 있는 인류의 근본적 인간 조건을 묘사하는 동시에, 인간의 근원적 비참함으로부터의 구원을 제시한다. 따라서 우리는 만유인력의 법칙을 이미 발견하였고 만유 이론을 발견하고자 하는 인간의 수학적 로고스의 위대함과 함께 사회적 중력장에 살고 있는 인간의 어리석음, 탐욕, 죄악과 타락 그리고 비극에 대해서도 말할 필요가 있다. 핵물리학을 통해서 물질의 궁극적 구조를 해독하는 인간의 위대함과 동시에 핵무기를 통해서 자멸할 가능성에 직면한 인류의 비극과 비참함도 여전히 존재한다. 이는 곧 인류의 자기 심판(Selbstgericht)의 문제라고 볼 수 있다.

이런 관점을 고수하는 가운데, 필자는 이 책에서 삼위일체론적 신학을 만유 이론으로 간주하는 폴킹혼을 좇아 현대 자연과학과 인문학과 소통하고 우주와 문화의 기원 문제를 탐구하면서 여러 학자와 대화할 것이다.

이 책에서 언급되는 자연과학자로는 스티븐 호킹, 스티븐 와인버그(Steven Weinberg), 폴 디락(Paul Dirac), 안톤 차일링거(Anton Zeilinger), 알베르트 아인슈타인(Albert Einstein), 다니엘 데넷(Daniel C. Dennett), 리처드 도킨스(Richard Dawkins), 조르쥬 르메트르(Georges Lemaître), 프레드 호일(Fred Hoyle), 폴 데이비스(Paul Davies), 프리초프 카프라(Fritjof Capra), 볼프강 파울리(Wolfgang Pauli), 마이클 패러데이(Michael Faraday)와 제임스 맥스웰(James Clerk Maxwell),

프랭크 티플러(Frank J. Tipler) 등이 있다.

그리고 과학과 종교 분야를 연구하는 학자로는 존 폴킹혼, 알빈 플란팅가(Alvin Plantinga), 토마스 토랜스(Thomas F. Torrance), 미하엘 벨커(Michael Welker), 볼프하르트 판넨베르크(Wolfhart Pannenberg), 라이문트 슈바거(Raymund Schwager), 위르겐 몰트만(Jürgen Moltmann), 디트리히 본회퍼(Dietrich Bonhoeffer) 등의 주장이 포함된다.

또한 인문학자와 철학자로는 르네 지라르, 지그문트 프로이트(Sigmund Freud), 프리드리히 니체, 버트런드 러셀(Bertrand Russell), 칼 융(C.G. Jung), 시몬 베유(Simone Weil) 등의 논의가 다루어질 것이다. 그 밖에 한스 우어스 폰 발타자르(Hans Urs von Balthasar)와 피에르 테이야르 드 샤르댕(Pierre Teilhard de Chardin), 미셸 세르(Michel Serres), 일리야 프리고진(Ilya Prigogine) 등의 사상도 논의될 것이다. 그래서 전체적으로 볼 때, 르네 지라르의 미메시스 이론을 빅뱅 우주론, 양자물리학, 카오스 이론, 프로이트의 정신분석학, 칼 융의 분석심리학, 니체의 디오니소스적 철학 등과 연계하여 다룰 것이다. 이어지는 각 장에서 구체적으로 다룰 내용은 다음과 같다.

제1장 '우주의 기원과 창조신화'에서는 왜 무(無)가 아니라 유(有)인가라는 위대한 질문을 화두로 삼아 세계 창조신화, 바벨론 창조신화 에누마 엘리쉬와 창세기를 지라르의 신화 이론의 빛 아래서 분석할 것이다. 또한 스티븐 호킹이 '명백한 기적'으로 이해하는 정교하게 조율된 우주의 위대한 설계(The Grand Design)에 대한 최상의 설명은 위대한 설계자(Grand Designer)이신 창조주 하나님에게서 발견할 수 있다고 주장할 것이다.

제2장 '양자세계의 신비와 의식의 수수께끼'에서는 우주의 기원을 양자우주론으로 파악하게 하고 물질주의의 황혼을 가져온 양자 이론을 다룰 것이다. 일부 학자들이 양자철학(Quantenphilosophie)이라는 표현을 사용할

정도로 양자물리학은 신비로우면서도 철학적이다. 양자세계의 신비를 뉴에이지적이고 에소테릭하게 해석하는 일부 학자들과는 다르게, 필자는 현대 양자물리학의 신학적 계보학, 혹은 삼위일체론적 영향을 소개할 것이다.[13]

제3장 '현대 자연과학의 계보학과 기독교적 유산'에서는 현대 자연과학의 계보학을 추적할 것인데, 왜 서구보다 앞서서 수많은 발명품을 내놓았던 중국 문화권이 아름다운 수학방정식을 통해서 우주의 기원까지 해독하는 이론물리학을 포함하는 현대적 의미의 자연과학을 탄생시키지 못했는지에 대해서 질문하고자 한다.

동아시아 신학자로서 기존의 과학과 종교 분야의 연구 결과를 수용하면서 유교와 불교문명과 자연과학 사이의 상관성에 대해서 질문하고자 한다. 또한 현대 물리학의 발전에 기여한 삼위일체론적 영감에 대해서도 적어 보았다.

제4장 '빅뱅 우주론과 무로부터의 창조'에서는 무로부터의 창조(*creatio ex nihilo*)를 말하는 창세기 기사를 확증하는 것으로 이해될 수 있는 빅뱅 우주론의 탄생과 그 승리를 소개한다. 기독교적 창조를 말하는 것으로 이해될 수도 있기에 거부되었던 빅뱅 우주론이 정상상태 우주론과의 이론적 대결에서 결국 승리하는 과정을 보여줄 것이다.

또한 빅뱅 우주론을 끝까지 거부했던 학자들은 영원회귀(永遠回歸)의 불교 우주론과 정상상태 우주론을 관련시켰는데, 필자는 지라르 이론에 입각

---

[13] 필자는 물리학에 있어서는 평신도 수준에 머물고 있지만, 필자가 공부했던 알프스 중턱에 위치한 오스트리아 인스부르크대학교는 지라르의 이론에 기반한 학제적 연구중심지로 국제적으로 성장했을 뿐 아니라, 1997년 세계 최초로 양자전송에 성공해서 자연과학의 정점이라 할 수 있는 양자컴퓨터 연구에 있어서 세계적인 대학교이어서 이 주제에 대해 틈틈이 공부해 왔다.

해서 불교의 영원회귀 우주론이 희생양 붓다들만의 특정한 요가적(yogic) 우주론에 불과하다고 논증할 것이다.

제5장 '인류원리와 미세조정'에서는 무신론자들이나 불가지론자들도 창조주 하나님을 보여줄 수 있는 가장 강력한 논증으로 인정하는 인류원리와 정교하게 조율된 우주에 대해서 적고자 한다. 또한 이 명백한 기적 같은 우주적 미세조정이 창조주 하나님을 보여줄 수도 있다는 이유로 대안으로 제시된 다중우주론이 과학의 영역을 벗어나고 있다는 점도 말할 것이다.

제6장 '만유인력, 만유모방 그리고 인류의 범죄'에서는 창조 이후의 타락에 대해서 논할 것인데, 여기에서보다 깊게 지라르의 이론이 논의될 것이다. 『문화의 기원』에 희생양 메커니즘과 초석(礎石)적 살해와 폭력이 존재했다는 지라르의 주장은 기독교에서 말하는 죄악과 타락과 연결해서 사유될 수 있다. 성경적으로 보자면, 우주의 기원에 대한 논의는 대체적으로 창세기 1장과 연결되고, 문화의 기원에 대한 지라르 논의는 주로 창세기 3장과 관련된다고 볼 수 있다.

제7장 '우주의 공성: 현대 물리학과 불교'는 우주의 공성을 화두로 현대 물리학과 불교에 대해서 다룰 것이다. 양자물리학은 물질주의의 황혼을 가져오고 물질의 신비를 밝혔지만, 또한 과도한 뉴에이지 과학과 에소테리즘도 가져왔다. 현대 물리학, 특히 양자물리학, 초끈 이론, M 이론, 다중우주론과 불교철학 사이의 관련성을 주장하는 기존의 입장들을 비판적으로 점검할 것이다.

제8장 '우주의 종말과 오메가 포인트'에서는 우연성과 피조성을 가진 우주의 종말과 운명을 다루면서 예수 그리스도의 부활과 죽은 자들의 부활의

물리학적 가능성에 대해서 소개할 것이다.

제9장 마지막으로 결론 부분에서는 간략하게나마, 창조의 개현이라는 의미에서 창조-타락-구원-완성에 대한 기독교적 스토리와 세계관에 대한 보다 역동적이고 드라마틱한 이해를 시도하고 이를 삼위일체 하나님의 드라마(Theodramatik)로 파악해서 삼위일체론적 만유 이론을 제시할 것이다.

필자가 본서를 접하는 독자들에게 양해를 구하고 싶은 것은 본서가 자연과학과 인문학을 통섭하는 내용을 다루다 보니 두 학문의 용어들이 서로 많이 비교되기도 하고, 때론 교차 되면서 독자들이 따라가기가 약간은 어려울 수도 있다는 점이다.

자연과학과 인문학의 두 분야가 우주와 문화의 기원을 중심으로 마치 씨줄과 낱줄이 얽혀진 것처럼 엮어지기 때문에, 처음에는 좀 낯설고 어렵게 보이더라도 독자 제위께서 좀 더 인내심을 갖고 본서를 계속해서 읽어가다 보면 이 책의 후반부에 가서 나의 신선한 주장을 이해하고 그 견해에 많은 부분 동의할 수 있으리라고 생각한다.

제1장

우주의 기원과 창조신화

1. 왜 무(無)가 아니고 유(有)인가?

이론물리학자이자 신학자인 폴킹혼이 삼위일체적 신학을 일종의 만유 이론으로 주장한 이유는 자연 법칙 자체가 아무것도 말해 주지 않기 때문이다. 빅뱅 우주론은 빅뱅 이전의 상황에 대해 아무것도 설명해 주지 못한다. 끊임없는 호기심과 영원을 사모하는 마음을 가진 인간은 이런 자연법칙 자체에 결코 만족할 수 없을 것이다. 과학은 과학 너머에 있는 것을 가리킬 뿐이며, 스스로를 충분히 설명하지 못한다. 고전물리학과는 달리, 현대 물리학은 점차 메타물리학(형이상학)과 조우하게 된다. 곧 양자물리학과 아인슈타인의 상대성 이론 이후, 대우주를 연구하는 거시물리학과 소우주의 신비를 밝혀내는 미시물리학은 메타물리학(Metaphysik), 곧 형이상학과 만나게 된 것이다.

이것은 거시적 천체물리학이 빅뱅 우주론으로 인해 시공간의 탄생과 우주의 시작점에 대한 메타물리학적 질문을 피할 수 없게 되었음을 뜻한다. 양자물리학은 미시적 차원에서 물질주의 혹은 유물론의 황혼을 초래함과 동시에, 물질의 신비와 양자의 신비를 보도록 이끌었다.

폴킹혼을 비롯한 과학과 종교 분야 학자들이 자주 인용하는 아인슈타인의 말처럼, 우주에 대한 연구에서 가장 이해할 수 없는 것은 바로 그 신비스러운 우주에 대한 이해 가능성(Intelligibilität des Universums)이다. 그들에 의하면, 우리는 왜 우주의 먼지 같은 인간이 우주를 이해할 수 있는지에 대한 메타 질문을 던져야 한다.

폴킹혼을 비롯한 유신론자들은 생각하는 갈대인 인간이 하나님의 형상(*imagio Dei*)으로 창조되었기에, 아인슈타인과 같은 자연 과학자들이 시도했던 것처럼 하나님의 지성(Mind of God)을 읽어낼 수 있다고 답변한다. 그러나 과학은 이 '왜'라는 메타 질문에 답변하지 못하거나 방법론적으로 포기한다.

스티븐 호킹은 철학이 현대 자연과학의 진보를 따라오지 못해 죽었다고 비판하면서도 최근의 저작인 『위대한 설계』(*The Grand Design*)에서는 계속해서 매우 철학적인 메타 질문을 던진다.

그는 이 책의 제1장에서 '존재의 수수께끼'에 대해, 제2장에서 '법칙의 지배'에 대해, 제3장에서 '실재의 본질'에 대해, 그리고 제4장에서 '만유 이론'에 대해 다룬다. 특히 제1장은 질문들을 상세히 다루고 있다.

"왜 무(無)가 아니라, 무언가가 존재할까?"

"왜 우리가 존재할까?"

"왜 다른 법칙들이 아니라, 이 특정한 법칙들이 존재할까?"

"우주는 왜 존재하는가?"

제2장은 자연법칙의 지배를 다루는데, 호킹은 여기서 자연법칙의 기원이 무엇인지에 대해 질문한다.[1] 그러면서 호킹은 케플러, 갈릴레오, 데카르트, 그리고 뉴턴이 자연법칙의 기원을 창조주에게서 찾아냈다는 사실을 언급한다. 그는 말하기를, '왜'라고 묻는 메타 질문들에 대해서 어떤 사람들은 하나님께서 우주를 그런 방식으로 창조했기 때문이라고 믿는다고 한다.

---

[1] Stephen Hawking and Leonard Mlodinow, *The Grand Design* (New York: Bantam Books, 2010); 스티븐 호킹, 레오나르드 플로디노프, 『위대한 설계』, 전대호 역 (서울: 까치글방, 2010).

"왜 무(無)가 아니고, 무언가가 존재하는가?"

이러한 질문은 이 세계가 가능한 모든 세계들 가운데 최선의 세계라고 주장한 라이프니츠(Gottfried Wilhelm Leibniz)의 질문이기도 했다. 하이데거에게도 이 질문은 모든 질문 가운데 가장 근본적인 질문이었다. 하이데거는 『형이상학 입문』 강의에서 형이상학의 근본 질문을 이 질문으로 시작했다.

다수의 학자가 현대 자연과학이 새롭게 발견한 빅뱅 특이점의 신비, 우주적 인류원리와 미세조정의 신비 등에 대한 '최선의 설명'을 창조주에게서 발견한다. 그럼에도 호킹은 제1원인 논증(first-cause argument)—아리스토텔레스 이후의 신 존재 증명(Gottesbeweis)에서 흔히 사용되는 논증: 과연 창조주를 누가 창조했는가?—문제에 봉착하게 되기 때문에, (방법론적으로) 신적인 존재를 개입시키지 않고 순수하게 과학의 범위 안에서 대답해야 하며, 또 그럴 수 있다고 말한다.

하지만 그에게 창조주를 누가 창조했는지의 질문은 그다지 의미 있는 질문이 아니며, 오히려 어리석은 질문에 해당한다. 도킨스는 같은 반론을 제기하였는데, 이런 질문은 마치 원인이 없는 제1원인의 원인(cause of the First Uncaused Cause)이 무엇인지에 대한 질문과도 같은 것이다.

이러한 질문은 원인과 결과의 사슬을 어리석게도 무한히 확장시키는 오류를 범하게 한다. 정확히 말해 이것은 무한 소급(regressus in infinitum)의 오류를 가리킨다. 따라서 최선의 설명을 위해서라도 무한 소급은 당연히 배제되어야 한다.

토마스 아퀴나스의 신 존재 증명 가운데 우연성 증명(Kontingenzbeweis)에서 볼 수 있듯이, 하나님은 우연성과 피조성을 지닌 우주와 달리 '필연적 존재'로서 자존성(aseity, 自存性)을 지니고 있다. 빅뱅의 창조주는 아리스토텔레스가 말한 부동의 원동자요 최초의 자기원인(*Causa Sui*)일 것이다.

창조주는 시간에 종속되어 언제나 변화에 시달리는 모든 존재자와 달리, 무시간적이고 불변하는 만유의 근원이다. 토마스 아퀴나스는 아리스토텔레스의 부동의 원동자와 순수 현실태 개념과 성경의 '스스로 존재하는 자' (나는 존재하는 자, 바로 그다. *Ego sum qui sum*) 개념을 결합하여 다섯 가지 신 존재 증명을 시도하였다.

출애굽기 3:14에 나오는 이름은 인간 공동체가 살해하고 난 후에 신성화하고 작명해준 지역 우상 신들과 전혀 다른 차원에 속할 뿐만 아니라, 인간의 말로 형용하고 거명할 수도 없는 야훼의 초월성과 자유 그리고 거룩성을 보여준다. 토마스 아퀴나스는 원인의 사슬이 무한 소급되는 것을 피하기위해 만유의 제1원인, 즉 '그 자체로서 존재하는 존재함 그 자체'(*Ipsum esse per se subsistens*)를 상정했다.

1948년 1월 28일에 BBC 라디오방송에서 세계적으로 저명한 두 석학이었던 프레드릭 코플스턴(Frederick Copleston)과 버트런드 러셀(Bertrand Russell)이 신의 존재에 대한 유명한 논쟁을 벌였다. 불가지론자였던 러셀은 '우주는 그저 거기 존재하고 있으며 그것이 전부일 뿐'이라고 대답함으로써 우주의 원인에 대해 질문할 수가 없다고 주장했다.

러셀에 의하면, 우연자 각각에 대해서는 충족이유율[2]이 적용될 수 있겠지만, 우연자 전체의 집합에 해당하는 우주에 대해서는 그 원리를 적용할 수 없다. 이에 반해, 코플스턴은 우연성(contingency)에 기초한 우주론적 논증을 펼쳤다. 토마스 아퀴나스의 다섯 가지 길 중에서 세 번째 방법이 '우연적인 것과 필연적인 것을 통한 증명'(*via ex possibili et necessario*)인데, 코플스턴은 이 논증이 가장 근본적인 증명이라고 주장했다.

---

[2] 충족이유율(充足理由律)은 어떤 사실에 대해 '왜'라고 묻는다면 반드시 '왜냐하면'이라는 형태의 설명이 있을 것이다라는 원리이다.

2. 우주의 우연성(contingency)과 필연적 존재

러셀의 말처럼 우주가 영원하고 그저 그냥 거기에 존재한다고 많은 사람이—심지어 아인슈타인까지도—생각했는데, 빅뱅 우주론의 정립과 함께 우리는 왜 우주가 갑자기 어느 날 무(無)에서 유(有)로 갑자기 출현했느냐는 근본적인 질문에 직면하게 되었다. 그 결과 우연성에 기초한 우주론적 논증이 다시금 주목을 받게 되었다. 빅뱅 우주론은 기독교 창조론인 무로부터의 창조(*creatio ex nihilo*)를 뒷받침하는 것으로 이해될 수 있었기에, 처음부터 무신론자들에게 거센 비판을 받았다.

이런 상황에서 코플스턴은 우연성에 기초한 '필연적 존재'(Necessary Being)를 추론하는 라이프니츠의 논증을 사용한다. 그에 의하면, 이 논증이야말로 하나님의 존재를 증명하는 가장 근본적인 형이상학적 논증을 간명하게 표현한 형식이다. 만약 어떤 우연적 존재가 있으려면, 반드시 어떤 초월적 원인인 '필연적 존재'가 있어야 한다는 것이다. 코플스턴은 1949년에 BBC 방송 토론에서 영국 철학계에 논리실증주의를 소개한 에이어(Alfred Jules Ayer)와도 신의 존재와 함께 왜 무(無)가 아니고 무언가 존재하느냐는 문제를 놓고 토론했는데, 그때는 코플스턴이 오스트리아 빈대학교에서 빈학파의 운동을 접한 이후였다. 코플스턴에게 있어서 이 질문은 초월적인 것에 이르는 통로, 즉 신의 존재가 어떻게 현상들에 대해 존재론적으로 궁극적인 설명이 될 수 있는지를 이해하는 한 가지 방식이었다. 에이어는 이러한 주장들에 대한 검증 기준이 없으므로 참도 거짓도 될 수 없다는 태도였다. 하지만 코플스턴은 논리 실증주의자들이 말하는 검증원리라는 것도 일군의 철학 집단에 의해서 만들어진 관행이거나 규범에 지나지 않는다고 반박했다.

에이어는 비트겐슈타인과 러셀의 영향을 받아 영국 경험론의 진수가 논리적 분석에 있다고 생각하고 빈학파와 같은 류의 논리실증주의를 발전시킨 인물이다. 그는 형이상학을 배제하고 철저한 현상주의를 옹호하였으며,

왜 무(無)가 아니고, 무언가 존재하는지에 대한 문제나 신의 존재에 대한 질문이 가지는 의미성에 대해서 회의적이었다.

하지만 이러한 질문들이 유의미하지 않은 이유는 도대체 무엇인가?

물리학자인 스티븐 호킹도 다시금 메타물리학적(형이상학적) 질문을 의미 있는 방식으로 제기하지 않았던가?

우주가 영원히 그저 존재할 뿐이라고 한 러셀의 주장과는 달리, 물리학자들도 방법론적 유보의 뜻을 취하고 있음에도 불구하고, 우주가 빅뱅 특이점이라는 시공간의 제로점을 분명히 가지고 있기 때문에, 왜 우주가 갑자기 출현했는지, 왜 무(無)가 아니고, 무언가가 존재하게 되었는지에 대한 형이상학적 질문 자체가 무의미하다고 보지는 않는다. 오히려 그들은 이것을 가능하고 의미 있는 메타물리학적 질문으로 인정하는 추세다.

호킹 자신도 '명백한 기적'으로 묘사하다시피, 빅뱅 제로점에서 우주 상수들의 신비롭고 경이로운 미세조정과 인류원리는 새로운 차원의 우주론적 신 존재 증명의 증거로 수용되고 있다. 더욱 정확하게 말하자면, 이것은 신 존재 증명(Gottesbeweis)의 증거라기보다 우주적이고 지성적인 창조주에 대한 단서(Gotteshinweis)에 가깝다. 기독교 신학에서 참된 신 존재 증명은 삼위일체 하나님의 자기증명이라고 믿는다.

삼위일체론은 우리가 흔히 가지고 있는 신 개념에 대한 일종의 공격과도 같다.[3] 어쩌면 피조물에 의해 증명된 신은 참된 신이 아니라, 만들어진 신들(gods delusion), 곧 기독교가 비판해 온 우상들일 수 있다. 호킹도 창조주의 비존재를 증명한 것은 아니다. 폴킹혼의 삼위일체론적 신학에서 볼 수 있는 것처럼, 신학은 하나님이 하나님 자신에 의해서만 알려지고 인식될 수 있음을 전제로 한다. 따라서 하나님에 대한 인식은 삼위일체 하나님의 자기계시(Selbstoffenbarung)와 자기개방을 통해서만 이루어질 수 있다. 삼위일

---

3   Walter Kreck, *Grundfragen der Dogmatik* (München: C. Kaiser, 1970), 117.

체 하나님의 자기증명과 자기정의(Selbstdefinition)는 사실적이고 정보를 제공하는 성격을 지닌 사실계시가 아니라, 하나님 자신을 내어주시는 인격적 계시이며, 그런 의미에서 철저한 자기계시라 할 수 있다. 삼위일체적 자기 계시 속에서 우리는 신적인 신비의 어떤 무엇이나, 한 측면, 혹은 한 조각을 아는 것이 아니라, 하나님 자신, 곧 그분의 심장과 그분의 깊은 본질을 알게 되는 것이다.[4]

칼 바르트의 말처럼 하나님의 대상성(Gegenständlichkeit) 없이는 하나님에 대한 인식은 불가능하다. 피조물의 공간 안에 주어진 계시에 나타난 하나님의 이러한 대상성은 이차적인 것이며, 그 이차적 대상성은 "삼위일체 하나님 자신의 '일차적 대상성'"에 근거한다. 하나님에 대한 인간의 인식은 오직 하나님의 자기인식으로부터만 가능하며, 하나님의 자기인식은 오직 삼위일체적으로 규정된다. 곧 인간의 하나님에 대한 인식은 삼위일체 하나님 자신의 내적인 인식의 유비를 통해 비로소 가능해진다.

성령은 하나님의 깊은 것이라도 통달하시고, 하나님의 말씀이신 하나님의 아들은 하나님의 자기인식 거울과 같다. 본래 하나님을 본 사람이 없지만, 아버지 품속에 있는 독생하신 하나님이 나타내셨다고 성경은 말한다(요 1:18). 예수 그리스도는 스스로 오직 하나님에게서 온 자만이 아버지를 보았다고 주장한다(요 6:46). 인간은 얼굴을 맞대고 하나님을 볼 수 없으며, 예수 그리스도의 얼굴에 비친 하나님이라는 거울을 통해서만 하나님을 보고 알 수 있다.[5] 그리스도는 인격으로 나타난 하나님의 종말론적인 자기 정의이다.[6]

---

[4] Hendrikus Berkhof. *Christelijk Geloof. Een inleiding tot de geloofsleer* (Nijkerk: G.F. Callenbach, 1974), 110.

[5] Berkhof. *Christelijk Geloof,* 110.

[6] 정일권, "성삼위일체 하나님과 그분의 세계-삼위일체론적 송영의 회복과 삼위일체론적 세계관을 시도하며," 1995년 고신대학교 신학대학원 목회학석사(M. Div.) 학위논문, 14.

우주는 빅뱅 특이점이라는 제로점과 시작점을 가진다. 호킹은 우주 진화의 법칙들이 빅뱅에서 무너져버리기 때문에, 빅뱅 이전까지를 포함하는 이론 모델을 모색하는 것은 무의미하다고 한다. 그래서 빅뱅은 그에게 있어 '세계 창조'와 같다. 호킹에 의하면, 어떤 사람들은 우주가 빅뱅이라는 시작점을 가진다는 사실이 신의 존재에 대한 증거라고 믿지만, 중력과 같은 법칙이 존재하기 때문에, 우주는 무로부터 스스로를 창조할 수 있을 뿐 아니라 창조할 것이다. 그는 이어서 '자연 발생적 창조'(spontaneous creation)가 왜 무(無)가 아니고 유(有)인지, 왜 우주가 존재하는지, 그리고 왜 우리가 존재하는지에 대한 근거라고 설명한다.

창조주는 여기에 개입될 필요가 없다고 호킹은 말한다. 호킹은 우주의 기원을 하나의 '양자 사건'(quantum event)으로 파악하면서, 양자물리학을 우주 이해를 위한 새로운 모델로 간주한다. 그래서 그는 우주의 모든 물질과 에너지가 극도로 작은 점에 집약된 초기 우주를 이해하기 위해서는 '양자장론'(quantum field theories)이라 불리는 '일반 상대성 이론의 양자 버전'을 가져야 한다고 주장한다.

호킹은 M 이론을 만유 이론의 후보로 제시하면서, M 이론보다 더 놀라운 '참된 기적'은 논리의 추상적 사유가 광대한 우주를 예측하고 묘사하는 독특한 이론으로 이끈다는 사실 그 자체라고 말한다. 그는 제5장의 '만유 이론'에서 아인슈타인의 유명한 말로 시작한다.

> 우주에 관하여 가장 이해하기 어려운 점은 바로 그것이 이해 가능하다는 사실이다.[7]

방법론적 자연주의에 근거해 자연과학의 범위 내에서 우주 창조의 신비를

---

[7] "The most incomprehensible thing about the universe is that it is comprehensible."

해명하려는 호킹 자신조차 일종의 '기적'으로 여긴 부분은 어떻게 인간이 우주를 이해할 수 있는지에 대한 의문이다. 다시 말해, 왜 우주가 인간에게 투명하게 이해될 수 있는가 하는 점이다.

최근 과학과 철학의 융합 연구를 통해 템플턴 상을 받기도 한 마틴 리스 경(Sir Martin Lees)은 이 말을 통해 인간의 지성이 그것을 이해할 수 있도록 동조(同調) 된(attuned) 법칙들이 있다는 것에 대해 아인슈타인이 놀라움을 표현했다고 밝힌 바 있다.[8]

이것이 사실이라면, 과연 인간의 지성과 우주를 지배하는 물리 법칙들 사이의 조율과 동조 현상은 무엇으로 설명할 수 있을까?

신학자들은 인간에게 우주 속의 자연법칙과 하나님의 지성을 이해하도록 지음을 받은 하나님의 형상(imago Dei)이 있으므로 그것이 가능하다고 주장할 것이다. 폴킹혼과 플란팅가가 강조하듯이 인간은 하나님의 형상을 지니고 있기에 우주적 자연법칙과 인간 지성, 그리고 하나님의 지성 사이에 놀라운 조율과 동조와 상응이 존재한다고 볼 수 있다. 따라서 우리는 이런 기독교적 인간 이해가 바로 이 신비스러운 조율과 동조 현상을 밝혀줄 만한 최선의 설명이라고 주장할 수 있을 것이다.

3. 창조신화의 초석적 폭력

자연주의의 관점에서 우주의 '위대한 설계자'를 방법론적으로 배제하는 호킹의 『위대한 설계』의 제7장의 제목은 '명백한 기적'이다. 여기서 그는 인류원리와 미세조정에 대해 설명하는데, 이것은 무신론자들도 가장 강한 유신론적 논거로 사용될 수 있음을 인정하는 주장들이다. 이 장에서 호킹

8　Marin Lees, *Our Cosmic Habitat*(Princeton: Princeton University Press, 2001), xiii.

은 극도로 미세하게 조정된 우주 자체가 '명백한 기적'이라고 한다. 그는 『시간의 역사』 제8장 '우주의 기원과 운명'에서 바티칸의 예수회에 의해 조직된 우주론 학술대회에 참석한 이후로, 우주의 기원과 운명에 대한 자신의 관심이 되살아났다고 기술하고 있다. 『위대한 설계』에서 주장한 것과는 약간 다르게, 『시간의 역사』 제8장에서는 우주 창조와 창조주의 관련성을 다음과 같이 어느 정도 인정한다.

> 하나의 가능한 답변은 신이 우리가 이해할 수 없는 이유로 해서 우주의 초기 조건들을 선택했다고 말하는 것이다. 이것은 분명히 전능한 존재의 능력 안에서만 가능한 일이었을 것이다.
> 그러나 만약 그가 그런 불가해한 방식으로 우주를 시작시켰다면, 왜 그는 우리가 이해하는 자연법칙을 따라서 진화하도록 선택했을까?
> 만약 시간의 시작점에까지 소급되는 뜨거운 빅뱅 모델이 옳다면, 이 사실은 우주의 초기 상태가 매우 조심스럽게 선택되었음을 의미한다. 우주가 왜 꼭 이런 식으로 시작되어야 했는지, 우리 같은 인간을 탄생시키려는 신의 의도적 행위로밖에 달리 그 이유를 설명하기가 힘들다. 현상들을 묘사하는 자연과학 이론들의 성공으로 말미암아 대부분 사람은 자연법칙에 따라서 우주가 진화하도록 허용되었다는 것을 믿게 되었다.

스티븐 호킹은 2006년에 예루살렘 히브리대학교와 2007년에 캘리포니아대학교에서 '우주의 기원'이란 제목으로 강의한 바 있다.[9] 이 강의는 우선 아프리카 어느 부족의 창조신화로 시작한다. 이 신화는 우주적 거인인 신이 매우 아픈 상태에서 우주를 구토해 내는 이야기다. 붐바(Bumba)라는 신이

---

9 이 강의들의 원문은 스티븐 호킹의 개인 공식 홈페이지에 탑재되어 있다. http://www.hawking.org.uk/the-origin-of-the-universe.html

창조의 첫날 어두운 시간에 풍선처럼 부풀어 오르는 심한 복통에 시달리며, 비틀거리며, 신음하며, 심하게 아프다가 결국 엄청난 노력으로 태양과 달과 별을 토해냈다고 한다. 그 신은 두 번째 경련을 일으키면서 모든 동물과 최초의 남녀를 비롯해 나머지 창조물을 계속 토해냈다.

아프리카 샤머니즘의 주술사는 정글 추장의 모습을 하고서는 통과제의 속에서 이 태초의 우주적 거인을 불러낸다. 통과제의를 통해서 창조신화를 재현하는 것이다. 호킹은 이 붐바가 우주를 토해내는 창조신화를 '빅붐바 이론'(The Big Bumba theory)이라고 소개한다.

지라르의 신화 이론으로 이 창조신화를 분석해 보자면, 비록 우주적 거인이면서 동시에 희생양인 이 창조의 신에게 가해진 초석(礎石)적 폭력과 살해의 흔적이 많이 지워지긴 했지만, 그럼에도 불구하고 그 우주적 거인의 매우 아픈 상태나 풍선처럼 부풀어 오르는 심한 복통과 경련 등은 제의적 폭력을 보여주는 흔적으로 볼 수 있다. 우주적 거인이자 희생양의 잘린 몸으로부터 우주가 창조되었다는 창조신화와 마찬가지로 우주적 거인의 배에서 우주가 나왔다는 이야기다.

바로 이 초석적 '살해'로부터 모든 실재가 탄생한 것이다. 이 '푸루샤 찬가'는 초석적 신화이지만, "폭력은 이상하게도 존재하지 않았던 것처럼 보인다." 지라르에 의하면, 이 창조신화는 "아주 오래되어서 폭력이 희미하게 사라져 버린 것 같다." 지라르는 이것을 '사물에 대해 절대적으로 평화스러운 베다적 개념'이라고 분석한다.[10]

고대 바빌론 창조신화인 『에누마 엘리쉬』(Enuma Elish)도 초석적으로 살해된 희생양의 시체로부터 우주가 창조되었다는 이야기다. 『에누마 엘리쉬』는 천지창조 이전에 있었던 신들의 탄생과 투쟁에 관한 이야기에서

---

[10] René Girard & Benoît Chantre, *Battling to the End: Conversations with Benoit Chantre*(East Lansing: Michigan State University Press, 2010), 135.

시작된다. 티아맛(Tiamat)과 마르둑(Marduk) 신은 자신의 뱃속을 어지럽히는 신들을 멸망시키기 위해 서로 싸움을 시작하여, 결국 마르둑이 주문을 걸어 티아맛을 살해하고 승리한다. 싸움에서 승리한 마르둑은 티아맛의 시체를 둘로 나누어 하늘과 땅을 창조한다. 그리고 점토에 신의 피를 섞어서 사람을 만든다. 인간도 이 폭력적 살해의 피로부터 지음을 받았다. 이 바벨론 신화에서도 마르둑에 의해 살해된 티아맛의 시체에서 땅과 하늘들이 탄생했다고 기록하고 있다. 이와 같이 우주 기원의 제로점에 초석적 살해로 희생당한 우주적 거인의 시체가 있다는 것이 세계 창조신화의 근본적인 코드다.

4. 창세기와 바벨론 창조신화 『에누마 엘리쉬』

『에누마 엘리쉬』에 나오는 천지창조의 내용은 그 기본 골격이 구약성경의 창세기와 유사하게 보인다. 하지만 창세기의 창조 이야기는 초기 바벨론 창조신화와 같은 이교적 창조신화들에 대해 비판적인 입장을 견지하고 있다. 이교적 창조신화에서 흔히 발견되는 내용과는 달리, 창세기는 자연의 신성화와 신들의 전쟁을 배격한다. 따라서 창세기가 『에누마 엘리쉬』로부터 그 형식을 빌려왔다는 일부 학자들의 주장은 신뢰성이 크게 떨어진다.[11] 더욱이 르네 지라르의 견해에 비추어 볼 때, 바벨론 창조신화의 기본 구조는 구약성경보다 차라리 초석적 살해의 흔적을 지닌 일반 세계 창조신화와 더 가깝게 보인다.

구약성경의 창세기 안에는 일반 신화에서 흔히 볼 수 있는 주제들, 곧

---

[11] Conrad Hyers, *The Meaning of Creation: Genesis and Modern Science* (Atlanta: John Knox Press, 1984).

신들의 전쟁, 갈등, 경쟁, 그리고 최종적인 초석적 살해와 폭력에 대한 흔적이 존재하지 않는다. 그래서 신학자들은 창세기의 창조 스토리가 반신화적 정신뿐만 아니라, 창조주 하나님의 자유와 주권, 그리고 세계와 자연의 탈신성화를 보여준다고 분석한다. 유대교는 초석적 살해를 당한 신의 시체에서 탄생한 세계와 자연의 신성화를 거부했다.

창세기에서 하나님은 '무'로부터 세계를 창조했다(creatio ex nihilo). 반신화적인 정신을 가진 창세기는 주변 창조신화에서처럼 우주적 거인/희생양의 몸이나 시체로부터 세계가 창조된 것이 아니라, 하나님께서 말씀으로 사랑의 자유와 선택 가운데 '무'로부터 우주를 창조했다고 기록한다.

지라르의 신화 이론에 영향을 받은 월터 윙크(Walter Wink) 역시 이런 바벨론 창조신화를 '구원적 폭력의 신화'로 파악한다. 일반적으로 신들 사이의 전쟁과 폭력은 인간의 폭력을 정당화시키곤 한다. 이 신들 사이에 존재하는 폭력과 전쟁상태는 바벨론 사회의 갈등과 전쟁상태가 투영된 것이다.[12]

폴 리쾨르(Paul Ricoeur)도 『악의 상징』(Symbolism of Evil)에서 『에누마 엘리쉬』에 숨어 있는 폭력성을 발견한다.[13] 그에 의하면, 바벨론 창조신화에서 창조는 곧 폭력이다. 만유의 어머니인 티아맛은 살해되고 난 이후, 그 몸이 절단되고, 그 시체로부터 세계가 창조된다.

세상의 질서는 바로 무질서를 통해 수립되었다. 창조는 창조 시점 이전에 적에 대한 폭력적 승리의 결과물이다. 따라서 악의 기원이 만유의 기원보다 선행한다. 티아맛으로 상징되는 카오스(무질서)가 바벨론의 신 마르둑으로 대표되는 코스모스(질서)보다 앞선 것이다. 악이 선에 선행하고,

---

[12] Walter Wink, *Engaging the Powers: Discernment and Resistance in a World of Domination* (Minneapolis: Fortress Press, 1992), 13-15.

[13] Paul Ricoeur, *Symbolism of Evil*, trans. Emerson Buchanan(Boston: Beacon, 1969), 175-199.

폭력은 신들의 세계에 내재한다. 악은 궁극적 실재의 불가피한 구성요소이기 때문에 선에 대해 존재론적 우위성을 지니게 된다. 리쾨르는 자신의 견해에 대해 지라르의 통찰로부터 큰 도움을 받았다고 고백한다.[14] 지라르와 리쾨르는 한 학술대회에 함께 참여하여 미메시스 이론과 상징적 폭력과 종교 등의 주제들에 대해서 학문적 대화를 나누기도 했다.[15]

영국 케임브리지대학교의 패러데이 과학과 종교연구소(The Faraday Institute for Science and Religion)[16]에서 강좌 책임자(course director)로 활동했던 홀드(Rodney Holder) 교수는 『빅뱅, 큰신 하나님: 우주는 생명을 위해 설계되었는가?』(Big Bang, Big God: A Universe designed for life?)[17]라는 책에서, 이교적이고 그리스적인 신화적 우주론과 대비되는 유대-기독교적 전통과 창세기 창조 이야기의 독특성을 부각했다. 홀드 교수에 의하면, 우주의 우연성(contingency)은 기독교의 무로부터의 창조교리를 뒷받침하는 중요한 특성이다. 이 우연성 개념은 서구 기독교 문명에서 자연과학의 발전을 장려하는 중요한 동인이 되기도 했는데, 이 개념으로 인해 비로소 실험과 관찰이 가능해졌기 때문이다. '무'로부터의 창조는 우주의 기원에 대한 이교 또는 그리스 신화의 입장과 뚜렷한 대조를 이룬다.

---

[14] Michael Kirwan,. *Discovering Girard* (London: Darton Longman and Todd, 2004), 95.

[15] "폭력과 종교에 관한 학술대회"(Colloquium on Violence and Religion)의 역사에 대한 오스트리아 인스부르크대학교의 다음 자료를 참고하라. http://www.uibk.ac.at/theol/cover/bulletin/xtexte/bulletin15.html

[16] 영국 케임브리지대학교 패러데이 과학과 종교연구소(Faraday Institute for Science and Religion)는 지금까지 유럽에서 과학과 종교의 연구에 있어 주도적 역할을 해 오면서, '전기학의 아버지'로 알려진 패러데이(Michael Faraday)의 학문과 신앙의 전통을 계승하고 있다. 필자는 약 20년 전에 양자물리학의 계보학에 존재하는 삼위일체적 사유, 패러데이 전기학의 장 이론(field theory)과 삼위일체적 상호내주 혹은 상호침투(*perichoresis*)의 관련성을 다루는 논문을 쓴 바 있다. 필자는 이 내용을 발전시켜 이 책에서 패러데이의 경우처럼 양자물리학이 기초하고 있는 전자기장 이론은 삼위일체 하나님 속에 존재하는 상호침투 사상으로부터 영감을 받아서 발생한 이론이라는 것을 소개할 것이다.

[17] Rodney Holder, *Big Bang, Big God: A Universe designed for life?* (Oxford: Lion Hudson, 2013).

홀드 교수는 창세기 1장이 고대 바벨론의 창조신화인 『에누마 엘리쉬』에 대항하는 반작용적 의미가 있다는 사실을 잘 지적한다. 이 창조신화에 의하면, 우주는 전투 가운데 살해된 악한 여신의 쪼개진 시체로부터 탄생하였고, 인간 역시 악한 여신의 배우자 피로부터 만들어졌다.[18]

우리는 이미 세계 창조신화를 해독한 지라르의 이론을 통해, 반신화적 성격이 강한 창세기의 창조 이야기와 초석적 살해와 희생양 메커니즘을 은폐하고 있는 신화적이고 이교적인 창조신화의 불연속성을 살펴보았다. 『에누마 엘리쉬』도 그리스 신화와 인도 신화에서처럼 우주의 기원이 신들의 폭력적이고 모방적인 경쟁, 그리고 이후에 문제해결 과정에서 필연적으로 등장하는 우주적인 거인/희생양/우주 창조의 신에 대한 초석적 살해와 희생양 만들기에 있음을 보여준다.

세계의 모든 (희생) 제의들이 미메시스적이고 희생 제의적 위기를 의도적으로 재현한 것으로 시작하여, 그 재현된 위기의 책임을 희생양에 전가해서 살해하는 것으로 끝마친다. 『에누마 엘리쉬』도 천지창조 이전에 신들의 탄생과 투쟁에 관한 이야기로 시작하여, 그 위기의 책임자로 몰린 희생양들의 살해와 죽임당한 신들의 잘린 시체로부터 우주가 탄생하였다는 이야기로 끝을 맺는다.

물질과 물리적 우주를 선하다고 긍정하는 기독교 창조론은 물질을 악하다고 보는 플라톤식의 이해나 물질 자체를 '무'로 파악하는 불교의 이해와는 근본적으로 다르다. 세계 포기적인(world-renoucing) 사유가 지배적인 힌두교와 불교는 물질 자체를 허상(마야)이나 공(空)으로 보기 때문에, 그 안에서 현대적 의미에서의 자연과학이 탄생하기는 불가능했다. 물질을 실체로 긍정하지 않는 한, 우주와 물질의 기본 구조와 질서를 연구하는 자연과학은 탄생할 수 없다. 또한 홀드 교수는 창세기 1장의 창조 이야기에서는

---

[18] Holder, *Big Bang, Big God: A Universe designed for life?*, 67.

하나님께서 크게 노력하지 않고(effortless) 단지 말씀으로 우주를 창조했다는 사실을 지적한다.[19]

빛이 있으라 하시니 빛이 있었고 …(창 1:3).

이에 반해 호킹은 엄밀하게 과학적인 의미는 아니더라도 창세기보다는 아프리카 창조신화를 친 신화적 방식으로 부각하는 것으로 보인다. 그런데도, 호킹의 천체물리학을 가능하게 했던 것도 결국은 반신화적 정신을 가진 유대-기독교적 창조 이야기다. 만일 그가 아프리카의 붐바 창조신화가 지속적이고 주기적으로 반복되는 사회에서 교육을 받고 성장했다면, 그의 빅뱅 특이점 이론을 포함한 천체물리학의 업적은 결코 탄생할 수 없었을 것이다.

호킹이 언급한 바 있는 어느 아프리카 부족의 창조신화에서는 우주적 거인이자 희생양인 붐바(Bumba)가 풍선처럼 부풀어 오를 정도의 심한 복통 속에서 엄청난 노고로 우주를 토해냈다. 우주적인 거인/희생양의 초석적 살해와 그 찢긴 주검에서 우주가 발생했다는 이야기와는 다르게, 이 창조신화는 신화적 폭력의 흔적을 많이 지워낸 모습이지만, 그런데도 우주적 거인이 우주를 토해내려고 감내해야 했던 엄청난 고통, 아픔, 복통, 신음, 경련 속에서 여전히 폭력의 흔적을 볼 수 있다고 본다.

이것은 창세기에서처럼 그저 말씀으로 손쉽게 "빛이 있으라"(*Fiat Lux*) 해서 빛이 창조되었다는 내용과는 근본적으로 다르다. 이 신화적 창조 이야기는 통과제의를 통해서 아프리카 주술사들에 의해 반복적으로 수행되었다.

지라르의 신화 이론으로 이것을 분석해 보면, 우주적 거인의 엄청난 노력과 고통과 아픔은 희생양에 대한 초석적 살해와 폭력의 흔적을 지우려는 후대의 산물로 볼 수 있다. 하지만 창세기의 기록은 희생양 메커니즘을

---

[19] Ibid., 68.

은폐하고 있는 이교적 신화에 저항하고 비판하는 반신화적 스토리를 담고 있다. 힘겹고 고통스러운 우주 창조가 아니라, 단순하면서도 능력 있는 말씀으로 우주를 창조했다는 성경 이야기는 그 자체로 우주의 기원 속에 신화가 은폐하고 있는 메커니즘을 비판하고 이를 초월하고 있음을 보여준다.

창세기의 "빛이 있으라"는 시공간 속에 있는 우연적인 우주 저 너머에 존재하는 크고 전능한 창조주의 자유와 주권을 보여준다. 이에 기초하여 빅뱅 우주론은 오히려 성경의 "빛이 있으라"는 말씀을 확증하는 수단으로 이해될 수도 있다.

인류는 오래전부터 문화의 기원과 우주의 기원에 대한 스토리에 우주적인 거인/희생양의 초석적 살해에 대한 불편한 진실을 은폐해 왔다. 하지만 창세기가 말하는 우주의 기원에 대한 스토리는 이것을 극복하고 있다. 우주의 기원과 문화의 기원에 대한 인류의 창조신화가 사실은 작은 단위의 사회적 메커니즘, 곧 희생양 메커니즘이 투영되어 우주화 됨으로써 발생한 것이라는 점을 깨닫지 못하는 한, 다시 말해 지라르가 말하는 사회적 초월성에 머물고 있는 한, 현대적 의미에서의 천체물리학의 탄생과 발전은 불가능했을 것이다.

빅뱅 우주론은 창세기 1장의 창조 스토리를 확증할 뿐 아니라, 우주의 기원과 문화의 기원에 대한 유대-기독교적 스토리텔링의 계보학에서 탄생한 유산이라 할 수 있다. 물론 신이나 유신론에 기대지 않고 빅뱅 우주론에 대해 논할 수 없는지의 문제에 관해 아직까지 학자들의 의견이 분분하다.[20]

빅뱅으로 우주를 창조한 크신 하나님(Big Bang, Big God)을 제시하는 홀드 교수는 기독교 유신론이야말로 우주의 존재를 가장 일관되게 설명할 수 있

---

20 그래서 필자는 이 책에서 빅뱅 우주론과 "빛이 있으라"와의 관계를 빅뱅 우주론의 아버지인 로마 가톨릭 사제이면서 물리학자인 조르주 르메트르(Georges Lemaître)와 빅뱅 이론을 끝까지 받아들이지 않았던 무신론자 프레드 호일(Fred Hoyle)을 중심으로 자세하게 다룰 예정이다.

다고 주장한다. 홀드 교수의 책 서문에서 폴킹혼은 탄소에 기반을 두고 있는 생명을 위한 우주적 미세조정은 우주의 역사 뒤에 존재하는 어떤 신적인 창조주의 의지와 목적을 보여주는 것이라고 말한다.[21] 하버드대학교의 천문학과 과학사 교수였던 오웬 깅그리치(Owen Gingerich)는 이 책의 추천사에서 대중적인 다중우주론 가설보다도 단일하게 창조된 하나의 우주가 우주의 경이로운 미세조정을 더 잘 설명할 수 있음을 보여준다고 했다.

창세기의 창조 이야기는 현대 자연과학과 천체물리학의 탄생에 결정적으로 이바지했다. 반면에 우주적인 거인/희생양의 죽임 당한 시체로부터 우주가 탄생했다는 세계 창조신화는 현대 자연과학적 의미에서의 우주 기원에 대한 스토리가 될 수 없다. 그것은 지라르의 분석처럼 사회질서의 창조와 붕괴와 갱신의 주기가 우주적 창조와 붕괴의 주기로 투영되어서 우주화된 것이다. 작은 부족과 민족 단위의 사회질서 유지를 위한 희생양 메커니즘이 우주화된 것 뿐이다.

반면에 창세기가 말하는 우주 창조 스토리는 초석적 살해와 희생양 메커니즘을 구조적으로 은폐하고 있는 세계 창조신화 저 너머에 존재한다. 결과적으로 희생양 메커니즘을 넘어서고 있는 우주 창조의 스토리텔링의 전통은 우주의 기원과 그 물리적 메커니즘을 수학적으로 연구할 수 있는 현대 천체물리학을 탄생시키는 데 기여했다.

---

[21] Holder, *Big Bang, Big God: A Universe designed for life?*, 8.

5. 영원회귀의 우주론과 희생양 메커니즘

'문화의 기원'의 제로 점에 존재하는 희생양 메커니즘의 영원회귀적 주기가 우주화되어 우주의 기원에 대한 창조신화가 만들어졌다. 이 신화적 우주 창조 스토리는 또한 제의적 통과제의를 통해서 주기적이고 반복적으로 재현되었다. 지라르가 비판적으로 이해한 레비-스트로스의 신화 이해와는 달리, 우리는 신화와 (통과)제의를 연결해서 이해해야 한다. 문화의 기원에 존재하는 희생양 메커니즘이 우주적 주기로 투영되어 형성된 우주론과 시간론은 이런 이유로 니체가 말한 영원회귀와 같이, 또 인도 시바의 춤처럼, 창조와 파괴를 영원히 반복하기에 주기적이고 순환적이라 할 수 있다.

니체가 말한 영원회귀와 같은 영원하고 순환적인 우주론은 신화적 희생양 메커니즘이 우주화되어 만들어진 것이다. 나중에 논의하겠지만, 니체의 영원회귀와 유사한 불교의 영원하고 주기적인 우주론 역시 전통적 사회의 희생양 메커니즘이 투영되어 나온 것으로 이해될 수 있다.

인류가 생각해온 우주관은 크게 두 가지 유형으로 구분되는데, 그것은 우주가 영원 불멸한가, 아니면 시작(기원)을 가졌는지다. 뉴턴이나 아인슈타인도 무한하고 정적인 우주를 선호했다. 스티븐 호킹은 모든 사람이 우주가 시작점을 가진다는 주장에 대해 '행복해' 한 것은 아니라는 점을 지적한다. 호킹은 그리스 철학자 중 가장 유명한 아리스토텔레스도 우주는 영원히 존재한다고 보았다고 소개한다. 그는 사람들이 영원한 우주를 믿으려는 동기는 바로 우주의 기원 문제에 신적 개입을 인정하는 것을 회피하고 싶은 욕망 때문이라고 분석한다. 이와 반대로, 어떤 이들은 우주가 시작점을 가진다는 것을 제1원인 혹은 부동의 원동자로서의 창조주의 존재를 증명하는 논증으로 사용한다고 소개한다.

1915년에 아인슈타인은 혁명적인 일반상대성 이론을 제시했는데, 이 이론에 의하면, 시간과 공간은 더 절대적인(Absolute) 것이 아니며, 사건들의 배후에 존재하는 고정된 배경이 아니다. 그 대신에 시공간은 우주의 물질과 에너지에 의해 형성된 역동적 양들(dynamical quantities)에 해당한다. 시공간 자체가 빅뱅 특이점에서 비로소 창조되었고, 오직 우주 안에서 규정되기 때문에, 우주가 시작되기 전의 시간에 대해 논하는 것은 무의미하다. 예전에 사람들이 보통 생각했던 대로 우주는 시간의 흐름과 함께 불변하는 것이 아니라, 계속해서 팽창하고 있다.

호킹은 많은 과학자가 아직도 우주가 시작점을 가진다는 사실을 '불만족스럽게'(unhappy) 여기는데, 왜냐하면 그런 사실이 물리학 자체를 무너뜨린다고 생각하기 때문이다. 호킹은 우주가 어떻게 시작했는지를 결정하기 위해서는 편의상 하나님으로 부를 수 있는 일종의 외부 작인(outside agency)에 호소할 수밖에 없다고 말한다. 그래서 프레드 호일(Fred Hoyle)과 같은 일부 무신론 학자들은 우주가 현재 팽창하고는 있지만, 애초에 시작점을 가지고 있지 않았다는 정상상태 이론을 제시하기에 이르렀다. 정상상태 이론(Steady State theory, Infinite Universe Theory)은 영원하고 정적인 우주관을 수정한 이론이다. 이 이론에 의하면, 우주가 계속 팽창하고 있더라도 그 우주는 영원하고 근본적으로 변하지 않는다.[22]

우주는 과연 시작이 있는가 아니면 시작도 끝도 없이 영원한가?

이것은 인류의 오래된 의문이었다. 우주의 시초가 있다고 주장하는 빅뱅 우주론이 등장하자, 이에 맞서 우주의 영원성을 주장하는 정상상태 우주론이 등장하여 상반된 두 우주론 사이에 격렬한 논쟁이 벌어지게 되었다. 하지만 1965년에 빅뱅 우주론을 확증하는 우주배경복사(cosmic background radiation)가 발견되면서 정상상태 이론은 점차 설득력을 잃게 되었다. 물론 빅뱅 이론은 우주의 탄생과 근원, 그리고 우주의 진화메커니즘을 설명하는

---

[22] Stephen Hawking, *Black Holes and Baby Universes and Other Essays* (New York: Bantam Books, 1993), 81.

이론이지 빅뱅의 순간이나 그 이전의 상황을 설명해 주는 이론은 아니다.

스티븐 호킹과 로더 펜로즈(Roger Penrose)는 아인슈타인의 일반상대성 이론 안에 특이점이 반드시 생길 수밖에 없다는 매우 어려운 내용을 증명한 인물들이다. 그 이전까지는 러시아의 두 물리학자가 인위적 가설에 기초하여 대칭성이 높은 우주에서만 특이점이 생기며, 실제 우주에서는 복잡하므로 특이점이 생기지 않는다고 주장하기도 했다. 한 마디로 이것은 우주의 시작이 없다는 말이다. 하지만 호킹과 펜로즈는 그 주장이 잘못된 것이며, 특이점은 상대성 이론에서 피할 수 없는 문제임을 수학적으로 증명해냈다.

우주의 시작점을 회피하려는 또 다른 시도는 러시아의 두 물리학자가 제기한 것인데, 이것은 우주가 이전에 수축하는 단계를 가졌다는 주장이다. 호킹은 러시아의 이 변증법적 유물론자들이 이런 이론을 선호했던 이유는 '우주 창조에 대한 어색한 질문들'을 회피할 수 있었기 때문이라고 한다.

호킹과 펜로즈는 우주가 공처럼 다시 튀어나오지 못함을 보여주었다. 그들은 빅뱅 특이점 정리가 단지 우주의 시작점이 있다는 것을 보여주었을 뿐, 어떻게 시작되었는지를 구체적으로 설명하지 못한다는 점을 인정한다. 그럴 수밖에 없는 이유는 일반 상대성 방정식이 특이점에서 무너지기(break down) 때문이다. 일반적으로 빅뱅 특이점 정리에 대한 두 가지 태도가 있다. 그 하나는 우리가 이해할 수 없는 방식으로 하나님이 우주를 시작하도록 선택했다는 것이다. 이것은 당시 바티칸에서 개최된 우주론 학술대회에서 교황 요한 바오로가 취한 입장이었다고 호킹은 말한다. 즉, 바티칸은 빅뱅 자체가 창조의 순간이요 하나님의 사역이라고 보았다.

많은 과학자가 선호하는 특이점 정리에 대한 다른 태도는 일반상대성 방정식이 초기 우주의 매우 강한 중력장들 속에서 무너진다는 태도다. 이 때문에 이것은 더욱 완벽한 이론에 의해 대체될 필요가 있다. 왜냐하면, 일반상대성 이론은 보통 양자 이론의 지배를 받는 물질들의 작은 구조를 설명해 주지 못하기 때문이다.

이런 사실은 보통의 경우에 전혀 문제가 되지 않는다. 우주의 크기가 양자 이론의 현미경적 규모에 비하면 엄청나게 크기 때문이다. 그러나 우주가 우리가 보통 알고 있는 공간이 더 존재하지 않게 되는 크기이면서 양자 역학의 영향을 받게 되는 플랑크 크기(the Plank size)가 되면, 이 두 경우가 같아지며, 양자 이론으로 설명할 수 있게 된다. 그래서 호킹은 우주의 기원을 이해하기 위해서는 일반상대성 이론과 양자 이론을 통합할 필요가 있다고 주장한다. 그러나 그에게도 우주의 시작점 이전에 무슨 일이 있었는지 질문하는 것은 의미 없는 질문이다.

　최근 들어 우주가 어떻게 시작되었는지를 이해하기 위해, 학자들은 양자 중력 이론에 근거한 새로운 우주론을 연구하고 있다. 양자역학적으로 잘 기술되고 중력자를 포함하고 있는 초끈 이론이 양자 중력 이론의 유력한 후보라고는 하지만, 여전히 양자 중력 현상에 대한 우리의 이해는 낮은 수준에 머물고 있는 것이 사실이다.

6. 위대한 설계자와 '명백한 기적'

호킹의 말처럼 비록 과학이 우주가 시작된 방법의 문제를 해결한다 하더라도, 우리는 왜(why) 우주가 존재하게 되었는지에 대한 문제를 결코 풀 수 없을 것이다. 호킹은 하나님만이 그 질문에 대답할 수 있다고 추정한다.[23] 그는 다른 인터뷰에서도 언급하기를, "우주의 압도적인 인상은 바로 우주가 지니고 있는 질서다. 우리가 우주에 대해 알면 알수록, 우리는 더욱더 그 것이 합리적 법칙들에 따라 지배받고 있다는 사실을 알게 된다"고 하면서,

---

[23] Hawking, *Black Holes and Baby Universes and Other Essays*, 159: "당신은 그 질문에 하나님을 해답으로 정의할 수도 있다."

우주의 궁극적 기원에 대한 답변을 하나님으로 규정할 수 있다고 했다.[24] 호킹은 『시간의 역사』라는 책에서 다음과 같이 언급했다

> 만일 가능한 하나의 만유 이론이 존재한다고 하더라도, 그것은 일련의 법칙들과 방정식들에 불과할 따름이다.
> 무엇이 혹은 누가 그 방정식에 불을 불어넣어서 우주를 묘사하도록 만들었는가?
> 수학적 모델을 정립하는 보통의 과학적 접근은 그 모델이 묘사하는 우주가 왜 존재해야 하는지에 대한 질문에 결코 답변하지 못한다.
> 그러면 도대체 우주는 왜 존재하는가?[25]

끈 이론의 창시자들 가운데 하나인 서스킨드(Leonard Susskind)는 모든 질문 중에서 가장 큰 질문, 곧 우주를 누가 혹은 무엇이 어떤 목적으로 창조했는지, 모든 것에 목적이 존재하는지에 대한 질문에 자신이 해답을 제시할 수 없다고 생각한다. 그는 자신의 책이 어떤 지적 행위자가 특정한 목적으로 우주를 창조했을 가능성을 약화시킨 것은 아니라고 한다. 궁극적인 실존적 질문인 "왜 무가 아니라 유인가?"에 대한 답변은 끈 이론이 발견되기 이전부터 지금까지 전혀 달라진 것이 없다. 만일 창조의 순간이 있었다고 해도, 그것은 대폭발의 초기 역사에서 발생한 폭발적 급팽창의 장막으로 우리의 눈과 망원경으로부터 감춰졌을 것이다. 그는 만일 신이 있다면 스스로 무의미해지기 위해 큰 노력을 기울였을 것이라고 적고 있다.[26]

---

24 Gregory Benford와의 인터뷰에서, "Leaping the Abyss: Stephen Hawking on Black Holes, Unified Field Theory and Marilyn Monroe," Reason 4.02 (April 2002), 29.

25 Stephen Hawking, *A Brief History of Time: From the Big Bang to Black Holes* (New York: Bantam Books, 1988), 174.

26 Leonard Susskind, *The Cosmic Landscape: String Theory and the Illusion of Intelligent Design* (New York: Little, Brown, 2006), 379-380.

따라서 가장 근본적인 형이상학적 질문인 왜 무(無)가 아니고 유(有)인가
의 질문 대한 답변은 창조주에게서 찾을 수 있다. 호킹이 『위대한 설계』에
서 시도한 것은 창조주가 존재하지 않다는 것을 증명한 것이 아니라, 그를
필요로 하지 않은 채 우주의 기원을 방법론적 자연주의의 범위 내에서 설
명하는 것이었다. 호킹은 1989년에 미국의 ABC TV 인터뷰에서 다음과 같
이 언급했다.

> 신 개념을 언급하지 않고서 우주의 시작을 논하기 어렵다. 우주의 기원에
> 대한 나의 연구는 과학과 종교 사이의 경계선에 위치해 있지만, 필자는 그
> 경계선에서 과학의 편에 머물고자 한다. 신이 자연법칙들에 의해서 묘사될
> 수 없는 방식으로 활동한다는 것은 매우 가능한 일이다.

또한 호킹은 『시간의 역사』에서 다음과 같이 말한다.

> 우리가 만약 완전한 이론을 발견하게 되면, 그때 철학자들과 과학자들 그
> 리고 보통의 사람들이 모두 왜 우주가 존재하는지에 대한 토론에 함께 참
> 여할 것이다. 만약 그 질문에 대한 답변을 발견한다면, 그것은 인간 이성
> 의 종국적 승리가 될 것이다. 왜냐하면 그때 우리는 하나님의 지성(mind of
> God)을 알게 될 것이기 때문이다.[27]

호킹은 『위대한 설계』제7장 '명백한 기적'에서 우주적 미세조정과 인류원
리를 신비롭고 기적적인 것으로 파악한다. 1988년 독일 「슈피겔」(Der Spie-
gel)지와의 인터뷰에서도 그는 인간이 보통의 별에 살고 있는 보잘것없는 존
재에 불과하지만, 인간이 우주를 이해할 수 있는 것이야말로 인류를 매우

---

[27] Hawking, *A Brief History of Time: From the Big Bang to Black Holes*, 193.

특별한 존재로 만들어 준다고 한 바 있다.

호킹은 또한 많은 사람이 이 기적적인 일치들을 갖고 하나님의 활동에 대한 증거로 사용한다고 말한다. 호킹에 의하면, 우주가 인류를 수용할 목적으로 계획되었다는 생각은 수천 년 전부터 지금까지 이어져 오는 수많은 신학과 신화에서 발견된다. 그는 창조 이야기가 들어 있는 구약성경도 여타 세계 신화들 가운데 하나로 간주하는 것처럼 보인다.

호킹은 한때 로마 가톨릭교회에서 종교와 과학 분야에 큰 영향력을 행사하고 있는 오스트리아의 크리스토프 쇤본(Christoph Schönborn) 추기경의 발언을 비판한 적이 있는데, 쇤본 추기경의 주장은 다음과 같다.

> 이제 21세기에 접어들면서 현대 자연과학에서 발견되는 목적과 설계에 대한 압도적인 증거를 회피할 목적으로 고안된 신다윈주의와 다중우주(multiverse) 가설 등의 과학적 주장들을 마주하고 있는데, 가톨릭교회는 자연 속에 내재된 계획이 사실임을 천명함으로써 다시금 인간 본성을 변호할 필요가 있다.

호킹은 추기경이 언급하는 '목적과 설계에 대한 압도적인 증거'가 바로 '자연법칙의 미세조정'을 가리킨다고 본다. 그는 계속해서 다중우주론이 '미세조정의 기적'을 설명하려고 고안된 것이 아니며, 자연법칙의 미세조정은 다중우주들의 존재로 인해 설명될 수 있다고 주장한다. 모든 시대에 걸쳐 많은 사람이 자연의 아름다움과 복잡성을 창조주의 작품으로 간주하곤 했다. 하지만 호킹은 이것이 당시에 그것을 설명해 줄 만한 마땅한 과학적 근거가 부족했기 때문이라고 생각한다.

결국, 다윈의 진화론이 등장하여 생명체의 명백한 기적으로 보이는 설계가 창조주를 끌어들이지 않고도 설명할 근거가 마련되면서부터 인식의 변화가 생기기 시작한 것이다. 이와 마찬가지로, 호킹은 다중우주론이 우주의 기원에 대하여 창조주 하나님이 없이 물리법칙의 미세조정만으로도 설명할 수 있다고 주장한다. 그러나 내 생각에는 쉔본 추기경의 주장한 대로 많은 자연과학자가 실제로 현대 자연과학에서 발견되는 목적과 설계에 대한 압도적인 증거를 회피하기 위한 수단으로 메타물리학적(형이상학적) 가설로서의 다중우주론을 선택하는 것 같다.

7. 플란팅가와 방법론적 자연주의의 문제

폴킹혼은 다중우주론을 하나의 '대담한 사변'(a bold speculation)이라고 평가한 바 있다. 그가 양자역학에 대한 해석의 문제를 포함하여 과학의 범위를 넘어서는 질문을 언급할 때 자주 사용하는 '형이상학적 결단'(metaphysical decision)이 창조주인가, 아니면 다중우주인가를 선택하는 과정에서도 요구되는 것 같다. 몇 년 전 다윈의 진화론에 관한 교황청의 견해를 정리하는 비공개 토론회에서 쉔본 추기경과 전 교황은 우리 인류가 아무런 의미도 지니지 않은, 우연한 진화의 산물이 아니며, 우주가 제멋대로 생겨난 것이 아니라는 믿음을 재확인했다. 그래서 그들은 창조의 주제로 돌아가, 우주 창조가 성부(聖父)의 선택이라는 점을 확고히 했다.

지난 30년간 미국 학계에서 기독교 철학의 부흥을 이끌어 온 플란팅가(Alvin Plantinga) 교수는 쉔본 추기경의 입장을 지지했다. 그는 1980년 「타임」(Time)지에서 '정통 개신교 진영을 주도하는 하나님의 철학자'로 소개된 바 있으며, 오늘날도 기독교 철학계의 대부로 인정받는 인물이다. 그는 유신론 분석철학자(analytic theist)로서 칼빈대학(Calvin College)을 거쳐 노트르담대학교의 철학과 석좌교수이자 종교 철학연구소의 소장으로 활동했다. 2004년과 2005년에는 기포드 강좌(Gifford Lecture)에서 종교와 과학을 주제로 강의하기도 했다. 플란팅가는 유대-기독교의 유신론적 믿음이 합리적일 수

있는가에 대한 문제를 오랫동안 연구해 온 것으로 유명하다.[28]

자연주의와 진화론 모두 신의 계획에 대한 부정을 함의하고 있다. 하지만 진화론이 그 자체로 이러한 함의를 가진 것은 아니다. 이러한 함의는 진화과학이 그러한 부정을 담고 있는 자연주의와 결합할 때 나타나는 결과일 뿐이다. 그래서 플란팅가는 주장하기를, 다윈주의 자체는 진화의 과정이 어떤 계획도 허용하지 않는다는 명제를 담지하거나 함축하지 않는다고 한다.

또한 그는 실제로 유신론적 신앙이 제시하는 (지적) 설계 논증을 지지해 줄 만한 근거가 상당히 많다고 주장한다.[29] 그는 현대과학의 '방법론적 자연주의'를 거부하는데, 그 이유는 방법론적 자연주의가 형이상학적 전제나 신념을 가지고 있어 결코 중립적이지 않다는 데 있다. 이런 맥락에서 폴킹혼도 '형이상학적 결단'이 필요하다고 주장했다. 플란팅가는 유신론적 종교의 신이나 이 신과 같은 존재가 없다고 주장하는 것이 '자연주의적 세계관'(이는 '유사-종교'의 일종이다)의 본질적인 요소이며, 이 세계관은 실제로 진화론과 양립할 수 없다고 주장한다.

따라서 그는 과학과 종교(또는 과학과 유사종교) 간의 갈등은 정당하지만, 그것이 자연주의와 과학의 갈등이지, 유신론적 종교와 과학의 갈등은 아니라고 한다. 플란팅가에 의하면, 자연주의는 유신론적 종교의 신이나 이와 같은 존재를 부정하는 사고방식으로, 종교가 지닌 가장 중요한 역할을 하

---

[28] 필자가 공부했던 오스트리아 인스부르크대학교의 기독교 철학부에서도 플란팅가의 개혁주의 인식론과 기독교 철학은 잘 알려져 있었다. 기독교 철학을 전공한 교수들이 기고한 『신앙의 합리성에 대한 칼빈주의적 입장-알빈 플란팅가와 개혁주의 인식론』이라는 논문집도 사실은 인스부르크 기독교 철학부 교수들에 의해 출판된 것이다: Winfried Löffler, "Eine calvinistische Position zur Vernunftigkeit des Glaubens: Alvin Plantinga und die 'Reformierte Erkenntnistheorie,'" In E. Runggaldier u. B. Schick (Hg.), *Letztbegründungen und Gott*, Berlin u.a.: de Gruyter 2011, 67-85. 과학과 종교, 기독교 철학, 그리고 르네 지라르의 문명 이론을 중심으로 한 공동연구는 신앙고백의 차이에도 불구하고 국제적으로 잘 이루어지고 있다.

[29] 알빈 플란팅가, "과학과 종교: 갈등의 지점은 어디인가," 서강대학교 철학연구소 논문집 「철학논집」 제19집 2009.10, 287-288.

고 있다는 점에서 일종의 '유사종교'라 할 수 있다. 또 그것은 자연주의적 세계관이 지닌 본질적 요소에서 비롯된 것이기 때문에, 자연주의적 세계관은 실제로 진화와 결코 양립할 수 없다.[30]

한 마디로 실제적인 충돌은 진화론과 유신론적 종교 사이에서가 아니라, 현대과학의 기둥인 진화론과 자연주의 사이에서 일어나고 있다.

플란팅가는 도킨스의 『만들어진 신』(The God Delusion)에 대해서도 '도킨스의 혼동-극단으로 치닫는 자연주의'라는 제목의 글로 비판한 적이 있다. 플란팅가는 이 책이 자연과학에 대해서는 거의 논의를 하지 않고 주로 철학과 신학을 다룬다고 지적한다.[31] 이와 마찬가지로 홀드의 비판처럼, 호킹의 『위대한 설계』 역시 철학이 자연과학의 진보를 따라오지 못해 죽었다고 비판하지만 실제로는 철학과 사상이 깊게 스며든 책이다.[32]

플란팅가에 의하면, 다윈주의에 연루된 임의성은 그 자체로 진화의 과정이 '하나님의 계획 속에' 이루어졌다는 주장을 함축한다. 만약 인간이 임의적인 유전적 변이 가운데서 작동하는 자연선택 때문에 생겨났다면, 또 이것이 사실이라면, 그것은 인간이 하나님에 의해 설계된 존재이고 하나님의 형상대로 창조된 존재라는 주장과 전적으로 양립 가능하다고 볼 수 있다.

따라서 플란팅가는 다윈주의가 '하나님의 주재(guide), 하나님의 조화로운 연출과 진화의 전체 과정에의 개입'이라는 요인과 완벽하게 양립할 수 있다고 주장한다. 실제로, 이런 생각은 하나님이 자연선택을 통해 선별한 임의적인 유전적 변이의 원인이 된다는 생각과도 양립한다고 볼 수 있다. 결과적으로 진화가 인류와 살아있는 다른 존재들이 계획된 것이 아님을 보여준다는 사람들은 '과학적 이론에 대한 자연주의적 해석'을 과학 이론

---

[30] Ibid., 281.
[31] Alvin Plantinga, "The Dawkins Confusion. *Naturalism ad absurdum*," *Christianity Today*, March/April 2007.
[32] Holder, *Big Bang, Big God: A Universe designed for life?*, 55.

자체와 혼동하고 있다.[33]

플란팅가에 의하면, 하나님은 살아있는 세계를 창조하되, 다양한 방식으로, 특별히 진화론의 주장과 양립할 수 있는 방식으로 창조 사역을 수행했을 수도 있다. 하나님은 진화의 과정이라는 기획을 통해 당신이 의도한 피조물이 생겨나게 할 수 있다. 하지만 플란팅가는 기독교 신앙과 부합하지 않는 점이 하나 있다면서, 그것은 진화와 다윈주의가 어떤 관할과 주재 아래 있지 않다(unguided)는 주장이라고 지적한다.[34] 그는 계속해서 프린스턴 대학교의 저명한 신학자였던 찰스 핫지(Charles Hodge)의 식물과 동물의 설계에 관한 다음의 이야기를 언급한다.

> 만일 하나님이 동식물을 지으셨다면, 설계의 문제가 연관해서, 그 지으심이 즉각적인 것이건, 진화의 과정을 거치는 것이건, 그가 만드신 방식에는 별반 차이가 없다.[35]

플란팅가에 의하면, 문제는 과학자들과 다른 사람들이 진화를 전적으로 계획이 없이 우연에 의해서 이끌어지는 과정으로 여긴 나머지 인간과 같은 이성적인 피조물이 존재하는 것을 단순히 우연의 문제로 간주할 때 발생한다. 이것은 결코 기독교 신앙과 양립할 수 없다. 기독교 신앙은 하나님이 인류를 자신의 형상을 따라 의도적으로 창조했다고 믿는다.

하나님의 형상이자 창조의 면류관인 인간은 우주에 대해 생각하는 갈대로서 우주와 자기 자신을 인식하는 존재다. 더 나아가 인간은 칼뱅이 주장한 것처럼 하나님께서 인간 안에 심어놓은 종교의 씨앗(*semen religionis*)—

---

[33] 플란팅가, "과학과 종교: 갈등의 지점은 어디인가," 286.
[34] Ibid., 282-3.
[35] Charles Hodge, *What is Darwinism* (New York: Charles Scribner, 1871); 플란팅가, "과학과 종교: 갈등의 지점은 어디인가," 283, 각주 1에서 재인용.

플란팅가가 자주 언급한 신의식(sensus divinitatis)—으로 인해 하나님을 인식하는(cognitio Dei) 존재다. 하나님께서 이것을 진화의 과정을 통해서 하셨을 수도 있지만, 플란팅가는 우리의 존재가 우연에 의한 것은 아니라고 말한다.

플란팅가는 "방법론적 자연주의?"라는 논문에서 현대과학이 종교적이거나 신학적으로 중립적이라고 생각한다면 그것은 굉장히 순진한 생각이라고 지적한다. 아마도 과학 일부분은 그럴 수도 있지만, 일부 과학은 종교적으로 중립적이지 않기 때문이다. 플란팅가는 과학적인 이론들이 자주 특별한 방식으로 종교적으로나 형이상학적으로 중립적이지 않은 예들을 열거한다.

센본 추기경이 현대 자연과학에서 발견되는 목적과 설계에 대한 압도적인 증거를 회피하기 위해 다중우주론이 선택된다고 지적한 것처럼, 플란팅가도 과학적 이론들이 종교적으로나 형이상학적으로 중립적이지 않다는 예로 미세조정을 언급한다.[36] 60년대 후반부터 70년대에 이르기까지, 천체물리학자들은 지적인 생명체의 발달이 있기 위해 여러 가지 기초물리학 상수들이 극소한 범위 내에서 미세하게 조정되고 조율되어야 한다는 점을 발견하게 되었다.

플란팅가는 1979년 「네이처」(Nature)지에 발표한 논문에서 카(B.J. Carr)와 리스(Martin Rees)의 논문인 "인류원리와 물리적 세계의 구조"를 인용한다. 인류 원리에 의하면, 은하, 별들, 행성들 그리고 모든 세상의 기본적인 특징들은 필수적으로 미시적 상수들과 중력의 영향들에 의해 결정된다. 우리가 사는 우주의 여러 가지 측면들은(일부분은 생명이 임의의 형태로 진화하기 위한 필수조건처럼 보인다) 물리적 상수들 사이의 명백한 일치에 미묘하게

---

[36] Alvin Plantinga, *Methodological Naturalism?* Philosophical Analysis. *Origins & Design* 18:1
http://www.calvin.edu/academic/philosophy/virtual_library/articles/plantinga_alvin/methodological_naturalism_part_1.pdf

의존한다.³⁷

생명의 존재는 우주가 팽창하고 있는 속도에 아주 미묘하게 의존하고 있는 것으로 보인다. 그래서 플란팅가는 스티븐 호킹이 우주가 단지 재붕괴를 피할 수 있는 속도에서 팽창했기 때문에 생명체가 존재할 수 있었다는 결론을 내렸다는 사실을 인용한다. 실제로 빅뱅의 초기 조건에서의 미세조정(fine-tuning)은 매우 놀랄만한 것이었다.

플란팅가는 계속해서 폴킹혼의 견해를 인용한다.

> 우리는 폭발적인 팽창과 중력 수축 사이에 존재하는 경쟁적인 영향 사이에 매우 미세한 균형이 있어야만 했음을 알고 있다. 빅뱅 후 10-43초의 시간, 즉 플랑크 시간(Planck Time)이라 불리는 초기 시간에 믿을 수 없을 정도의 정확성이 존재했다.³⁸

플란팅가는 이어서 과학의 철학적 의미를 연구하여 템플턴 상과 영국 왕립 협회가 수여하는 패러데이 상을 받기도 한 폴 데이비스의 주장을 인용한다. 그의 주장에 따르면, 이 우주적 미세조정이 인간의 존재에 필수적이라는 사실은 현대과학의 가장 환상적인 발견 중의 하나다.

폴 데이비스는 현대 양자물리학의 메타물리학적(형이상학적), 철학적, 종교적 의미를 꾸준히 연구해 왔다. 그는 '경건한 회의론자'(devout sceptics)로 분류되는데, 무신론을 거부하고 우주 속의 합리성과 설계에 대해 말하면서, (기독교) 유신론적인 의미에서의 '하나님'이라는 말을 매우 조심스럽게 사용한다. 그런 의미에서 기독교 유신론의 입장과도 거리를 유지하면서, 대체

---

[37] B.J. Carr and M.J. Reed, "The Anthropic Principle and the Structure of the Physical World," *Nature* Vol. 278 (April 12, 1979), 605.

[38] John Polkinghorne, *Science and Creation: The Search for Understanding* (Boston: New Science Library; New York: Random House, 1989), 22.

적으로 아인슈타인과 호킹처럼 과학과 종교의 경계선에 머물면서 연구하지만, (방법론적 자연주의에 기초하여) 과학의 편에 서서 우주 창조의 신비를 연구하는 것으로 보인다.

폴킹혼에 의하면, 이 경이롭고도 놀랄만한 우주적 미세조정과 일치는 우주가 창조주 하나님에 의해 창조되었음을 보여준다.[39] 플란팅가 역시 폴킹혼의 주장에 동조한다. 플란팅가는 우주론적 상수들의 값들과 우주의 팽창률이 실제로 놀랄 만한 것이며 설명이 필요하다고 본다. 그는 물리 이론이 우주적 미세조정과 인류 원리, 그리고 설계를 암시하는 것으로 보이는 제안들을 회피해야 한다는 '무관심의 원리'(principle of indifference)를 비판한다. 따라서 그는 이 방법론적 자연주의에서 나온 '무관심의 원리'를 전혀 고려할 필요가 없다고 주장한다. 그리고 플란팅가는 다음과 같이 질문한다.

> 만약 하나님이 우주를 창조했다면 왜 우주가 그와 같은 특이점(singularities)이나 경이로운 일치들(coincidences)을 보여서는 안 된다는 말인가?
> 왜 우리는 그와 같은 것들을 제거할 때까지 정당한 물리 이론을 가질 수 없다고 생각해야만 하는가?

실험을 통해 거의 동일한 이론 두 개가 존재하고 그들 중 하나가 '무관심의 원리'를 위반했다고 하고, 다른 이론은 셀 수 없이 많은 다른 우주들 또는 무수히 많은 작은 우주들을 설명한다고 가정해 보자.

유신론자들은 '경제성'의 원리에 입각하여 지나치게 현란하고 사변적인 다중우주론보다는 훨씬 더 간결하고 명확한 단 하나의 창조된 우주론을 선호하게 될 것이다.

---

[39] Polkinghorne, *Science and Creation: The Search for Understanding*, 23.

8. 스스로 우주를 창조한 자연법칙의 기원

폴 데이비스는 영국 일간지 「가디언」(Guardian)지에 기고한 글에서[40] 다중우주론이 지닌 문제점을 지적하는 한편, 스티븐 호킹이 『위대한 설계』에서 제시한 자연 발생적 우주 창조를 비판적으로 분석한다.

도대체 스스로 '무'에서 우주를 창조한 그 자연법칙은 어디서 왔는가?

빅뱅 '이전에' 시간이 없었다는 견해는 전혀 새로운 것이 아니다. 데이비스는 이미 우주가 시간 속에서가 아니라 시간과 함께 창조되었다는 아우구스티누스의 주장을 소개한다. 그가 믿었던 하나님은 시간과 공간을 모두 초월한 분이었다.

그런데 호킹은 하나님을 끌어들이지 않고서도 물리학의 법칙들로만 시간과 공간과 물질로 구성된 우주가 어떻게 자연 발생적으로 탄생했는지를 설명할 수 있다고 주장한다. 하지만 여기에 이런 주장을 단순히 받아들이기보다 해명하기 '더 어려운'(tougher) 문제가 숨어 있다.

데이비스는 우주가 '무'로부터 폭발하여 탄생하게 만든 그 절묘한 법칙들의 기원이 무엇인지를 질문한다. 전통적으로 과학자들은 물리학의 법칙들이 그저 탄생 시점부터 우주에 각인된 것뿐이라고 가정했고, 그 법칙들의 기원에 대해 별다른 설명을 제시하지 않았다.

그런데 최근에 와서 과학자들은 이 문제와 관련하여 그들의 입장을 약간씩 바꾸기 시작했다. 만일 우주의 기원이 어떤 초자연적 사건이 아니라 하나의 법칙이라면, 그 동일한 법칙들이 다른 우주들도 존재하게 했을 것이

---

[40] Paul Davies, "Stephen Hawking's big bang gaps. The laws that explain the universe's birth are less comprehensive than Stephen Hawking suggests," *The Guardian*, Saturday 4 September 2010.

라는 점이다. 그 결과 실제로는 많은 빅뱅이 있었고, 많은 우주가 그것으로 인해 완전히 자연발생적으로 탄생했다는 것이다. 호킹이 동조하는 이런 이론들은 다중우주론(multiverse theory)이라고 불리게 되었다.

이 새로운 우주론에 의하면, 결국 빅뱅 이전에 무엇인가가 있었는데, 그것은 '우주를 발아시키는 잠재성'을 잉태한 다중우주(multiverse) 지역이라는 것이다. 폴 데이비스는 다중우주론이 모든 물리적 실재들에 대해 완전한 해명을 한다고 보지 않는다. 다중우주론을 해명하기 위해 많은 것들을 필요로 하는데, 예를 들어 모든 빅뱅을 주관하는 아치형(overarching) 공간과 시간, 빅뱅을 유발하는 특정한 우주 발생 메커니즘, 우주를 물질 재료로 채울 수 있게 하는 물리적 장들(fields), 그리고 사물이 발생하도록 하는 일련의 힘들이 여기에 속한다.

우주론자들은 다중우주를 포괄하고 각 우주의 특정한 법칙들(bylaws)을 알처럼 낳는 포괄적인 메타 법칙들(meta-laws)을 상상함으로써 이런 다중우주의 특징들을 받아들인다. 하지만 이런 메타 법칙들 자체는 여전히 설명되지 않은 채 남아있다. 그것들은 영원히 불변하고 초월적인 실체들로 그냥 존재하게 되었으며, 단지 주어진 것으로 수용되어야 한다.

폴 데이비스는 이런 점에서 다중우주론의 메타 법칙들이 설명되지 않은 초월적인 신과 유사한 지위를 얻게 되었다고 지적한다. 폴 데이비스는 1995년 영국 웨스트민스터대성당에서 템플턴 상을 받았는데, 당시 수상 연설의 제목이 "물리학과 하나님의 지성"(Physics and the Mind of God)이었다.[41]

이 강연에서 양자 중력 이론의 전문가인 그는 맨 먼저 우주의 출현이 어떤 초자연적 과정이 아니라 양자물리학의 법칙들에 따라 자연 발생적으로 일어날 수 있다고 주장한 호킹과 다른 학자들의 견해를 소개한다.

---

[41] Paul Davies, "Physics and the Mind of God: The Templeton Prize Address," *First Things* (August/September, 1995), 31-35.

원시적 단계의 우주는 극도로 단순하고, 거의 특색 없는 상태였다.

아마 원자보다 작은 입자들이 모인 균일한 수프(soup) 형태였을 것이다.

우리가 현재 관찰하는 물질과 에너지의 모든 풍성함과 다양성은 빅뱅 특이점 이후의 자기 조직적인 물리적 과정들의 매우 장구하고 복잡한 일련의 연속적인 사건들 속에서 출현했다.

물리 법칙들은 우주가 저절로 출현하도록 했을 뿐 아니라, 그것이 위대한 우주적 드라마와 대서사시를 되돌아볼 수 있고 또 그것의 의미를 성찰할 수 있는 의식적 존재들이 출현하는 지점까지 자신을 조직하고 복잡성을 증가시키도록 했다. 물리학 법칙들이 만들어낸 이 위대한 우주적 드라마에서 창조주의 역할은 사라진 것처럼 보일 수도 있다. 하지만 폴 데이비스는 우리가 다시금 다음과 같은 '갈망하는' 질문으로 되돌아갈 수밖에 없다고 지적한다.

도대체 그렇다면 물리학의 법칙들은 어디서 왔는가?
다른 일련의 법칙들이 아니라, 왜 하필 이와 같은 특정한 법칙들인가?
어떤 일련의 법칙들이 빅뱅이 만들어낸 특색이 없고 타는 듯한 가스로 하여금 점차 생명과 의식들과 지능과 종교, 예술, 수학 그리고 자연과학과 같은 문화적 활동을 향해서 왜 나아가도록 했는가?

폴 데이비스는 최근의 저서에서 물리학의 법칙들 기원에 대한 논의를 계속 발전시키고 있다. 그에 의하면, 이 문제는 과학자들에게 실로 중대한 질문이다. 그래서 그는 스티븐 호킹이 이 문제를 다음과 같이 웅변적으로 묘사한 바 있다고 인용한다.

(수학적) 방정식에 불을 불어 넣어서, 그들 방정식으로 표현된 자연법칙들이 우주를 묘사하도록 한 것은 과연 무엇인가?

누가, 혹은 무엇이 '단지 가능한 것'을 '실제로 존재하는 것'으로 만들었는가?

폴 데이비스는 수학적 방정식으로 표현된 물리학의 자연법칙에 '불을 뿜는 실현자'(fire-breathing actualizer), 곧 가능성의 부분 집합을 실제 위치에까지 끌어올린 메커니즘에 대한 문제가 회피되었다고 지적한다. 과학계의 정통적인 입장은 실제로 존재하는(가능하거나 혹은 존재하지 않은 것과 반대되는) 법칙들이 더 이상의 깊은 설명을 전혀 필요로 하지 않으며, 그냥 주어진 사실(brute fact)로만 수용되어야 한다는 것이다.

폴 데이비스는 이러한 정통적 입장의 한 예로 미국 캘리포니아 공과대학교(California Institute of Technology)의 우주 이론 물리학자인 션 캐롤(Sean Carroll)의 말을 인용한다. 유신론자가 아닌 그는 기독교 신학자와도 논쟁한 바 있는데, 우주적 미세조정을 신의 존재를 보여줄 수 있는 가장 강력한 논증으로 인정한다.

왜 이런 물리 법칙들이 존재하는지에 대한 질문에, 그는 '그냥 그 자체가 사물이 존재하는 방식이다'라고 답변한다. 그는 계속해서 "우주에 발생하는 사건들에 대한 설명들의 사슬이 존재하지만, 그것은 궁극적으로 자연의 근본적인 법칙들에까지 이르러 거기서 멈춘다"라고 답한다. 다른 말로 하자면, 물리학의 법칙들은 자연과학에 있어 '접근 금지'(off limits)의 질문에 해당한다. 우리는 그것을 단지 '주어진 것'으로 수용할 뿐이며, 그것을 응용하는 일을 할 뿐이라고 생각한다.[42]

폴 데이비스는 물리학의 법칙들의 감추어진 가정들에 대해 지적한다. 그에 의하면, 물리학의 법칙들에 대한 정통적 입장은 몇 가지 감추어진 가정

---

[42] Paul Davies, "Universe from bit," in Paul Davies and Niels Henrik Gregersen(eds), *Information and the Nature of Reality: From Physics to Metaphysics* (Cambridge: Cambridge University Press, 2010).

들 위에 세워져 있다. 그 법칙들은 영원하고 불변하며, 물리적 우주를 초월하는 무한히 정확한 수학적 관계들이고, 우주 탄생의 시작점에서부터 '외부에서' 각인된 이후로 영원에서 영원에 이르기까지 불변하다는 것이다. 또한 물리적 세계는 법칙들의 영향을 받지만, 그 법칙들은 우주에서 발생하는 것에 전혀 영향을 받지 않는다. 에너지 혹은 폭력의 관점에서 아무리 물리적 상태가 극심하더라도, 그 법칙들은 전혀 변하지 않는다는 것이다.

폴 데이비스는 바로 물리적 법칙들에 대한 이런 이해가 어디로부터 왔는지를 발견하는 것은 어렵지 않다고 말한다. 바로 어떤 합리적인 존재가 완벽한 법칙들에 따라서 우주를 설계했다고 주장하는 유일신론에서 해답을 얻을 수 있다. 불변하는 법칙들과 우연한(contingent) 상태들 사이에 존재하는 비대칭성은 바로 하나님과 자연 사이의 비대칭성을 거울처럼 반영하고 있다. 즉, 우주는 그 존재를 하나님에게 전적으로 의존하고 있지만, 하나님의 존재는 우주에 전혀 의존하지 않는다.[43]

그래서 폴 데이비스는 물리학 법칙들의 신학적 계보학에 대해서도 언급한다. 과학사가들에 의하면, 뉴턴과 그의 동시대인들은 과학을 연구함에 있어 그들이 수학적 질서의 형태로 이루어진 우주에 대한 신적 계획을 발견하고 있다고 생각했다. 이런 유형의 사유는 데카르트와 스피노자의 경우에도 발견된다. 폴 데이비스는 물리학의 법칙에 대한 정통적 견해가 분명히 신학에서 직접 유래되었다고 본다. 이런 견해는 300년 동안의 자연과학 역사에서 아무런 도전도 받지 않고 전수됐다. 물리학의 법칙에 대한 이런 '신학적 모델'은 과학적 사유에 너무나 깊이 각인된 나머지 아주 당연한 것으로 간주하곤 했다. 이처럼 물리적 법칙들의 개념 뒤에 존재하는 숨겨진 가정들과 그 '신학적 기원'은 과학사가들이나 신학자들을 제외하고 거의

---

[43] Ibid., 70.

모든 사람에게 지금까지 무시되어 왔다.[44]

그리고 이런 고전물리학의 신학적 계보학에서 점차 패러데이와 맥스웰의 전자기장 이론을 거쳐 아인슈타인의 상대성 이론, 그리고 빅뱅 우주론과 양자물리학이 탄생하기에 이르렀다.[45]

9. 힉스 메커니즘과 희생양 메커니즘

우주의 기원을 설명하는 힉스 입자와 힉스 메커니즘, 그리고 문화의 기원에 존재하는 희생양과 희생양 메커니즘은 직접적이지는 않지만, 흥미롭게도 은유적인 방식으로 비교할 수 있다. 앙글레르(François Englert)와 브라우트(Robert Brout)는 소립자에 질량을 부여하는 메커니즘이 존재한다는 가설을 처음 제시한 것으로 알려져 있다. 이들은 '자발적 대칭성 깨짐'(spontaneous symmetry breaking)이라는 과정을 통해서 빅뱅 초기에 질량이 없던 기본 입자(elementary particle)에 질량이 부여되는 과정을 이론화하였다.

피터 힉스(Peter Higgs)는 이후 기본입자에 질량을 부여하는 입자의 존재를 처음으로 제기하는 논문을 발표하였으며, 이 입자는 나중에 '힉스 입자'로 명명되고 질량이 부여되는 과정도 '힉스 메커니즘'(Higgs Mechanism)이라 불리게 되었다. '힉스 입자'는 우주 생성의 비밀을 밝혀낼 단서가 된다는 점에서 '신의 입자'(God's particle)로 불리기도 하는데, 이 정체불명의 입자는 가설로만 존재해오다가 2012년 7월 유럽입자물리연구소(CERN)가 오랜 실험 끝에 그 존재를 처음 발견한 데 이어 2013년 일본 도쿄대학교와 고에

---

[44] Ibid., 71.
[45] 나중에 패러데이와 맥스웰의 전자기장 이론과 삼위일체론 과의 관련성에 대해서도 좀 더 논하겠지만, 이를 통해 고전물리학뿐 아니라, 현대 물리학에서도 신학적 계보학을 발견할 수 있다 하겠다.

너지가속기연구기구 등이 참여한 국제연구팀에 의하여 발견되어 학술적으로 인정받게 되었다.

힉스가 대칭성을 깨면서 소립자들에 질량을 부여하는 과정 설명은 다음과 같이 쉽게 비유되기도 한다. 사람들이 북적대는 정도가 균일하고 사람들 분포에도 대칭성이 있는 어느 거리에 갑자기 초특급 연예인이 등장하게 되면, 그 대칭성이 깨지면서 균일하던 분포에 큰 변화가 생기게 마련이다. 사람들이 그 연예인 방향으로 움직이고자 할 때 밀집된 사람들로부터 받는 저항의 정도가 바로 소립자들이 얻게 되는 질량에 비유될 수 있다고 한다.

지라르에게 있어 문화는 한 마디로 비대칭적 차이의 시스템이다. 그에 의하면, 신화와 희생제의가 표현하는 것은 바로 안정되고 차가운 차이가 붕괴한 채, 대립적이고 경쟁적인 아곤(agon) 상태에 있는 '무서운 대칭'(fearful symmetry)이다.[46]

예를 들어 우리는 이 무서운 대칭의 상황을 아버지와 아들이 같은 높이에서 대치하면서 싸우려는 모습 속에서 발견할 수 있다. 극도로 뜨겁고 위기적이며 카오스적인 대립각이 세워진 상태가 바로 '무서운 대칭'이다. 인류의 축제는 모두 이 '무서운 대칭'을 의도적으로 재현하기 위한 장치에 해당한다. 무서운 대칭은 비로소 힉스 입자의 경우처럼 희생양을 통해 깨어진다. 극도로 뜨거운 무서운 대칭이라는 카오스에 빠진 군중은 위기의 책임자를 희생양에서 발견하고 그를 추방하거나 살해함으로 다시금 안정된 비대칭성으로 되돌아가려는 성향이 있다.

힉스 입자와 힉스 메커니즘처럼 희생양과 희생양 메커니즘은 무서운 대칭 상태를 깨고 점점 차가워지면서 안정된 비대칭 상태로 나아가게 한다. 희생양은 연예인들처럼 군중들의 시선과 관심을 한 몸에 받아서 군중을

---

[46] René Girard, *Oedipus Unbound: Selected Writings on Rivalry and Desire,* ed. Mark R. Anspach (Standford: Standford University Press, 2004), 36.

운집시킬 정도로 특이한 존재다. 지나치게 화려하고 아름답고 똑똑하든지, 아니면 지나치게 연약하고 어리석고 늙고, 신체적 혹은 정신적으로 병든 자가 군중의 동물적인 시선을 받게 된다.

이처럼 인류문화는 극도로 뜨겁고 무서운 대칭을 깨뜨리기 위해 희생양을 매개로 하여 점점 차가워지면서 차이를 가져왔고, 우주도 역시 극도로 뜨거운 순수 에너지로부터 점점 차가워지면서 분화되어 현재의 구조를 이루게 된 것이다. 우주의 기원이 되는 빅뱅 특이점과 문화의 기원이 되는 희생양 사이에도 직접적인 관련은 없지만, 은유의 차원에서 찾아볼 수 있는 흥미로운 관계가 있다.

지라르에 의하면, 문화의 기원은 일종의 사회적 '특이점'(singular point)이라 할 수 있는 희생양에게 있다.[47] 세계 창조신화들은 모두 우주적 거인이자 신들인 희생양에 대한 초석적 폭력과 살해 이야기들로 가득하다. 신적인 존재로 신격화된 희생양에 대한 초석적 살해 이야기가 곧 세계 신화의 숨겨진 코드라 해도 무방하다. 중력이 우주의 물질을 형성한 것처럼, 인류의 문화는 사회적 중력인 미메시스(모방)로 인해서 희생양 특이점을 중심으로 형성된다. 현대 우주론의 표준모델인 빅뱅 우주론에 의하면, 특이점은 우주 창조의 시작점이요 제로점을 가리킨다.

빅뱅 우주론은 우주의 출발점을 시사한다. 이것은 펜로즈와 호킹에 의해 '특이점 정리'(Singularity Theorem)로 증명된 내용이다. 특이점 정리는 한마디로 우주의 생성에 있어 특이점이 존재해야 한다는 원리다. 하지만 어느 사람도 그 출발점의 본질에 대해 많은 정보를 갖고 있지 못한 상태다. 시간과 공간과 물질과 에너지는 빅뱅 사건으로 인해 생겨났다. 빅뱅 우주론은 우주가 절대적 시작점에서 탄생했고, 언젠가는 죽음을 맞게 될 것이라는 점에서

---

[47] 지라르의 미메시스 이론에 대해서는 저자의 책을 참고하라(『붓다와 희생양: 르네 지라르와 불교문화의 기원』[서울:SFC 출판부, 2013]). 특히 이 책의 '제1장 르네 지라르와 문화의 기원'을 보라.

기독교가 오래전부터 견지해 왔던 창조와 종말의 직선적 우주관 및 시간관과 맞닿아 있다. 독일 뮌헨대학교의 천체물리학 교수이자 자연철학자로 독일 방송계에서 대중적 인기를 얻고 있는 하랄트 레쉬(Harald Lesch)의 표현처럼, 표준모델 빅뱅 우주론에 의하면, 우주는 영원회귀의 순환론적인 '불교적 우주'가 아니라, 기독교적 우주에 가깝다.[48]

지라르에 의하면, 시공간의 개념 자체도 빅뱅 우주론의 특이점처럼 희생양으로부터 탄생했다. 정치적 권력의 기원도,[49] 문화적·시간적·공간적·사회적 차이의 기원도 희생양(메커니즘)에 있다.[50] 다시 말해, 화폐, 시공간 개념, 정치적 왕권 등 모든 문화제도가 희생제의에서 점차 분화되고 파생되었다. 지라르는 공간구조도 초석적 살해와 깊이 연관된 것으로 보고 있다. 옛적부터 인간 사회의 구조는 특정 장소를 중심으로 조직되었다. 한 예로 그리스 폴리스의 공간적 중심지도 그 (희생)제의적 기원을 갖고 있는데, 폴리스의 기원은 신성한 린치인 초석적 살해에 있었다.[51]

빅뱅 이론이 우주의 생성과 진화를 보여준다면, 지라르의 미메시스 이론은 문화의 기원과 진화를 보여준다 하겠다. 방대한 문화 이론으로 제시된 지라르 이론은 발생학적 모델을 택하여 인류 문화의 은폐된 폭력적 기원을 해독하려고 한다. 지라르는 이를 위해 '문화적 플라톤주의'를 해체하는

---

[48] 독일 발송 Alpha Centauri – Wie sieht die Zukunft des Universums – Folge 76 을 보라.
그는 자연철학자로서 독일 바이에른 방송의 <서양의 사상가>(Denker des Abendlandes)라는 유럽철학사 대담 프로그램에 자연과학 분야의 대변자로 참석하여 다른 철학자와 함께 의견을 나누었다. 또한 저명한 로마 가톨릭 신학자 한스 큉(Hans Küng)과 함께 빅뱅 우주론의 신학적 의미에 대해서 함께 대화하였는데, 그는 자연과학자로서의 방법론적 불가지론의 입장을 고수면서도 빅뱅 우주론을 창조의 순간으로 인정하였다. 이밖에도 그는 우주적 인류원리와 미세조정이 주는 신학적 의미에 대해서도 열린 자세를 취하고 있다.

[49] Wolfgang Palaver, *René Girards mimetische Theorie. Im Kontext kulturtheoretischer und gesellschaftspolitischer Fragen* (Münster–Hamburg–London: LIT Verlag, 2003), '6.1. 정치권력의 기원으로서의 신성한 왕국'을 보라.

[50] Ibid., '4.4. 문화의 기원: 공간, 시간, 사회적 차이'를 보라.

[51] Girard, *Das Heilige und die Gewalt*, 454 이하.

대신에,[52] 하나의 제의적 매트릭스에서부터 파생, 분화, 발전되는 '발생학적 모델'을 선택한 것이다.[53]

비유컨대, 문화의 기원에 존재하는 희생양은 우주의 기원에 존재하는 시공간마저 무너뜨리는 무서운 특이점과 같은 제로점이면서 동시에 블랙홀과 같은 존재다. 필자는 『붓다와 희생양』에서 붓다들이 양초의 촛불처럼 사라져간 흔적이 있는 불교의 상징인 검고 거친 원형 속에서 헤라클레이토스적이고 디오니소스적인 블랙홀과 같은 모습을 지닌 희생양을 보려고 시도했다.

유대-기독교에서 말하는 창조주는 시간과 공간 안에서뿐 아니라, 특이점이나 블랙홀을 초월하여 존재한다. 호킹과 펜로즈는 특이점 정리를 통해서 우주가 특이점에서 시작할 수 있음을 이론적으로 증명해 보였다. 펜로즈는 블랙홀의 중심에서 점으로 이루어진 중력을 발견하고 그것을 '특이점'이라고 불렀다. 시공간이 사라지는 지점인 블랙홀 안으로 들어가면 우리가 알고 있는 물리법칙이 적용되지 않는다.

펜로즈의 강의를 들은 호킹은 "반대 상황도 가능하지 않을까?"라는 생각을 하던 중, 펜로즈의 정리에서 시간의 방향을 바꾸면 붕괴가 팽창된다는 것을 깨닫게 된다. 블랙홀이 만물을 빨아들이지만, 빅뱅(대폭발)은 이와 반대로 공간, 물질, 시간 등을 뿜어내는 작용을 한다.

스티븐 호킹은 자신의 저서인 『시간의 역사』 제1장에서 아우구스티누스의 시간관을 언급했다. 호킹은 하나님께서 우주를 창조하기 이전 그분은 무엇을 하셨느냐는 질문에 하나님이 그런 질문을 제기하는 사람들을 위해 지옥을 준비하고 있다고 말한 아우구스티누스의 표현을 재미있게 소개한다. 호킹이 바르게 지적하고 있듯이 아우구스티누스에게 있어 시간은 하나님께

---

[52] Girard, *Das Ende der Gewalt. Analyse des Menschheitsverhängnisses*, 63.
[53] Ibid., 101.

서 창조한 우주의 한 특성으로서 우주의 시작점 이전에는 존재하지 않았다.

아우구스티누스는 하나님께서 우주의 시공간 영역 밖에 존재하거나 그것을 초월해 계신다고 주장했다.[54] 그에 의하면, 시간과 공간은 우주 창조와 함께 창조되었다. 이것은 기독교의 무로부터의 창조교리와 연결되어 있다. 시공간이 영원히 절대적인 것이 아니라, 상대적인 것으로 창조된 것은 하나님께서 우주를 무로부터 창조했기 때문이다. 창조주는 자유 가운데서 창조했지, 우주를 필연적으로 창조해야 했던 것은 아니다. 왜냐하면, 우주가 우연적(contingent)인 데 반해, 하나님은 자신 안에서 자족(self-sufficient)한 분이기 때문이다.[55]

아우구스티누스는 창세기에 나오는 6일 동안의 창조를 문자적으로 받아들이지 않았다. 그에 의하면, 하나님께서는 시작점에서 창조세계에 심어두신 '씨앗과 같은 원칙들'로 불리는 인과적 관계들을 따라 창조세계가 '개현'(unfold)할 수 있도록 하셨다. 아우구스티누스의 사상은 현대의 빅뱅 우주론과 온전히 조화될 수 있다.[56] 폴킹혼 역시 보다 역동적인 창조의 개현 과정을 강조한다.

필자는 지라르의 문명 이론에 천착하기 오래전에 화란의 개혁파 신학자 겸 정치가였던 아브라함 카이퍼(Abraham Kuyper)의 일반은총적 문화철학에 깊은 관심을 가진 적이 있었다. 물론 카이퍼는 우주론적으로 확장해서 논하지 않았지만, 창조신학의 지평에서 창조의 개현(de ontplooiing der schepping)에 대해 언급했다. 그가 주창하는 일반은총의 중요한 목적 가운데 하나는 '창조세계의 (잠재)능력 발전'(ontwikkeling der scheppingskrachten)이다. 이것은 인류가 역사 속에서 창조세계 속의 잠재능력을 '개현'(開現, ontplooien)해

---

[54] Holder, *Big Bang, Big God: A Universe designed for life?*, 56.

[55] Ibid., 66.

[56] Ibid., 57.

나가는 하나의 과정을 밟고 있다는 것을 의미한다.

여기서 일반은총은 죄를 억제하는 동시에 이 개현과정을 성취시키는 작용을 한다. 카이퍼에게 있어 '세계의 완성'은 단순한 역사의 종말을 의미하지 않고, 마태복음 13장의 비유들(씨 뿌리는 비유, 겨자씨 비유, 누룩 비유)에서 드러난 것처럼, 발아-성장-성숙-추수의 단계적이면서도 오랜 과정을 가리킨다. 이른바 창조세계 능력의 완전한 발전과 개현을 위해서 장구한 역사의 흐름이 필요한 것이다.[57]

화란의 기독교 철학자 도여베르트(Herman Dooyeweerd) 역시 창조를 정적인 것이 아니라, 역동적인 개현 과정으로 파악했다. 즉, 창조세계는 겨자씨처럼 작은 씨앗에서 무한한 가능성을 향해 개현되어가면서 완성을 향해 역동적으로 펼쳐져 나아간다는 것이다. 이런 측면에서 문화뿐 아니라 우주의 기원도 겨자씨보다 훨씬 더 작은 빅뱅 특이점으로부터 폭발적으로 개현(unfolding)되어 나아갔다고 말할 수 있을 것이다.

문화의 기원에 존재하는 특이점, 제로점 그리고 블랙홀과 같은 존재인 희생양은 지라르에게 있어 최초의 상징기호와 같다.[58] 그에 의하면, 일단 시작된 상징체계는 희생양이라는 최초의 기호가 의미 작용의 중심으로 환유되는 방식으로 작용한다. 세계 신화들 속에 등장하는 신화적이고 비극적인 영웅들은 처음에는 무질서의 상징으로 출현한 뒤에 폭력에 의해 추방되고 살해되며 징벌받은 이후 질서의 상징으로 변화된다.[59] 따라서 희생양 메커니즘은 무엇보다도 문화 질서의 '차이를 발생시키는 메커니즘'이라 할 수

---

[57] 정일권, "아브라함 카이퍼의 문화철학에 관한 소고," 「고신대학 미스바」, 1993, 251-277을 보라.

[58] Girard, *Das Ende der Gewalt. Analyse des Menschheitsverhängnisses,* 103.

[59] R. Girard, "Disorder and Order in Mythology," ed. *Disorder and Order: Proceedings of the Standford International Symposium*(Sept. 14-16, 1981), Standford Literature Studies 1 (Saratoga: Anma Libri 1984), 81.

있다. 문화 질서는 바로 이 무질서에서 생겨난다.[60] 지라르에 의하면, 모든 유형의 문화적 질서와 (특히) 언어보다도 희생양 메커니즘이 선행한다.

과학과 종교(Science and Religion) 간 연구와 도킨스 이후부터 시작된 최근의 신에 대한 논쟁(God-debate)에서 빅뱅 우주론과 인류원리와 관련한 우주 창조에 대한 물리학적 논의가 중요한 위치를 차지하고 있다. 그런데 최근에 이에 못지않게 크게 부각되고 있는 문제들이 있다. 바로 세계 문화와 종교의 기원, 수많은 신의 정체, 타락과 (종교적) 폭력의 기원, 도덕에 대한 보다 인문학적이고 철학적이고 신학적인 질문들이 그것이다.

지라르에 의하면, 문화의 기원은 희생양에 있고, 타락과 폭력의 원인은 인간 조건(conditio humana)인 모방적 욕망(désir mimétique)에 있다. 성경의 타락과 최초의 형제살해에 대한 스토리 역시 인간이 가지고 있는 욕망의 모방성, 경쟁성 그리고 폭력성을 보여준다. 폭력과 종교(Violence and Religion)에 대한 문제의식 때문에, 도킨스는 점점 급진적인 입장으로 선회하여 선교적 무신론 운동을 전개했다. 최근에 국제적으로 학제 간에 가장 설득력 있는 관계 이론, 갈등 이론, 그리고 평화 이론으로 인정받고 있는 지라르의 미메시스 이론은 근자에 선교적 무신론자들의 종교와 폭력에 대한 논의에서도 중요한 통찰을 제공한다.

---

[60] René Girard, *Things Hidden since the Foundation of the World*. Research undertaken in collaboration with Jean-Michel Oughourlian and Guy Lefort (Stanford: Stanford University Press, 1987), 312.

제2장

양자세계의 신비와 의식의 수수께끼

본 장에서는 물질주의의 황혼을 몰고 온 양자물리학의 신비를 중심 주제로 살펴보면서 우주의 신비와 인간 의식의 수수께끼에 대해서 신학적으로 짚어보고자 한다. 이 과정에서 양자물리 학자로서 양자세계의 신비를 관찰하며 신학자가 된 폴킹혼의 견해와 지라르의 입장을 통합과학적으로 연결하는 것에서 시작하여 여러 다른 중요한 과학자들의 주장을 통해 현대과학이 물질주의의 한계 너머로 발을 내디디고 있다는 점을 살펴보고자 한다.

1. 폴킹혼의 자연신학과 지라르의 문명 이론

존 폴킹혼은 영국의 대표적 이론물리학자로서 케임브리지대학교의 노벨 물리학상 수상자인 폴 디락(Paul Dirac) 교수의 제자였다. 그는 물리학과 신학에 대한 지식을 가지고 있어 종교와 과학 분야에서 세계적 전문가로 인정받고 있다. 기포드 강연(Gifford Lectures, 1993-1994)과 템플턴 상 수상자인 그는 오늘날 이 분야에서 가장 주목받고 있는 사상가 중의 한 명이다.[1]

---

[1] 국내에는 『양자물리학 그리고 기독교 신학』(현우식 역, 연세대학교출판부 간), 『과학시대의 신론』(이정배 역, 동명사 간), 『쿼크, 카오스 그리고 기독교』(우종학 역, SFC 간) 등 그의 대표적 저서가 번역 소개되었다. 그는 양자 입자의 경로를 계산하는 수학 모델

한편, 본서의 서론에서 소개했던 르네 지라르는 미메시스 이론을 제시하여 인류문화의 기원을 야심차게 설명하려고 했다. 지라르의 미메시스 이론은 인류문화의 기원을 말하기에 인문학의 M 이론 혹은 빅뱅 이론으로 비유되기도 한다. 그는 문학과 심리학, 신화학, 종교학, 인류학 등을 모두 아우르면서 인류문화의 기원이라는 '하나의 주제에 대해 긴 논증'을 펼쳤다. 『문화의 기원』이 출판된 이듬해인 2005년에 지라르는 '불멸의 40인'으로 불리는 프랑스학술원(Académie française) 정회원이 되었고, 그밖에 수많은 상을 받았다.

지라르의 문명 이론은 오늘날 인문학 전반에 걸쳐 지대한 영향을 끼치고 있으며, '폭력과 종교에 관한 학술대회'라는 국제적이고 학제적인 학술공동체를 통해서 널리 응용되고 있다.

필자는 지라르의 문명 이론에 대한 공동연구에 천착하기 20년 전쯤에 양자물리학과 삼위일체론적 신학과의 상관성 연구에 몰두할 때 폴킹혼의 이론을 처음 접한 적이 있다.[2] 필자가 폴킹혼과 지라르의 이론을 중심으로 우주와 문화의 기원의 문제를 연구하게 된 계기는 이때부터 시작되었다고 해도 과언이 아닐 것이다.

이 두 저명한 학자는 각자의 분야에서 최고로 인정받고 있지만, 상대의 이론에 대해서는 한계를 지닌 것이 사실이다. 필자가 보기에 폴킹혼의 자연신학적 논의들에는 인류의 문화와 종교와 신화에 대한 종교학적이고 인문학적인 연구와 논의가 부족하고, 지라르의 인문학적 논의에는 우주의 기원에 대한 창조신학적, 자연신학적, 그리고 자연철학적 논의가 빠져있다. 이것은 어쩌면 이들이 서로의 전공 영역도, 관심 분야도 달랐기 때문에 당연

에 대한 그의 창조적 연구 성과를 인정받아 최고 과학자의 영예인 영국 왕립학회 회원(FRS)이 되었다. 또한 그의 공로를 높이 산 영국의 엘리자베스 여왕은 그에게 기사작위(KBE)를 수여했다.

[2] 정일권, "성삼위일체 하나님과 그 분의 세계 - 삼위일체론적 송영의 회복과 삼위일체론적 세계관을 시도하며" 1995년 고신대학교 신학대학원 목회학석사(M. Div.) 학위 논문의 제4장 '현대 물리학과 삼위일체론'을 보라(32-34).

한 일일 것이다. 그래서 필자는 이번 장에서 두 학자의 이론을 함께 통합하고 융합하면서 서로에게 부족한 부분을 보완해 가는 가운데, 더욱더 큰 질문을 던짐으로써 기독교적 그랜드 스토리를 스케치하려고 한다.

플란팅가와 함께 미국의 기독교 철학계를 선도하고 있는 니콜라스 월터스토프(Nicholas Wolterstorff)는 칼뱅이 르네상스 인문주의 운동의 영향을 받았을 뿐 아니라, 더 나아가 당시 천문학에도 깊은 조예를 가졌다는 사실을 지적했다.[3] 폴킹혼을 비롯한 과학과 종교 분야의 여러 학자들이 인정하듯이, 그는 칼뱅이 하나님의 두 가지 책, 즉 성경과 자연에 대해서 말했다는 점도 강조했다. 이것은 진정한 의미에서의 자연과학이 성경과 더불어 자연도 창조주가 기록한 책이라는 사실을 믿는 기독교적 토양에서 점진적으로 싹트기 시작했음을 보여준다.[4]

지라르의 미메시스 이론은 동료 프랑스 포스트모더니스트들의 학문 이론과 달리 인류문화 일반에 대한 큰 질문(Big Question)을 화두로 던진다. 폴킹혼의 논의들도 역시 우주와 시공간의 기원과 종말에 대한 보다 위대하고 궁극적인 질문을 다룬다. 최근에 인문학뿐 아니라 자연과학 분야에서도

---

[3] 한국개혁신학회와 한국기독교철학회가 공동주관한 학술심포지엄이 '기독교 철학과 개혁신학'이라는 주제로 2014년 5월 24일에 새문안교회에서 개최되었다. 이 대회의 기조연설자가 다름 아닌 니콜라스 월터스토프였다. 여기서 필자는 "빅뱅 우주론, 양자물리학 그리고 문화의 기원 - 존 폴킹혼과 르네 지라르의 이론의 빛으로"라는 논문을 발표한 바 있다. 그때 발표한 논문의 일부가 본서에 포함되었음을 밝힌다.

[4] 플란팅가와 함께 미국의 기독교 철학계를 선도하고 있는 니콜라스 월터스토프(Nicholas Wolterstorff)는 칼뱅이 르네상스 인문주의 운동의 영향을 받았을 뿐 아니라, 더 나아가 당시 천문학에도 깊은 조예를 가졌다는 사실을 지적했다. 폴킹혼을 비롯한 과학과 종교 분야의 여러 학자들이 인정하듯이, 그는 칼뱅이 하나님의 두 가지 책, 곧 성경과 자연에 대해서 말했다는 점도 강조했다. 이것은 진정한 의미에서의 자연과학이 성경과 더불어 자연도 창조주가 기록한 책이라는 사실을 믿는 기독교적 토양에서 점진적으로 싹트기 시작했음을 보여준다. 단 성경은 자연과학 서적이 아니라 삼위일체 하나님의 자기계시를 기록한 책이라는 사실을 유의해야 한다. 성경계시에서 가장 명확한 부분은 그리스도의 수난과 죽음과 부활에 대한 부분이고 창조와 종말로 가면 갈수록 계시는 어두워지기에, 우주창조와 종말에 대해서는 조심스러울 필요가 있다.

국제적으로 이런 질문들이 자주 논의되고 있다. 앞에서 언급한 바와 같이, 폴킹혼은 자연과학과 종교, 특히 양자물리학과 (삼위일체적) 신학 사이의 대화를 통해서 자연신학적 르네상스를 가져왔다.

한편, 지라르는 십자가의 인류학을 통해서 문명 이론으로 유대-기독교적 스토리의 독특성을 설득력 있게 제시하여, 인문학적 지평 속에서 기독교 신학과 기독교 철학의 르네상스를 가져왔다고 평가받는다. 그는 『창세로부터 감추어진 것들』[5]이라는 그의 역작(*opus magnum*)에서 '창세 이후로 죽임을 당한 어린 양'[6]이 성취한 단 한 번의 영원한 마지막 희생제사가 문화의 기원을 밝혀준다고 말한다.

그동안 포스트모더니즘의 영향을 받았던 인문학도 이제는 지나치게 소프트한 해석학적 허무주의나 언어철학적 유희에 머물기보다는, 하드 사이언스(hard science)인 자연과학과 적극적으로 대화하고 배울 필요가 있다. 현대철학의 언어학적 전환 혹은 니체의 영향으로 디오니소스적-미학적 전환을 경험한 이후 철학적 담론이 지나치게 (언어)유희적이고 축제적이고 소프트한 경향으로 바뀌어서 허무주의적 자기 해체로 기울어진 면이 없지 않았기 때문이다. 그래서 물리학자 앨런 소칼(Alan Sokal)과 같은 학자는 이런 경향에 맞서 프랑스 포스트모더니스트들이 자연과학을 남용한 "지적 사기"를 지적하는 학문적 선전포고를 하기도 했다.

---

[5] René Girard, *Des choses cachées depuis la fondation du monde* (Paris: Grasset, 1978). 영어 번역본은 다음과 같다: René Girard, *Things Hidden since the Foundation of the World*. Research undertaken in collaboration with Jean-Michel Oughourlian and Guy Lefort (Stanford: Stanford University Press, 1987).

[6] 계 13:8. 헬라어 성경의 본래 어순에 충실한 번역이다. 킹제임스성경은 "… Lamb slain from the foundation of the world"로 번역했고, NIV 성경도 "in the book of life belonging to the Lamb that was slain from the creation of the world"로 번역했다. 다른 성경들은 '죽임을 당한 어린 양의 생명책에 창세 이후로'로 번역했는데, 이는 계 17:8 '창세 이후로 그 이름이 생명책에 기록되지'와 관련지어서 번역했다. 그러나 13:8의 헬라어 원문은 그 문장의 마지막에 '창세 이후로 죽임을 당한 어린 양'이라고 적고 있다. 이 구절은 지라르의 이론에 영감을 받은 학자들에게는 흥미롭고 의미 있는 구절이다.

2. 양자세계의 신비, 양자정보, 양자 얽힘

인문학과 철학자들이 하드 사이언스에 학제적으로 접근하고 대화하고 배워야 할 뿐 아니라, 자연 과학자도 인문학, 신학, 종교학과 철학으로부터 배울 필요가 있다. 실제로 20세기 현대 자연과학의 혁명이라 평가받는 양자물리학과 아인슈타인의 상대성 이론 이후로 과학은 메타물리학적, 종교적 그리고 철학적인 영역에 근접하게 되었다.

세계 대학의 모델이 된 독일어권의 학부 구분, 곧 자연과 정신의 구분을 따라서 이루어진 자연과학(Naturwissenschaften)과 정신과학(Geisteswissenschaften)의 구분도 양자물리학의 출현 이후에 점점 통합되고 융합되고 있는 형국이다. 양자물리학적 연구 이후로 무신론적 자연주의와 물질주의 혹은 물리주의(physicalism)가 황혼기에 접어들었고, 자연과학이 다시금 형이상학과 신학과 철학과 조우하게 되었다. 그러면서 물질의 궁극적 본질로서의 양자정보와 의식이 더 주목받게 되었다.

지라르 이론에 대한 공동연구를 위해 필자가 공부했던 오스트리아 인스부르크대학교는 칼 라너(Karl Rahner) 이후 조직신학부가 그의 이론을 중심으로 해서 인문학부와 함께 인문학적 지평에서의 학제적 연구를 발전시켰다. 미국 스탠포드대학교와 함께 1990년 국제적이고 학제적인 '폭력과 종교에 관한 학술대회'를 설립했고, 같은 해 세계적인 양자물리학자로 인정받게 된 안톤 차일링거(Anton Zeilinger)는 [7] 인스부르크 물리학부의 취임 강연(Antritts-

---

[7] 차일링거는 2008년 급속하게 성장하는 양자정보(quantum information) 분야의 양자물리학적 기초연구에 대한 그의 선구자적인 개념적, 실험적 공헌을 인정받아 '최초의 뉴턴 메달'(Inaugural Isaac Newton Medal)을 수상했다. 그는 노벨 물리학상 후보로 거론될 만큼 오늘날 세계적으로 가장 중요한 양자물리학자 가운데 한 사람이다. 그는 '순간이동 실험' '빛다발을 전송하는 실험'을 통해 양자물리학에 대한 일반인의 관심을 크게 향상시키면서 대중적으로 유명해졌다. 그래서 그는 양자물리학이 최근에 진행시키는 기초연구에서 가장 핵심적인 문제로 부각된 양자정보과학, 양자 순간이동, 양자 통신, 양자 암호 그리고 양자컴퓨터 분야에서 현재 세계적인 학자로 인정받고 있다. 인스부르크대학교

vorlesung)에서 과연 정보가 실재의 근본 물질인가에 대해 의문을 제기했다.

또한 차일링거는 폴킹혼이 편집한 물리과학과 신학에서의 관계성을 다룬 2010년 책 『삼위일체 하나님과 얽힌 세계』(The Trinity and an Entangled World)에 기고한 "양자물리학: 존재론인가 인식론인가?"에서 양자역학의 기본 특성인 '얽힘 현상'(entanglement)에 대해 논의하고 있다.[8] 현대 양자물리학의 계보학에 존재하는 삼위일체론의 영향 혹은 영감에 대한 내용은 차후에 논의할 것이다.

양자 얽힘(Quantenverschränkung)이라는 개념은 파동역학(Wellenmechanik)을 주장한 오스트리아 이론물리학자인 슈뢰딩거(Erwin Schrödinger)에 의해 처음으로 정립되었다. 슈뢰딩거는 아인슈타인이 '유령 같은 원격 작용'(spukhafte Fernwirkung)으로 표현한 이 현상을 양자역학의 가장 특징적인 속성이라고 했다.

어떠한 거리에서도 서로 얽힌 입자가 연결되어 있고, 한 입자를 측정하면 순간적으로 다른 입장의 상태에 영향을 주는 이 유령 같고 마술 같은 현상을 어떻게 이해할 수 있을까?

이 양자 얽힘 현상은 빛의 속도 보다 적어도 1,000배 이상 더 빠르게 이루어진다. 빛의 속도 보다 훨씬 빠른 두 광자 사이의 이 신비로운 정보교환은 양자세계의 신비에 속한다. 그는 슈뢰딩거 방정식 등 양자역학에 대한 기여를 인정받아 노벨 물리학상을 공동으로 수상한다. 그는 또한 1935년에 아인슈타인과의 교류를 통해 '슈뢰딩거의 고양이'(Schrödingers Katze)라는 유명한

조직신학부가 인문학부와 학제적으로 소통하고 대화하면서 발전시킨 연구 프로젝트인 '세계 질서-종교-폭력'(Weltordnung-Religion-Gewalt)과 함께 물리학부의 차일링거 교수팀의 양자컴퓨터 연구는 세계적으로 유명하게 되었다. 당시 필자는 양자컴퓨터 연구를 위해 박사후 과정(post-doc)으로 온 어느 한국의 양자물리학자와 함께 양자물리학과 삼위일체론과 신학 등에 대해서 함께 토론하기도 했다.

8 Anton Zeilinger, "Quantum Physics: Ontology or Epistemology?" in *The Trinity and an Entangled World. Relationality in Physical Science and Theology*, eds., John Polkinghorne (Grand Rapids: Eerdmans, 2010), 32-40.

사고실험을 고안하기도 했다. 오스트리아 티롤 지방에 위치한 그의 묘지에는 그의 아름다운 방정식, 곧 슈뢰딩거 방정식이 여전히 기록되어 있다. '양자역학의 창조'의 공로를 인정받아 31세의 젊은 나이에 노벨 물리학상을 받고, 양자역학의 창시자와 태두로 평가받는 독일의 이론물리학자 하이젠베르크(Werner Heisenberg)는 "자연과학의 첫 잔은 무신론적으로 만들지만, 그러나 그 잔의 바닥에서는 하나님께서 기다리고 계신다"는 유명한 말을 남겼다.[9]

과학의 첫 잔이라 할 수 있는 뉴턴의 고전물리학은 이후 이신론(理神論, deism)을 거쳐서 무신론(無神論, Atheism)으로 흐르는 경우가 있었다. 이와 반대로, 보다 미시적이고 궁극적인 단위인 양자의 신비를 연구하는 현대 물리학은 오히려 유신론의 르네상스를 가져왔다고 볼 수 있다. 도킨스와 같은 일부 진화생물학자들이 때로 선교적 무신론의 입장을 가진 경우가 있긴 하지만, 현재 다수의 이론 물리학자들이나 수학적 물리학자들, 그리고 수학자들은 유신론에 좀 더 열린 입장을 가지고 있다. 우주의 신비를 연구함에 있어서 생물학, 화학 그리고 최근의 뇌과학보다는 이론적이고 수학적인 물리학이나 수학이 보다 더 근본적인 학문에 속한다.

도킨스도 옥스퍼드대학의 수학 교수인 존 레녹스(John C. Lennox)와 함께 진행한 "과학은 하나님을 매장했는가?"라는 제목의 논쟁에서 비록 자기 자신은 수용하지 않지만, 일종의 이신론적 신, 일종의 물리학자의 신, 물리학의 법칙들을 고안한 어떤 신, 그리고 수학자로서의 신에 대해서는 합리적인 방식으로 존중할 수 있다고 했다.

차일링거 교수도 2011년에 최근 위의 하이젠베르크의 유명한 말을 인용하면서 과학과 종교의 대화와 자연과학의 한계에 대해서 지적했다. 자연과학의 '첫 잔은 무신론적으로 만들지만'이라는 제목으로 언론에 보도된

---

[9] "Der erste Trunk aus dem Becher der Naturwissenschaft macht atheistisch, aber auf dem Grund des Bechers wartet Gott."

자료에 의하면,[10] 그는 아인슈타인이 빅뱅의 원인을 창조주 하나님에게서 발견했다는 사실을 언급하면서, '자연법칙들과 세계의 깊은 합리성은 도대체 어디로부터 온 것인지'를 질문하고 있다. 또한 자연법칙이 세계의 인과적 작용을 서술한다면, 태초에 대한 질문이 제기될 수밖에 없다.

"도대체 어디로부터 (빅뱅의) 초기 조건들이 왔는가?"

차일링거 교수는 무신론 혹은 방법론적 자연주의와 불가지론에 머무는 물리학자들조차도 유신론을 위한 가능성으로 보고 있는 빅뱅 대폭발과 대팽창 시의 인류원리와 미세조정을 염두에 두고 있는 것 같다.

3. 물리학에서 메타물리학으로

막스 플랑크(Max Planck)는 최초로 양자 개념을 제시하면서 양자역학의 단초와 기초를 마련한 공로로 노벨 물리학상을 받았다. 당시 독일 물리학회의 회장과 과학계의 수장이었던 그는 스위스의 아마추어 과학자에 불과했던 아인슈타인을 발굴하기도 했다. 플랑크는 자연과학과 종교가 많은 사람이 생각하듯이 상호를 배제하지 않으며, 오히려 서로를 보충해 주고 또 서로에게 영향을 준다고 지적하면서 다음과 같이 말한 바 있다.

> 신앙인들에게는 하나님이 시작점에 서 있지만, 학자들에게는 모든 사유의 끝에 존재한다.[11]

---

10 오스트리아의 유력 일간지 「쿠리어」(*Kurier*)의 2011년 8월 27일자 기사 "Der erste Trunk macht atheistisch"이다. http://kurier.at/chronik/oberoesterreich/der-erste-trunk-macht-atheistisch/728.794

11 "... Für den gläubigen Menschen steht Gott am Anfang, für den Wissenschaftler am Ende aller Überlegungen."

그는 과학과 종교 사이의 원만하고 조화로운 관계를 주장하면서, 케플러, 뉴턴, 라이프니츠와 같은 위대한 자연 연구가들이 모두 깊은 종교성을 지니고 있었다는 역사적 사실을 지적한다. 뉴턴은 만유인력과 운동의 법칙에 기초해서 하늘과 땅의 모든 운동을 해명한 뉴턴 역학의 기본서라 할 수 있는 『자연철학의 수학적 원리』(Philosophiae naturalis principia mathematica)에서 의심할 여지 없이 우주의 모든 형식과 운동들은 만유를 통치하고 지배하는 절대적이고 자유로운 하나님의 의지로부터 탄생했다고 적고 있다.

아인슈타인의 일반 상대성 이론의 탁월한 이해자가 되어 1919년 일식 때 그 이론을 실험으로 증명했던 영국 케임브리지대학교의 천문학 교수 에딩턴 경(Sir Arthur Stanly Eddington)은 깊은 신비적 신앙을 가진 학자로 다음과 같이 말했다.

> 현대 물리학은 필연적으로 우리를 하나님에게로 이끈다. 무신론 창시자들은 자연과학자가 아니라, 대부분 중간 정도 수준의 철학자들이었다. 하이젠베르크는 병으로 요양을 위해 북해의 어느 섬에 머물면서 양자역학 건설의 기초가 되는 영감을 얻었다. 이후 그는 그때 창조주의 조화를 그 어깨너머로 엿보는 것을 허락받는 커다란 행운을 얻었다고 말했다고 한다.

폴 데이비스(Paul Davies)가 참여해서 편집한 최근의 저서 『정보와 실재의 성격: 물리학에서 형이상학까지』(Information and the Nature of Reality: From Physics to Metaphysics)[12]의 제목에서 보는 바와 같이, 정보가 실재의 본질로서 파악되고 있고, 최근 자연과학은 물리학으로부터 메타물리학(형이상학)으로 옮겨가고 있다. 그동안 많은 과학자가 물질과 에너지를 자연의 주요 요소로

---

[12] Paul Davies and Niels Henrik Gregersen(eds), *Information and the Nature of Reality: From Physics to Metaphysics* (Cambridge: Cambridge University Press, 2010).

파악했지만, 최근에는 정보의 개념이 더 중요해졌다. 이 책에 독일 하이델베르크대학교 조직신학 교수인 미하엘 벨커(Michael Welker)와 옥스퍼드대학교의 신학자 케이스 워드(Keith Ward)의 논문도 실렸는데, 특히 워드는 하나님을 자기 발전적인 우주를 창조한 정보의 근원으로 파악한다. 비록 유비적 표현이긴 하지만, 그는 하나님을 우주 최고의 정보적 원리(informational principle)로 파악한 것이다.[13]

20세기 양자물리학은 뉴턴의 고전물리학적 이해로부터 파생한 물질주의 혹은 유물론(materialism)과 기계론적 사고방식의 황혼을 몰고 왔다. 폴 데이비스는 20세기 물리학의 발견이 '물려받은 물질이라는 신화의 몰락'을 가져왔고, 물리적 실체에 있어 정보가 가지는 생산적인(seminal) 역할에 대한 새로운 연구를 가능하게 했다고 말한다.

아인슈타인의 일반 상대성 이론과 특수 상대성 이론을 통해 질량과 에너지의 등가 원리가 밝혀짐으로써 물질의 장(場)개념(field character of matter)이 부각 되었고, 과학철학자들은 상대성 이론이 물질 개념의 '비물질화'(de-materialization)를 얼마나 의미하는지를 토론하기 시작했다.

물질주의의 황혼을 가져온 두 번째 혁명은 양자 이론이다. 폴 데이비스는 '수학-물리학-정보'의 순서 대신에, '정보 - 물리학의 법칙들 - 물질'이라는 개념적 위계질서를 제시한다. 다른 학자들은 양자컴퓨터의 제작을 주요 목표로 삼는 양자정보 과학의 관점에서 우주의 컴퓨터와 같은 본질(computational nature of the universe)에 대한 이론을 제시함으로 양자 사건들을 '양자비트'(quantum bits 혹은 qubits)로 파악한다. 곧 양자정보 과학의 관점에서 우주를 일종의 거대한 양자 컴퓨터로 이해한 것이다.[14] 다시 말해서,

---

[13] Keith Ward, "God as the ultimate informational principle," in Paul Davies and Niels Henrik Gregersen(eds), *Information and the Nature of Reality: From Physics to Metaphysics* (Cambridge: Cambridge University Press, 2010), 282-300.

[14] Paul Davies and Niels Hendrik Gregersen, "Introduction: does information matter ?" in Paul

최근 과학은 양자정보 개념을 통해 물리적 실재가 정보라는 점을 주장하고 있다.

양자의 특성은 분절성과 무작위성, 입자성과 파동성, 양자의 중첩성(상태공존성)으로 묘사된다. 양자정보는 큐비트로 정의된다. 큐비트(qubit)는 양자(quantum)와 비트(bit)를 결합한 신조어로써 비트 정보가 양자에 담긴 것을 말하는데, 양자의 특성상 0과 1의 중첩을 가리킨다. 이는 측정 전까지는 잠재적 정보로 존재하지만, 측정 후에 확실한 1비트의 정보를 담고 있다는 의미로서, 큐비트는 무한한 정보를 담을 수 있고 양자계산학과 양자컴퓨터의 이론적 전제가 된다. 닐스 보어의 양자론에서 존 휠러(John Wheeler)와 안톤 차일링거로 이어지는 과학자들은 물리학이 다루는 것은 '인식'이라고 주장한다.

이 주장도 아인슈타인으로 대표되는 전통 물리학의 입장에서 물리학이 다루는 것이 '실재'라는 주장과 대비된다. 전자의 입장에 따르면, 객관적인 물리적 세계는 정보를 통해서 주관적인 인식의 세계와 연결된다. 이는 정보(information) 개념으로 과학을 재정의하는 것이며, 과학이 다루는 것은 정보라고 주장한다. 더 나아가 물리적 실재가 정보로서 해명될 수 있다고 말한다.

4. 양자컴퓨터, 참여적 우주 그리고 우주적 의식

그동안 거대담론에 대한 프랑스 포스트모더니즘 철학자들의 비판적 입장으로 인해 작은 스토리가 주도적인 영향을 행사해 왔다. 하지만 포스트모

Davies and Niels Henrik Gregersen(eds), *Information and the Nature of Reality: From Physics to Metaphysics* (Cambridge: Cambridge University Press, 2010), 2-3.

던적 시대정신 속에서도 문화의 기원을 '해독'하고자 하는 지라르의 기획은 인류 문명의 기원으로부터 출발하는 새로운 그랜드 스토리를 내놓았다. 이것은 문화의 기원에 대한 큰 질문이다. 자연과학의 영역에서도 20세기 후반부터 우주의 기원에 대한 큰 질문들이 꾸준히 제기되었다.

상대성 이론과 양자물리학 이후로 철학과 형이상학과 인문학에 근접하는 큰 질문들과 메타 질문들이 과학계의 새로운 화두가 되었다. 인문학과 자연과학 모두에서 기원에 대한 큰 질문과 연구 프로젝트가 다시 주목받고 있다. 폴 데이비스는 "비트로부터의 우주"(Universe from bit)라는 논문에서 우주의 근본적인 양자 성격을 제시하는 차일링거를 인용하고 있다.[15]

'슈뢰딩거의 고양이' 못지않게 차일링거의 원리(Zeilinger's Principle)도 곧 유명해졌다. 그에 의하면, 정보가 물리적인 성격을 갖고 있으며, 자연에 대한 우리의 모든 지식이 정보에서 나온다. 차일링거는 자신의 원리를 물리학자 존 휠러(John Wheeler)의 생각에 접목시켰다. 휠러는 언젠가 물리학 전체가 정보의 언어로 이해될 날이 올 거라고 예언했다. 휠러는 이것을 'It from Bit'라는 더없이 간단한 공식으로 표현했다. 'It from Bit'는 물리적 세계의 모든 대상이 비물질적 근원과 설명을 바탕에 지니고 있다는 생각에서 나왔다.

우리가 현실이라고 부르는 것은 궁극적으로 'Yes or No'의 물음과 그에 대한 대답에서 생겨난 것이다. 즉, '참여적 우주'(participatory universe) 안에서 모든 물리적 사물은 근본적으로 정보 이론적이라는 말이다. 여기서 참여적 우주는 우리를 생성하고 형성할 뿐만 아니라, 우리가 함께 생성하는 세계를 의미한다.

폴 데이비스가 인용한 차일링거의 논문은 존 휠러의 비전을 기념하는

---

[15] Paul Davies, "Universe from bit," in Paul Davies and Niels Henrik Gregersen(eds), *Information and the Nature of Reality: From Physics to Metaphysics* (Cambridge: Cambridge University Press, 2010), 65.

학술 심포지엄의 기조 연설자(keynote speaker)로 초대받았을 때 발표한 것인데, 그 제목은 다음과 같다.

> 왜 양자인가? 비트에서 존재로(It from Bit)? 참여적 우주?
> 세 가지 존 휠러의 지대한 영향을 주고 예지력을 가진 질문들,
> 그리고 그 질문들이 양자 실험 물리학자에게 어떤 영감을 주었는가?[16]

프린스턴대학교 물리학 교수였던 존 휠러는 아인슈타인의 상대성 이론을 가장 잘 뒷받침하는 물리학자 가운데 한 사람으로 평가되고 있으며, '원자물리학의 아버지'로 불리는 닐스 보어와 핵분열 이론을 연구하기도 했다. 그는 노벨 물리학상 수상자인 리처드 파인만(Richard Feynman)을 지도하기도 했으며, 그동안 '깜깜한 별,' '중력이 완전히 붕괴한 존재,' '동결된 별'(frozen star)로 불리던, 중심부의 밀도가 너무 높아 빛까지 빨아들이는 천체를 가리켜 '블랙홀'이라는 용어를 만든 이론물리학자다.[17]

휠러는 물리학과 철학 사이의 공유 영역에서 양자역학의 해석과 우주의 기원과 같은 심오하고 큰 질문들에 대해 연구했다. 차일링거가 언급한 휠러의 세 가지 질문은 '참으로 큰 질문들'(Really Big Questions)이다. 휠러의 '큰 질문들'은 솔직히 말해 그 성격에 있어 메타물리학적(형이상학적)이다. '참여적 우주' 개념은 우주가 전적으로 '거기 바깥에' 있으며, 발견되기를 준비하고 있는 것이 아니라, 우리가 우주에 대해서 질문하는 바로 그 질문들

---

[16] Anton Zeilinger, "Why the quantum? It from bit? A participatory universe? Three far-reaching, visionary questions from John Archibald Wheeler and how they inspired a quantum experimentalist," in *Science and Ultimate Reality: Quantum Theory, Cosmology, and Complexity*, Barrow J. D., Davies P. C. W., and C. L. Harper (eds) (Cambridge: Cambridge University Press, 2004), 201–.220.

[17] 그의 업적을 기념하는 이 '과학과 궁극적 실재' 학술 심포지엄은 과학과 종교의 대화를 장려하는 템플턴 재단이 후원자로 참여하고, 교황 요한 바오로 2세와 전 조지 부시 대통령이 축하서신을 보내기도 했다.

과 우리가 그 질문들에 대한 답변으로 받는 정보에 의해 부분적으로 형성된다는 '논란의 소지가 있는' 이론이다. 그의 세 번째 '참으로 큰 질문'은 가장 급진적인 것으로 바로 물질세계(IT)가 정보(BIT)에 의해서 전적으로 혹은 부분적으로 구성되어 있다는 생각이다.

이 학술 심포지엄의 기조연설자였던 차일링거는 휠러의 비전을 공유하면서 우리는 언젠가 정보의 언어로 모든 물리학을 이해하고 표현할 날이 올 것이라고 했다. 그는 정보야말로 환원될 수 없는 씨앗인데, 이것으로부터 다른 모든 것이 태어나서 성장한다고 주장했다.[18] 바야흐로 정보가 과학의 새로운 언어로 이해되기 시작했다. 이런 추세에 맞게 폴 데이비스는 생명의 기원도 화학보다는 정보 이론을 통해서 발견될 것이라고 보았다.

차일링거에 의하면, 정보가 양자물리학에서 가장 근본적인 개념이 될 경우에, 양자 '결어긋남 현상'(decoherence)이나 '양자순간이동'(quantum teleportation)과 같은 현상을 매우 자연스럽게 이해할 수 있게 된다. 그리고 양자얽힘(quantum entanglement)도 바로 공간 및 시간과 독립적으로 정보를 연결해서(jointly) 전달하고자 하는 어떤 구성된 양자 시스템의 하부시스템 성격의 것이라고 한다.

또 개별적 양자 사건들의 무작위성은 정보의 유한성 결과라고 본다. 결론적으로 정보는 환원될 수 없는 핵(核)으로 다른 모든 것이 여기에서 흘러나온다. 그는 정보라는 개념이 근본적이라는 점을 인류의 가장 오래된 지식에 속하는 것이라고 하면서 요한복음의 첫 문장을 인용한다.

태초에 말씀이 계시니라(요 1:1).

---

[18] Hans Christian von Baeyer, *Information: The New Language of Science* (Cambridge: Harvard University Press. 2004), ix-xiii.

양자역학의 가장 영향력 있는 해석으로 닐스 보어와 하이젠베르크에 의한 정통해석으로 간주되는 코펜하겐 해석에 따르면, 전자의 상태를 서술하는 파동함수는 측정되기 전에는 여러 가지 상태가 확률적으로 겹쳐있는 것으로 표현된다. 하지만 관측자가 전자에 대한 측정을 시행하면 그와 동시에 '파동함수의 붕괴'(Kollaps der Wellenfunktion)가 일어나 전자의 파동함수는 중첩상태(Zustand der Superposition)가 아닌 하나의 상태로만 결정된다는 것이다.

보어와 하이젠베르크를 중심으로 발전하게 된 양자역학에 대한 코펜하겐 해석은 사건에 대한 인간의 관측 활동이 사건의 현실을 변화시킨다는 결론을 내리게 되었다. 따라서 코펜하겐 해석의 핵심은 어떤 물리량의 값이 측정이라는 행위 이전에는 존재한다고 하는 것이 불필요하다는 것이다.

양자계의 상태에 대한 서술은 근본적으로 확률적이다. 모든 물리량은 관측 가능할 때만 의미가 있다. 또한 관찰이 파동함수의 붕괴를 일으키며 불연속적인 양자도약(Quantensprung)을 일으킨다는 점이다. 이 해석에 따르면, 양자역학적 대상은 거시세계로 갈수록 고전역학과 가까워지며, 양자 계는 비국소적 성질을 가진다.

휠러는 전통적으로 과학을 괴롭혀 왔던 심원한 문제들을 오히려 즐기면서, 과학계에서 행하던 것보다 훨씬 철학적인 방식으로 문제에 접근하기를 원했다고 한다. 휠러는 닐스 보어 연구소에서 연구했으며, 그 영향으로 양자물리학에 대한 철학적 접근과 해석의 일환인 코펜하겐 해석을 따른다.

하이젠베르크의 '불확정성 원리'(Unschärferelation)는 물질의 파동적 특성의 표현으로 간주될 수 있다. 불명확하고(unscharf) 불확정적인 상태에 있던 것이 관찰을 통해서 비로소 명확하게(scharf) 보이는 것이다. 이 원리가 코펜하겐 해석의 기초라고 할 수 있다. 마치 관찰행위가 안경을 쓰는 경우와 같은 것이어서, 관찰할 때(안경을 쓸 때) 불명확하고 불확정적인 상태가 비로소 명확하게(scharf) 되는 것이다. 불확정성의 양자세계에서는 입자의 움직임이 확률로만 묘사되고 관찰자의 관찰행위가 관찰 대상의 움직임에 영향을 미치게 된다.

'슈뢰딩거의 고양이' 역설은 원래 관측 행위가 관측 대상에 어떤 영향을 주는지를 심각하게 생각할 때 발생하는 문제를 보이려고 한 것이다. 이것을 가리켜 파동함수의 붕괴라고 하는데, 고양이가 죽지도 않고 살지도 않은 중첩된 상태에 있다가 상자를 여는(관측하는) 순간 고양이가 죽어 있거나 살아 있는 둘 중 하나로 갑작스럽게 바뀌는 것이다. 슈뢰딩거는 그런 관측이 고양이에게 영향을 줄 수 없다고 주장했다. 양자역학은 원자, 분자, 소립자(素粒子) 등 뉴턴 공학에서는 다룰 수 없었던 극미(極微)의 세계에도 통용하는 법칙을 연구하는 것으로서 슈뢰딩거의 주장처럼 파동역학(Wellenmechanik)을 가리킨다. 보어와의 논쟁에서 아인슈타인은 "만약 내가 달을 보지 않으면 달이 존재하지 않는 것인가?"라고 반문했다.

보어는 양자물리학에 충격을 받지 않은 사람은 양자물리학을 제대로 이해하지 못한 사람이라고 한 적이 있다. 아인슈타인 이후 20세기 최고의 천체 물리학자로 평가되기도 하는 파인만(Richard P. Feynman)은 양자역학을 제대로 이해하는 사람은 단 한 사람도 없다고 했다. 그는 양자전기역학 이론으로 노벨 물리학상을 받았다. 양자역학은 물리학이면서도 메타물리학적이고 철학적인 지평의 사유로 우리를 이끌어간다.

그러면, 도대체 실재의 본질은 무엇일까?

영국 옥스퍼드대학교 신학 교수 워드(Keith Ward)도 휠러의 입장을 수용하면서 자신의 논문 "궁극적 정보 원리로서의 하나님"(God as the ultimate informational principle)에서 우주적 의식(cosmic consciousness)으로서의 하나님을 최고의 정보적 원리로 보았다. 즉 양자물리학이 관찰할 때 발생하는 파동 기능의 붕괴에 대해 말하기 때문에, 어떤 양자 물리학자들은 의식(consciousness)이 가능성들의 현실화에 있어서 구성적인(constitutive) 방식으로 관여되어 있다고 주장한다.

존 휠러는 관찰된 현상이 이전까지는 현상이 아니라고 했다. 유진 위그너

(Eugene Wigner)를 포함한 다른 몇몇 물리학자들은 의식이 우리에게 보이는 물리적 자연의 바로 그 존재 자체에 관여되어 있다고 본다. 즉 실제의 세계는 의식 안에 뿌리를 두고 있는데, 그 의식은 모든 가능한 사태들을 품고 있다가, 그 의식에 의한 상태의 평가와 관련된 이유로 인해 그들 중 몇몇 상태를 현실화시킨다.[19]

'최고 정보의 원리'(The Supreme Informational Principle)라는 제목 아래서 워드는 만약 우리가 휠러의 제안을 조금 수용한다면, 우주의 발생하는 현상들은 만약 그것이 의식에 의해서 이해되고 평가되고 의도적으로 현실화되지 않는다면, 존재조차 할 수 없었다고 한다. 휠러를 비롯한 몇몇 물리학자들에게는 우주의 최종적인 의식적 상태 자체가 우주 자신의 물리적 기원에서 인과적 요인이 되는 것이다. 즉 우주는 우주적 지성을 탄생하게 했으며, 그것은 우주 자신이 발생하는 과정들의 원인이 된다. 이 역설적인 제안이 참으로 말하는 것은 바로 시간을 초월하는 의식의 존재인데, 그 의식적 존재가 우주를 탄생시켜, 우주가 시간을 통해서 그리고 시간 안에서 탄생시킨 각종 시간적 의식들의 존재에 대한 조건이 되었다.

우주적 의식에 대한 비판으로, 학자들은 어떤 의식은 물질적인 신체화(embodiment)의 형태가 없이는 존재하지 못한다고 주장해 왔다는 사실을 워드는 지적한다. 의심할 여지 없이 인간의 의식은 호모 사피엔스의 두뇌와 중앙 신경 시스템에 의해서 생산된다. 인간의 두뇌는 우주 가운데 가장 복잡한 물리적 상태를 보여주긴 하지만, 그런데도 인간의 의식이 몸을 요구하고 있다.

하지만 워드는 우주적 의식(cosmic consciousness)은 체화된(embodied) 의식과는 참으로 다르다고 주장한다. 그래서 이 우주적 의식이라는 일차적인

---

[19] Keith Ward, "God as the ultimate informational principle," in Paul Davies and Niels Henrik Gregersen(eds), *Information and the Nature of Reality: From Physics to Metaphysics* (Cambridge: Cambridge University Press, 2010), 290.

존재론적 실재로부터 우주가 탄생했다고 말한다. 이 의식이 모든 가능한 상태들을 품고 있는 자이며, 또한 그 가능한 상태 중에서 몇몇을 현실화시키는 존재다. 이 우주적 의식이 우주를 창조한 최고의 정보 원리라고 워드는 주장한다.[20]

지성(Mind)이 궁극적 실재의 근본적 구성요소이며, 필연적으로 모든 물리적 실체들 이전에 존재한다고 워드는 말한다. 물리적 실체들은 사실 우주적 지성(cosmic mind)에 의해 인식된 가능성들이 현실화된 것이다. 우주적 의식은 바로 존재하는 모든 가능성들의 조건이다. 그렇기에 도킨스가 주장하는 것처럼 정보가 필연적으로 물질적으로 체화되어야만 한다는 생각은 수용할 수 없다고 워드는 말한다. 일차적인 정보적 근원으로서의 하나님은 물질적이지 않은 분이다.[21]

물론, 인간은 완전히 체화된 정신이지만, 인간 의식 속에서 완전한 의미정보(semantic information)로의 문턱을 넘게 되었다. 워드는 우주를 창조하는 데 필요한 정보를 가지고 있는 어떤 우주적 의식이 궁극적 실재라고 주장한다. 고전적 물질주의나 유물론은 죽은 것 같지만, 자연주의적 우주관들이 더욱 살아있는 것 같다고 그는 분석한다. 하지만 워드에 의하면, 자연주의적 사상가들을 향해 제기할 수 있는 가장 중대한 도전 중 하나는 물리적 세계에 대한 현대의 이해에 있어서 정보가 차지하고 있는 놀랄만한 역할에 대한 적절한 설명이다.

정보가 궁극적 단위라면 자연주의와 물질주의는 그 설득력이 약해지게 된다. 의미정보의 관점에서 볼 때, 우주는 하나님의 지성에 의해서 운반되고 전달된 어떤 정보 형태에 따라 창조되었다고 워드는 본다. 하나님 가설(God hypothesis)은 최근의 정보 이론 성찰들 때문에 반박되기보다는 오히려

---

20 Ibid., 291-2.
21 Ibid., 294-5.

매우 강하게 지지를 받고 있다고 그는 주장한다.[22]

결론적으로 워드는 궁극적인 존재론적 실재는 정보이고, 그 정보는 궁극적으로 하나님의 지성 속에 자리 잡고 있으며, 그런 창조주에 대한 가설이야말로 궁극적 실재의 본질에 대한 가장 통일되고 설득력 있는 설명 중 하나를 제시하고 있다고 본다. 휠러를 비롯한 몇몇 양자 물리학자들에게 의식은 본질적으로 관찰 가능한 현상들의 현실화에 관여되어 있다. 워드는 유신론적 관점에서 우주의 현실화에 본질적으로 관여되어 있는 것이 우주적 의식이라고 주장한다.

이 우주적 의식으로서의 창조주는 우주의 모든 가능한 사태들에 대한 정보를 가지고 있다. 비록 인간은 의식을 체화하고 있지만, 의미정보라는 견해는 이 우주의 창조를 위한 정보 코드를 운반하고 전달하는 우주적이고 체화되지 않은 의식에 대한 이해에까지 확장되어야 한다. 그것이 바로 하나님의 지성(mind of God)이다.[23]

폴 데이비스도 『코스믹 잭팟: 왜 우리의 우주는 생명에 적합한가?』 (*Cosmic Jackpot: Why Our Universe Is Just Right for Life*)[24]의 앞부분에서 상대성 이론과 양자역학을 통합한 이후에 만유 이론을 수립하고자 했던 휠러로부터 큰 영감을 받았다고 말한다. 휠러는 단지 양자역학의 법칙들을 응용하는 데 그치는 것이 아니라, 양자가 어떻게 비롯되었는지를 질문한다. 그는 물질과 정보 사이의 괴리에 불만족스러워하면서, 정보 비트로부터의 입자 출현을 의미하는 'it from bit' 개념을 제안했다. 또 휠러는 가장 야심 찬 질문이 "존재는 어떻게 왔는가?"였다고 적고 있다.[25]

---

[22] Ibid., 297-9.
[23] Ibid., 299-300.
[24] Paul Davies, *Cosmic Jackpot. Why Our Universe Is Just Right for Life* (New York: Houghton Mifflin, 2007); 폴 데이비스, 『코스믹 잭팟』, 이경아 역 (서울: 한승, 2010).
[25] Davies, *Cosmic Jackpot. Why Our Universe Is Just Right for Life?*, xii.

그는 사고실험에 통달했던 휠러의 지연된 선택실험을 후반부에서 언급한다. 물리적 세계와 그 관측자가 서로를 설명하는 '참여적 우주' 개념에 의하면, 오늘날 관측자는 시간을 역행해 정보를 보낼 수 없음에도 불구하고 관측 행위를 통해 아주 먼 과거에 존재한 실체의 본질을 형성하도록 할 수 있다.

결국, 우주는 지각이 있는 생명체를 창조하여 그들이 자신을 관측하게 함으로써 자신의 존재를 실현하고 있다. 오늘날 우리의 관측은 아주 먼 과거에 존재한 실체의 본질을 형성하도록 도울 수도 있다는 것이다. 그게 사실이라면 생명체, 궁극적으로 의식체는 그저 우연한 산물이 아니라 우주의 개현과 진화에서 중심적 역할을 하는 것이다.

5. 물질주의의 황혼

하이젠베르크는 다음과 같이 말했다.

> 원자와 기본입자들은 실제적(wirklich)이지 않다. 그것은 사물(Dingen)과 사실(Tatsachen)이라기보다는 경향성 혹은 가능성의 세계다.[26]

마틴 리스는 다음과 같이 말했다.

> 태초에는 오직 개연성만 존재했었다. 누군가 그것을 관찰했을 때 비로소 우주는 출현하게 되었다. 그 관찰자가 수십억 년 이후에 나타나도 상관없다. 우리가 그것을 인식하고 있기에 우주는 존재한다.

---

[26] Werner Heisenberg, *Physik und Philosophie*. 7. Auflage / mit einem Beiträge von Günther Rasche und Bartel L. van der Waerden (Stuttgart: Hirzel 2007), 262.

유진 위그너는 다음과 같이 언급한다.

> 물리 이론의 장이 양자역학의 정립으로 인해 극히 미소한 현상으로까지 확장될 때는 의식(consciousness)이라는 개념이 전면에 등장하게 된다. 의식을 논하지 않고서는 양자역학의 법칙들을 완전히 일관된 방식으로 서술하는 것은 불가능하다.[27]

또한 막스 플랑크는 다음과 같이 말한다.

> 생애 전체를 가장 명확한 목표를 가진 학문, 곧 물질에 대한 연구에 바친 사람으로 원자들에 대한 나의 연구 결과를 다음과 같이 말할 수 있다. 물질 자체는 없다. 모든 물질은 원자 입자를 떨림으로 이끌고, 이 가장 미소한 원자는 '태양계'를 유지하는 어떤 힘으로 생성되고 존재하는 것뿐이다. 우리는 이 힘 배후에 존재하는 어떤 의식적이고 지능적인 지성을 가정해야만 한다. 이 지성(mind)이야말로 모든 물질의 모체(matrix)다."[28]

폴 데이비스의 책들도 물질주의와 유물론의 황혼을 보여주면서, 과학과 철학, 자연과학과 인문학, 물리학과 메타물리학 사이의 대화를 시도하고 있다. 『신의 마음』(The Mind of God), 『현대 물리학이 발견한 창조주』(God and the New Physics)와 같은 것이 국내 번역된 그의 작품들이다.

그 외에 『원자 안의 유령』(The Ghost in the Atom, 1986), 『물질이라는 신화』(The Matter Myth, 1991), 『정보와 실재의 본질: 물리학에서 형이상학으로』

---

[27] John Polkinghorne, ed. *The Trinity and an Entangled World: Relationality in Physical Science and Theology*, (Grand Rapids, Michigan: William B. Eerdmanns Publishing, 2010), 6.
[28] Das Wesen der Materie [The Nature of Matter], speech at Florence, Italy (1944) (from Archiv zur Geschichte der Max-Planck-Gesellschaft, Abt. Va, Rep. 11 Planck, Nr. 1797).

(*Information and the Nature of Reality: From Physics to Metaphysics*, 2010)와 같은 저술들을 통해 현대 물리학이 물질이라는 신화를 넘어서 메타물리학적인 영역과 조우하고 있음을 보여준다.

하이젠베르크는 양자역학으로 인해 현대 자연과학은 새로운 상황에 직면하게 되었다고 하면서, 이제 우리는 최종적인 객관적 실체를 가진 것으로 생각해 왔던 물질의 구성요소가 실제로는 그 자체로 더 이해될 수 없게 되었다고 주장했다. 그의 제자이면서 독일 뮌헨대학교 물리학 교수와 막스 플랑크 연구소 소장을 지낸 뒤르(Hans-Peter Dürr)는 한 걸음 더 나아가 물질은 존재하지 않는다고 말한다. 유대교와 기독교 신비주의, 심리학, 여성적 영성운동 그리고 새로운 사유 등과 관련된 서적들을 출판하는 어느 출판사에서 『물질은 없다! 물리학과 신비주의에 대한 혁명적 사유들』[29]이라는 제목으로 2012년 출판한 저서에서 그는 다음과 같이 말한다.

> 모든 살아있는 것들의 근원은 우주적인 코드인데, 그것은 바로 정보(Information)이다.

본질적으로 일상적인 의미에서의 물질은 없다. 오직 관계의 구조, 지속적인 변화, 그리고 생동성만이 존재한다. 우리는 이 사실을 상상하기 힘들다. 먼저 존재하는 것은 관계(Zusammenhang)이며, 물질적인 기초 없이 결합한 것(das Verbindende)이 존재할 뿐이다. 우리는 이것을 정신(Geist)이라 부른다. 우리는 이것을 체험할 뿐이지, 결코 잡을 수 없다. 물질과 에너지는 이 차적으로 출현하는데, '응고되고 굳어진 정신'(geronnener, erstarrter Geist)으로 나타난다. 원자 아래의 양자세계에서는 우리가 파악할 수 있는(begreifen)

---

[29] Hans-Peter Dürr, *Es gibt keine Materie! Revolutionäre Gedanken über Physik und Mystik* (Amerang, Germany: Crotona Verlag, 2010).

물체들이나 물질이나 실체적인 것이나, 사물(Dinge)은 존재하지 않는다. 오직 운동들과 과정들과 연결들과 정보들만 존재할 뿐이다.

하이젠베르크는 책에서 양자세계의 신비스러움을 힌두교-불교 사상들과 연결하고 있다. 이 책과 다른 강연들에서도 가끔 인도의 비이원론적인 아드바이타(advaita, 불이일원론)를 언급한다. 하지만, 이 아드바이타는 물리적 사유가 아니며, 그 본디 종교적 문맥, 좀 더 정확하게 말하자면, (희생)제의적 상황 속에서 바르고 엄밀하게 이해되어야 한다. 그동안 뉴에이지 운동이나 에소테리즘에서 이 사상을 통전적, 전체적, 생태학적 그리고 평화적 사상으로 각색하고 의역했지만, 본래 이 사상은 그 제의적 문맥에서 제대로 살펴보아야 한다.

하이젠베르크의 힌두교와 불교 이해는 일부 유럽 지식인들의 경우처럼 오리엔탈리즘의 영향 아래에 있는 것 같다. 필자는 『붓다와 희생양』에서 이 불일불이(不一不二) 사상의 제의적 뿌리를 사회인류학적으로 분석함으로써, 그것을 지라르의 제의 이론에서 말하는 축제적, 디오니소스적, 카오스적 그리고 폭력적 차이 소멸(indifférenciation violente)로 이해해야 한다고 주장했다.[30]

물질은 존재하지 않는다는 주장을 불교의 공사상과 연결하는 것도 무리다. 물질은 없다는 말은 물질주의의 황혼을 의미하는 것으로, 전통적인 의미에서의 물질은 존재하지 않는다는 의미이지, 물질이라는 물리적 실체 자체가 존재론적인 의미에 없다는 의미는 아니다. 물질이 응고되고 굳어진 정신이라 할지라도, 그것은 엄연히 존재론적으로 존재하는 실체다.

그러나 불교 철학에서의 무(無)는 비존재론적 혹은 반존재론적인 의미로 절대적인 의미에서 '없다.' 절대적 무의 철학이 불교 철학인데, 『붓다와 희생양』에서 이미 주장했고, 이후에 좀 더 상술하겠지만, 이 절대적 의미에

---

[30] 정일권, 『붓다와 희생양』, '제4장 3. 불일불이(不一不二)와 차이소멸'을 보라.

서의 존재 부정에는 신화적인 박해의 메커니즘이 있다.

희생양 붓다들만이 절대적인 의미에서의 존재 부정의 멍에를 치고, 세계를 부정하고 우주를 허상으로 파악하도록 교육받는다. 재가자들의 물리학적이거나 우주론적 관점은 다른 진리의 지평 속에 존재한다. 불교에는 진리 자체도 출가자와 재가자의 서로 다른 존재론적 지층으로 분열된다.

우리가 대부분 알고 있는 불교사상은 바로 출가승들의 고유하고 특정한 사상이다. 또한 불교철학의 무(無)는 (양자)물리학적 개념이 아니라, 사회인류학적 개념으로, 출가하는 붓다들에게만 적용되고 또 자발적/비자발적으로 강요된 다르마[31]와 멍에와 희생논리였다.[32]

양자물리학과 불교 등에 관해서는 본서의 마지막 부분에서 본격적으로 논의될 것이다. 양자 신비로부터 지나치게 멀리까지 나아가 동양 신비주의와의 표면적 유사성을 찾고자 했던 기존의 뉴에이지 과학과 에소테리즘의 위험에 대해서도 논의할 것이다. 뒤르 교수는 태초에 양자영혼(Quantengeist)이 있었다고까지 하기도 한다. 또한 양자요동 때문에 우주가 '무'로부터 저절로 발생했다는 스티븐 호킹의 주장을 비판한다.

심지어 최근에는 양자철학(Quantenphilosophie)이라는 표현들도 가끔 등장한다. 양자물리학으로 인해 메타물리학적(형이상학적)이고 철학적인 정신과학(Geisteswissenschaften)과 조우하게 된 것은 사실이다. 하이젠베르크도 『부분과 전체』(Der Teil und das Ganze)라는 자서전적인 저서에서 양자역학과 핵물리학뿐 아니라, 철학적이고 종교적이고 정치적인 주제들도 논의한다. 그 책은 제10장에서 양자역학과 칸트 철학, 제20장에서는 기본 입자와 플라

---

[31] 산스크리트 다르마(dharma)는 인도철학에서 법(法)을 의미하는 것으로, 인도철학과 종교에 중요한 개념이다. 힌두 사회에서 다르마는 역사적으로 다양한 개념이 있는데 이를테면 베다 의식, 윤리적 행동, 카스트 제도, 시민 및 범죄법이 있다.

[32] Ibid., '제4장 4. 출가승들의 다르마로서의 무(無)'를 보라.

톤 철학의 문제를 다루고 있다.[33]

불확정성 원리를 통해 양자역학을 완성한 하이젠베르크는 기계론적 자연관에 종지부를 찍었다. 뉴턴의 고전물리학이 기계론적이고 결정론적 세계관을 탄생시켜 이후 이신론을 거쳐서 점차 과학주의, 물리주의, 자연주의 그리고 물질주의에 기초한 무신론이 우세하게 되었지만, 양자세계의 신비 때문에 다시금 유신론의 입장이 힘을 얻게 되었다.

프랑스 수학자이자 물리학자 라플라스는 나폴레옹이 왜 당신의 천체역학에는 신에 대한 언급이 없는지 물었을 때, 뉴턴의 고전역학에 근거하여 자연은 한 치의 오차도 없는 물리법칙이 지배하고 있다고 가정하면서, "폐하, 저는 그 가설이 필요 없습니다"라고 답변했다.

뉴턴의 고전물리학의 영향으로 작업가설(Arbeitshypothese)로서의 신이나 혹은 본회퍼의 표현처럼 틈새의 신(Gott als Lückenbüßer)의 불필요성이 무신론자들에 의해 제기되곤 했다. 하지만, 20세기 초 양자역학의 불확정성 원리로 인해 라플라스의 결정론은 비판받게 된다.

스티븐 호킹도 『시간의 역사』의 결론 부분에서 지적하고 있듯이, 라플라스의 결정주의는 두 가지 점에 있어서 불완전하다. 그것은 자연법칙들이 어떻게 선택되었는지를 말하지 않고 있으며, 또한 우주의 초기조건을 구체적으로 밝히지 않고 있다. 이 특정한 자연법칙의 선택과 우주의 초기조건에 대한 선택은 하나님의 영역이었다. 하나님은 우주가 어떻게 시작되고, 그 시작된 우주가 어떤 자연법칙 아래 운행될 것인지를 선택했을 것이라고 호킹은 지적한다. 창조주는 우주가 지배를 받는 자연법칙을 선택할 '자유'를 가지고 있었다고 호킹은 본다.

---

[33] Werner Heisenberg, *Der Teil und das Ganze. Gespräche im Umkreis der Atomphysik* (München: R. Piper & Co Verlag, 1969). 베르너 하이젠베르크, 『부분과 전체』, 김용준 번역 (서울: 지식산업사, 2013)을 보라.

6. 폴킹혼과 지라르: '과학과 종교'와 '폭력과 종교'

하나님이 저술한 두 종류의 책, 곧 성경과 자연에 대해 말하는 폴킹혼은 대체로 기독교 정통주의와 복음주의적 입장을 견지하고 있다. 그의 새로운 자연신학적 입장은 삼위일체론에 정초되어 있다. 그래서 종교와 과학 분야의 또 다른 전문가이면서 다소간 종교다원주의적이고 인도와 동양사상에 대해 지나치게 우호적인 인상을 주는 옥스퍼드대학교의 신학 교수였던 워드(Keith Ward)는 2012년 폴킹혼과 찰스 테일러 등 기포드 강좌(Gifford Lecture)와 템플턴 상 수상자들이 함께 모인 컨퍼런스에서 폴킹혼의 입장을 '불편함을 주는'(annoying) 것으로 보기도 했다.[34]

이 컨퍼런스에서 과정철학과 과정신학의 입장에 서 있는 이언 바버(Ian G. Babour)는 폴킹혼과 함께 과학과 종교연구를 함께 한 학자이지만, 불교의 자비와 달라이 라마를 언급하고 있다. 그동안 불교사상과 과정신학의 유사성을 주장해 온 존 캅(John Cobb Jr.)과 같이, 그는 대체로 서구 불교(western Buddhism)에 대한 다소 낭만적 입장에 서 있다. 폴킹혼은 자신이 과정철학자도 과정신학자도 아니라고 말한다.

'환경윤리학의 아버지'로 불리며 템플턴 상을 수상한 홈즈 롤스턴 3세(Holmes Rolston III) 교수는 이 컨퍼런스에서 자연의 길을 고난의 길(via dolorosa)로 말하면서 십자가 형태의 자연(cruciform nature)에 대해 말한다. 그는 '태초부터 죽임당한 어린 양'에 대해 마지막으로 언급하면서 자연의 역사를 십자가 고난의 길로 파악하고 있다. 폴킹혼도 창조세계를 삼위일체 하나님의 사랑의 작품인 동시에 케노시스(Creation as Kenosis)로 파악한다.[35]

---

[34] Gifford Lectures Revisited: Reflections of Seven Templeton Laureates. Ian Barbour, John Polkinghorne, Holmes Rolston, Charles Taylor, moderated by Keith Ward, British Academy, London, 1 June 2012. http://www.youtube.com/watch?v=H_qZj5haYOM

[35] John Polkinghorne (ed), *The Work of Love: Creation as Kenosis* (London: SPCK / Grand Rapids: Eerdmans 2001).

롤스톤이 지적하고 많은 학자가 인정하듯이 신체기관 중 인류의 두뇌가 가장 급속도로 커졌다. 롤스톤은 폴킹혼을 비롯한 많은 자연과학자가 인정하듯이 빅뱅 이후 우주적 진화과정에서 볼 수 있는 이른바 인류원리, 혹은 인류지향원리(anthropic principle)를 지적한다.

폴킹혼은 주목할 만한 우주적 인류지향원리는 많은 학자에게 충격적으로 받아들여졌다는 사실을 지적한다. 우주의 기본 법칙들이 특별히 생명이 탄생할 수 있도록 미세조정 되었다는 것이다. 자기의식(Selbsterkenntnis)뿐 아니라, 신의식(Gotteserkenntnis)을 가진 인간 의식이 창조의 면류관으로 등장하도록 미세하게 조정되고 계획되었다는 것이다. 창조의 면류관이자 하나님의 형상을 지닌 인간은 칼뱅의 『기독교 강요』의 핵심 주제처럼 하나님에 대한 지식(*cognitio Dei*)과 인간 자신에 대한 지식(*cognitio sui*)으로 부름을 받았다.

훌륭한 신학자이기도 한 폴킹혼은 자연신학적 논의를 전개하지만, 십자가 사건의 특수성 스캔들(scandal of particularity)을 변호한다. 폴킹혼이 일반적이고 형식적 의미에서 말하는 세계종교의 성스러움(the Sacred)을 보다 엄밀하게 내용적으로 구분해서 지라르가 말하는 폭력적인 성스러움(le sacré)과 기독교의 거룩함(*sanctus*) 사이의 차이에 대해서도 말해야 한다.

폴킹혼의 자연신학적, 창조신학적 논의에서는 죄와 타락, 그리고 구원에 관한 논의가 상대적으로 다소 부족한 것 같다. 인간의 죄악과 타락 그리고 비참함에 대해서는 지라르의 모방적 욕망 이론으로 설명하고자 한다.

모방적 욕망은 창조질서인 동시에 타락의 계기가 되기도 한다. (모방적) 욕망이 잉태한즉 죄를 생산한다. 모방적 욕망으로 인한 과도한 탐심은 우상숭배다. 이후에 다루게 될 선악과 사건을 모방적 욕망과 미메시스 이론의 관점에서도 읽어볼 수 있다. 피조물인 인간은 선과 악을 초월해서 창조주와 같이 되기를 모방적으로 욕망했다.

지라르는 인류문화의 폭력적 기원을 제시한다. 그러나 최초의 원동력은 모방, 곧 미메시스다. 지라르는 아리스토텔레스가 '시학'에서 인간은 모방 경향이 가장 크다는 점에서 다른 동물과 구분된다는 주장을 더 깊이 논의한다. 문화의 출현 가능성은 소유 모방에서 나오는 폭력을 통제할 수 있는 메커니즘의 발견을 전제로 한다.[36] 지라르에 의하면, 모방 메커니즘(mimetic mechanism)은 원죄와도 관련이 있다. 그는 원죄가 모방을 잘못 사용한 결과라고 말한다.

모방 메커니즘은 복합적인 형태의 초월성을 만들어 내는데, 이것이 이전 사회의 역동적인 안정에서 아주 중요한 역할을 했다. 인류학이나 사회학적 입장에서 모방 메커니즘을 비난만 할 수 없는 이유는, 이 메커니즘이 인류의 생존과 발전에 필수적인 요소이기 때문이라고 한다. 뒤르켐이 말하던 '사회적 초월성'이 바로 이것을 가리키는데, 유대교와 기독교의 입장에서는 완전히 우상으로 보이지만, 고대의 인류사회를 파괴세력으로부터 지켜낸 것도 바로 이런 '거짓 성스러움'이었다고 지라르는 말한다.[37]

칼 바르트의 그리스도 일원론(Christomonismus) 신학의 영향으로 인해 자연신학이 약화되었지만, 양자물리학과 빅뱅 이론 이후로는 오히려 자연신학의 르네상스가 일어났다. 우주와 시공간의 급진적인 피조성과 우연성이 발견되었다. 폴킹혼 자신도 자연신학이 하나님의 존재를 증명하는 것은 아니지만, 적어도 그분의 현존을 보여주는 것으로 본다. 하지만 자연신학의 르네상스로도 해결할 수 없는 것은 창조 이후 인간의 모방적 욕망과 자유의지로 인한 죄와 타락, 야만성과 야수성 그리고 폭력성 그리고 인간의 우상숭배와 사회적 거짓 초월성의 문제, 또한 그리스도를 통한 구원과 세계완성 등에 대한 설명이다.

그러므로 그리스도 중심적 신학은 여전히 유효하며, 이 그리스도 중심

---

[36] 르네 지라르, 『문화의 기원』, 김진식 역 (서울: 기파랑, 2006), 12.
[37] Ibid., 111.

적 신학은 십자가의 신학을 인문학적으로 확장하는 지라르의 '십자가 인류학'으로 더욱더 설득력 있게 설명될 수 있게 되었다. 지라르는 "나의 작업은 십자가 인류학을 위한 하나의 노력이며, 이는 정통 신학을 복원시키는 것이다"라고 주장한다. 즉 지라르는 "자신의 모든 연구는 십자가 인류학을 제시함으로써 신학자들을 돕는 것에 헌신 되어 있다"고 말한다.[38]

폴킹혼은 자신의 과학사상과 화해하기 가장 까다롭다고 생각하는 기독교 교리를 타락으로 간주했다.[39] 그는 십자가 사건 특수성의 스캔들에 대해 고백하면서도 세계 종교 현상들을 대체로 '성스러움과의 대면'(encounter with the reality of the sacred) 정도로 저술과 강연에서 제시하고 있다.

또한 죄악과 인간 본성의 어두운 측면도 말한다.[40] 그러므로 우리는 폴킹혼을 중심으로 하는 최근 자연신학의 르네상스에서 말하는 더욱 궁극적인 우주의 기원에 대한 논의를 수용하면서, 문화의 기원과 인간의 모방적 욕망과 죄와 타락의 문제도 깊이 논의할 필요가 있다. 또한 세계 종교와 신화에 대한 역설적인 유사성과 함께 지라르가 말하는 사회적 거짓 초월성과 참된 초월성을 구분해야 한다.

폴킹혼과 지라르의 직접적인 조우는 없었지만, 과학과 종교 분야를 연구하는 몇몇 신학자들에 의해 두 사람이 함께 논의되고 있다. 폴킹혼과 함께 그동안 과학과 종교 분야를 연구해 온 독일 하이델베르크대학교의 조직신학 교수인 벨커(Michael Welker)는 지라르의 희생 이론에 대한 책을 편집하여 출판했다.[41]

---

[38] R. Girard, *The Girard Reader,* ed. by. James G. Williams (New York: Crossroad, 1996), 262-88, 특히 288.

[39] John Polkinghorne, *Reason and Reality: Relationship Between Science and Theology* (London: SPCK/Trinity Press International 1991), '제8장 타락'을 보라.

[40] John Polkinghorne, *Science and the Trinity: the Christian Encounter with Reality* (New Haven, CT: Yale University Press, 2004), 15.

[41] Bernd Jankowski and Michael Welker (ed), *Opfer: Theologische und kulturelle Kontexte*

벨커 교수는 화이트헤드의 과정철학에 대해서 점차 약간의 거리를 두고 있는 것으로 보인다. 과학과 종교의 문제에 천착해 온 피터스(Ted Peters)도 지라르의 이론을 자신의 조직신학적 저술에 포함하고 있고,[42] 지라르학회에도 몇 번 참여한 바 있다. 영국 케임브리지대학교의 조직신학 교수인 코클리(Sarah Coakley)도 그동안 과학과 종교 분야를 연구해 왔으며, 최근 폴킹혼이 편집한 삼위일체론과 양자물리학에 관한 책에서도 관계적 존재론에 대해서 기술하기도 했다.[43]

그녀는 자연신학과 희생(sacrifice) 등에 대한 기포드 강좌(Gifford Lectures, 2012)와 몇몇 저술에서 지라르 이론의 지속적이고 광범위한 영향력에 대해서 인정하면서도 그의 모방적 욕망 이론, 희생 이론과 희생양 메커니즘에 대해서 약간의 비평적 시각도 함께 논하고 있다.

지라르 학파에 속하면서도 미메시스가 부정적 갈등을 가져온다는 지라르의 거친 리얼리즘이나 드라마틱하고 소위 '비극적' 입장에 대해서 약간의 정서적 거리감을 느끼고 있는 일부 여류학자들은 코클리 교수처럼 보다 긍정적이고 평화스럽고 창조적인 미메시스의 가능성을 제시하고 싶어하며, 인류문화가 초석적 살해의 희생양 메커니즘에 뿌리를 두고 있다는 지라르의 홉스적인 입장에 대해서도 약간의 불편함을 느끼곤 한다.

코클리 교수는 지라르와의 학문적 교류가 깊은 찰스 테일러(Charles Taylor)가 기포드 강좌에서 지라르의 이론을 무비판적으로 적용하고 있다고 불평하기도 한다.[44] 뉴턴, 스티븐 호킹, 다윈, 폴킹혼 등이 가르쳤던 케임브리

(Frankfurt am Main: Suhrkamp, 2000).

[42] Ted Peters, *God -- The World's Future: Systematic Theology for a New Age* [2nd ed., Minneapolis: Fortress Press, 2000], 228-229.

[43] Sarah Coakley, "Afterword: 'Relational Ontology,' Trinity, and Science," in *The Trinity and an Entangled World. Relationality in Physical Science and Theology*, eds., John Polkinghorne (Grand Rapids, Michigan/Cambridge, U.K, 2010), 184-199

[44] Sarah Coakley, *Sacrifice Regained: Reconsidering the Rationality of Religious Belief.* An In-

지대학교에서 2009년 '지라르 다윈 컨퍼런스'(Girard Dawrin Conference)가 개최되기도 했다.

7. 수학적 로고스의 위대함과 모방적 욕망의 비극

폴킹혼은 여러 강연과 저술에서 즐겨 천재적인 수학자 파스칼(Blaise Pascal)의 '생각하는 갈대'로서의 인간에 대해서 지적한다. 폴킹혼에 의하면, 하나님의 존재를 보여주는 두 흔적이 있는데, 하나는 빅뱅 이후 진화하는 우주 자체이고, 또 하나는 '생각하는 갈대'다. 파스칼은 생각하는 갈대로서의 인간이 우주 속에서 티끌처럼 왜소하지만, 우주를 생각할 수 있기에 더 위대한 존재로 여긴다.[45]

인간은 자연 중에서 가장 약한 한 줄기 갈대에 불과하지만, 생각하는 갈대다. 또한 인간은 모방적으로 욕망하는 갈대다. 인간은 무엇을 욕망할지 모르는 존재다. 갈대처럼 이리저리 흔들리면서 타인의 욕망을 모방해서 욕망할 뿐이다. 그래서 인간의 욕망은 갈대처럼 이리저리 왔다 갔다 하기도 한다. 만족을 할 수 없는 존재가 만물의 영장인 인간인 것이다. 인간은 천사도 아니요, 짐승도 아니다. 모든 사람을 기독교 신앙으로 이끌기 위한 『팡세』에서 파스칼은 인간의 위대함과 비참함의 변증법을 말한다. 파스칼은 인간을 무한과 허무, 위대함과 비참함 사이에 존재하는 중간자로 파악

---

augural Lecture by the Norris-Hulse Professor of Divinity given in the University of Cambridge, 13 October 2009, Cambridge University Press, 12 전후를 보라. http://www.abdn.ac.uk/gifford/documents/Norris-Hulse_Professor_of_Divinity_-_Inaugural_lecture.pdf 칼 라너의 후임인 라이문트 슈바거(Raymund Schwager) 교수는 지라르를 기포드 강좌에 추천하려고 했다고 한다. 지라르의 이론은 복음적이고 기독교적이고 또한 선교적이어서 그 학문적 업적에도 불구하고 제대로 평가받지 못한 면이 있다.

[45] John Polkinghorne, *Belief in God in an Age of Science* (New Haven and London: Yale University Press, 1998), 2.

한다. 인간은 광대무변한 우주에 비하면 겨우 하나의 점과 같은 갈대처럼 약한 존재다. 그러나 우주를 생각하는 갈대이기에 인간은 또한 위대하다.

"우주는 공간에 의해서 나를 싸고, 하나의 점으로서 나를 삼킨다. 그러나 나는 사고(思考)로 우주를 싼다"는 점에서 인간의 존엄성이 있다. 수학자 파스칼의 말처럼 우주를 이성과 사고로 이해하는 인간은 위대하다. 위대함은 인간의 이성일 것이다. 실제로 인간은 수학으로 우주를 연구한다.

왜 그렇게 수학이 우주를 파악하는 데 유용한 것일까?

수학적 우주는 미세하면서도 기적적으로 조율된 우주이기 때문이다. 하지만 인간은 수학적 이성 때문에 위대하기도 하지만, 모방적 욕망 때문에 비참하기도 하다. 파스칼은 인간을 만족할 수 없는 존재라 했는데, 이 영원한 불만족은 하나님에 대한 갈망 때문이기도 하지만, 수평적으로는 모방적 욕망 때문이다. 모방적 욕망 때문에 인간은 비참해진다. 파스칼은 이후 추상적인 수학과 물리학으로부터 떠나 사교계에서 온갖 종류의 인간 경험을 하고 그 이후 참회하고 뜨거운 회심을 체험하게 된다.

파스칼은 미련 없이 사교계를 떠났고 이후 수도원에 들어가 정식 수도사는 아니지만, 완전히 금욕적 생활을 하기 시작했다. 이후 수도원의 대표로서 주류 세력이었던 예수회와 논쟁하기도 했다. 하이델베르크 교리문답의 제1부는 인간의 비참함에 대한 것이다(Von des Menschen Elend). 인간의 비극에 대해서 참된 위로를 제시한다.

인간은 자기의 비참함을 이해하는 점에서 위대하다. 동물과 식물은 자기의 비참함을 모른다. 인간으로서는 해결할 수 없는 이 모순은 신의 위대함과 인간의 비참함을 하나로 체현(體現)한 십자가에 달리신 자에 의해서 비로소 해결된다고 파스칼은 보았다.[46]

---

[46] 그러나 니체는 인간의 위대함과 비극을 동시에 본 기독교적 사상가인 파스칼을 자신의 저서에서 자주 비판을 하고 있다.

그러므로 우리는 인간의 수학적 지성의 위대함뿐 아니라, 모방적 욕망으로 인한 죄와 비참함도 함께 보아야 한다. 우주의 기원을 해독하는 인간 의식의 위대함과 함께 문화의 기원에 숨겨져 있는 모방적 욕망으로 인한 형제 살해의 비극도 보아야 한다. 양자 이론을 통해 우주의 기원까지 추적하는 인류의 영광과 함께, 그것을 핵무기로 생산해서 자멸할 수 있는 인류의 범죄, 야만성과 폭력성 그리고 어리석음도 함께 보아야 한다.

인간의 두뇌는 거대한 모방의 기계다. 어린아이를 무인도에서 키우면 원시적 형태의 학습만 하게 되지만, 문명의 도시에서 성장시키면 엄청난 속도로 모방해서 학습하게 된다. 거대한 모방의 기계인 뇌 속의 거울 뉴런(mirror neuron)은 자동적이고 기계적으로 미러링을 통해 인간이 모방하도록 자극한다. 인간만이 가지는 각종 형이상학적 질병들은 타자와의 모방적 관계로 인한 것이다. DNA 구조의 발견과 비견되는 거울 뉴런의 발견은 인간의 두뇌가 얼마나 수학적이면서도 모방적인지를 보여준다. 진정한 욕망은 존재하지 않고 모방적 욕망이 인류를 움직인다.

지라르에 의하면, 원숭이의 두뇌는 상징성의 수준에 도달할 만큼 분명 충분히 발전되지 않았다. 이 수준에 도달하려면 적절한 크기의 뇌를 갖는 것만으로는 충분치 않다는 것은 이미 잘 알려진 사실이다. 단순한 뇌의 존재 말고도 의미 작용의 중심이 필요한데 희생양으로 지목된 희생물이 그 중심을 제공해 주고 있다고 본다.

희생양에 대한 초석적 살해가 인간의 '생각의 진화'에 영향을 주었다. 큐브릭의 영화 "2001:스페이스 오디세이"의 첫 장면은 창조적이고 초석적 살해를 잘 보여준다. 희생양이 인류가 지금까지 한 번도 만들어 본 적 없던 최초의 상징기호로 나타난다. 그야말로 최초의 상징이다. 이때 생겨나는 상징 영역에서의 사용에 들어있는 복잡한 인식을 할 수 있는 더 큰 두뇌가 필요했다고 지라르는 주장한다. 일단 시작된 상징체계에 있어서 희생양이라

는 최초의 기호가 의미 작용의 중심으로 작용했다.⁴⁷

8. 아름다운 방정식: 수학의 불가사의한 효율성

하나님의 형상을 지닌 인간은 우주를 인식하고, 자기 의식적이며 또한 창조주에 대한 인식(*cognitio Dei*)을 하는 '생각하는 갈대'다. 폴킹혼에 의하면, 우리는 '투명한 이성적 아름다움'(transparent rational beauty)을 가진 물리적 세계 속에 살고 있다. 노벨 물리학상 수상자 유진 위그너(Eugene Paul Wigner)가 주장하는 '자연과학에 있어서 수학의 불가사의한 효율성'(The Unreasonable Effectiveness of Mathematics in the Natural Sciences)⁴⁸에 대해서 폴킹혼도 지적한다. 또한 우주에 대해서 한 가지 이해할 수 없는 것이 있다면, 그것은 바로 "왜 우주가 인간에게 이해될 수 있는가"라는 아인슈타인의 말을 자주 인용한다.

이렇게 우주는 인간의 지성에 대해서 경이로운 이해가능성(intelligibility)과 투명성(transparency)을 보여주고 있다. 그리고 지구가 은하계에서 자리잡고 있는 위치 자체도 우주를 '투명하게' 관찰할 수 있는 위치라고 한다.

폴킹혼은 자신의 스승이자 노벨상 수상자인 폴 디락(Paul Dirac)을 자주 언급하면서 왜 '아름다운 방정식'이 자연 이해를 위한 단서가 되는지를 질문한다. 그에 의하면, 우주의 합리적 아름다움은 실제로 우주를 유지하는 존재인 우주적 지성(the Mind)을 반영한다. 물리적 세계의 구조를 발견하는 데서 볼 수 있는 수학의 경이로운 효율성은 하나님의 형상으로 인간을

---

[47] 지라르, 『문화의 기원』, 김진식 역, 159-160.

[48] Eugene P. Wigner, "The Unreasonable Effectiveness of Mathematics in the Natural Sciences," in Communications in Pure and Applied Mathematics, vol. 13, No. I (February 1960).

창조하는 하나님의 현존을 보여주는 힌트라고 폴킹혼은 본다.⁴⁹

기이한 인물이었던 디락의 수학 뒤에 감추어진 삶이 최근 재조명을 받고 있다. 최근 '아름다운 방정식'이라는 제목의 BBC 방송은 우주가 아름다운 방정식으로 환원되어서 설명되는 신비를 다루고 있다. 이 방송은 슈뢰딩거와 함께 1933년 원자 이론의 새로운 형식 이론의 발견으로 노벨상을 받은 디락도 깊이 다룬다. 디락은 자신의 방정식을 이용해서 반물질(anti-matter)을 예견했다.

아름다운 수학적 방정식으로 예견하고 몇십 년 후에 관찰과 실험으로 증명되고 확증되었다는 것이 얼마나 놀랍고 신기한가?

2011년 영국 왕립협회에서는 '폴 디락과 수학적 아름다움의 종교'라는 제목으로 그를 재조명하는 강연이 개최되기도 했다. 그의 제자 폴킹혼은 스승 디락을 다음과 같이 회상한다.

> 디락에게 가장 근본적인 신앙이 무엇이냐고 질문하자, 그는 칠판으로 걸어가서 다음과 같이 적었다.
> "자연법칙들은 아름다운 방정식으로 표현되어야만 한다."⁵⁰

방정식을 아름답다고 표현한 디락의 말처럼, 우주가 수학을 통해 명료하게 기술될 수 있다는 점과 인간의 이성으로 그 조화로움을 알아내고 이해할 수 있다는 사실이 너무 신기하고 신비롭지 않은가?

디락의 방정식은 실험에 의한 제약이 거의 없이 가장 자유롭게 고안되었지만, 가장 이상하고 깜짝 놀랄만한 결론을 만들어냈다.

원자 내부를 보지 못하면서 어떻게 수학적 공식으로 예측할 수 있는가?

---

49 Polkinghorne, *Belief in God in an Age of Science*, 1-6.
50 Polkinghorne, *Belief in God in an Age of Science*, 2.

디락이 파인만(Richard Feynman)을 어느 학회에서 만났을 때, 그는 긴 침묵 후에 이렇게 말했다고 한다.

"저는 방정식을 하나 가지고 있어요. 당신도 가지고 있나요?"

1995년 영국 웨스트민스터대성당에 디락을 기념하는 기념석이 뉴턴의 기념석 옆에 자리 잡았다. 그 기념석에는 전자의 움직임을 묘사하는 디락의 방정식이 새겨져 있다. 미국 플로리다에 있는 그의 묘비 아래에는 디락의 방정식과 관련해서 다음과 같이 적혀 있다고 한다.

> 왜냐하면, 하나님께서 그렇게 만드셨기에 그렇다.

그는 초기에 반철학적이고 반종교적이었지만, 이후 양자역학의 수학적 아름다움과 미학에 매료되어 자신의 연구 결과로 점차 종교적 철학자가 되었다고 한다. 1927년 하이젠베르크와 파울리(Wolfgang Pauli)와 나눈 대화에서 종교에 대한 디락의 초기 입장을 볼 수 있다. 그에게 있어 하나님 개념은 인간 상상력의 산물이다. 그것은 원시인들이 자연의 가공할만한 힘에 노출되었을 때 가졌던 두려움에서 나왔다. 하지만 이후 디락은 아름다운 방정식을 일종의 종교처럼 믿기 시작했다고 한다.

「과학적인 미국인」(Scientific American) 1963년 5월호에 실린 자신의 글 '자연에 대한 어느 물리학자의 관점의 진화'에서 디락은 다음과 같이 하나님에 대한 자신의 발전되고 변화된 입장에 대해 적고 있다.

> 근본적인 물리적 법칙들이 그것을 이해하기 위해서는 높은 수준의 수학을 해야 하는 위대한 아름다움과 능력을 갖춘 어떤 수학적 이론의 관점에서 묘사된다는 것은 자연의 근본적인 특징 중 하나인 것처럼 보인다. 당신은 질문할 수 있다. 왜 자연이 이렇게 창조되었는가? … 우리는 (수학적 방정식으로 묘사되는) 법칙들을 받아들여야 할 뿐이다. 하나님은 매우 높은 차원의

수학자이며 그가 우주를 창조할 때에 매우 진보된 수학을 사용했다고 말함으로써 이 상황을 묘사할 수도 있을 것이다. 수학에서의 우리의 미미한 노력이 우리에게 우주의 한 조각 정도를 이해할 수 있게 하며, 우리가 더 높고 높은 수학을 발전시켜 나감에 따라 우리는 우주를 좀 더 잘 이해할 수 있을 것을 희망한다.[51]

디락에게 있어 우주의 창조주는 최고의 위대한 수학자였다. 앞에서 언급했듯이, 옥스퍼드대학교의 수학 교수인 존 레녹스(John C. Lennox)와의 논쟁에서 도킨스도 비록 자기 자신은 수용하지 않지만, 일종의 수학자로서의 신에 대해서는 합리적인 방식으로 존중할 수 있다고 했다.

대체적으로 유대-기독교적 세계관의 인격적인 창조주 하나님에 대한 신앙을 병적이고 해로운 망상으로 치부하다가, 어느 정도 이신론적 의미에서의 인격적 창조주의 가능성에 대해 존중할 가능성을 열어놓게 되었다. 세상에서 가장 유명하면서도 아름다운 아인슈타인의 방정식, 곧 질량과 에너지의 동등성을 말하는 $E=mc^2$는 그 과학적 단순성으로 인해 더욱 위대하고 아름답게 보인다.

폴킹혼은 이 세계 안에서 하나님의 활동하심을 과학자의 통찰력으로 찾아낼 수 있다고 확신하는 두 가지 사례를 말한다. 즉 이 세계와 인간 정신이 일치한다는 사실과 우주의 정밀함과 인류원리에 의해서 하나님께서 이 세계 안에서 활동하신다는 것을 확신한다는 점이다. 물리적 세계는 인간 이성의 투명성 안에서 우리에게 지적으로 이해되는 세계다. 특히 수학은 그 가운데서도 이 물리적 세계를 이해하도록 하는 가장 명백한 이해 도구이다. 수학은 이론물리학의 도구로서, 대단히 경제적이고 우아하게 물리 세계를

---

[51] Paul Dirac, "The Evolution of the Physicist's Picture of Nature," *Scientific American* (May 1963).

표현한다. 우리가 살고 있는 이 세계의 구조를 설명해내는 도구 가운데 수학은 최고의 아름다움을 갖고 있다. 그래서 수학은 우주의 비밀을 풀어내는 결정적인 열쇠로 기능을 한다.

수학에 따라서 사유된 가장 아름다운 패턴은 바로 물리적인 우리 주변 세계의 구조 가운데서 실제로 발생하고 있다. 다른 말로 하면, 인간 내부의 이성과 인간 바깥의 구조 사이에는 깊게 뿌리내린 관계가 있다는 말이다. 이는 우리의 마음과 수학의 관계를 말한다. 물리적 세계의 합리적인 질서와 구조가 있고, 이 구조를 파악해 내는 인간 이성이 있다. 이 세계를 수학이 그려 낼 수 있다는 사실은 결코 사소한 것이 아니다.

이 세계는 인간 정신의 산물인 수학에 따라서 해명될 수 있다. 이는 단지 그렇게 되었기 때문이라고 말하기에는 너무나 절묘하게 인간 정신과 우리 세계가 일치한다. 그래서 폴킹혼은 우리의 정신 내부와 외부 사이에는 서로를 만나게 해 주는 깊은 뿌리를 전제하지 않을 수 없고, 이 자체가 대단히 중요한 사실이라고 주장한다. 수학적으로 이 세계가 그토록 투명하게 이해된다는 것은 결코 당연한 일이 아니다. 인간 정신이 이 세계를 이해하는 데 딱 들어맞지 않는다면, 우리는 결코 이 세계에서 살아남을 수 없었을 것이다.

수학은 우리 주변의 세계만이 아니라 양자의 세계까지도 딱 들어맞는 구조와 패턴을 보여주고 있다. 양자의 세계는 우리의 정신으로 그려볼 수 있는 세계가 아니다. 이는 매우 추상적인 수학을 통해서 이론을 세울 뿐이다. 그러나 놀라운 사실은 양자물리학의 세계 역시 수학의 이해에 딱 들어맞는 구조를 지니고 있다는 점이다.

폴킹혼은 자신이 편집한 최근의 책 『수학에서의 의미』에서 여러 학자와 함께 왜 매우 추상적인 학문으로 보이는 수학이 물리적 우주의 깊은 수수께끼들을 풀 수 있는 열쇠가 되는지에 대해서 질문한다. 또한 수학에서의 의미에 대한 질문들이 실재에 대한 형이상학적 사고에 미치는 중대한 의미에 대해서도 대답하고자 한다. 그는 '물리학과 수학 사이의 깊은 상호적 얽힘'을 강조하면서, 우선 환경적인 요소와 유전적인 요소를 강조하는 진화론적 설명의 한계를 수학의 발전과 관련해서 지적한다.

신다원주의가 주장하듯이 실재의 물리적-생물학적 차원만을 고려하는 진화론적 설명은 인간의 수학적 능력의 출현을 설명하기는 힘들다. 물론 초기에는 생존을 위한 압박으로 인해 제한된 정도의 산술적이고 기하학적인 사고가 가능해졌다. 수학적 실재와 어느 정도의 접촉이 이루어진 다음에는 새로운 발전적인 요소가 작용하게 되었다. 즉 물리적 생존을 돕는 욕구뿐 아니라, 우리가 '만족'이라고 부를 수 있는 어떤 정신적인 영향의 효과가 첨가된다고 폴킹혼은 본다.

'지적인 즐거움'이 우리 조상들이 일상생활의 실용성이라는 필요를 넘어서 더 나아가 수학적 실체들이라는 지성(noetic) 세계에 관한 탐구로 이끌었다고 본다. 그는 여기서 물리학에서의 이론적 이해와 수학적 속성 사이의 관련성을 지적한다.[52] 폴킹혼은 위그너가 물리적 우주의 비밀들을 푸는 수학적 아름다움의 경이로운 능력을 '불가해한 효율성'이라고 불렀다는 것을 언급한다.

왜 순수 수학의 아름다운 방정식들이 실제로 존재하는 물리적 세계를 그대로 묘사할 수 있는가?

폴킹혼은 그 이유를 자연신학적 설명에서 찾는다. 그는 또한 '물리학인 것과 수학적인 것 사이의 깊은 상호적 얽힘'(a deep mutual entanglement of the physical and the mathematical)의 의미에 대해 질문한다. 누구도 물리적 세계의 실재에 대해 의심하지 않는다. 그렇다면 그들은 그 물리적 세계와 얽혀 있는 수학적 세계의 유사한 실재를 인정할 준비가 되어 있어야 한다고 폴킹혼

---

[52] John Polkinghonre, "Mathematical Reality," in *Meaning in Mathematics*, ed. John Polkinghorne (Oxford: Oxford University, 2011), 32.

은 말한다. 그에게 있어 수학은 실재의 다른 차원들과 얽혀 있다(entangles). 그래서 결론적으로 폴킹혼은 수학의 실제적인 성격과 성과들을 정당하고도 진지하게 받아들인다면 수학적 실재들의 지적 세계의 실재를 인정하는 어떤 형이상학적 상황을 고려해야 한다고 말한다.[53]

폴 데이비스도 '물리학과 하나님의 지성'이라는 제목의 템플턴 시상식 강좌에서 인간의 경이로운 수학적 능력의 의미에 대해서 말한다. 갈릴레오가 말한 바처럼 하나님이 저술한 자연이라는 책은 수학적 언어로 기록되어 있다. 자연은 수학적 방식으로 질서가 이루어져 있다. 우리가 자연법칙의 수수께끼 같은(cryptic) 성격을 알게 되면 수학의 신비는 더욱 심오해진다.

뉴턴이 사과가 떨어지는 것을 보았을 때 그는 단지 떨어지는 사과만 보았지, 사과의 운동과 달의 운동을 연결하는 어떤 일련의 방정식을 본 것은 아니다. 물리적 현상의 기저에 있는 수학 법칙들은 직접적인 관찰을 통해서 우리에게 명백하게 보이는 것이 아니다. 수학 공식은 실험실에서의 실험과 수학적 이론이라는 불가사의한 절차를 사용함으로써 자연으로부터 엄청난 노력에 의해 추출된다.

자연법칙은 우리에게 숨겨져 있으므로 큰 노력을 거친 이후에 비로소 알려진다. 어떤 무신론 물리학자가 말했듯이 자연법칙들은 일종의 우주적 코드로 기록되었기에 과학자의 일은 그 코드를 풀고 자연의 메시지와 하나님의 메시지를 보여주는 것이다. 경이로운 일은 바로 인간이 그러한 환상적인 '코드를 해독하는' 능력을 발전시켰다는 점이다. 이것이 과학의 기적과 위대함이라 할 수 있다.[54]

레비-스트로스와 구조주의가 신화의 수수께끼와 코드를 풀려고 했지만, 소쉬르의 영향으로 지나치게 언어철학과 기호학에 메이게 되어 결국 풀지

---

[53] Ibid., 33-34.

[54] Paul Davies, "Physics and the Mind of God: The Templeton Prize Address," *First Things*(August/September, 1995), 31-35.

못했다. 그런데, 지라르가 신화를 철저하게 사회적으로 파악함으로 신화에서 박해의 논리와 코드를 해독해 냄으로써 신화의 수수께끼가 풀린 것이다. 본서의 주요 테제 중의 하나는 신화의 코드를 먼저 푼 문화권에서 자연의 코드를 수학적으로 해독해 나가는 자연과학이 태동했다는 점이다.

우주적 거인이자 희생양의 시체와 사리로부터 세계가 창조되었다고 믿는 문명권에서는 자연 자체가 신의 몸의 한 조각이기에 신성화되었고, 그런 이유로 자연을 감히 실험과 관찰의 대상으로 삼을 수 없게 되었다. 그 결과 자연에서 자연법칙을 추출할 수 없게 된 것이다. 세계 창조신화의 코드를 이해하지 못한 사회는 그만큼 사회가 안정되지 못해서 뜨거운 내부폭력과 갈등을 밖으로 유출하고자 하는 데에 거의 모든 에너지를 소모했다.

반면에, 희생양 메커니즘을 비판적이고 계몽적으로 인식한 이후 정교하고 복잡한 사법체계를 통해서 정치적 안정과 인문학적 감수성과 성숙성을 먼저 이룬 문화가 나아가 자연과학적으로 우주적 메커니즘과 코드를 수학적 방정식과 물리적 이론을 통해서 파악할 수 있게 되었다. 인간 자신의 위대함과 비참함에 대한 인문학적 성찰이 결국 자연과학의 발전도 가져온 것이다.

폴킹혼은 어떻게 인간 이성 내에 있는 정신과 그 밖에 있는 세계가 이토록 서로 딱 맞아 떨어지는가에 대해서는 신비로움과 심오함이 숨어 있다고 본다. 그는 바로 이 지점에서 신앙과 믿음이 우리에게 전적으로 이 세계에 대한 이성적이고 실재에 대한 만족스러운 해명을 한다고 주장한다.

우리는 물리학을 통해서 드러난 물리적 세계의 합리적 질서와 투명한 아름다움을 바라본다. 그는 과학이 스스로 만족하지 못하고 과학 그 너머로 우리를 인도해 준다고 말한다. 신앙과 전혀 관계없는 과학자들도 이성의 아름다움과 정밀하게 조정되어 있는 이 세계를 연구하면서 자연스럽게 이 우주 배후에는 어떤 지성과 목적이 있다는 사실을 어렴풋이 본다. 폴킹혼은 무신론자가 어리석다고 폄훼하지는 않지만, 유신론보다 지적으로 훨씬 더

만족스럽지 못하다는 사실을 지적한다.

수학의 아름다움은 이미 많은 학자가 수긍하는 바다. 수학자는 의자에 앉아서 그들의 두뇌로 이 세계의 구조와 패턴을 분석하고 생각할 수 있다. 수학은 결국 패턴을 창조하고, 패턴을 분석하는 인간 사유다. 인간의 정신 안에서 단지 사유되는 수학을 도구로 해서 물리적 세계의 아름다운 구조와 패턴을 그릴 수 있다는 사실은 놀라운 일이다. 이성으로 사유하는 정신의 산물인 수학을 도구로 해서 그려내는 패턴이 우리가 경험하는 실제 세계와 정확하게 일치하여 맞아 들어간다는 사실은 놀라운 일이 아닐 수 없다. 폴킹혼과 같은 이론물리학자도 주로 별 도구 없이 책상에 앉아서 종이 위에 방정식으로 가설을 세우는데, 그 가설이 몇 십년 후 과학적 관찰과 실험으로 증명된다는 것은 놀라운 일이다.[55]

어떻게 인간 내부에 있는 인간 이성과 그 외부에 있는 물리적 세계가 이토록 정확하게 일치하는가?

진화론적 생물학자들은 우리 주변의 세계가 인간 사유와 일치하지 않는다면 우리는 결코 이 우주에서 살아남지 못했을 것이라고 말하지만, 수학의 본질을 설명하기에는 부족하다. 이론물리학자들이나 수학적 물리학자들은 일상세계와는 전혀 다른 양자세계도 방정식을 통해 성공적으로 묘사한다. 이토록 생소하고 예측할 수 없는 양자 물리학의 세계도 역시 매우 추상적인 수학에 의해 설명되고 있다. 인간 정신이 우주의 심오한 구조를 설명할 수 있다는 사실은 놀라운 일이다.

아인슈타인은 세계의 이해 가능성 자체를 기적 혹은 영원한 신비로 파악했다. 비록 이론의 공리는 인간에 의해 상정되었지만, 이런 절차의 성공은

---

[55] 폴킹혼은 많은 저작들에서 우주의 이해가능성의 신비와 수학의 의미에 대해서 논하고 있다. 다음의 책도 이 부분과 관련해서 참고하라. John Polkinghorne, *Science and the Trinity. The Christian Encounter with Reality* (New Haven and London: Yale University Press, 2004), '3.(1) A deeply intelligible universe'(63-5)를 보라.

우리가 선험적으로(*a priori*) 예상할 수 없는 고도의 질서가 객관적인 세계에 존재하고 있음을 보여준다고 아인슈타인은 말한다.[56]

9. 잉여지성과 자연주의에 맞선 진화론적 논증

폴킹혼은 이 아름다운 수학 공식의 놀랄만한 효율성을 단순한 우연이나 진화의 결과로만 보지 않는다. 물론 진화과정은 인간의 두뇌로 하여금 생존을 위해 주위 세계를 이해하도록 점진적으로 형성시켜 왔다. 진화론적 필연성이 인간의 사고능력에 영향을 미쳐왔다. 그것은 세계를 이해하고 생존하기 위해 필연적으로 요청되는 것이다.

하지만 미시적인 양자세계나 거시적 우주를 이해하도록 하는 우리 인류가 가지는 잉여의 지적 능력(surplus intellectual capacity)은 단지 생존을 위한 진화과정에서 얻어진 우연한 부산물로 설명되기는 힘들다.[57]

왜 우리가 그토록 쉽게 우주의 심오한 구조에 도달하는지를 설명하지 못한다. 우주를 수학적으로 풀어낼 수 있다는 사실, 아름다운 방정식이 자연을 이해하는 실마리가 된다는 사실, 우주를 우리의 뇌가 이해할 수 있다는 사실은 실재(reality)의 본성에 대한 중요한 통찰이다. 우주를 이해하는 과정에서 발견되는 수학의 믿을 수 없을 만큼의 효율성은 결코 사소하지 않다(non-trivial).

폴킹혼은 그것이 사실 매우 의미심장한 것이라고 말하면서 왜 그러한지에 대한 메타 질문을 던진다. 이어서 그는 우주의 합리적 아름다움이 그 우주의 존재를 부여잡고 있는 우주적 지성(the Mind), 곧 창조주 하나님을

---

[56] Holder, *Big Bang, Big God: A Universe designed for life?*, 100.
[57] Polkinghorne, *Belief in God in an Age of Science*, 2-3.

반영하고 있다고 대답한다.⁵⁸

생각하는 갈대인 인간의 두뇌 속에서 나온 아름다운 수학방정식과 이론이 우주의 합리적 질서와 맞아떨어진다는 것이 어떻게 가능한 일인가?

폴킹혼은 두뇌 내의 내부의 합리성과 외부, 즉 우주의 합리성이 서로 들어맞는다는 것을 쉽게 간과해서는 안된다고 지적한다. 인류의 독특한 잉여 지성을 단지 생존을 위한 진화과정에서 얻어진 우연한 부산물로 보기는 힘들다.

플란팅가는 비슷한 맥락에서 자연주의에 맞선 진화론적 논증(Evolutionary argument against naturalism)을 펼쳤다. 2009년 미국 철학 협회의 중요한 모임에서 플란팅가는 유물론적 관점에서 인간의 의식과 지능을 오직 두뇌의 작용과 관련해서만 설명하는 대니얼 데닛(Daniel C. Dennett)과 논쟁했고, 최근에 이 논쟁을 다룬 내용이 책으로 출판되었다.⁵⁹

데닛은 인공지능, 신경과학 및 인지심리학 분야의 학자로서 최근에 도킨스와 함께 선교적 무신론 운동에서 주도적인 역할을 하고 있다. 플란팅가의 이 논증에 의하면, 진화의 진리는 자연주의를 인식적으로 패배시킨다. 다시 말해, 만약 진화가 옳다면 그것은 자연주의를 붕괴시킨다. 만약 진화와 자연주의가 모두 옳다면, 인간의 인지 기관들이 생존 가치(즉 먹이고, 도망가고, 싸우고, 그리고 번식하는 행위에 집중해서 그것을 극대화하는 것)를 가진 믿음을 생산하도록 진화했지, 진실인 믿음을 생산할 필요는 없었을 것이다.

즉 인간의 인식 기관들이 자연주의-진화론 모델에서 말하는 진리보다는 생존을 위해 조율되어 있기에, 그 인지 기관들이 생산한 결과물의 진실성을 의심할 이유가 있다는 것이다. 생존을 위해서만 진화한 인간의 인지

---

58 John Polkinghorne and Nicholas Beale, *Questions of Truth. Fifty-one Responses to Question about God, Science, and Belief* (Louisville, KY: Westminster John Know Press, 2009), 12.

59 Daniel C. Dennett and Alvin Plantinga, *Science and Religion: Are They Compatible?* (New York: Oxford University Press, 2011).

기관들의 산물인 자연주의와 진화론 자체의 진실성도 이 논리에 따라서 의심할 수 있다는 것이다.

이와 반대로, 플란팅가에 의하면, 만약 하나님께서 진화과정을 수단으로 (혹은 다른 수단을 통해서) 인간을 그의 형상대로 창조하셨다면, 우리의 인지 기관들은 신뢰할만한 것이 된다. 즉 플란팅가에게 있어서 과학은 우리의 인식적이고 지각적 기관들을 신뢰할 것을 요구한다. 그러나 자연주의는 인지 기관을 신뢰할 수 없도록 한다. 만약 인도되지 않은(unguided) 자연 선택에 의해서 이 인식 기관들이 진화했다면 그것은 진리를 추적하는 믿음들이 아니라, 생존을 위한 적응을 증가하는 믿음을 생산했을 것이다. 그러므로 플란팅가에 의하면, 자연주의는 우리가 과학을 연구함에 있어서 필요한 가정들을 제공할 수 없지만, 유신론은 그것을 제공할 수 있다.

플란팅가에 의하면, 우리는 기억, 인지, 논리적 통찰을 하는 인지 기관을 믿을만하다고 가정한다. 그것은 잘못된 믿음에 반대해서 진리의 우수성을 만들어낸다. 그러나 만약 우리가 자연주의와 진화를 수용한다면, 자연주의적 가정을 포기하고, 거부하고, 그것을 믿지 않을 이유를 갖게 된다.

왜냐하면 우리의 인지 기관의 신뢰 가능성이 자연주의와 진화론에 따라 낮아지기 때문이다. 그리고 만약 인지 기관이 신뢰할 수 없다고 한다면, 인지 기관에 의해 생성되는 어떠한 신념도 못 믿게 될 것이다. 그 믿음들 가운데 진화 자체와 자연주의의 결합이 있으므로, 그 믿음조차도 신뢰할 수 없을 것이다. 이런 방식으로 진화와 자연주의의 결합은 자기 논박적이라는 것이 플란팅가의 주장이다.

그러므로 자연주의와 진화론 사이에는 충돌이 있다. 결론적으로 플란팅가가 주장하는 자연주의에 맞선 진화론적 논증에 의하면, 자연주의는 심각하게 회의적인 결과들을 산출한다.

앞에서 잠시 보았듯이, 플란팅가에 의하면, 위대한 기독교 신조들 전통에 서 있는 전통적 기독교 신앙과 일종의 진화론적 과정을 거쳐 생물체의 세상이 시작되었다는 사고에는 사실상 어떠한 모순도 없다. 기독교 신앙과 진화를 이끄는 주된 과정인 자연 선택 또는 임의적 유전자 돌연변이의 작동이라는 명제 사이에는 어떠한 충돌도 없다.

하나님께서 자신이 설정한 목적을 성취하기 위해 그 과정을 지시했고, 감독했고, 지휘했을 수 있기 때문이다. 올바를 때 올바른 변이를 만들어내기 위해, 그는 그가 창조하고자 의도한 피조물의 종류들을 일으켰다. 진화가 계획되지 않았다는 생각은 자연주의의 산물일 뿐이다. 진화와 자연주의의 결합은 유신론적 종교와 병행할 수 없지만, 진화의 과학적 이론 자체는 유신론적 종교와 양립할 수 있다.

10. 인공지능 시대와 의식의 수수께끼

구글 인공지능(AI) 프로그램 알파고(Alpha GO)와 이세돌 9단의 2016년 3월 바둑 대결의 결과는 우리에게 큰 충격과 반향을 남겼다. 여기서는 의식의 수수께끼에 대해서 살펴보자. 데넷(Daniel Dennett)은 자연주의, 무신론, 유물론의 시각을 고수해 온 학자로서 형이상학적 접근을 철저히 배제하고 신경과학적 방법을 통해 인간 의식은 뇌 신경세포가 전기신호를 주고받는 과정 이상이 아니며 진화를 통해 형성된 것임을 주장한다. 전기신호가 전부라는 것이다.

이 논쟁에서 데넷은 방법론적 자연주의와 형이상학적 자연주의의 구분을 무시하고, 방법론적 자연주의는 곧 형이상학적 자연주의인 것처럼 가정하고 있다. 철저한 유물론의 입장에서 의식의 본질을 설명하면서 그는 물리학적 혁명이나 양자 마술 같은 미래 기술이 필요 없다고 본다. 오히려 인간 의식은 자연선택이 이뤄낸 최후의 승리라고 본다.

현대과학의 마지막 신비 중의 하나라고 말하는 의식의 수수께끼나 본질에 대해서도 그는 의식 현상을 과학적으로 탐구될 수 없는 신비로운 마술과 같은 신비로 간주하는 견해를 비판한다. 무대 마술의 놀라운 효과가 마술사의 속임수에 의한 것인데, 무대 마술의 효과가 어떤 방식으로 성취되는지를 이해하고 나면 마술은 더 신비할 것이 없다는 것이다. 하지만 인공 로봇 지능의 미래에 대해서는 회의적이다. 그에 의하면, 분명히 인간과 기계의 상호교류와 상호의존이 높아지겠지만, 독립적으로 사고할 수 있는 인공지능의 가능성은 작다.

하지만 국내에도 잘 알려진 옥스퍼드대학교 수학과 석좌교수로 있는 이론물리학자이자 수학자인 로저 펜로즈는 데넷과 같은 강한 자연주의적이고 유물론적인 두뇌 이해와는 다른 입장을 보인다. "우주 속의 의식"[60]이란 제목의 논문에서 펜로즈는 데넷으로 대표되는 자연주의적이고 유물론적인 인간 의식 이해를 비판한다. 이 이론에 의하면, 먼저 의식이 독립적 특성을 가진 것이 아니며, 단지 두뇌와 신경 시스템의 생물학적 적응의 자연적인 진화적 결과로 출현한 것이다.

펜로즈는 의식이 진화의 과정 동안 복잡한 생물학적 계산의 산물로 출현하게 되었다는 대중적인 견해를 비판한다. 데넷이 주장하듯이,[61] 진화적 적응으로서의 의식은 비록 의식적 존재들의 유익한 이익들을 주는 것으로 자주 간주되긴 하지만, 보통 부수 현상적인(epiphenomenal, 독립적 영향력 없는 이차적인 효과) 것으로 간주된다. 그는 인간의 의식과 지능을 완벽하게 설명할 수 있는 물리적, 생물학적, 혹은 컴퓨터 이론이 아직 존재하지 않는다고 주장한다.[62]

---

[60] Roger Penrose and Stuart Hameroff, "Consciousness in the Universe: Quantum Space-Time Geometry and Orch OR Theory," *Journal of Cosmology*, 2011, Vol. 14.

[61] D.C. Dennett, *Consciousness explained* (Boston. MA: Little Brown, 1991).

[62] Roger Penrose, *Shadows of the Mind: A Search for the Missing Science of Consciousness* (Oxford: Oxford University Press, 1994), 8.

펜로즈의 책 『정신의 그림자』(Shadows of the Mind)의 결론은 대체로 다음과 같이 정리될 수 있다. 인간 의식은 비(非)알고리즘적(non-algorithmic)이기에 종래의 디지털 컴퓨터의 튜링 기계 형식을 통해서는 생성될 수 없다. 양자역학은 인간 의식을 이해하는 데 있어서 본질적인 역할을 한다. 특히 뉴런 안에 있는 미세소관(microtubules)이 양자 중첩들(quantum superpositions)을 지지한다.

미세소관의 양자 파동 기능의 객관적인 붕괴는 의식에 있어 결정적이다. 이 붕괴가 비(非)알고리즘적이기 때문에 컴퓨팅의 한계들을 초월하는 물리적 행위로 간주된다. 그렇기에 인간의 지성은 이 비컴퓨팅적인 물리학의 메커니즘 덕분에 어떠한 튜링 기계도 소유하지 못한 능력들을 갖추고 있다고 본다.

2014년 1월 미세소관에서의 양자진동(quantum vibration)이 발견됨으로 인간의 의식에 대한 펜로즈의 이론이 큰 힘을 얻게 되었다.[63] 그에 의하면, 인간의 이해와 통찰은 그 어떤 컴퓨팅 규칙의 집합으로도 환원할 수 없다는 것이다. 그는 의식의 수수께끼를 풀기 위해서는 비컴퓨팅적 물리학이 필요하며, 양자역학이 그 해답이 될 수 있다고 한다. 그에 의하면, 두뇌와 마음을 뉴런 단계에서 기술하려고 하지만, 이는 사실 더 심층적인 세포 골격 활동의 그림자에 지나지 않으며 우리가 지성(mind)의 물리학적 바탕을 찾기 위해서는 이 심층적 단계를 연구해야 한다.

펜로즈는 뉴런 조직의 가장 낮은 단계에서(축색돌기, 수상돌기, 그리고 시냅스 등에 존재하는 세포 골격) 지성을 이해하려고 한다. 두뇌 안에 많은 뉴런이 모여 있는 세포 골격의 미세소관 전체가 전체적인 양자 연관성에 참여할 수 있다. 서로 다른 미세소관의 상태 간에 충분한 양자적 얽힘이 존재해서

---

[63] "Discovery of quantum vibrations in 'microtubules' inside brain neurons supports controversial theory of consciousness," *Science Daily*. Jan 2014.

이 미세소관들의 집단행동을 고전 물리를 바탕으로 기술하려는 것이 부적절하다.

그에 의하면, 의식은 이렇게 양자적으로 얽힌 내부 세포 골격 상태가 나타나서 양자적 단계와 고전적 단계 사이의 상호작용에 관여하는 것이다. 컴퓨터와 같은 뉴런들이 서로 고전적으로 얽혀 있는 계는 이 세포 골격 활동에 의해 계속적인 영향을 받아서 우리가 '자유의지'라고 부르는 것으로 나타난다. 이런 묘사에서 뉴런의 역할은 작은 크기의 세포 골격 활동을 근육과 같은 신체의 다른 기관에 영향을 줄 수 있는 것으로 바꾸는 증폭 장치의 역할을 하는 것으로 볼 수 있다는 것이다.

펜로즈에 의하면, 인간의 사고는 필연적으로 계산될 수 없다(non-computable).[64] 인간 지성(mind)의 수수께끼를 풀기 위해서는 '비(非)컴퓨팅적' 물리학이 필요하다고 본다. 그는 컴퓨터의 특정 기능들이 이미 인간의 능력을 추월했고, 인간 두뇌의 작동원리도 컴퓨터처럼 물리학적 언어로 설명될 수 있다는 점을 인정한다.

하지만 펜로즈는 컴퓨터가 아무리 발달해도 결코 인간과 같은 의식, 지성을 지닌 존재는 될 순 없다고 말한다. 컴퓨터는 그야말로 '컴퓨팅' 차원을 넘어설 수 없다. 그는 인간 두뇌가 컴퓨팅만으로는 해명되지 않는 다른 차원의 무엇, 즉 '비컴퓨팅적' 프로세스를 통해 의식을 갖게 된다고 주장한다. 컴퓨터는 아무리 발달해도 외부에서 입력해준 알고리즘에 따라 정해진 작업을 할 뿐이며, 그 속도와 처리용량이 인간의 그것을 수천수만 배 추월할 수는 있어도 '진정한 인식'과 '이해'(understanding), 그리고 이를 토대로 한 '진정한 지능'을 가질 순 없다는 것이다. 그는 우선 데넷의 경우처럼 의식이 물리, 화학적 현상으로 환원될 수 있다는 강하고 하드한 인공지능

---

[64] Roger Penrose, *The Emperor's New Mind: Concerning Computers, Minds and The Laws of Physics* (Oxford: Oxford University Press, 1989), 480.

이론에 거리를 둔다. 그것은 지나치게 기능주의적이고 환원주의적이다.

이런 입장은 과학에 대한 매우 고차원의 운영적(operational) 태도를 보인다. 즉 물리 세계가 전적으로 컴퓨터적인 방식으로 운영되는 것으로 간주된다. 이런 입장의 극단에는 우주 자체를 거대한 컴퓨터로 이해하는 경우도 존재한다. 펜로즈는 또한 의식에 대한 또 다른 극단인 어떤 과학적 용어로도 의식의 작용을 설명할 수 없다는 신비주의적 입장도 비판한다.[65]

펜로즈는 의식에 대한 신비주의적 견해와 거리를 둔다. 범심론자들(Panpsychists)은 모든 물질에 의식이 있는 것처럼 생각한다. 관념론자들은 의식이 존재하는 모든 것이며, 물질적 세계를 허상으로 본다.[66] 그는 의식의 수수께끼를 풀 수 있는 길이 물리적 실재 자체의 속성을 더 깊이 이해하는 데서 시작될 것이라고 본다.

앞에서 수학의 불가해한 효율성이 지닌 초월적 의미에 대해 잠시 살펴보았지만, 펜로즈도 수학은 발명된 것이 아니라 발견된 것으로 여긴다. 어떤 수학적 사고를 인지할 때마다 마음은 수학적 개념들의 플라톤적 세계와 접촉한다. 그는 수학적 사고들이 그 자체로 존재하며 오로지 지성으로만 접근 가능한 이상적 플라톤 세계에 살고 있다는 플라톤의 견해를 끄집어온다. 수학적 진리를 '발견'할 때 그의 의식은 이 이데아의 세계로 뚫고 들어가 그것과 직접 접촉하게 된다.

우리는 본 장에서 뉴턴의 고전물리학적 이해로부터 파생한 물질주의, 혹은 유물론의 황혼을 몰고 온 양자물리학의 신비에 대해서 논했고, 그 결과 물리적 실체에서 정보가 가지는 중대한 역할에 대해서 알게 되었다. 궁극적인 존재론적 실재는 정보이며, 그 정보는 궁극적으로 하나님의 지성 속에 자리 잡고 있다는 주장을 살펴보았다. 정보와 실재의 본질에 관한 연구

---

[65] Penrose, *Shadows of the Mind: A Search for the Missing Science of Consciousness*, 12-3.

[66] Roger Penrose and Stuart Hameroff, "Consciousness in the Universe: Quantum Space-Time Geometry and Orch OR Theory," *Journal of Cosmology*, 2011, Vol. 14.

에 있어서 현대 물리학은 점차 형이상학과 만나게 되었다.

  양자물리학은 인간 의식의 수수께끼를 이해함에서도 중요하다. 인간 의식은 뇌 신경세포가 전기신호를 주고받는 과정으로 쉽사리 환원될 수 없다. 인간 의식의 수수께끼를 풀기 위해서는 비컴퓨팅적 물리학이 필요하며, 양자역학이 그 한 가지 해답이 된다. 우주를 생각하는 인간의 잉여지성의 수수께끼는 자연주의적으로는 이해될 수 없다. 본 장에서 살펴본 대로 미시적 양자세계나 거시적 우주를 이해할 수 있는 인류의 지적인 잉여 능력은 단지 생존을 위한 진화적인 과정에서 얻어진 우연한 부산물로 설명되기는 힘들기에 자연주의가 그리는 세계 너머를 바라보도록 가리키는 한 지표가 된다.

제3장

현대 자연과학의 계보학과 기독교적 유산

1. 유대-기독교적 탈신성화와 자연과학의 탄생

폴킹혼은 진리를 추구하는 노력의 일환인 양자물리학과 신학이 결코 상호 배타적이지 않으며 다루는 주제의 차이에도 불구하고 일종의 사촌 관계(a cousinly relationship)에 있다고 주장한다.[1] 신학은 세계에 근원이 있고 그 근원을 찾는 행위는 의미가 있으며, 이 세계는 하나님에 의해 창조되었다고 말한다. 이런 생각은 17세기 과학의 선구자들에게 큰 영감을 주었다. 그들에 의하면, 하나님은 성경과 자연이라는 두 책을 썼고, 두 책 사이에는 본질적 모순이 존재하지 않는다.

왜냐하면, 자연과 성경의 저자가 동일하기 때문이다. 따라서 우리는 현대 자연과학과 양자물리학의 계보학에 자리 잡은 유대-기독교적 세계관, 우주관 그리고 창조론에 주목할 필요가 있다. 폴킹혼은 이미 여러 학자에 의해 강조된 사실, 곧 세계를 창조세계(creation)로 파악하는 유대-기독교적 개념이야말로 17세기 유럽에서 자연과학이 꽃을 피울 수 있도록 했다는 사실을 강조한다. 고대 그리스나 중세의 중국 문명은 위대한 지적인 성취에도 불구하고 근대적 자연과학을 탄생시키지 못했다.

---

[1] John Polkinghorne, *Quantum Physics & Theology: An Unexpected Kinship* (London: SPCK, 2007).

유대-기독교적 창조 이해에 의하면, 창조세계 자체가 신성한 것은 아니므로 그것을 연구하는 것은 불경스러운 일이 아니다. 그것은 하나님의 창조세계로서 충분히 연구할 가치가 있는 대상일 따름이다. 실험을 통한 우주의 질서에 관한 연구는 자연과학의 연구에 있어 근본적이지만, 폴킹혼은 세계의 모든 종교 문화들이 이런 과제를 장려하지는 않았다고 지적한다.[2]

그에 의하면, 기독교 신앙은 창조의 신비를 탐구하도록 아주 강한 동기부여를 제공한다. 이 세계는 하나님의 창조이기에 그것을 연구하는 것은 아주 가치 있는 일이 된다. 근대 자연과학의 선구자들은 그러한 세계를 이해하고 있었다. 뉴턴과 케플러와 같은 선구자들은 자연이라는 책을 읽어내려고 노력했다.

폴킹혼은 17세기 자연과학자들이 그리스도인이었음을 강조한다. 기독교 창조교리에 의하면, 세계는 이해 가능하며 질서가 존재한다. 히브리 창조신앙은 세계가 하나님의 선한 의지에 따라 말씀으로 창조되었다고 고백한다. 따라서 이 세계를 여러 고대 종교에서 믿어온 것처럼 신의 몸으로 신성이 깃든 장소가 아니라고 간주함으로써 물질의 비신성화를 통해 범신론으로부터의 해방을 가져왔다. 나아가 세계를 지배하는 신적인 질서가 존재한다고 간주함으로써 세계를 과학적 탐구 대상으로 여기게 된 것이다.

뉴턴은 자신의 제자 벤틀리(Bentley)에게 만유인력의 내용이 담긴 『자연철학의 수학적 원리』를 저술한 목적은 신의 존재를 드러내는 것이었다고 이야기한 적이 있다. 그리고 자연철학자 보일(R. Boyle)과 케플러는 하나님의 영광을 드러내기 위해 과학을 탐구했다. 그들에게 자연과학의 연구는 일종의 하나님을 섬기는 예배였다.

유대-기독교적 세계관은 현대 자연과학의 산파요 모태였다. 불교와 달리 기독교는 '과학의 동맹자'였다. 무엇보다 기독교 신앙으로 충만한 문명

---

[2] John Polinghorne, *Science and Theology. An Introduction* (Minneapolis: Fortress Press, 1998), 9.

속에서 기독교 과학이 태동했다. 근대 자연과학의 출생지는 기독교화된 유럽이었지, 결코 다른 곳이 아니었다는 것이다.[3]

폴 데이비스도 BBC 라디오 인터뷰에서 다음과 같은 사실을 바르게 지적했다: 물리학은 유럽에서 탄생했다. 유일신론적 세계가 자연과학을 탄생시켰는데, 왜냐하면 그들은 질서가 있는 창조세계를 믿었기 때문이다. 하지만 다른 문화에서는 이런 유례를 발견할 수 없다. 과학자들은 해독될 수 있는 질서를 믿어야만 한다. 그들은 우주가 이해가 될 것(the universe makes sense)이라는 믿음을 가져야만 했다. 즉 자연과학 자체가 성립되기 위해서는 과학자들 스스로가 우주에 분명 이해할 수 있는 질서가 존재할 것이라는 강한 확신과 신앙을 가져야만 하는 것이다.

이후에 논의하겠지만, 유교 문화권이나 불교 문화권에서는 이러한 자연법칙에 대한 강한 기대감과 신뢰가 존재하지 못했고, 그렇기에 근대적 의미의 자연과학은 탄생하지 못했다. 일부 뉴에이지 과학을 연상시키는 양자물리학과 불교라는 가벼운 담론들은 사실 자연과학의 기독교적 계보학에 대한 모방적 욕망의 산물이라 보아야 한다. 본서의 마지막 부분에 이것을 상세하게 논할 것이다. 자연과학은 연구할 가치가 있는 질서정연한 우주를 어떤 지성적인 신이 창조했다고 믿는 사람들에 의해 처음에 시작되었다.

물론 현대 자연과학의 계보학에는 그리스적인 것도 존재한다. 하지만, 호킹을 비롯한 다수의 과학자가 인정하듯이, 그리스 철학의 대표적인 철학자 아리스토텔레스도 우주를 영원한 것으로 보았다. 니체가 재탄생시키고자 했던 디오니소스적인 그리스 철학도 신화적 영원회귀에 갇혀 있다.

지라르가 잘 분석했듯이, 그리스 비극에서는 태초로부터 은폐됐던 신화적 코드인 희생양 메커니즘이 유대-기독교 전통과 복음서의 십자가 사건

---

[3] 낸시 피어시, 찰스 택스턴, 『과학의 영혼. 기독교 세계관으로 본 과학 이야기』, 이신열 역 (서울:SFC, 2009), 24.

처럼 고발되고 폭로되지 못한 채 남아 있다. 그래서 프로이트 이후 많은 사람은 지금까지도 근친상간과 부친살해를 한 오이디푸스가 실제로는 폴리스의 은폐된 희생양이라는 사실을 알지 못하고 있다. 그리스 전통은 여전히 신화적이고 비극적인 요소를 가지고 있어서 우주의 급진적인 피조성과 우연성(contingency)에 대한 이해나 종말론적이고 직선적인 역사관이 발전되지 못했다.

우주는 시간과 함께 창조되었다는 아우구스티누스의 시간론에서 볼 수 있는 것처럼, 유대-기독교 전통은 그리스 전통이 불완전하게 해체한 신화적 우주론을 보다 급진적으로 변화시켰다. 아우구스티누스는 자연을 더 이상 파괴적이고 비인격적인 과격한 세력이 아니라, 인류가 세계의 창조주와 상호작용하는 무대로 이해하도록 새로운 자연 이해를 제공했다. 우주는 이제 창조주에 의존된 것으로 파악된다.

인류는 자연이라는 숙명의 인질이 아니라 자연에 대해 지배권을 행사하게 되며 자연의 잠재력을 개발하도록 부름을 받은 것으로 이해되었다. 곧 자연은 고정되고 자기 결정적인 법칙에 따라 자율적으로 운행된다는 그리스적 신념으로부터 인류를 해방했다. 또 아우구스티누스는 그리스 철학자들의 순환론적 역사관을 비판한다. 그는 역사에 대한 그리스인들의 이해가 순환론적인 이유는 영원과 무한을 그들이 바로 이해할 수 없었기 때문이라고 지적한다. 그는 인류의 역사가 분명 시작을 가지며 미래의 장대한 절정을 향해 직선적으로 전진하고 있다는 사실을 강조했다. 그는 영원 속에서 그의 충만한 완성에 이르는 삼위일체 하나님의 전진하는 계시로서의 성경적인 직선적 역사관을 그리스의 순환론적 우주론과 강하게 대조시켰다. 고대를 극복하고 근대를 탄생시키고, 영원한 반복의 수레바퀴를 극복하고 역사의 발전과 진보를 가져오게 한 것은 바로 기독교 복음의 직선적 역사관

이었다. 이 직선적 역사관은 삼위일체론적 역사관이었다.[4]

전통적 종교와 문화 속에서 보편적으로 발견되는 영원회귀의 순환적 우주론은 지라르의 주장처럼 주기적인 희생양 메커니즘이 우주적으로 투영되어서 만들어진 것이다. 니체가 말한 영원회귀도 결국은 공동체에 의해서 찢겨서 희생당한 디오니소스의 계절적 죽음과 소생의 주기와 반복이 투영되어서 나온 것이다. 무질서와 질서, 축제와 일상, 차이소멸과 차이의 시스템의 사회적 주기가 우주적 주기로 변화된 것이다.

그리스 전통은 부분적으로 근대적 의미의 자연과학 탄생에 기여했지만, 여전히 니체가 재탄생시키고자 했던 디오니소스적이고 신화적인 영원회귀의 주기성과 순환성에 머물고 있다. 그리스 폴리스의 신이자 희생양인 디오니소스는 계절의 주기에 따라서 죽음과 소생을 불사조처럼 반복했다. 그리스인들의 순환론적 우주론은 그리스 폴리스의 사회적 주기가 자연의 리듬과 우주적 주기로 투영되어서 만들어진 것이다.

신화적 희생양 메커니즘에 대한 급진적인 탈마술화와 탈신성화를 이룬 전통은 유대-기독교적 우주론이며, 이 계보학에서부터 점차 현대 자연과학이 탄생하게 되었다. 자연과학의 탄생은 우주의 탈신성화에 기초해 있다. 문화의 기원 속에 있는 신화의 수수께끼를 점차적으로 비판적으로 인식하고 해독한 인류가 이제 눈을 들어 점차 우주의 기원을 이해하려고 했다.

세계에 흩어진 수많은 우주 창조신화에서처럼 우주적 거인의 살해된 몸으로부터 나왔다는 신화적 스토리텔링에 인류가 머물고 있었다면, 신화적 단계를 넘어서 우주의 기원까지 자연과학적으로 파악하려고 시도하지 못했을 것이다. 우주가 영원하고 신성하다는 것은 희생양 메커니즘이 만들어낸 신화적 환상의 결과다. 신화의 은폐된 코드인 희생양 메커니즘을 인식하지

---

[4] Charles N. Cochrane, *Christianity and Classical Culture: A Study of Thought and Action from Augustus to Augustine* (New York: Oxford University Press, 1944), 410.

못한 채, 우주적인 거인/희생양의 찢긴 몸으로부터 우주가 탄생하였다고 생각했고, 신들의 몸 일부분인 우주의 각 부분이 신성한 것처럼 간주했다.

반우상적인 기독교적 스토리 때문에 현대 천문학이 가능해졌다. 문화의 기원에 존재하는 희생양 메커니즘의 코드를 풀어야 우주적 기원의 코드를 풀 수 있다. 문화의 기원에 존재하는 특이점 희생양에 대한 탈신성화와 계몽의 메시지와 스토리가 우주적 기원의 코드를 푸는 현대 자연과학을 탄생시켰다. 그러므로 우주의 기원은 문화의 기원이 해독된 다음에 비로소 가능해진 것이다.

지라르에 의하면, 예수 그리스도의 사건이 태초로부터 감추어져온 문화의 기원을 빛처럼 밝혀준다. 문화의 기원 속에 있는 신성화된 메커니즘에 대한 해독은 결정적으로 마지막 희생양 사건인 예수 그리스도의 십자가 사건에서 이루어졌다. 이 문화의 기원의 코드를 푼 기독교적 메시지가 점차 우주의 기원까지 질문하게 했다고 본다. 문화의 기원에 존재하는 사회적 메커니즘에 대한 코드를 풀어야 우주의 기원에 존재하는 물리적 메커니즘을 이해할 수 있다.

우주의 기원에 대한 천체물리학적 연구는 문화의 기원에 존재하는 신화적 메커니즘에 대한 탈신성화가 이루어졌을 때 비로소 가능해졌다. 유대-기독교적 스토리텔링은 인류를 점차 문화의 기원 속에 자리 잡은 은폐되고 폭력적인 기원들을 깨닫게 했다.

복음서는 세계 창조신화들이 은폐하고 있는 것들, 곧 문화의 제로점에 존재하는 우주 창조를 위해 살해되고 찢긴 희생양들에 대한 큰 깨달음을 준다. 문화의 기원에 대한 계몽이 점차 이루어진 다음 인류는 점차 '사회적 초월성'을 넘어서 더욱 우주적인 질문을 하게 되었다. 그렇기에 우주의 기원과 메커니즘에 대한 이해는 문화의 기원에 은폐된 신화적 메커니즘에 대한 해독에 기초하고 있다. 현대 자연과학과 상대성 이론이나 양자물리학도 계보학적으로 좀 더 깊이 연구해 보면, 결국은 신화적인 우주론을 탈신성화시키고 탈우상화시킨 유대-기독교적 우주론에 깊은 영향을 받았다.

우주의 기원과 문화의 기원에 대한 인류의 오래된 질문은 사실은 신화적이었다. 세계의 창조신화가 그것이다. 세계의 모든 우주의 기원과 문화의 기원에 대한 창조신화는 은폐된 희생양들의 비극적 스토리다. 이 태초로부터 은폐되어온 것들을 비로소 빛처럼 밝혀주는 것이 역설적이 되게도 마지막 희생양인 세상 죄를 지고 가는 하나님의 어린 양 이야기다. 하나님의 어린 양은 우주의 기원과 문화의 기원을 빛으로 밝힌다. 그는 구원의 중보자일뿐 아니라, 창조의 중보자이며, 우주적 그리스도이다.

2. 마녀사냥의 종식과 자연과학의 탄생

폴 데이비스는 현대 자연과학을 탄생시킨 유대교적 세계관에 대해서 다음과 같이 평가한다.

> 유대교적 우주론에 의하면, 우주는 과거 어느 특정한 시점에 하나님에 의해 창조되었고 고정된 법칙들을 따라서 운행된다. 유대인들은 우주가 현재 직선적 시간으로 부르는 한 방향을 향한(unidirectional) 과정, 곧 창조, 진화, 그리고 해체의 과정을 따라 개현된다고 가르쳐왔다.

우주가 시작점을 가지고 중간시기를 거쳐서 결국 종말을 맞이한다는 직선적 시간에 대한 개념은 거의 모든 고대 문화들의 지배적인 신화였던 우주적 순환성(cosmic cyclicity)과 극명한 대조를 이룬다고 폴 데이비스는 바르게 지적했다.

폴 데이비스는 순환적 시간, 곧 영원회귀의 신화가 자연의 주기들과 리듬들로부터 파생된 것이라고 본다. 그는 이 순환적 우주론이 지금까지도 많은 문화의 중요한 요소로 남아 있다고 말한다. 또 이 영원회귀의 신화와 순환적 우주론은 서구인들의 지성 아래에 지금까지도 숨어 있으면서 가끔 예술과 문학 등을 통해서 분출되곤 한다고 지적한다.[5] 니체가 십자가에 달리신 자 대신에 디오니소스를 미래의 신으로 택한 뒤, 그리스 비극의 탄생을 통해 다시금 부활시키고자 기획했던 것이 바로 이 디오니소스적인 영원회귀의 신화였다.

하지만, 우리는 지라르의 신화 해독을 통해서 전통적 종교와 문화 그리고 그리스의 우주론에서도 발견할 수 있는 (디오니소스적-신화적) 영원회귀 신화는 자연의 영원회귀 리듬에서 온 것이 아니라, 오히려 사회적 메커니즘에서 파생된 것임을 보았다. 물론 부분적으로 자연의 계절적 주기가 순환론적 역사관, 우주론, 그리고 시간관에 영향을 주기도 했겠지만, 무엇보다도 결정적인 것은 세계 곳곳의 우주 창조신화 속에 은폐된 채 작동하고 있는 사회적이고 인류학적 메커니즘일 것이다. 우주적 거인/희생양의 찢긴 몸으로부터 우주가 나왔고, 그 신의 죽음과 소생은 우주적 순환과 주기로 투영된다.

우주는 하나님에 의해 자유롭게 창조되었고, 또한 특정하고 매우 절묘한 방식으로 직선적 시간의 기원점에서부터 질서를 줬다는 유대교적 사상은 강한 신념들을 구성했는데, 이것은 또한 기독교와 이슬람교에 의해서도 채택되었다. 이 신앙체계에 있어서 본질적 요소는 우주는 우리가 현재 보는 것처럼 꼭 존재해야 할 필요는 없었다는 것이다. 즉 우주는 다른 방식으로 존재했을 수도 있다는 것이다.

아인슈타인이 가장 흥미를 느낀 부분은 과연 하나님께서 우주 창조에 있어서 어떤 선택을 했느냐는 점이었다. 유대교와 이슬람 그리고 기독교

---

5   Paul Davies, "Physics and the Mind of God: The Templeton Prize Address," *First Things* (August/September, 1995), 31-35.

전통에서, 그 대답은 '그렇다'이다. 폴 데이비스는 우리가 현재 물리학의 법칙들이라 부르는 것을 종교적 전통에서는 하나님의 추상적 피조물, 곧 하나님의 지성 속에 존재하는 사유들로 간주했다는 사실을 지적한다. 유대-기독교 전통에서는 과학을 연구하면서 우주 속 하나님의 지성을 어렴풋이나마 읽을 수 있다고 생각했다.[6]

폴 데이비스는 많은 사람이 자연을 '탈신비화'시키는 과학을 싫어하고 오히려 신비를 선호한다고 말한다. 하지만 과학이 없었다면 우리는 우주가 어떻게 운행되고 그 속에서의 우리의 위치가 어떠한지도 모른 채 살아왔을 것이다. 하지만, 그에게 있어서 "과학의 아름다움은 바로 탈신비화이다"라고 말한다. 왜냐하면, 물리적 우주가 얼마나 경이로운지를 보여주기 때문이다.[7]

반신화적이고 탈신비화시키는 정신을 가진 유대-기독교적 스토리는 지라르의 희생양 이론으로 말하자면, 희생양들/우상들을 생산하는 영원회귀적이고 주기적인 메커니즘에 대한 계몽과 폭로와 거부이다. 우주의 시작점에서부터 그 유한한 운명을 종말론적으로 또한 묵시록적으로 말해 왔던 기독교의 직선적 우주관은 주기적 희생양 메커니즘이 생산해내는 니체식의 영원회귀 우주관, 곧 순환적이고 주기적인 우주관을 비판해 왔다. 빅뱅 우주론은 이런 점에서 성경의 직선적이고 종말론적이고 묵시록적인 시간관과 우주론을 확증한다. 세상 죄를 지고 가는 하나님 어린 양의 단 한 번의 영원한 자기희생으로 말미암아 영원회귀의 우주론은 힘을 잃게 되고, 이후 점차 인류는 '사회적 초월성'을 넘어서 우주의 기원을 질문하게 되었다.

지라르는 마녀사냥의 종식이 현대 자연과학을 탄생시켰다고 했다. 즉 문화의 기원에 존재하는 은폐된 희생양 메커니즘이 탈신성화되고 계몽되어야

---

[6] Ibid. 31-35.

[7] Ibid. 31-35.

참된 자연과학이 가능하다. 지라르에 의하면, '과학적 지성'이 먼저 온 것이 아니다. 과학적 사고방식이란 바로 '마술과 박해의 인과관계에 대한 고대적인 선호를 포기'하는 것을 의미한다. 바로 민족학자들이 명확하게 정의하는 마술적 인과관계에 대한 포기를 의미한다. 자연현상에 대한 마술적 인과관계가 아니라, '자연적 원인'을 비로소 점차 발견하기 시작함으로 자연과학은 탄생하게 되었다. 지라르는 박해의 논리를 은폐하고 있는 신화 속에서도 일종의 마녀사냥을 읽어내었다. 그의 주장은 다음과 같다.

> 과학이 먼저 발명되었기에 마녀사냥이 종식된 것이 아니라, 마녀사냥이 포기되었기에 과학이 고안된 것이다. 경제적 사업의 정신과 마찬가지로, 과학적 지성도 복음서가 그 숨겨진 깊은 차원에서 미친 영향의 부산물이다. 현대 서구사회는 (기독교) 계시는 쉽게 망각하면서도 오직 그 부산물에만 관심을 두고 있다. … 아이들이 그들의 부모를 저주하고 있으며 마치 부모들의 재판관처럼 행진하고 있다. … 우리는 진보의 신화를 포기하면서 더 나쁜 신화인 '영원한 주기'의 신화에 다시금 빠지고 있다.[8]

지라르는 여기서 현대 자연과학의 기독교적 계보학을 상기시킨 것이다. 그는 유대-기독교적 계시의 영향사에서 탄생한 '아이들이' 그 모태를 망각하고 부모들을 정죄하고 있는 아이러니에 대해서 지적한다. 다시 말해, 현대 자연과학을 탄생시킨 모태로서의 유대-기독교적 계보학의 기억상실증에 대해서 지라르는 지적한 것이다.

앞에서 본 것처럼 폴킹혼과 폴 데이비스도 모두 현대 자연과학의 '신학적 계보학'에 대해서 상기시킨다. 고대인들은 자연재해가 발생했을 때 그것의 마술적인 인과관계를 규명하려고 했다. 테베스에 전염병이 돈 것과 희

---

[8] René Girard, "History and the Paraclete," *The Ecumenical Review*, Volume 35, Issue 1 (1983), 9.

생양 오이디푸스의 근친상간과 부친살해의 '더러운 죄악' 사이에는 과학적 인과관계가 성립하지 않음에도 불구하고, 고대사회에서는 바로 오이디푸스의 더러운 죄악 때문에 테베스의 전염병이 돌고 있다고 마술적이고 미신적인 인과관계를 만들었다.

마술적 인과관계는 바로 마녀사냥의 관계성이다. 인류가 점차 이 마녀사냥의 인과관계에 대해서 비판적이고 계몽적으로 인식하면서 더 이상 희생양에게서 위기의 원인을 찾는 것을 포기할 때 비로소 전염병의 의학적이고, 자연적인 원인을 규명하는 자연과학과 의학이 발생할 수 있었다. 그래서 마녀사냥의 종식, 곧 희생양 메커니즘에 대한 비판적 인식이 자연과학의 탄생에 기여했다는 것이다.

불교 문화권에서 자연과학이 탄생할 수 없었던 것도 바로 일종의 마술적 인과관계(magical causality)라 할 수 있는 전생의 업보 사상 때문이다. 카르마적 인과관계는 마술적이다. 엘리아데(M. Eliade)는 힌두교와 불교의 카르마 교리를 질병에 대한 '마술적-종교적 처리'로 파악했다. 원시인들은 질병을 이웃의 질투와 악의 때문에 발생하는 것으로 생각했다. 인도인들도 바로 이러한 마술적 인과관계로부터 점차 업보 사상을 발전시켰다.[9]

『붓다와 희생양』에서 주장했듯이, 불교 문화권에서는 재앙이 닥치면 전생에 지은 죄의 결과요 징벌로서 이해해서 감내해야만 한다고 생각한다.[10] 최근까지도 남부 인도에 사는 티베트 농부들은 몸이 아파도 의사를 찾지 않았다고 하는데, 그 이유는 그 질병을 그들 업보의 피할 수 없는 결과로 이해했기 때문이었다.[11]

---

[9] Mircea Eliade, *Kosmos und Geschichte. Der Mythos der ewigen Wiederkehr* (Frankfurtam-Main: InselVerlag, 1984), 107-112.

[10] Michael von Brück and Whalen Lai, *Buddhismus und Christentum. Geschichte, Konfrontation, Dialog,* ed. Michael von Brück and Whalen Lai (München: C. H. Beck, 1997), 406.

[11] A. Tom. Grundfeld, *The Making of Modern Tibet* (Delhi: Oxford University Press, 1987), 28.

2014년 서아프리카에서 죽음의 바이러스라는 에볼라 바이러스가 창궐하고 있지만, 이곳에는 아직도 주술과 전통의술이 만연해 있어서, 현지인의 일부는 에볼라 바이러스가 실재한다는 사실을 믿지 않는다. 또한 그들은 에볼라에 감염돼도 그것이 주술이라고 생각하기 때문에 병원을 찾지 않는다고 한다. 그들에게는 여전히 현대의학에 대한 뿌리 깊은 불신이 남아 있다. 아프리카에 자원봉사자로서 몇십 년간 활동했던 스위스의 어느 학자가 지라르의 이론에 영향을 받아 『마녀사냥의 경제학, 왜 아프리카에는 고층빌딩이 없는가?』라는 연구서를 출판했다.

필자는 지라르 연구를 하면서 이 책을 함께 읽고 문명담론 차원에서 토론한 적이 있다. 그런데 이 책에는 아직도 잔존하고 있는 원시적이고 고대적인 마술적 인과관계와 마녀사냥의 논리가 논의되고 있다. 일례로, 에볼라 바이러스의 경우에 그것의 과학적이고 의학적인 원인을 찾으려고 하기보다는 먼저 주술적이고 마술적인 원인과 인과관계를 찾는다는 것이다. 다시 말해, 누군가 나를 질투하고 해치려고 주술을 걸어서 그 영향이 미쳤다고 생각하는 것이다.[12] 한국에서도 여전히 모든 불행과 질병과 사고를 업보 탓으로 돌리는 사고의 흔적이 남아 있다.

인도에서 탄생한 카르마 인과관계, 곧 업보 사상은 카스트 제도의 사회적 부정의를 정당화하고 그것을 감내하도록 하는 사상이었다.[13] 즉 불가촉천민은 전생에 죄를 범해서 지상에서 불가촉천민으로 태어났기에 자신의 카스트 안에서 다르마를 충실히 지키면서 살아야 이 전생의 업보를 없앨 수 있다고 믿는다. 그래서 막스 베버가 잘 분석했듯이 카르마 교리는 카스

---

[12] David Signer, *Die Ökonomie der Hexerei oder Warum es in Afrika keine Wolkenkratzer gibt* (Wuppertal: Peter Hammer Verlag, 2004), 11.

[13] Helmut von Glasenapp, *Von Buddha zu Gandhi: Aufsätze zur Geschichte der Religionen Indiens,* ed. Volker Moeller, Wilfrid Nölle [and] Joachim-Friedrich Sprockhoff (Wiesbaden: O. Harrassowitz, 1962), 13-4.

트 제도와 밀접히 관련되어 있다.

두물린(Heinrich Dumoulin)은 불교의 카르마 인과관계에서 '용납할 수 없는 인과관계의 확장'(unzulässige Ausdehnung des Kausalnexus)을 비판적으로 분석해 내었다. 즉 업보 사상이 불자들에게는 자명한 것처럼 보이지만, 서구인들에게는 '이상하고 불가능한' 것처럼 보인다. 두물린은 '도덕적인 행위가 물리적이고 신체적인 영역에까지 미치는 직접적인 영향'이 '인과관계의 부당한 확장'이라고 바로 지적했다. 그래서 그는 전생의 업보 사상에서 무한한 시간과 공간들 속에서 전개되는 '환상적이고 임의적인 놀이'를 보았다.[14]

지라르에게 있어서 마술적 인과관계와 신화는 같은 것으로써 모두 마녀사냥과 관련된다.[15] 불교국가인 스리랑카에서는 업보 사상과 관련해서 '마녀사냥 플러스 정상적 인과관계'(normal causation plus witchcraft)를 분석한 연구도 존재한다.[16] 『붓다와 희생양』에서 논한 것처럼 붓다들도 전생에 오이디푸스적인 죄악들을 범해서 그 형벌로 지상에서 출가승으로 살아간다.

이후에 상술하겠지만, 불교의 우주론도 결국은 업보 사상과 밀접히 관련되어 있다. 즉 카르마적인 우주론이다. 그렇기에 불교의 우주론에서의 인과관계는 신화적이다. 현대 천체물리학적 인과관계와는 다른 차원에 존재한다. 필자는 이미 『붓다와 희생양』 '제2장 4. 붓다의 나쁜 카르마와 전생의 죄업'에서 출가한 붓다들의 사상을 대변하는 불교철학의 사상 속에서 은폐된 희생양 메커니즘, 은폐된 박해의 논리, 그리고 일종의 신비화된 마녀사냥의 논리를 분석해 내었다.

---

[14] Heinrich Dumoulin, "Der Religiöse Heilsweg des Zen-Buddhismus und die christliche Spiritualität," in *Studia Missionalia* XII. Buddhism. Edita a Facultate Missiologica in Pont. Universitate Gregoriana, Rom, 1962, 102.

[15] R. Girard, *Der Sündenbock* (Zürich:Benziger, 1988), 154, 79.

[16] Richard Gombrich und Gananath Obeyesekere, *Buddhism Transformed. Religious Change in Sri Lanka* (Delhi, Motilal Banarsidass: 1990), 63.

보다 디오니소스적인 불교 문화권에서 자연과학의 탄생이 지체된 것은 바로 불교사상 속에 내재된 전통적인 마술적 인과관계와 신화적 마녀사냥의 메커니즘이 아직도 약화된 형태로나마 작동하기 때문이라고 본다. 마녀사냥의 종식과 희생양 메커니즘의 폭로가 현대성을 탄생시키고, 자연과학도 가능케 했다. 문화의 기원을 이야기하는 세계 신화 속에 은폐된 마녀사냥의 논리를 깨달아야 마술적 인과관계를 넘어서 물리적 인과관계를 수학적으로 설명할 수 있는 자연과학이 탄생할 수 있었다.

지라르에 의하면, 니체가 디오니소스를 자신의 신으로 선택하고 점차 비판하고 거리를 두기 시작한 '십자가에 달리신 자'의 죽음과 부활이 신화를 생산하는 희생양 메커니즘을 고발했고, 점차 마녀사냥의 종식을 가져왔다. 또한 십자가 사건은 태초로부터 은폐되어온 것들, 곧 문화의 기원을 바로 이해하게 하여 우주의 기원까지 질문하는 자연과학을 탄생시켰다. 십자가의 인류학과 십자가의 신학이 참된 창조신학을 탄생케 했다.

인류가 오랫동안 우주를 신성한 것으로 본 이유 중의 하나는 우주가 바로 신의 몸에서 나왔기 때문이다. 막스 베버(Max Weber)가 말했듯이, 근대성은 우선적으로 세계의 탈마술화(Entzauberung)를 의미한다. 즉 탈신성화와 탈마술화는 곧 근대적 합리화를 의미했다. 이 정신 속에서 점차적으로 자연과학은 열매를 맺었다. 만약 인류가 여전히 우주에 대한 신화적이고 영원회귀적인 이해에 머물고 있었다면, 문화의 기원이나 우주의 기원에 대한 과학적 이해가 가능하지 못했을 것이다.

빅뱅 우주론을 통해서 영원하고 신성하다고 생각되었던 우주 자체는 시작점과 묵시록적 종말을 기다리는 우연적(contingent) 피조물이라는 것이 밝혀지게 되었다. 이것은 오래전부터 유대-기독교적 전통의 직선적이고 종말론적 우주론이 말해오던 것이다. 이런 이유로 빅뱅 우주론은 초기에 무신론적 과학자들에게는 불편한 진실이었다.

유대-기독교적 스토리텔링에서 자연의 탈신성화가 이루어지고, 근대적 의미의 자연과학이 탄생하고, 이후 아인슈타인의 일반 상대성 이론에 의해서 시간과 공간도 절대적인 것의 위치에서 상대적이고 우연적인 것으로 드러나게 되었다.

반신화적 정신을 가진 기독교는 오래전부터 '이름 없는 하나님' 이외의 모든 것은 피조물이기에 상대적이고 우연적이라고 선포해 왔다. 시간과 공간까지도 영원한 것이 아니라 창조되었다.

아인슈타인은 시간이라는 것이 존재의 어떤 보편적이고 절대적 배경이 아니라, 공간과 물질과 밀접하게 엮인 것이라는 것을 보여주었다. 시간은 물리적 우주에 있어서 구성적 요소임이 드러났다. 시간은 운동과 중력으로 인해 휠 수 있다. 이런 방식으로 변화될 수 있는 시간은 절대적인 것이 아니며, 물리적 우주의 '우연한' 부분에 불과하다. 시간이 존재의 필연적인 결과라기보다는 물리적 세계의 어떤 '우연적' 속성이라면, 자연의 궁극적 목적 혹은 설계를 어떤 시간적 존재 혹은 원칙에서 발견하고자 하는 것은 실패할 것이다.[17]

상대성 이론을 통해 시간의 우연성이 발견되고 증명되기 전에 기독교 전통에서는 거의 모든 전통사회의 순환적이고 주기적 우주론과는 대조적으로 우주와 시간의 알파와 오메가를 말해 왔다. 그 전통에서 아우구스티누스는 우주는 시간과 함께 창조되었다는 유명한 말을 남겼다.

3. 자연과학이 왜 중국 문화권에서는 탄생하지 못했는가?

왜 현대 자연과학이 중국 문화권에서는 탄생하지 못했는가?
이것은 그 유명한 '니담의 위대한 질문'(Needham's Grand Question)에서

---

17 Davies, "Physics and the Mind of God: The Templeton Prize Address."

나타난다. 중국문화에 대한 깊은 이해와 애정을 소유한 니담(Joseph Needham)은 서구보다 일찍 나침반, 화약, 종이, 인쇄술 등을 발명한 중국이 왜 이후에 서구 기독교 문화에서 탄생한 근대 자연과학에서 추월당했는지에 대해서 큰 질문을 던졌다. 그의 큰 질문에 대한 대답은 우선적으로 종교적인 것, 특히 신에 관한 것이었다.

> 만약 어떤 한 분의 '인격적' 창조주 신에 대한 개념이 확고하게 세워진다면(어느 교부가 말한 것처럼 수만 명의 폭군의 독재로부터 지성을 해방하는), 자연의 본질은 인간의 본질과 마찬가지로 하나님의 합리성(rationality)에 대한 증거이다. … 유럽의 종교는 자연을 보기를 거절한 유교적 현상이나, 참된 이성과 논리에 대한 부정과 염증을 보여주는 도교적 현상에 비교되는 종교가 아니었다.[18]

폴킹혼도 중국문화는 인간에게 지나치게 집중함으로 자연에 대한 연구를 크게 발전시키지 못했다는 사실을 지적한다.[19] 대체로 유교는 니체가 말한 아폴론적인 것을 대변했다면, 디오니소스적인 것을 보여주는 불교에서는 더욱더 자연과학이 탄생하기는 힘들었다는 것이 역사적으로 정직한 결론일 것이다. (출가)불교도 질서와 논리보다는 (디오니소스적이고 축제적인) 반대 질서와 반대논리에 대해서 명상했다. 이런 문화에서는 수학적이고 논리적인 과학이 발전하기 힘들다. 도교뿐 아니라, 불교에서도 참된 이성과 논리에 대한 부정과 염증이 존재한다. 왜냐하면, 불교는 세계 포기자(world-renouncer)이자 세계부정자인 출가승들만의 독특하고 특정한 부정의 논리를

---

[18] Joseph Needham, *Science and Civilization in China,* vol. 2, *History of Scientific Thought* (London: Cambridge University Press, 1956), 163.

[19] John Polkinghorne, *Quarks, Chaos & Christianity: Questions to Science and Religion* (New York: Crossroad Publishing Company, 1995), 29-30.

대변하고 있기 때문이다.

니담은 다음과 같이 말한다.

> 고대 중국의 사고에서 발견되는 신의 비인격화(de-personalization)는 너무 일찍 진행되어서 자연에 대해서 법칙들을 제정하는 신적인 천상의 입법자(law-giver)에 대한 개념이 발전되지 못했다.[20]

중국의 학자들도 니담의 분석에 동의하는 경우가 많다. "중국에서 초월성의 질문에 대하여"라는 논문에서 어느 중국학자는 자연과학과 민주주의의 원리들이 인류의 기원과 최종적인 목적으로서의 초월적인 하나님의 존재를 믿는 기독교 문명의 신앙에 뿌리를 두고 있다는 점을 인정한다. 하지만 전통적인 중국의 문화에서는 초월적 존재에 대한 개념이 없었다고 그는 분석한다. 그렇기에 중국인들은 근대적 자연과학이나 민주주의를 발전시키지 못했을 뿐만 아니라, 서구 문명으로부터 그것을 학습함에 있었어도 어려움을 느낀다.[21]

왜 고대 중국인들은 자연의 법칙들에 관한 진전된 연구를 못했을까?

아마도 중국인들은 하늘에 계신 정의롭고 전능한 하나님에 대한 그들의 신앙을 상실했고, 사건들의 자연적 과정을 하늘 자체와 동일시했다. 자연의 자율적 기능을 신적인 의지로부터 분리함으로, 천도(天道, Heavenly Way)에는 어떤 초월적 신에 대한 함의가 사라지게 되었다.[22]

초월적 신개념은 다신론적이고 범신론적이고 신화적 신 이해를 극복할

---

[20] Needham, *Science and Civilization in China*, vol. 2, *History of Scientific Thought*, 79-580.

[21] Thaddeus T'ui-chien Hang, "Why Chinese Civilization Has not Discovered Modern Sciences," in Vincent Shen and Tran van Doan (eds), *Philosophy of Science and Education. Chinese and European Views*. Cultural Heritage and Contemporary Change Series III. Asia, Volume 9 (Washington: Council for Research in Values and Philosophy, 1995), 123.

[22] Ibid., 128.

때 비로소 가능하다. 지라르의 이론으로 말하자면, 희생양 메커니즘이 지속적으로 생산하는 신들은 결코 초월적 신이 될 수 없다. 그 신들은 지역적, 곧 씨족적·부족적·민족적 제사공동체가 주기적으로 생산하고 제작하는 우상들일 뿐이다. 그 신들은 '사회적 초월성'이 만들어낸 신들이지, 참된 의미에서의 초월적 신은 아니다. 희생양 메커니즘이 만들어내는 성스러운 환상인 '사회적 초월성' 저 너머에 존재하는 참된 초월적 존재가 인류가 점차 마술적 인과관계로부터 해방되고 계몽되어서 참된 과학적 인과관계를 보게 하고, 자신의 거룩한 영으로 말미암아 인류가 수학적 언어로 기록된 자연이라는 책을 읽을 수 있도록 한다.

중국 학자들도 자연과학에 대한 기독교의 긍정적인 영향력에 대해서 다음과 같이 평가한다. 중국 천문학자들은 하늘의 기이하고 불규칙한 현상들에 매우 큰 관심을 두었다. 서구의 천문학자들은 이 불규칙한 현상들을 설명하려고 큰 노력을 기울였다. 왜냐하면, 그리스도인들로서 그들은 한 분의 지성적인 하나님에 의해 우주가 창조되었다고 믿었기 때문이다. 그래서 그들은 모든 것은 이해할 수 있고 우주에는 균일성이 존재한다는 아리스토텔레스적인 전제들을 수용했다.

자연과학의 발전에서는 다음과 같은 지적인 전제들이 필요하다. 자연 속의 보편적 법칙에 대한 개념, 조직적인 실험, 그리고 과학적 이론 수립을 위한 수학적 모델이 필요하다. 하지만 니담이 분석한 것처럼 중국에서는 엄밀한 의미에서 자연법칙에 대한 개념이 존재하지 않았다. 그래서 중국은 실험과 수학적 모델들에 대한 예비적인 개념들을 가지고 있었지만, 그것을 더 조직적이고 체계적으로 발전시키지 못했다.[23]

이후 살펴보겠지만, 유교 문명권보다 불교문명권은 더욱더 자연법칙에 대한 개념, 자연법칙의 제정자로서의 초월적 신개념, 조직적인 실험, 수학

---

[23] Ibid., 124-125.

적 모델과 같은 자연과학이 탄생하기 위한 전제들이 거의 '없었다.' 불교철학과 현대 물리학의 상관성을 주장하는 혹자들은 서구 기독교적 전통에서 나온 자연과학을 너무 쉽게 모방해서 마치 오래전의 자기들의 전통인 것처럼 주장하지만, 그 역사적 근거가 희박하다.

붓다가 관찰과 실험이나 수학적 방정식이 아니라, 요가적(yogic) 명상을 통해서 사물의 진상을 깨달아 2600년 전에 이미 현대 물리학의 발견들을 앞당겨서 보았다고 주장하기도 한다. 하지만 붓다가 명상을 통해 본 사물의 진상은 곧 우주의 공성(空性)이었다. 희생양 붓다는 '없다.' 불교에서는 우주 자체도 '없다.' 우주의 공성이 사물의 진상이라고 이해하는 불교문화에서는 엄밀하고 정확한 자연과학도 '없다.'

지라르는 마녀사냥의 종식이 현대 자연과학을 탄생시켰다고 지적한다. 그에 의하면, 모방적 욕망으로 인한 인간 사회 내부의 폭력과 갈등을 통제하고 관리하는데 거의 모든 에너지를 소비하는 문화에서는 자연과학이 탄생하기 힘들다. 자연과학의 탄생은 문화 전체의 패러다임 전환과 관련이 있다. 앞에 언급했듯이 탈마술화와 합리화라는 근대성의 탄생이 없이는 자연과학도 탄생하지 못했다. 중국문화에서 초월적 신개념의 부재로 인해 자연과학의 탄생도 지체되었고, 민주주의의 발전에도 영향을 받았다.

'기독교 인문주의와 십자가의 인류학-동서양 문명의 보다 드라마틱한 대화와 만남을 위하여' 라는 제목으로 칼뱅 학술세미나에서 논평한 것처럼, 유교문화권에서는 법치가 초월성을 가지지 못했고 법의 통치(rule of law) 개념이 발전되지 못했다는 푸쿠야마(Francis Fukuyama)의 분석은 옳다. 서구에서처럼 국가권력을 통제할 수 있는 초월적이고 외부적이고 종교적이고 도덕적인 권위나 법을 발전시키지 못했다. 정치 권력의 탈신성화가 발생하지 못했다. 정치 권력을 통제하는 도덕적 권위의 초월성이 없었다. 왜냐하면 초월적 창조주에 대한 개념이 없었기 때문이다.

유교 지식인들은 많은 경우 중국 황제의 군주도덕 아래에 종속되어 있는 책사에 머물렀다. 중국 황제의 조상숭배라는 내재주의적 통치이데올로기에 머물고 있다. 유교는 조상숭배와 황제숭배의 내재적 한계를 보인다. 유교적 계급 질서의 기원도 희생 제사다.[24] 그래서 폴킹혼이 지적했듯이 유교는 많은 사회적 역량을 인간 사회의 질서유지에 투자했다. 그렇기에 자연과학의 탄생은 지체되었다.

초월적 하나님은 희생양 메커니즘이 생산한 신들의 저편에 존재하는 분이다. 그는 시공간의 저편에 있는 분이다. 초월적 신 개념이 가능해지려면, '사회적 초월성'을 발생시키는 신화적 메커니즘인 희생양 메커니즘에 대한 비판적 인식이 있어야 가능하다. 희생양 메커니즘이 생산하는 '만들어진 신들'(gods delusion)에 대한 '사회적 초월성'을 넘어서야 우주의 기원까지 연구할 수 있다. 지라르는 이 희생양 메커니즘이 생산하는 신성한 환상을 거짓 초월이라 부르기도 한다.

참된 초월성은 사회적 희생양 메커니즘이 생산하는 '거짓된 초월성' 저편에 존재한다. 참된 초월성의 하나님은 문화의 기원에 존재하는 인류학적 메커니즘에 대한 계몽의 메시지를 자기 계시로 전달하고, 그것의 점진적인 영향사로 인해 인류는 이제 우주의 기원에 존재하는 물리적 메커니즘을 점차 연구하기 시작했다.

아폴론적인 것을 대변한다고도 볼 수 있는 유교도 이 신의 초월성 개념에까지 이르지는 못했다. 그래서 여러 가지 발명에도 불구하고, 천체물리학적인 연구에까지 나아가지 못하고, 주로 통치이데올로기로서의 사회윤리에 머물고 있었다. 인류사회의 질서유지에 큰 비중을 둔 유교는 초월적 신 개념의 부재로 인한 법의 통치(rule of law) 개념의 약화로 황제적인 군주도덕에 봉사했지만, 민주주의적인 사회질서를 탄생시키지는 못했다. 보다 디오

---

[24] 정일권, "기독교 인문주의와 십자가의 인류학. 동서양 문명의 보다 드라마틱한 대화와 만남을 위하여," 제5회 칼뱅학술세미나 논평문(개혁주의 학술원, 2013년 5월 21일, 고신대학교).

니소스적인 것을 반영하는 불교도 자연과학의 발전을 자극하고 촉진할 수 있는 초월적 신 개념을 발전시키지 못했고, 오직 재가 신자들이 출가승들을 향해 투영시키는 '사회적 초월성'에 제한되었다.

막스 베버의 표현을 빌리자면, 불교 문명은 출가승에 대한 '성자숭배'(Hagiolatrie)와 '우상숭배'(Idolatrie)를 중심으로 형성되었고,[25] 자연법칙 제정자로서의 우주적이고 초월적 창조주 개념이 없었다.

4. 초월적 신 개념과 자연법칙

초월적 신 개념이 자연과학뿐 아니라, 정치사회적으로 미친 영향에 대해서 알아보았다. 어떤 문명과 문화는 모방적 욕망과 사회적 중력으로 인해 발생하는 뜨거운 내부갈등과 폭력을 통제하는데 많은 것을 집중함으로, 생각하는 갈대로서 우주의 기원과 질서를 연구할 여력이 없었다.

창세기 1장의 메시지처럼 태양과 달을 신성한 존재가 아니라, 창조된 광명체로 간주한 유대-기독교 전통은 이후 천체물리학과 만유인력의 법칙을 발견해 내었다. 하지만 어떤 문명은 내일의 태양을 떠올리기 위해서 끊임없이 수많은 동료인간을 희생제물로 바쳤고, 그것이 사회적 질서와 활동의 중심이기도 했다.

본서 전체를 통해서 자연법칙의 입법자(law-giver)로서의 초월적 신에 대한 신앙이 얼마나 자연과학의 발전에 깊게 공헌했는지를 여러 학자들의 분석을 통해서 알아보았다. 우주적 질서와 법칙의 제정자로서의 초월적 신에 대한 신앙과 강한 확신이 현대 물리학의 가장 기초적인 동력이었다. 반신

---

[25] Max Weber, *Gesammelte Aufsätze zur Religionssoziologie II, Hinduismus und Buddhismus* (Tübingen: J.C.B. Mohr [(Paul Siebeck], 1966), 277.

화적인 유대-기독교의 탈신성화시키는 메시지가 자연과학을 탄생시킨 것은 결코 우연이 아니다.

폴킹혼의 분석처럼, 일종의 통치 도덕과 이데올로기로써의 중국의 유교문명도 사회 내부의 폭력을 통제하기 위해 인간에게 지나치게 집중하였다. 힌두교의 카르마와 윤회 사상은 카스트 제도라는 사회적 제도와 분리하여 결코 파악할 수 없다. 비록 일부 불자들이 업보와 윤회 사상에 기초하고 있는 순환론적이고 주기적인 우주론을 초끈 이론이나 M 이론 그리고 다중우주론에 연관 지어서 해석하는 경우가 있지만, 그 학문적 근거가 매우 빈약하다. 이것은 이후에 다룰 것이다.

하지만 막스 베버의 종교 사회학적인 분석처럼 업보와 카르마 사상은 우주론적인 지평에서라기보다는 정치 사회적인 맥락에서 카스트 제도를 지탱해 주고 그것과 얽혀 있는 사상으로 보아야 한다. 인간 자아뿐 아니라, 우주를 존재론적 허상으로 파악하는 (출가)불교의 사상을 사회인류학적으로 다시 읽어본다면, 그 속에도 사회 내부의 갈등과 폭력과 나쁜 카르마를 특정한 인간 집단, 곧 출가자들에게 전가하는 신화적 메커니즘과 논리가 은폐되어 있다.

불교 문화권도 사회질서를 유지하고 갱신하는 희생양들이자 성스러운 복전(福田)으로서의 출가승들의 세계 포기적 논리에 지나치게 집중함으로 우주적이고 물리적 질서를 연구하는 자연과학을 발전시키지 못했다. 출가승들은 재가자들로부터 나쁜 카르마와 업보 등을 흡수하고 그것을 공덕으로 바꾸어서 재가자들에게 선물한다. 출가승들은 복을 낳게 하는 밭, 곧 복전으로서 이해되어 재가자들은 그들에게 '우상숭배'와 '성자 숭배'를 한다. 유교적이고 도교적인 세계관에서는 진정한 의미에서의 현대 자연과학이 탄생하기에 힘들었다. 불교 문화권에서는 더욱더 자연과학이 발생하기가

힘들었다.[26]

니체가 말한 디오니소스적인 것을 대체적으로 대변한다고 볼 수 있는 불교는 유교보다도 더욱 더 자연과학과 별로 상관이 없었다고 보는 것이 역사적으로 정직한 분석일 것이다. 일견 포스트모더니즘 철학이나 해체주의 철학과 표면적으로 유사해 보이는 불교의 깨달음이 주는 초월적인 것은 사실 통과제의적 파계(transgression)로부터 비로소 발생한다. 불교의 깨달음을 향한 명상적 수행과정에는 디오니소스적인 파계의 순간이 존재한다. 파계는 깨달음에 있어서 필수적이다. 파계승이 더 빨리 성불을 이룬다.

좌도밀교에서는 디오니소스적이고 오이디푸스적인 파계와 죄악을 기술적으로 범하는 것이 성불에 꼭 필요하다. 즉 성교(性交)를 통해서 성불(成佛)을 이루고자 한다. 그것도 정상적인 성교가 아니라, 반사회적이고 반생식적인 종교적 창녀와의 성교를 통해서 성불을 이루고자 한다. 이 성불에 필요한 디오니소스적 성교는 오이디푸스의 근친상간의 '더러운 죄악'처럼 공동체로부터 비난과 욕설을 받기 위한 장치다. 청정계율과 파계의 변증법적 코드는 모든 세계종교의 희생제의적 축제의 메커니즘인 희생양 메커니즘 속에서 파악되어야 한다.

불교를 파계(transgression)의 종교라 한다면, 기독교는 초월(transcendence)의 종교다. 기독교의 거룩한 초월은 폭력적이고 성스러운 파계를 치유하고 일으켜 세운다. 불교의 자유는 본래 붓다들의 파계적 자유였다. 불교에는 깨닫고 나서 행하는 소위 무애행(無碍行)이 있다. 우리나라 선(禪)불교의 중흥조(中興祖)로 알려진 구한말의 경허는 견성(見性)한 후 온갖 파계적 기행

---

[26] 이 부분은 한국철학회 창립 60주년 기념 학술대회 중 한국기독교철학회 분과학회 학술대회에서 "양자시대와 신에 대한 믿음"(김유신, 과학철학)에 대한 논평에 기초해 있다. 정일권, "양자역학, 진화론, 최근의 God-debate 그리고 『붓다와 희생양』," 한국철학회 60주년 기념 춘계학술대회 한국기독교철학회 분과발표 "과학기술과 기독교철학" 논문집, 16-21.

(奇行)으로 유명했다. 대중 앞에서 대놓고 음주식육을 하는 것은 다반사였고, 여색(女色)도 서슴지 않았다고 한다. 이러한 행동을 무애행이라고 한다.

우리나라 불교계에는 경허처럼 파계적인 행동을 해야 뭔가 깨달은 붓다인 것 같고 그러다보니 그러한 잘못된 행동을 용인해 주는 풍토가 생겨난 것 같다. 술을 먹고, 화투를 치고, 여자를 가까이해야 자유함을 얻은 붓다라고 생각하는 것이다. 그리고 파계 이후 그 디오니소스적인 차이소멸의 '죄악'이 '무'라고 말한다. 불교적 자유인 파계가 희생양 메커니즘의 한 과정이라면, 기독교의 초월은 희생양 메커니즘이 비판적으로 인식된 이후의 것이리라.

지라르는 기독교의 초월을 희생양 메커니즘을 넘어서는 위로부터 내려오는 참된 초월로 파악한다. 불교의 희생양 붓다들의 파계적 자유는 지라르가 말하는 '사회적 초월'에 머물고 있다. 세상 죄를 지고 가는 하나님의 어린 양은 희생양 메커니즘을 폭로하고 인류를 참된 초월로 점차적으로 이끌어 올린다.

지라르는 범신론이나 다신론을 끊임없이 신들을 생산하는 장치들로 본다. 지라르에 의하면, 유대-기독교 전통의 유일신론의 신은 희생양 메커니즘에서 완전히 벗어나 있다. 이에 반해 다신교는 수많은 희생양의 초석에서 발생한다. 고대사회에서는 희생양 메커니즘이 작동할 때마다 새로운 신이 발생되고 제작된다. 그러나 유대교는 이런 식으로 신을 생산하는 장치를 처음부터 엄격히 거부했다. 유대교에서 신은 더 이상 희생양이 아니고, 희생양도 더 이상 신격화되지 않는다. 이것이 우리가 이른바 '계시'라고 부르는 것이라고 지라르는 말한다.[27] 희생양 메커니즘이 완벽하게 작동하기 위한 전제조건은 그 메커니즘에 대한 인지불능(méconnaissance)이다.[28] "어떤

---

[27] 지라르, 『문화의 기원』, 112.
[28] René Girard, *Das Heilige und die Gewalt* (Zürich: Benzinger, 1987), 154, 37, 175f.

사고 시스템도 자기 자신을 파괴할 수 있는 사고를 할 수 없다."[29]

신화는 바로 희생양 메커니즘으로 구조화되어 있기에 그 메커니즘이 잘 드러나지 않는다. 지라르는 "텍스트 자체를 구조화하고 있는 메커니즘을 발견하는 것보다 어려운 일은 없다"고 말하지만,[30] 복음서에서는 이 세상의 설립 이래 은폐되어 온 메커니즘을 파악할 수 있는 빛과 열쇠를 발견할 수 있다고 말한다. 희생양 메커니즘에 대한 인지불능 때문에 동료 인간으로서 희생당한 후에 신격화된 이교적 신들에 대한 환상과 망상(gods delusion), 곧 성스러운 오해가 발생한다.

유대-기독교 전통은 다신론적인 신들에 대한 환상과 성스러운 오해를 해체하고 탈신성화한다는 점에서 무신론적 종교비판과 계몽운동과 어느 정도 함께 할 수 있다. 그리스-로마 문화의 다신론을 인정하지 않는다고 해서 초대 그리스도인들은 무신론자라고 비난받기도 했다.

전술한 것처럼 폴 데이비스에 의하면, 근대적 자연과학은 유일신론에서 탄생했다. 희생양들/신들을 주기적으로 생산하는 다신론이나 범신론적 세계관에서는 초월적 신이 입법했다는 우주적 자연법칙에 대한 개념 자체가 성립되기가 힘들다. 그들은 사회적 중력(미메시스)으로 인한 뜨거운 내부폭력을 통제하는 메커니즘에 너무 많은 관심을 두고 있다. 은폐된 희생양 메커니즘이 생산한 다신론적이고 범신론적인 세계관은 또한 영원회귀의 우주론을 생산하는데, 그것은 사회적 메커니즘이 우주론화된 것이다.

여기서 우리는 인문학이 자연과학 발전에 기여할 수 있는 점을 발견할 수 있다. 전근대적 희생양 메커니즘을 극복한 자기 성찰의 인문학은 성숙한 개인들을 교육하며, 이는 나아가 성숙한 사회통합과 사회안정을 이루어 결국 자연과학의 발전에 기여하게 된다.

---

[29] René Girard, *Der Sündenbock* (Zürich:Benziger, 1988), 294.
[30] René Girard, *Hiob – ein Weg aus der Gewalt* (Zürich: Benziger, 1990), 46.

5. 창조세계에 대한 명상

창조세계에 대한 기독교적 명상은 자연과학의 탄생을 가져왔지만, '무'에 대한 세계 포기적인 붓다들의 불교적 명상은 자연과학의 탄생에 기여한 바가 거의 없다. 기독교의 세계내적 금욕주의와 수도원 전통에서는 하나님이 주신 두 권의 책(성경과 자연)에 대한 대상적 명상과 연구가 이루어졌다. 폴킹혼이 몇몇 강연에서 지적했듯이, 이미 다윈 이전에 유전학의 아버지 오스트리아 아우구스티누스회 수도사 멘델(Gregor Mendel)의 연구가 있었다.

19세기 말 이루어진 생물학의 이 두 가지 위대한 진보 중 하나는 바로 멘델의 유전규칙이다. 생명은 멘델의 법칙에 따라 번식한다. 멘델의 업적은 입자적으로 작용하는 유전에 대한 발견이라 할 수 있다. 멘델은 물리학에서 사용하는 엄격한 방법을 생물학에 적용했던 최초의 인물 중 하나였다. 수도원의 정원에서 완두의 교배실험을 하던 중 1865년에 유전의 모든 법칙을 명확하게 밝혔다.[31] 1856년에 멘델은 완두의 유전을 집중적으로 연구하기 시작했고 그 후 7년에 걸쳐, 힘들지만 정확한 실험을 통해 유전이 어떻게 이루어지는지를 발견하게 되었다. 그는 수도원에서 밭과 온실을 가꾸고 있었고, 시간이 날 때마다 실험에 매달렸다. 이 기간에 그는 2만8천 그루의 식물을 연구했다고 한다.

그 단순미와 절제미로 알려진 일본의 선불교 정원도 결국은 우주의 공성을 깨닫기 위한 수행과정과 관련이 있다. 선승들의 정신세계를 대변하는 사찰정원은 단순히 아름다움만을 추구하기 위한 공간이 아니라 깨달음을 위한 수행의 공간이었다. 이 정원은 극도의 작위성과 노력이 들어간다. 관조를 계속하면 어느 순간에 깨달음이 온다.

---

[31] 당시에 수도원장은 수도원을 지적인 중심지로 만들고 있었다. 수도원 사제들 중에는 수도원 담장 밖에서도 높은 명성을 지녔던 식물학자, 천문학자, 철학자, 작곡가 등이 있었다.

선불교 정원은 바로 세계 포기적(world-renouncing) 분위기로 깊게 물들여져 있다. 하지만, 불교 사찰의 정원에서는 자연과학적 명상이 이루어지지 못했다. 기독교 수도원 전통에는 미학적 전통이 강하다. 하지만, 기독교 미학은 불교 미학과는 달리 창조세계를 부정하는 것이 아니라, 연구하고 명상하며 기뻐하고 즐기는 미학이다. 선불교 정원은 창조세계에 대한 긍정이나 자연으로의 회귀가 아니다. 선불교 학자인 포르(B. Faure)의 분석처럼 그동안 선불교 정원, 다도, 분재 등은 선불교의 자연과 조화 혹은 자연으로의 회귀를 의미하는 것으로 이해되었다.

하지만 일본의 이 축소된 정원, 곧 분경(盆景, miniature garden)의 '악화된 풍경'(exacerbated landscape)은 자연의 조화를 표현하기보다는 오히려 자연을 통제하고 길들이기 위한 시도를 반영하는 것으로 밝혀졌다. 조화는 항상 불안전하게 남아 있으며, 자연적 혹은 사회적 힘들의 분출에 의해 위협을 받는다. 선불교 정원이 발전되었던 시기는 바로 일본 정치의 혼란기였다. 그렇기 때문에 선불교 예술은 '길들여지고 이차적인 자연'을 반영하고 있을 뿐이다.[32]

인위적으로 자연을 축소한 분경(盆景)인 선불교 정원은 자라지 못한 작은 나무에서 오백 년 된 나무의 모습을 찾는 분재와 유사하다. 실제로 분재도 다도와 같이 불교와 관련이 깊다. 분경으로서의 선불교 정원은 자연을 연구하기보다는 자연을 통제하기 위한 것이었다. 이 노력은 당시 격변의 전란기를 반영한다. 선불교와 일본인의 미의식은 대체로 불균형과 불완전의 미학이라 한다. 불균제의 미학, 곧 균형이 맞지 않는 것을 선호하는 경향이 있다는 것이다. 이것은 완벽한 기하학적 아름다움보다 덜 갖추어져 있고 거칠고 묘하게 일그러진 데에서 아름다움을 찾는 경향을 가리킨다.

---

[32] Bernard Faure, *The Rhetoric of Immediacy. A Cultural Critique of Chan/Zen Buddhism* (Princeton: University Press, Princeton 1991), 78.

또한 중세 이후의 일본 미술은 세계 포기적인 선불교의 영향으로 현란한 색채를 꺼리는 무광택의 미학을 추구했다. 따라서 선불교 미학은 곧 세계 포기적인 미학이라 할 수 있다. 선불교 미학과 정원은 또한 디오니소스적인 흔적을 지니고 있다. 완벽한 기하학적이고 수학적인 질서를 의도적으로 부정하고 오히려 거칠고 일그러진 것을 추구했다. 그러므로 디오니소스적인 미학은 발전되었지만, 질서와 조화를 수학적이고 과학적으로 추구하고 연구하는 문화는 발전되지 못했다. 그 이유는 정치 사회적 불안정과 관련이 있다.

유대-기독교 전통은 자연을 긍정했기에 자연과학도 긍정하고 탄생시켰다. 반면, 우주의 공성(空性)을 깨닫고자 하는 (출가)불교는 자연과 자연과학을 긍정하고 탄생시키기가 쉽지 않았다. 우주 자체를 희생양으로 사지가 절단된 신들의 몸의 한 부분으로 신성하게 생각하게 되면, 불경스러운 행위로 여겨질 수 있는 관찰과 실험을 할 수 없게 된다.

또한 힌두교와 불교에서처럼 우주를 마야(Maya, 환상이나 허상)로 보면, 엄청난 수학적 노력으로 질서를 찾아낼 수 있을 것이라는 강한 기대감, 확신 혹은 신뢰가 생길 수 없다. 구약 창세기에는 각각의 창조행위 후에 하나님께서 "보시기에 좋았더라"라고 말씀하신다. 마지막 날에 창조의 면류관인 인간을 바라보시고 "보시기에 심히 좋았더라"고 하신다.

창조세계의 선함과 아름다움과 질서에 대한 강한 신뢰 없이는 우주의 물리적 메커니즘과 수학적 코드를 해독하려는 시도는 거의 불가능하다. 창조세계의 법칙적인 질서를 명상하면서 기독교의 세계내적 금욕주의 전통과 수도원 전통은 성경연구와 영성뿐 아니라, 자연과학과 음악도 발전시켰다. 일례로 사제이기도 한 비발디(Antonio Vivaldi)는 바이올린 연주가와 작곡가로서 자연의 밝은 아름다움을 연주한 '사계'와 '조화의 영감' 혹은 '화성의 영감'을 작곡했다.

축제적이고 카오스적인 반대질서이면서 폭력적으로 성스러운 제도인 세계 포기(world-renunciation)의 전통에서 진화된 불교의 안티 논리에서는 물리적 메커니즘과 코드를 긍정해서 그것을 해독하고자 하는 시도 자체가 시작될 수 없었다. 9년간 면벽수행과 명상을 했다는 달마대사의 경우처럼 불교 전통에서는 우주에 대한 과학적 명상은 없었다. 불교의 절대적 진리는 공성(空性)이다. 출가승들만의 불교 명상은 우주의 공성에 대한 명상이었지, 우주적 질서에 대한 명상은 아니었다. '무'에 대한 비대상적이고 '구원론적인' 불교 명상은 세계를 포기하고 출가하는 승려들만의 명에, 다르마, 그리고 사회인류학적 특정 논리였다.

불교의 세계 포기적 전통에서 나온 명상은 현대인들에게 정신적 휴식과 쉼을 제공함으로 마음을 치유하는 힐링이 될 수 있다. 이후 뇌과학과 불교에 대해서 논의한 것을 보면, 우리는 불교명상이 줄 수 있는 마음 산책과 마음 수련 등의 힐링 가치를 긍정하고 존중하고 인정할 수 있을 것이다.

하지만 이 마음 수련은 다만 불교의 명상으로만 할 수 있는 것이 아니다. 기독교에도 깊은 명상의 전통이 존재한다. 우리는 모든 명상적 전통이 현대인들에게 줄 수 있는 선하고 좋은 것들을 긍정한다. 그리고 불교 명상, 좀 더 정확히 말하자면 출가승들만의 세계 포기적이고 요가적인(yogic) 명상이 가지는 특정하고 독특한 성격에 대해 종교학적으로 엄밀하고 정확한 이해를 추구하려고 한다. 필자는 『붓다와 희생양』에서 불교 명상의 본디 목적과 의미가 현대 명상 불교에서 말하는 심리학적 힐링이 아니라 희생 제의하는 의미에서 내면화된 불제사였음을 밝힌 바 있다.

불교에서는 자연과학을 탄생시키지 못했기에, 현대 물리학과 불교 사이의 관련성을 주장하는 담론들은 대체로 설득력이 떨어진다. 불교에서는 자연과학보다 중국의 소림사 무술이나 일본의 사무라이 선불교의 검도와 같은 무술하는 불교 승려 전통이 고도로 발전되었다. 이들은 '무'의 이름으로 무술을 하는 것이다. 일부 서구의 불자들은 왜 평화의 대명사라고 하는 불교에 창과 칼과 무술 전통이 고도로 발전되게 되었는지 모르는 것 같다.

『붓다와 희생양』의 제8장에서 필자가 분석한 바에 의하면, 전통 종교와 사회에서의 축제적인 모의 전투가 일부 요가적 출가승에 의해서 고도로 전문화되기 시작했다. 지금도 인도에는 삼지창을 들고 있는 요가적 명상의 신인 시바를 따라 무술하는 요가 수행자(yogi) 전통이 남아 있다. 양자물리학과 불교에 대한 연구들은 기독교와의 미메시스적 관계 속에서 비로소 탄생한 프로테스탄트 불교(Protestant Buddhism)의 모방적 욕망에서 나온 담론이라 본다.

힌두교와 불교문화에서의 세계 포기 전통과 기독교적 포기 전통(수도회)을 비교종교학적으로 연구하는 학자들은 표면적 유사성과 함께 본질적인 차이에 대해서도 주목한다. 힌두교의 요가 수행자들과 불교의 붓다들은 세계 포기자로서 세계를 허상(마야)이나 꿈으로 보기에, 물리적 세계에 대한 자연 과학적 연구까지 거의 포기했다. 붓다들은 보다 디오니소스적인 방식으로 세계 질서를 유지하는 희생양들이다.

불교의 경우, 기도하고 노동하라는 기독교 수도원의 모토와는 달리 출가승들은 본래 노동조차 금지되었다. 본래 출가자들에게는 어떤 생산 활동하는 것도 금지되었다. 심지어 자신의 밥을 요리하는 것도 금지되었다.[33] 그들은 생존을 위해 탁발까지 해야 했다. 살아있으나 실제로는 죽은 자와 같은 그들은 신성한 카오스와 반(反) 질서를 자신의 다르마로 삼는다. 출가승들은 세계 질서와 문화 질서에 있어 하나의 '예외'로 무엇을 하는 것에 의해서가 아니라 무엇을 포기하느냐에 따라 정의되는 존재다. 출가승의 다르마는 긍정적인 명령이 아니라, 부정적인 금지(nivṛttiśāstra)에 있다.[34]

---

[33] Stanley J. Tambiah, "Max Webers Untersuchung des frühen Buddhismus. Eine Kritik," in *Max Webers Studie über Hinduismus und Buddhismus. Interpretation und Kritik,* ed. Wolfgang Schluchter (Frankfurt am Main: Suhrkamp, 1984), 218–9.

[34] Patrick Olivelle, *Saṃnyāsa Upaniṣads: Hindu Scriptures on Asceticism and Renunciation, translated and with an Introduction* (New York, Oxford: Oxford University Press, 1992), 67.

세계 포기는 그것의 고유한 다르마로서 정의되는 것이 아니라, 마을에 있는 재가 신자들의 다르마를 부정함으로써 정의된다. 세계 포기와 붓다들의 다르마는 일반사회의 다르마에 대한 부정에 있다. 자연과학은 정글에 속하지 않고 마을에 속하는 행위다. 세계 포기는 곧 자연과학에 대한 포기도 의미한다.

일본의 선불교 정원예술이 비움의 미학을 보여주기에 평화스럽게 보이긴 하지만, 기독교 수도회처럼 노동과 연구의 장소는 아니었다. 기독교 수도원의 모토는 기도하고 노동하라(ora et labora)였다. 수도원에서의 노동에는 고도의 지적인 노동도 포함되었다. 기독교 전통에서는 성경뿐 아니라, 또 하나의 책인 자연에 대한 명상과 연구가 동시에 이루어졌지만, 불교 전통에서는 대체로 성불을 향해 고행과 수행을 하는 출가승들은 우주의 공성에 대한 명상에 집중했었다. 우주의 물리적 질서보다는 우주가 실체가 없는 '공'의 세계라고 반복적으로 명상했다.

세계 질서에 대한 반대구조로 출발한 불교의 세계 포기의 전통과 그 요가적(yogic) 출가승들에게는 우주는 '없다.' 따라서 자연과학도 '없다.' 그 결과 불교에서는 마음만이 존재하고, 세계 자체는 허상이라는 신비주의적이고 에소테릭한 사유가 나왔던 것이다.

6. 삼위일체론과 양자물리학의 계보학

필자는 지금부터 20년 전에 칼 바르트(Karl Barth)와 칼 라너(Karl Rahner) 이후의 현대 삼위일체론의 르네상스 운동과 양자물리학의 탄생을 다루는 석사논문을 쓰면서,[35] 삼위일체론이 현대 양자물리학의 탄생에 영향을 주었다

---

[35] 정일권, "성삼위일체 하나님과 그 분의 세계 - 삼위일체론적 송영의 회복과 삼위일체론

는 것을 발견했다. 일부 학자들은 한때 뉴에이지 과학의 영향을 받아서 양자물리학과 동양사상, 현대 물리학과 불교철학의 상관성을 유사학문적으로 주장하기도 했다. 심지어 붓다가 양자물리학적 미시세계의 실상을 명상으로 2,500년 전에 미리 깨닫고 보여주었다는 시대착오적인 주장이 제기되기까지 했다.

이 때문에 필자는 현대 물리학의 계보학에 대해 다시 한번 더 정리할 필요가 있다고 생각한다. 기독교 세계관과 우주론은 창조세계의 급진적인 피조성과 우연성을 말하기에, 영원하고 정적이고 순환적인 세계상을 말하는 비기독교적인 관점과는 달리 매우 역동적이고 직선적이고 종말론적이고 또한 묵시록적인 우주론을 말한다.

콜린 건턴(Colin E. Gunton)은 삼위일체 하나님의 존재 자체가 역동적이고 활동적인데도, 기독교 창조론에서는 더욱 역동적으로 종말론적 완성을 지향하는 종말론적 창조론보다 종종 신플라톤 철학의 영향으로 정적인 종말론이 우세했다고 비판한다. 곧 종말은 창조로의 단순한 복귀, 상실한 무죄 상태로의 정적인 회복 정도로 이해될 뿐 창조의 종말론적이고 역동적인 완성으로는 이해되지 못했다. 건턴은 기독교적 정신보다는 그리스적 정신에 물든 정적인 이론으로부터 현대과학의 역동주의로의 정신사적인 발전은 성령의 종말론적 활동을 강조하는 기독교로부터 영향을 받은 것이라고 주장했다. 그는 근대성의 출발점에 서 있었던 인물이었던 성령의 신학자 칼뱅에게서부터 기독교 신학적 동인의 영향으로 점차 역동적인 우주 이해가 싹트기 시작했다고 주장한다.[36]

서구 기독교 토양에서 자란 현대 자연과학 속에 통합된 그리스적 유산

적 세계관을 시도하며" 1995년 고신대학교 신학대학원 신학석사 (M. Div.)학위 논문, '4) 현대 물리학과 삼위일체론'(32-34)을 보라.

[36] Colin E. Gunton, *The Promise of Trinitarian Theology* (Edinburgh: T. &T. Clark, 1991), 150-152.

과 계보학도 존중해야 한다. 하지만 그리스 전통은 코스모스로서의 우주의 질서를 확신했지만, 여전히 우주 자체는 영원하고 불변하고 정적인 것으로 이해했다. 왜냐하면, 지라르의 분석처럼 그리스 비극이 점차 신화적 희생양 메커니즘과 그 마녀사냥의 논리에서 계몽돼 가고 있는 중간단계를 보여주지만, 복음서처럼 전폭적으로 신화 속의 마녀사냥을 고발하지는 못했기 때문이다. 그렇기에 그리스 우주론은 니체가 재활성화하려 했던 디오니소스의 영원회귀적 죽음과 소생처럼 주기적이고 순환적이고 영원회귀적 우주론에 머물러 있었다.

단 한 번의 영원한 희생제물이 된 하나님의 어린 양인 '십자가에 달리신 자'가 영원회귀적 디오니소스를 일으켜 세웠다. '십자가에 달리신 자'가 고대신화와 디오니소스 신화 속의 은폐된 마녀사냥을 고발하고 참된 진실을 밝혀 마술적 인과관계를 종식하고, 참된 과학적 인과관계를 가능하게 했다.

건턴은 신학, 특히 삼위일체론적 신학에서 발전된 개념들이 현대과학의 발견들과 어떤 관계를 맺는지와 삼위일체론이 하나님의 존재뿐 아니라 모든 존재의 현실에 대한 해석을 위한 초월적 가능성을 지닌다고 말한다.[37] 그는 현대 물리학에 고무되어 동양의 신비주의와의 연관성을 발견하려는 카프라(Fritjof Capra) 등과 같은 낙관주의적, 세속적, 진보주의적, 내재주의적 종말론과 십자가에 못 박힌 그리스도의 구원과 성령의 종말론적 역동성으로 말미암은 참된 삼위일체론적 종말론 사이의 구분을 주장한다.

다시 말해, 현대과학이 관계성, 우연성, 우주의 역동성 등을 발견하는 과정에서 삼위일체적 신학이 도움이 되었다고 할지라도, 이런 내재적 현대과학이 답할 수 없는 문제인 죄와 구원, 성령의 은혜와 완성에 대해서는 신학의 본류로 돌아와야 한다고 한계를 긋는다.[38]

---

[37] Ibid., 145.
[38] Ibid., 158-159.

호이카스(R. Hooykass)는 기독교 창조론이 근대과학의 발흥을 위한 필연적 조건이었다고 주장한다.³⁹ 건턴의 주장처럼 기독교 창조론은 헬라철학의 정적인 우주론에 물든 것이 아니라, 오히려 이후에 역동적이고 관계적인 존재론으로 물들여진 삼위일체적 창조론이었다. 고대의 삼위일체적 개념과 근대 자연과학적 개념 사이에는 일종의 상응점이 있다. 관계, 자유, 에너지는 삼위일체 하나님의 존재에 관계되는 개념들이지만 이것이 근대의 과학적 우주론에서도 발견된다고 건턴은 말한다.⁴⁰

19세기의 기계론적 원자론자들처럼 우주를 상호적으로 뚫고 들어갈 수 없는 부분들의 병치로서가 아니라 점차 상대주의적 입장에서 원자를 이산된 물질들보다는 힘의 장(場)으로 이해하여 원자들의 상호침투성 이론의 발전에서 삼위일체론과 현대 물리학 사이의 상관성을 발견할 수 있다는 것이다. 즉 삼위일체 하나님의 상호내주(perichoresis)와 같이 물리학적인 물질에도 상호침투와 상호내주가 존재한다는 것이다(perichoresis and interpenetration of matter). 그래서 건턴은 삼위일체적 개념들이 하나님의 존재뿐 아니라 존재의 궁극적 형식을 파악할 수 있는 '초월적 가능성'을 제공할 수도 있지 않을까 질문한다.⁴¹

게다가 건턴은 아인슈타인이 지속적으로 언급하고 있는 패러데이(Michael Faraday)와 맥스웰(James Clerk Maxwell)의 전자기장 이론과 현대 물리학의 상대성 이론과 카오스 이론, 나비 효과(Butterfly Effect)에서 삼위일체 신학의 개념적 메아리를 발견할 수 있다고 주장한다.⁴² 기계론적으로 결정되고 예측 가능한 뉴턴적 고전물리학에 반해, 현대 물리학은 불확정성, 예측 불가

---

39 Reijer Hooykaas, *Religion and the Rise of Modern Science* (Grand Rapids, Mich.: Eerdmans, 1972).
40 Gunton, Ibid., 152-153.
41 Ibid., 145.
42 Ibid., 156.

능성, 특히 생물계에서의 복잡성, 우연과 통계학적 차원의 상호작용을 강조한다.

또한 자연 질서를 본질적으로 완성되고 불변하며, 닫힌 체계로서 정적으로 파악하는 것이 아니라, 본질적으로 미완성에서 완성을 향해 역동적으로 열려있는 체계로 이해한다. 이와 같이, 20세기 현대 물리학이 우주를 상호 연관된 역동적 체계의 상호내주 혹은 상호침투(perichoresis)와 상호구성적인 관계 속에 있는 에너지 장의 역동적 구조로 이해하는 것은 삼위일체적 존재론과 맥을 같이한다. 현대과학이 관계성, 우연성, 우주의 역동성 등을 발견하는데 삼위일체적 신학이 그 발전과정에서 도왔다고 볼 수 있다.[43]

아인슈타인은 맥스웰의 어깨 위에 서 있고, 맥스웰은 패러데이의 어깨 위에 서 있다는 말이 있다. 현대 물리학의 거장 아인슈타인의 일반상대성 이론과 특수상대성 이론은 그 이전의 패러데이와 맥스웰이 주장한 전기자기장 이론에 근거하고 있다. 아인슈타인은 그들의 전기자기장 이론을 뉴턴 이후의 최고의 혁명적인 발견이라고 말했다. 패러데이가 삼위일체론으로부터 학문적 영감을 받아서 전기장 개념을 발전시켰고, 이 어깨 위에서 아인슈타인 이후의 현대 물리학과 양자역학이 발전되었다.

토마스 토랜스(Thomas F. Torrance)에 의하면, 패러데이뿐 아니라, 맥스웰도 경건한 그리스도인 과학자로서 삼위일체 하나님의 내적인 삶 속에서 물질의 신비로운 구조를 해명하는 단서를 발견했다. 폴킹혼도 토랜스의 저작들을 자주 인용하고 있다.

---

[43] Ibid., 158-159.

7. 토랜스, 맥스웰의 전자기장 이론, 아인슈타인

토랜스는 맥스웰과 아인슈타인을 읽으면서, 맥스웰의 역동적 전자기장 이론과 아인슈타인의 상대성 이론이 절대적 공간개념을 넘어서 공간의 상대성과 역동적 장(場) 개념으로 파악하게 하고, 이것을 또한 관계성으로 파악하게 했다고 말한다. 그러나 토랜스가 현대 물리학으로부터 배운 가장 중요한 함의는 그것이 우주의 우연성(contingency)을 보여준다는 것이다. 우주는 자유롭고 역동적으로 창조된 우연한 존재이지 필연적 조건 아래에 있지 않다. 즉 뉴턴식 과학은 필연성, 하드한 인과론 혹은 결정론을 말하지만, 맥스웰은 그의 전자기장 이론을 통해서 우주의 존재론 속에 있는 우연성을 회복시켰다는 것이다.

맥스웰의 전자기장 이론의 혁명적 성격은 바로 결정론을 비판하게 하고, 물리학의 새로운 시대를 열어서 양자세계의 비결정론을 탄생케 했다는 것이다. 토랜스에 의하면, 맥스웰은 그의 깊은 기독교 신앙으로 인해 관계성에 대한 신학적 이해로부터 큰 도움을 받았다고 본다. AD 4-5세기의 그리스 교부들은 고유한 이해 가능성과 자유를 소유한 우연적이고 역동적인 질서로서의 우주에 대한 전적으로 새로운 개념을 정립했다. 이 우연성이라는 개념은 현대 경험과학의 근본적 원리다. 이 개념은 맥스웰과 아인슈타인이 과학을 기계론적이고 결정론적 믿음들과 행위들로부터 해방한 이후로 물리적 과학들에서 더욱더 중요하게 되었다. 근대 자연과학은 그 이론에 준거한 실험을 우주의 우연적 자유와 이해 가능성에 대한 기독교적 이해에 빚지고 있다는 것이 토랜스의 입장이다.

토마스 토랜스는 신학 분야에서도 뛰어난 천재성을 발휘했지만,[44] 그의

---

[44] 토랜스는 최고의 개신교 신학자 중의 한 명이며 중요한 개혁파 신학자다. 그는 칼 바르트의 방대한 『교회 교의학』을 영어로 번역했으며, 17세기 칼뱅의 계승자들조차 깨닫지 못했던 칼뱅의 신학적 천재성을 인식하고 이해할 정도였다.

가장 중요한 업적은 바로 과학 분야에 있었다. 그는 과학적 논리와 현대 물리학 분야를 15년이 넘게 연구하면서 신학과 과학의 통합적 사고에 몰두했다. 토랜스의 주요 통합적인 측면은 신학과 자연과학의 상호관계로서 패러데이와 맥스웰의 전자기장 이론, 아인슈타인의 상대성 이론과 신학과의 학문적 소통과 대화를 시도한 것이었다. 그래서 그의 주된 연구 주제는 주로 유대-기독교 신학과 자연과학의 통합적 관찰에 속한 것들이었다. 그는 1978년에 과학과 종교 연구 분야의 초기 개척자라는 공을 인정받아 템플턴상을 수상했다.

토랜스는 맥스웰의 중대한 과학적 텍스트인 『전자기장에 대한 역동적 이론』을 직접 편집해서 출판하기도 했다. 이 책에서 그는 맥스웰의 기독교 신앙을 언급하면서 다음과 같이 적고 있다.

> 맥스웰은 스스로 이해한 바와 같이 물리적 과학은 창조주 안에 있는 자연의 기원이라는 궁극적 근거에 대한 지극히 중요한 형이상학적 언급을 설명하지 않고서는 올바르게 추구될 수 없다. 그래서 맥스웰은 그의 신학적이고 심오한 복음적 확신들이 자신의 물리적이고 이론적인 과학 속으로 침투하게 하지는 않았지만, 우주의 창조주와 유지자 되신 하나님에 대한 기독교 신앙이 자신의 과학적 이론들의 적절성과 유지가능성에 대한 판단에 있어 모종의 조절적인 통제로 작용하도록 했다.[45]

토랜스는 현대 물리학의 장(場) 이론들(field theories)을 실재의 관계적 성격에 대한 표현으로 이해했다. 아인슈타인은 상대성 이론을 통해서 공간과 시간이 절대적이라는 견해를 거부했다. 물론, 그가 시공간의 객관성 자체를

---

[45] James Clerk Maxwell, *A Dynamical Theory of the Electromagnetic Field*, edited by T.F. Torrance. (Edinburgh, Scotland: Scottish Academic Press, 1982), x.

거부한 것은 결코 아니다. 나중에 상술하겠지만, 일부 '과학적 불교'를 주장하는 학자들은 상대성 이론을 불교철학적이라고 주장하기도 하지만, 아인슈타인의 상대성 이론은 시공간의 존재론적 객관성이나 실체성을 부정하지 않으면서, 그 우연적 상대성만을 말하는 것이다.

하지만 불교에서는 시공간 자체의 실체성을 부정한다. 토랜스에 의하면, 아인슈타인은 공간과 시간의 절대성을 포기하긴 했어도, 자연의 단순성과 질서를 관념론자들의 곡해에서 볼 수 있는 것처럼 단지 인간 지성의 구성물에 불과하다고 보지는 않았다.[46] 일부 불자들도 상대성 이론을 왜곡해서 자연과 우주의 시공간적 질서를 단지 인간 지성 혹은 마음의 구성물이나 투영으로 해석하는 때도 있다. 상대성 이론은 시간과 공간의 상대성에 대해 말하는 것이지, 불교의 경우처럼 공성(空性)에 대해 말하는 것은 아니다. 토랜스는 물리적 법칙들의 불변하는 성격이 창조세계에 나타난 하나님 사랑의 성실하심과 항구성과 전적인 의존성에 근거하고 있다고 제시했다.

과학자의 지성 안에 있는 고유한 사고 패턴과 물리적 실재 속에 구현된 우연적 이해 가능성과 연관된 법칙적 구조들 사이의 놀라운 상호관계로 인해 자연과학은 비로소 가능해진다고 토랜스는 주장한다. 신학적으로 보자면, 이 놀라운 상호관계는 그의 전적인 성실하심에 표현된 하나님의 초월적이고 사랑하는 이해 가능성의 표현이라 볼 수 있다. 하나님은 이것을 통해 인간 지성과 물리적 우주를 모두 자유 가운데서 창조했고 지속해서 유지하고 계신다. 토랜스는 물리적 실재에 고유한 우연적 이해 가능성(contingent intelligibility)이라는 상황 속에서 탄생한 것으로 파악한다. 우연성(contingency)이란 말은 물리적 실재가 무턱대고 형성된 것이 아니라 많은 가능성 중의 하나로 존재한다는 것을 지칭한다.

---

[46] W.J. Neidhardt, "Thomas F. Torrance's Integration of Judeo-Christian Theology & Natural Science: Some Key Themes," *Perspectives on Science and Christian Faith*, 41:2 (1989), 87-98.

토랜스는 이 우주의 우연적 이해 가능성을 그의 창조세계를 향한 하나님의 자유롭고 합리적인 활동의 직접적인 결과로 간주한다. 우주는 하나님에 의해 창조되었고, 또한 창조주의 초월적 합리성에 의존적으로 피조된 혹은 우연적 합리성을 부여받았다. 과학자의 지성 속에 있는 고유한 패턴들과 물리적 세계에 구현된 이해 가능한 패턴들 사이에는 상호관계성이 존재하기에 과학 자체가 가능하다. 토랜스는 과학자들을 비롯하여 온 우주가 로고스 혹은 말씀으로 창조되었기 때문에 자연 속의 이해 가능성과 인간 지식의 구조 속의 고유한 이해가능성이 맞아 떨어진다고 말한다.

하나님의 지성과 존재의 내적인 원리, 곧 하나님 자신의 합리성이 창조 세계에 지워지지 못하도록 각인되었다고 한다. 말씀을 통한 창조 덕분에 모든 자연 세계에는 창조주 지성의 합리성을 반영하는 우주의 합리성과 이해 가능성이 새겨져 있다.[47]

토랜스는 자연과학의 근거를 하나님의 자유롭고 합리적인 활동에서 발견했던 20세기 최초의 신학자들 가운데 하나인 매스콜(Eric Mascall)의 견해를 수용하고 확장해서 논의한다.

> 합리적이고 자유로운 하나님에 대한 기독교 신앙과 현대 자연과학의 경험적 방법 사이에는 원칙적으로(de jure) 매우 밀접한 관련성이 존재한다. 기독교 하나님에 의해 창조된 세계는 우연적이면서도 질서가 있다. 이 세계에 규칙성과 패턴이 존재하는 이유는 그 창조주가 합리적이기 때문이다. 하지만 우주가 구현하는 특정한 규칙성과 패턴이 선험적으로(a priori) 예측될 수 없는 이유는 창조주가 자유로운 분이기 때문이다. 우주의 규칙성들은 검토를 통해서 발견될 수 있을 뿐이다. 그러기에 기독교 유신론이 이해하는

---

[47] Thomas F. Torrance, *Theological and Natural Science* (The Torrance Collection) (Eugene, OR: Wipf and Stock, 2005).

세계는 관찰과 실험이라는 쌍둥이 같은 기술을 가진 과학적 방법의 응용을 위한 최상의 장소인 것이다.[48]

창조되지 않은 실재의 관계적 성격, 곧 한 분이면서 동시에 세 분이신 하나님 사랑의 삼위일체적 공동체의 관계성과 창조된 실재의 관계적 성격은 신학과 자연과학을 통합시키고자 하는 토랜스의 지적인 작업에서 지속적인 주제로 자리 잡았다. 현대의 장 이론들은 실재의 관계적 성격의 표현으로 이해되었다. 일반상대성 이론도 일종의 장 이론이다. 토랜스는 물리적 실재의 관계적 이해를 구성하고 있는 장 이론들은 유대-기독교 신학에서 발견되는 개념들과 유비적인 몇몇 구조적인 요소들을 소유하고 있다고 보았다.

하나의 유비는 인격성(personhood)인데, 기본 입자와 비교해도 그것은 관계적 상황 속에서 이해될 수 있고, 그렇기에 관계적 (장의) 실체(a relational [field] entity)로 간주될 수 있다. 우주 전체의 물질은 질서가 있으면서도 상호 관계적인 연속체다. 물리학에서 장(場) 이론은 19세기의 패러데이와 맥스웰이라는 두 위대한 물리학자의 노력으로 탄생하게 되었다. 이들은 모두 '경건한 그리스도인들'로 이웃 사랑을 보였을 뿐 아니라, 영적이고 지성적인 통찰을 통합했다.[49]

토랜스는 하나님에 대한 맥스웰의 신앙이 그의 과학적 사고에 미친 영향에 대해서도 말한다. 맥스웰이 당대 기존의 과학적 이론들을 넘어서 전혀 다른 개념을 발전시킬 수 있었던 것은 바로 그의 기독교 신앙이라는 기초 덕분이었다. 그리하여 그는 일종의 패러다임 전환이라고도 할 수 있는 전자기장의 속성을 발견했다. 토랜스는 당시의 대학과 과학을 지배했던 기계

---

[48] E.L. Mascall, *Christian Theology and Natural Science* (NewYork:The Ronald Press Company,1956),94.

[49] Neidhardt, "Thomas F. Torrance's Integration of Judeo-Christian Theology &Natural Science: Some Key Themes."

론적인 패러다임에 대항하는 맥스웰의 이러한 접근 방법은 삼위일체적 관계성과 관계 속의 인격성(persons-in-relation)에 대한 기독교 교부적 개념으로부터 왔다고 주장한다.

토랜스에 의하면, '무'로부터의 우주 창조라는 기독교 교리는 구약성경과 유일신에 대한 유대교적 이해에 뿌리를 두고 있다. 이 하나님은 자신 외부에 존재하는 만유의 근원이고 그가 창조한 모든 것에 대한 초월적 주(主)로 남아 있으며, 만약 창조세계로부터 자신의 창조적이고 유지시키는 현존을 중단시킨다면 창조세계는 다시금 카오스와 단순한 '무'로 되돌아가고 말 것이다. 이러한 유대교적 가르침은 세계에 대한 하나님의 자유로운(필연적이지 않은) 관계에 대한 이해를 포함하고 있다. 이것은 우주의 우연적 성격을 보여준다.

토랜스에 의하면, 우주를 존재하게 한 하나님의 창조적 행위는 모든 창조적 존재들을 끊임없이 보존하고 통일시키며 조절하고 있다. 만유는 그것의 모든 측면에 있어서 우연적이며 신적이지 않기 때문이다. 그러므로 유대교는 우주의 '절대적 시작'일뿐 아니라, 창조주와 보존자인 하나님의 불변성, 성실하심 그리고 신뢰성에 그 근거를 두고 있는 자연적 세계의 연속성, 안정성 그리고 통일성에 대한 심오한 이해에 공헌했다.

그러나 토랜스에 의하면, 우주의 우연성에 대한 개념을 급진화시키고 심화시킨 것은 기독교 신학이다. 기독교 신학은 그리스 학문과의 비판적이고 건설적인 토론 가운데 창조와 시공간적인 현실과 이 세계의 우연적 현실의 이해 가능성들 가운데서 이루어진 예수 그리스도의 성육신과의 관계에 대해서 깊이 성찰함을 통해서 우연적 이해 가능성(contingent intelligibility) 개념에 현실성을 부여했다.

그리스도의 성육신은 물질적 세계가 하나님 자신에게 이질적이거나 낯선 것이 아니라 하나님에 의해 실제적인 것으로 긍정되었음을 명확하게 보여준다. 피조물의 한계들과 상황들과 객관성들에 성육신한 성자가 굴복한

것은 지금까지 상상하지도 못할 정도로 경험적 세계를 존중해야 한다는 의무감을 함께 가져왔다.[50]

8. 존재적 관계와 연기(緣起), 즉 공성(空性)

'장'(場)이란 개념은 패러데이와 맥스웰에 의해 발전되었으며, 아인슈타인 등 많은 과학자에 의해 중력장, 핵력장 등 다양한 장(場) 이론이 전자기장을 따라 발전하였다. 장의 개념은 물질의 인력과 척력을 뛰어넘어 훨씬 복잡한 힘의 개념인 전기력과 자기력에서 더욱 분명해진다.

패러데이가 도입한 전자기력 선에서부터 공간의 한 점에서 인접하는 다른 점으로 영향을 전파하는 장의 개념이 자라난 것이다. 맥스웰은 패러데이가 발견한 전기장과 자기장의 상호작용을 수학적 토대 위에서 연구함으로써 놀랄만한 결론을 도출했다. 그는 빛이 전자기파의 일종이라고 주장했다. 비록 패러데이가 장(場) 개념을 먼저 도입했어도, 아인슈타인은 맥스웰이 장 개념을 도입한 것을 더 높이 평가했다.

아인슈타인은 맥스웰의 발견을 제대로 이해하는 과학자라면, 그의 천재성이 후배 과학자들의 연구에 준 지대한 영향을 강조할 수밖에 없다고 말한다. 아인슈타인은 '맥스웰 방정식'이 이론물리학의 기초라고 했다. 전자기학에서 놀라운 성과를 거둔 장 이론은 후에 중력, 핵력과 같은 힘들에도 적용되기 시작했다. 장 이론은 원격 작용 힘에 대한 난해한 부분을 장이라는 개념을 통해 그 필연성을 부여하였고, 더 섬세한 수학적 접근을 가능하게 해 주었다. 중력을 설명하는 데 유용한 아인슈타인의 일반상대성 이론

---

[50] Thomas F. Torrance, *Divine and Contingent Order* (New York: Oxford University Press, 1981), 32-34.

역시 장 이론의 한 예에 해당한다.

맥스웰의 방정식은 위대한 방정식들 가운데 하나다. 노벨 물리학상 수상자인 파인먼(Richard Feynman)은 "이 방정식에 비하면, 남북전쟁조차 큰 의미 없는 지엽적인 사건이라고 할 수 있다"고 언급할 정도로 멕스웰의 방정식을 높이 평가했다.[51] 아인슈타인은 다음과 같이 평가했다.

> 맥스웰 이전 사람들은 물리적 실재를 물질의 점으로 생각했다. 맥스웰 이후 사람들은 물리적 실재가 연속적인 장으로 나타난다고 생각했다. 실재의 개념에 관한 이런 변화는 뉴턴 이후 물리학의 가장 심대하고 가장 풍성한 수확이다.

즉 아인슈타인에게 있어서 물리학은 맥스웰 이전과 이후로 나뉜다.[52] 아인슈타인은 멕스웰을 기점으로 과학의 한 시대가 끝나고 또 한 시대가 시작되었다.

토랜스도 맥스웰의 이론이 뉴턴 역학의 결정론을 넘어서면서 과학적 이해에 있어서 패러다임 전환을 가져온 것으로 보았다. 비로소 이 장 이론을 통해 입자들을 그들의 상호작용들과 분리할 수 없는 것으로, 곧 관계적으로 묘사하는 방법이 공식적으로 정립된 것이다. 연속적이며 공간을 채우는 전자기장으로 표현되는 것처럼 입자들 사이의 관계성은 입자가 실제로 어떠한지를 보여준다. 즉 전자기장 이론은 실재의 관계적 성격을 보여준다.[53]

---

[51] Robert Crease, *The Great Equations : Breakthroughs in Science from Pythagoras to Heisenberg* (New York: W.W.Norton &Company, 2008), 133.
[52] 아인슈타인은 자신의 연구실 벽에 뉴턴과 패러데이와 함께 맥스웰의 초상화를 걸어두었다고 한다.
[53] Neidhardt, "Thomas F. Torrance's Integration of Judeo-Christian Theology &Natural Science: Some Key Themes."

그가(맥스웰이) 지칭하는 관계들은 단지 가상적이거나 추정적인 것이 아니라, 실제적인 관계들이며, 사물들(입자들)이 실재에 속한 것과 꼭 마찬가지로 그 관계들도 그렇다. 왜냐하면, 사물의 상호관계성들이 적어도 부분적으로나마 그것의 본질을 구성하고 있기 때문이다. 우리는 존재를 구성시키는 이런 종류의 관계성을 '존재적 관계'(onto-relations)라고 부를 수 있을 것이다.[54]

삼위일체 하나님의 내적 삶에서 볼 수 있듯이, 상호관계성이 바로 인격적 존재의 본질을 구성한다. 토랜스는 바로 이러한 기독교적 신학적 이해가 맥스웰에게도 '동기부여적인 역할'(motivating role)을 해서, 그가 상호관계성으로부터 분리될 수 없는 처지들을 전자기장의 관계적 개념으로 묘사하도록 했다고 주장한다. 전기장과 자기장을 통합한 패러데이와 맥스웰의 전자기장 이론은 이후 가속화되는 물리학에서의 만유 이론을 연구하는 첫 시작점이 되었다.

삼위일체론적 영감으로 시작된 전기장과 자기장 이론이기에, 통합된 전자기장 이론 이후 시작된 우주의 모든 힘들을 통합하는 만유 이론을 기독교 신학자의 입장에서 삼위일체론적으로 사유하는 것도 어느 정도 가능한 일이다. 빅뱅 특이점에 우주의 모든 힘이 통합되어있었다고 하는데, 메타물리학적으로 사유하면 모든 힘이 통합되고 융합되어 있었던 그 빅뱅 특이점을 만든 큰 능력의 창조자(Big Bang, Big God)를 방법론적으로 배제할 필요는 없다고 본다.

전자기장 이론에서 출발한 만유 이론을 향한 통합적 노력을 토랜스는 기독교 신앙과 양립 가능한 것으로 본다. 왜냐하면, 기독교 신앙은 우주의

---

[54] Thomas F. Torrance, "Christian Faith and Physical Science in the Thought of James Clerk Maxwell," in Transformation and *Convergence in the* Frame *of Knowledge*, edited by Thomas F. Torrance(Grand Rapids, MI: William B. Eerdmans Publishing Co., 1984), 230.

창조를 믿기 때문이다. 우주 안의 물질은 질서정연하고 상호관계적인 연속체다. 창조세계는 하나님은 아니지만, 그의 본질의 흔적을 지니고 있다.[55] 삼위일체 하나님의 흔적(*vestigia trinitatis*)을 물질의 구조 속에도 발견할 수 있다. 기독교적 시각에서 볼 때, 창조주 삼위일체 하나님의 관계적 상호내주와 상호침투(*perichoresis*)와 유비적으로 연결된 물질의 페리코레시스적인 관계성은 존재론적인 의미에서 실제적이다. 토랜스의 표현처럼 존재적 관계(onto-relations)이지, 불교적인 의미에서 비실체적 관계성이 아니다. 불교의 연기론에서처럼 관계적이기에 비실체적이라고 말하지 않는다.

용수보살은 『중론』에서 연기(緣起)가 곧 공성(空性)이라고 말한다. 연기(緣起)이기에 공(空)인 것이다. 연기성공(緣起性空)의 의미는 연기의 배후나 초월한 곳에 어떠한 존재도 없음을 말한다. 연기의 본성은 공(空)이다. 존재는 상호연관성의 힘으로서의 연기법적인 현상이기도 하고, 또 자기고유성을 전혀 소유하고 있지 않은 공성의 실상이기도 하다. 하지만 삼위일체 하나님의 삶은 관계적이기 때문에 공(空)이라고 말하지 않는다. 토랜스의 표현처럼 그것은 존재론적 의미의 관계성이다. 삼위일체적 유비, 곧 삼위일체 하나님의 페리코레시스는 실제로 물질의 장 구조를 이해할 수 있는 영감을 주었다. 앞에서 본 것처럼, 이 때문에 폴킹혼과 같은 학자들이 이 페리코레시스와 양자 얽힘 등을 유비적으로 파악하여 우주 안의 관계성에 대해 말하려는 것이다.

그동안 유사학문적인 차원에서, 현대 물리학에서 새롭게 발견한 것들이 불교의 연기론과 일치한다는 주장이 제기되곤 했다. 삼라만상은 고정된 실체를 가지고 있지 않고, 그저 관계적이다. 우주는 관계적이기에 비실체적이라는 것이다. 인간도 분해하면 실체가 없고 그 속에 존재한다는 의식과

---

[55] Neidhardt, "Thomas F. Torrance's Integration of Judeo-Christian Theology &Natural Science: Some Key Themes."

정신도 한시도 그대로 있지 않은 비실체라는 것이다.

또한 그동안 주로 서구불교에서 불교의 연기법을 생태학적이고 평화스러운 관계성으로 재해석해 왔다. 물론 비역사적으로나마 새롭게 해석되어서 평화스럽고 생태학적인 사회를 구현하겠다는 참여 불교적인 동기까지 비판할 수는 없다. 문제는 그것이 얼마나 이론적으로 근거가 있는가 하는 점이다. 문제는 연기(緣起)이기에 공(空)이라는 사실이다. 불교의 절대적 진리 하나가 있다면 우주의 공성에 대한 것이다. 연기법도 이 공성을 깨닫기 위한 것이다. 연기도 공이다.

기독교에서는 삼위일체 하나님 안의 상호 내주와 상호침투가 공성(空性)이라고 말하지 않는다. 그것은 존재론적인 관계성을 말한다. 불교의 연기는 본래 카르마적 인과성(karmic causality)이기에, 그것 또한 '무'다. 기독교와의 모방적 장 속에서 비로소 형성된 서구불교에서나 프로테스탄트 불교(Protestant Buddhism)에서는 연기법을 서구적-기독교적 의미와 유사하게 재해석하려고 노력한다. 하지만, 불자들의 모방적 욕망으로 인해 새롭게 재해석된 관계성으로서의 연기법은 불교를 벗어나게 되는 딜레마에 빠진다. 비록 이제는 황혼기에 접어든 것 같기도 하지만, 그동안 양자물리학과 동양사상, 불교철학 등에 대한 뉴에이지 과학에서 이와 유사한 담론들이 많이 생산되었었다.

기독교에서는 상식의 존재론에 입각해서 존재론적 의미에서 하나님 속의 관계성과 물질 속의 장과 관계성이 연결되어 있다고 본다. 하지만, 불교의 경우 연기법의 공성은 존재론적인 것이 아니라, 비존재론적이고 탈존재론적인 것이다. 왜냐하면, 공으로서의 연기법은 본래 출가승들의 논리에서 나온 것이다. 연기와 공성 등은 마을의 일상의 존재론이나 일상적이고 상식적인 논리에서 나온 것이 아니라, 정글에서 (자기가) 추방되어 사는 세계 포기자(world-renouncer)들의 요가적(yogic) 부정의 논리와 부정의 사유에서 나온 것이다.

『붓다와 희생양』에서 주장했듯이, 본래 불교가 결혼식과 관계가 없었고 장례식에만 관계했듯이, 불교와 자연과학은 서로 다른 차원에 존재한다. 불교와 결혼식이 관계없는 것처럼, 불교와 물리학도 관계가 없다. 불교의 존재 부정, 비존재론, 탈존재론, 비실체론 등은 모두 사회인류학적으로 다시 읽어보아야 한다. 즉 이 반존재론은 출가승들만의 다르마요, 특정 논리요, 또한 그들이 희생양으로서 짊어져야 했던 멍에의 논리와 철학이기도 하다.

희생양들인 붓다들의 특정 논리로서의 연기법은 존재론적 의미의 관계성을 끌어올 만한 근거가 되기 어렵다. 세상을 등지고 출가한 붓다가 세상과 관계성이 별로 없는 것처럼, 공(空)으로서의 연기법은 전자기장이나 양자역학에서의 물리적 관계성과는 거의 상관이 없고, 오히려 희생양 메커니즘 속에서 새롭게 분석되어야 할 은폐된 희생의 논리에 가깝다. 연기는 카르마적인 인과론으로 물리적 메커니즘보다는 오히려 희생양 메커니즘 속의 한 논리로 보아야 한다. 연기(緣起), 즉 공성(空性)의 깨달음을 얻은 출가승들은 성불을 위해 비실체적인 자신의 몸을 양초처럼 희생제물로 바쳐서 분신공양과 소신공양을 하고 해탈에 이른다.

"불교가 과학적이다" 혹은 '과학적 불교'를 손쉽게 말하기 전에, 자연과학 이전의 단계인 신화적 마녀사냥의 논리를 불교 철학적 개념들 속에서 먼저 과학적으로 의심해 보는 것이 필요하다고 본다. 불교 명상, 사회인류학적으로 좀 더 정확히 말하자면, 출가승들만의 명상은 내면화된 불제사와 깊은 관련이 있다. 성불을 향한 깨달음의 수행과정에 봉사하는 이 연기(緣起), 즉 공성(空性)의 논리는 사실 희생 제의적 논리이다. 연기와 현대 물리학에서의 관계성 사이에는 표면적 유사성만이 존재하고, 실체적인 관련성이 없다. 연기(緣起) 즉 공성(空性)이라는 붓다들의 특정 논리를 생산하는 희생양 메커니즘에 대한 깨달음이 더 큰 깨달음이라 할 수 있다.

9. 물질의 구조와 페리코레시스

건턴은 독실한 기독교 신자였던 패러데이도 물질의 구조 속에서 삼위일체 하나님의 '상호침투'와 닮은 유사한 구조를 발견했다고 말한다. 삼위일체적 개념인 '상호침투'가 그의 새로운 과학적인 발견에 직접적인 원인은 아닐지라도 새로운 과학적 발견을 위한 영감을 제공한 것은 분명하다는 것이다. 삼위일체론은 현대 물리학의 초기과정에서 물질의 구조를 이해하는 새로운 영감으로 작용했다. 물질의 궁극적인 구조가 기존의 고전물리학에서처럼 기계적으로 분리된 개체가 아니라, 삼위일체 하나님의 신비롭고 영원한 내적인 삶처럼 서로 연결되어 있고, 서로 침투하고, 서로 공유하는 '관계'의 장(場)으로 구성되어 있다는 것이다.

삼위일체적 지평에 깊이 뿌리를 두고 있는 폴킹혼도 양자역학에서 볼 수 있는 물질의 구조, 즉 분리되어 있으면서도 동시에 하나인 구조는 삼위일체 하나님의 내적인 삶 속에서 그 원형을 발견할 수 있다고 말한다. 자연과학으로 거룩하시고 영원한 삼위일체 하나님의 삶을 증명할 수는 없다. 그러나 반대로 성경을 통해서 비로소 알게 된 삼위일체 하나님의 내적인 삶을 통해서 우리는 우주와 물질의 궁극적인 구조에 대해서 보다 잘 이해할 수 있게 된다. 카프라(F. Capra)는 시바의 춤에서 양자세계의 춤을 보았다고 한다.[56]

하지만, 세계 창조와 세계 파괴를 주기적이고 영원회귀적으로 반복하는 인도의 시바의 희생제의적 춤이 아니라, 함께 신성을 공유하며 춤추며 찬양하는 친교 속에 존재하는 삼위일체 하나님의 상호내주에서 물질과 우주의 역동적, 관계적 구조를 발견하게 된다. 인류가 가진 웃음도 동물적인 비웃음에서 파생되었듯이, 인류의 춤도 모두 희생제사를 집행하기 전에 추는

---

[56] Fritjof Capra, *The Tao of Physics: An Exploration of the Parallels Between Modern Physics and Eastern Mysticism* (Boulder, Colo: Shambhala, 1975), 11.

칼춤으로부터 유래해서 이후 점차적으로 미학화되었다. 무당의 칼춤처럼 모든 출가승들의 신화적 원형인 인도의 시바는 삼지창을 들고 있다. 지금도 인도의 축제 때에는 이 시바를 모방하여 전투하는 요가 수행자들이 삼지창과 무기들을 들고 등장한다.

페리코레시스는 합창하면서 돌면서 춤추는 것(dancing around in chorus)으로 삼위일체 하나님의 상호내주와 상호침투와 또한 '코이노니아(교제)'를 의미한다. 삼위일체 하나님은 상호내주의 관계성 속에 영원한 연합적 친교, 사귐, 교제, 교통을 누리고 계신다. 삼위일체적 합창과 원무는 서로를 침범하지 않고, 각자의 기능과 개성을 유지하면서도 공통된 하나의 신성을 공유하면서 서로가 서로에게 사랑의 침투적 관계를 유지하고 친교한다는 뜻이다.

카프라는 어느 날 해변의 파도를 보고 산책하다 갑자기 큰 깨달음을 얻었다고 한다. 우주가 마치 힌두교의 신 시바의 춤과 같다는 것이다. 카프라 자신은 말년에 뉴에이지 운동으로부터 거리를 유지하려고 했다.

힌두교 시바의 희생제의적 춤과 현대 양자물리학이 무슨 관련이 있는가? 시바의 제의적 춤과 물질의 물리학적 운동은 관련이 없다. 우주의 생성과 파괴를 주기적으로 반복하는 시바의 춤은 디오니소스적인 춤과 같다. 시바는 인도의 디오니소스라 불린다. 삼지창을 들고 있는 시바의 춤은 또한 무당의 칼춤과 같이 희생제의적으로 파악해야 한다. 시바의 춤과 양자물리학 사이의 관련성을 유사학문적으로 주장해도, 세계를 허상(마야)으로 파악하는 이상 물리학(고전물리학이든 양자물리학이든)이 발전될 수 없었고 실제로 그랬다. 현대 물리학은 유대-기독교적 세계관의 토양에서 탄생했다.

건턴과 토랜스의 주장처럼 기독교적 세계관에 충실했던 패러데이와 맥스웰의 전자기장 이론에 기초해서 현대 물리학이 싹튼 것이다. 실제로 삼위일체 하나님 안의 원무가 양자물리학의 발견에 사상적 영감의 단초를 제공했다.

초대교부들은 억압, 경쟁, 차별 없이 아름답고 평등하게 함께 어우러지는 원형의 춤(perichoresis)이라는 메타포를 이용해 삼위일체 하나님의 내적 관계를 표현했다. 시바의 춤이 아니라, 역동적이고 평등한 삼위일체 하나님의 춤에게서 물질과 우주의 역동적, 관계적 구조를 발견하게 된다.[57] 최근에도 폴킹혼과 차일링거 등은 2010년 책 『삼위일체 하나님과 얽힌 세계 - 물리적 과학과 신학에서의 관계성』에서 삼위일체론, 양자 얽힘과 양자세계에서의 관계성에 대해서 지적하고 있다.[58]

현대 물리학이 물질 안에 존재하는 일종의 페리코레시스적 관계성을 발견하게 된 것은 패러데이가 장 이론을 먼저 제시했기 때문이다. 앞에서 언급한 것처럼 영국 케임브리지대학교에는 그의 학문과 신앙의 전통 위에 설립된 유명한 '패러데이 과학과종교연구소'가 있다. 이 연구소를 통해 그동안 폴킹혼과 몰트만을 비롯한 과학과 종교연구 분야의 많은 학자가 초대되어서 강의와 토론을 진행했다.

19세기 최대의 실험 물리학자이며 '전기학의 아버지' 패러데이는 모든 자연법칙은 '하나님의 지성'에 대한 통찰들을 제공한다고 생각했다. 그가 발견한 수많은 뛰어난 실험결과들을 토대로 맥스웰은 전자기학의 장 이론(field theory)을 집대성할 수 있었다. 패러데이의 장(Field)개념은 처음에는 무시되었다.

대장장이의 아들로 태어나 학교 교육을 거의 받지 못했음에도 불구하고, 패러데이는 지식에 대한 끝없는 갈증으로 연구를 계속해 나갔고, 고도의 수학적 분석으로 증명 가능한 몇 개의 포괄적인 이론들을 수식 하나도 사용하지 않고, 단지 직관으로만 관찰할 수 있었다는 것은 참으로 놀라운

---

[57] 정일권, "성삼위일체 하나님과 그 분의 세계 - 삼위일체론적 송영의 회복과 삼위일체론적 세계관을 시도하며," '4) 현대 물리학과 삼위일체론'을 보라.

[58] John Polkinghorne (ed), *The Trinity and an Entangled World. Relationality in Physical Science and Theology*, eds., (Grand Rapids: Eerdmans, 2010).

일이 아닐 수 없다. 건턴과 토랜스는 페러데이의 이 놀라운 직관과 영감이 (삼위일체론적) 기독교 신앙에 있다고 분석한다.[59]

케임브리지대학교의 '패러데이 과학과 종교연구소'는 공식 홈페이지에 패러데이의 '기독교적 확신'에 대해서 다음과 같이 소개한다.

> 그의 기독교적 확신은 과학에 대한 그의 태도뿐 아니라, 삶에 대한 태도까지 영향을 주었다. 베이컨과 마찬가지로, 그는 우주라는 하나님의 책과 성경이라는 책의 저자가 동일하다고 확신했다. 구원에 대한 지식은 옛 언약의 이스라엘 백성을 통해 이루어진 역사 속에서의 하나님의 행위에 대한 계시 그리고 예수 그리스도의 십자가 죽음과 부활을 통해서만 얻어질 수 있다고 믿었다. 그런 지식은 하나님의 존재와 권능을 보여주는 자연 세계에 대한 연구에서는 나올 수 없다고 보았다. 그는 하나님의 창조세계의 질서에 대한 깊은 감각을 소유했다. 그는 자연법칙들이 태초 때부터 제정되었기에 창조만큼 오래되었다고 보았다.

그의 초기 강의 노트들에는 간결하나 함축적인 권면인 '법칙을 향한 추구'(Search for laws)가 적혀 있다. 과학의 과제는 경험적 연구의 과정을 통해 이들 법칙을 발견하는 것이다. 1844년에 기록된 그의 메모장에는 물질의 본질에 대해서 이렇게 적고 있다.

---

[59] 페러데이의 가문이 아주 독실한 기독교 신앙의 전통을 가지고 있다는 것과 페러데이 자신도 신앙심이 깊었다는 사실은 잘 알려져 있다. 그의 과학은 전체적으로 그의 종교와 매우 밀접한 연관이 있었다는 것 또한 잘 알려져 있다. 그는 매우 겸손한 학자로 후대의 학자들로부터 많은 존경과 사랑을 받았다. 전자기학과 전기화학의 토대를 이루는 위대한 공헌을 했음에도 불구하고, 그는 기사 작위도 거절했고, 런던의 왕립 협회의 회장 자리를 두 번이나 거절하기도 했다. 자신의 어떤 발명에 대해서도 특허를 얻지 않았으며 높은 봉급을 원하지도 않았고 자선 사업에 기부를 많이 했다.

하나님께서는 법칙들을 통해서 그의 물질적인 창조세계 속에서 일하시기를 기뻐하셨다.

패러데이에 의하면, 창조주는 물질에 주어진 외부적 힘들로부터 나오는 특정한 법칙을 통해서 그의 물질적 세계를 통치하신다. 그는 전기의 아름다움이 어떤 법칙 아래에 있음을 나타낸다고 적고 있다. 또 그는 강의 중에 자연법칙이 자연 세계에 대한 인간 지식의 기초라 말했다고 한다. 그는 물리학의 성배(聖杯)라고 하는 만유 이론에 대해서도 꿈꾸었다. 그는 창조세계 안의 다양한 힘들 사이에 존재하는 관계들을 통합하는 이론이라는 성배(聖杯)에 대해서도 자주 언급했지만, 이 주제는 당시에 너무 사변적인 것이어서 그것에 대한 자신의 가장 야심 찬 생각들을 오직 일기장에서 은밀히 적어두었다. 1849년 3월 19일 일기에는 이렇게 적혀 있다.

> 중력, 분명히 이 힘은 전기, 자기(磁氣), 그리고 다른 힘들과 실험적 관계가 가능한 것임이 틀림없다. 그래서 이 힘들을 상호적 작용과 동등한 효과 가운데 통합할 수 있을 것이다. 비록 실험에 성공하지는 못했지만, 중력과 전기 사이의 어떤 관계의 존재에 대한 그의 강한 느낌은 흔들리지 않았다. 그는 하나님의 세계가 일관되고 법칙에 따라 지배받으며, 그런 세계에는 힘들 사이의 관계들이 존재해야만 된다고 생각했다.[60]

그러기 때문에 폴킹혼의 주장처럼 메타물리학적으로 창조주를 배제하지 않고 논의에 포함하는 삼위일체적 만유 이론은 가능한 기획이다. 왜냐하면 우주의 모든 통합되고 융합된 힘들의 근원은 만유의 주(主)인 삼위일체 하나님이기 때문이다. 또한 삼위일체 하나님은 우주의 창조주로서 모든 자연법

---

[60] http://www.faraday.st-edmunds.cam.ac.uk/Faraday.php

칙의 입법자이다. 혹자들은 삼위일체적 만유 이론 시도 자체가 관찰과 실험을 할 수 없어서 물리학의 범위를 넘어서는 종교적이고 신학적인 이론이라고 비판할 수 있다. 그렇지만, 다중우주론이나 만유 이론의 유력한 후보라고 하는 M 이론에도 메타물리학적인 차원이 존재한다.

판넨베르크(Wolfhart Pannenberg)는 패러데이, 맥스웰 그리고 아인슈타인의 장 이론(Feldtheorie)을 신학적으로 수용했다. 기계적인 근대과학이 하나님을 육체가 없고 따라서 작용도 할 수 없는 존재라고 추방한 데 비해, 장 개념은 전기장이나 자기장 같이 물질이 매개하지 않는 힘의 작용을 인정한다. 판넨베르크는 성령의 활동도 장(場) 이론으로 설명한다.

장 이론은 힘이란 단지 운동 중인 물체들의 직접적인 결과이기에 먼 거리에서의 행동이 배제된다는 기존의 이론을 뒤집는다. 패러데이에 의하면, 물체는 힘의 장(Kraftfelder)이 나타난 것이다. 힘의 장은 물체보다 선행적인 독립적 실체다. 물체와 질량은 오히려 이차적인 현상으로서 장의 특정한 장소와 점에 존재하는 역동적인 힘이 집중되어서 생긴 것이다. 이 때문에 장 이론에 의하면, 먼 거리로부터의 작용이 가능하다. 이것은 신학적으로도 다음 몇 가지 이유로 중요한 의미를 지닌다.

뉴턴 이후에 힘들을 운동 중의 질량으로 환원시킴으로써 어떤 신적인 힘을 배제하게 되었다. 즉 하나님이 신체를 가지지 않으면, 하나님은 힘을 가질 수 없다는 것이다. 하지만 이 문제는 현대 장 이론으로 인해서 해결되었다. 역동적 장 이론은 패러데이로부터 아인슈타인에 이르기까지 개체보다 전체가 우선된다고 주장한다. 즉 이 역동적 장 이론은 자연 세계에 활동적인 성령의 사역을 이해할 수 있도록 한다.[61]

판넨베르크는 에너지가 가지는 장의 성격(Feldnatur der Energie)에 대해

---

[61] Ted Peters, "Editor's Introduction. Pannenberg on Theology and Natural Science," in Wolfhart Pannenberg, *Toward a Theology of Nature: Essays on Science and Faith,* ed. Ted Peters (Philadelphia: Westminster/John Knox Press, 1993), 13.

말한다. 상대성 이론은 뉴턴적인 공간을 물체들의 속성들이나 관계들로 해명하는 것이 아니라, 반대로 공간 자체를 물리적 대상을 향한 장(Feld)으로 파악했다. 그래서 물질을 공간의 속성으로 파악하는 것이다. 물체에 정초된 힘에 대한 개념이 아니라, 이제는 장으로 이해된 에너지의 독립성이 이해된 것이다. 즉 물체들의 속성으로부터 나오는 힘 개념에서 물체 이전에 존재하는 장(場)에 대한 이해로 급진적으로 변화된 것이다.[62]

본 장에서는 주로 현대 자연과학의 기원과 계보에 있는 기독교적 유산과 뿌리에 대해서 논의했다. 좀 더 좁게는 현대 물리학의 탄생에서 신학적이고 삼위일체론적 기여에 대해서 살펴보았다. 왜 현대 자연과학, 특히 천체물리학이나 양자물리학이 중국 유교문화권이나 불교 문화권에서 발전되지 못했는가에 대해서 살펴보았는데, 이 과정을 통해서 자연법칙의 수여자로서의 초월적 창조자에 대한 기독교 신앙이 현대 자연과학의 탄생에 공헌한 바를 알게 되었다. 그 현대 자연과학은 반대로 신학과 인문학의 사고에도 적지 않은 영향을 미치고 있다.

---

[62] Wolfhart Pannenberg, "Geist und Energie. Zur Phänomenlogie Teilhards de Chardin," in Wolfhart Pannenberg, *Natur und Mensch - und die Zukunft der Schöpfung* (Beiträge zur Systematischen Theologie Band 2 (Göttingen:Vandenhoeck & Ruprecht, 2000), 59.

제4장

빅뱅 우주론과 무(無)로부터의 창조

1. 빅뱅 이론의 아버지 르메트르와 아인슈타인

지금까지 현대 물리학의 혁명이라는 아인슈타인의 상대성 이론과 양자역학의 기초가 된 패러데이와 맥스웰의 전자기장 이론과 관계적 존재론, 그리고 그것의 사상적 영감을 제공한 삼위일체론 등에 대해서 알아보았다. 여기서는 아인슈타인의 상대성 이론에 기초해서 우주의 기원을 설명하려고 했던 빅뱅 우주론에 대해서 알아보자.

빅뱅 이론의 아버지라고 불리는 벨기에 루뱅대학의 물리학 교수이자 로마 가톨릭 신부였던 조르주 르메트르(Georges Lemaître)는 처음으로 아인슈타인의 일반 상대성 이론을 우주론에 적용해 팽창하는 우주를 보여주는 상대주의적 우주론을 선구자적으로 제안했다. 그러나 르메트르와 몇 차례의 만남을 가졌던 아인슈타인조차도 자신의 상대성 이론을 이렇게 확장해서 적용한 것을 처음에는 수용하지 못했다. 르메트르는 우주팽창이 은하들의 적색편이(redshift)를 설명한다고 제안한 최초의 학자다. 그래서 그는 어떤 창조와 유사한 사건이 우주 초기에 분명히 발생했을 것이라고 결론지었다.

케임브리지대학교에서 수학하고 MIT에서 박사학위를 받은 르메트르는 우주팽창 이론을 제안한 최초의 학자인데, 많은 경우 이것이 허블(Edwin Hubble)의 공헌인 것처럼 잘못 알려지기도 했다. 르메트르는 우주 안의 모든 물질을 담고 있는 '원시적 원자'(primeval atom)로부터 시작된 우주의 기원에 대한 가설을 제안했는데, 이후에 이것은 빅뱅 이론으로 불리게 되었다.

대부분 사람이 르메트르의 1927년의 이 가설에 대해서 모르고 있을 때, 1929년 허블은 당시 세계 최대 망원경으로 여러 은하의 후퇴 속도(적색 이동)를 관측해 은하들이 거리가 멀수록 더 빠르게 멀어진다는 사실을 알아냈다. 즉 우주가 팽창한다는 사실을 처음 확인한 셈이다. 르메트르의 가설이 옳다는 것이 증명된 셈이다. 1965년 빅뱅 우주론에 대한 결정적인 증거이자 빅뱅(대폭발)의 메아리라 할 수 있는 우주배경복사(CMBR, Cosmic Microwave Background Radiation)가 마침내 발견된 그다음 해 1966년 르메트르는 자신의 이론을 입증해 주는 또 하나의 발견이 이루어졌다는 소식을 듣고 세상을 떠나게 된다. '원시적 원자'에 대한 '개척자적인' 연구로 르메트르는 '빅뱅 이론의 아버지'로 불리게 되었다.[1]

빅뱅 우주론의 아버지인 르메트르가 항상 정당한 평가를 받은 것은 아니다. 그래서 케임브리지대학교의 홀드 교수는 스티븐 호킹이 그의 '반종교적' 자세에도 불구하고, 빅뱅 우주론의 발전에 있어서 르메트르의 '신기원을 이룬'(seminal) 연구를 정당하게 평가하고 인정한 것은 옳은 것이라고 적고 있다.[2] 최근 그의 개척자적인 연구는 정당한 범위 내에서 복권되고 있다.

케임브리지대학교 '패러데이 과학과 종교연구소'는 르메트르의 '원시적 원자' 가설들에 대한 논문들이 80주년을 맞이하는 해인 2011년에 조르주 르메트르 기념 학술대회(The Georges Lemaître Anniversary Conference)를 개최했다. 스티븐 호킹의 제자로 우주의 최초 몇 초의 순간을 연구하고, 이후

---

[1] Holder, *Big Bang, Big God: A Universe designed for life?*, 19.
[2] Holder, *Big Bang, Big God: A Universe designed for life?*, 55.

"인류원리와 물리적 세계"라는 논문을[3] 과학저널 「네이처」(*Nature*)지에 함께 기고한 버나드 카(Bernard Carr) 교수, 그리고 프랭크 티플러(Frank Tipler)와 함께 우주적 인류원리에 관한 책을[4] 공동 출판하여 학계에 인본원리 개념을 확장해서 공식적으로 알리기 시작한 케임브리지대학교 배로(John D. Barrow) 교수 등이 초대되어 르메트르의 학문적 유산에 대해서 재평가했다. 폴킹혼은 마지막 신학적 성찰에 대해서 발표했다. 이 학술대회에 발표된 논문들 중심으로 영국 왕립 천문학 협회는 르메트르의 삶, 신앙, 과학 그리고 그의 유산을 기념한 서적도 2012년 출판했다.[5]

르메트르는 '원시적 원자 - 우주생성론에 관한 논문'에서 우주의 시작을 '우주의 전체 질량'이 담긴 '독특한 원자,' 곧 원시적 원자로부터 시작되었다고 주장했다. 철학적으로 볼 때 자연의 현재 질서가 시작점을 가진다는 개념이 불쾌하다는(repugnant) 에딩턴 경(Sir Arthur Eddington)의 말을 그는 언급한다. 그는 양자역학의 관점에서 이 '매우 불완전한 원자'로부터 우주가 시작되었다고 보았다.[6] 그는 1931년 「네이처」지에 "양자 이론의 관점에서 본 세계의 시작"이라는 논문도 기고했다.[7] 그는 원시적 원자 가설로 최초의 물리적 빅뱅 이론 모델을 제시한 것이다.

하지만 프레드 호일(Fred Hoyle)과 같은 학자를 비롯한 당시에는 우주가 시작점을 가진다는 것에 대해 상당히 많은 '이데올로기적 의구심들'이

---

[3] B.J. Carr & M.J. Rees, "The Anthropic Principle and the Structure of the Physical World," *Nature* 278 (1979), 605-612.

[4] John D. Barrow and Frank J. Tipler, *The Anthropic Cosmological Principle* (Oxford: Oxford University Press, 1988).

[5] Rodney Holder and S. Mitton (eds), *Georges Lemaître: Life, Science and Legacy (Astrophysics and Space Science Library 395)* (Berlin: Springer-Verlag, 2012).

[6] G. Lemaître, *The Primeval Atom - an Essay on Cosmogony*, (trans: Betty, H. and Serge, A.K) (New York: D. Van Nostrand Co, 1950), 17-18.

[7] G. Lemaître, "The Beginning of the World from the Point of View of Quantum Theory." *Nature* 127 (3210) (1931).

존재했다.⁸ 르메트르는 우주는 농축된 상태에서 발산의 방향으로 진행된다고 보았다. 우주 진화의 방향을 특징 지우는 엔트로피의 증가는 우주의 기원에 존재했던 에너지가 점차 파편화되는 것이다.⁹ 그는 우주가 점차 더 큰 무질서의 방향으로, 곧 엔트로피 증가의 방향으로 나아간다는 열역학 제2법칙을 염두에 두고 있었다. 그의 원시적 원자 가설은 이후 우주가 초고온 초밀도의 특이점에서 시작되었다는 빅뱅 우주론으로 발전된다. 결론적으로 그는 원시적 원자 가설은 현재의 우주를 어떤 (원시적) 원자의 방사선 붕괴 결과로 보는 우주생성 가설이라고 정의한다.

르메트르는 자신의 이론을 열역학적으로 검토한 이후 유효 에너지 점감(漸減)(degradation of energy) 법칙을 양자 이론의 관점에서 해석하려고 했다. 우주의 초기 조건은 극도의 농축 상태였음이 틀림없다는 것이다. 마지막 부분에 그는 원자핵 이론의 발전으로 인해 후대에는 이 원시적 원자를 하나의 양자로 이해하는 날이 올지 모른다고 적고 있다.¹⁰

과거의 특정 시점에서 우주 전체는 무한하게 집중된 에너지의 원시적 원자에서 비롯된 것이 틀림없다는 그의 가설에 이론의 단초를 제공한 것은 아인슈타인의 상대성 이론이다. 그러나 아인슈타인은 우주란 영원할 뿐 아니라 전체적으로 변하지 않는다고 확신했다. 1917년 아인슈타인의 정적 우주론에 의하면, 우주는 팽창하지도 수축하지도 않는다. 1917년 자신의 일반상대성 이론을 시공간 전체에 적용했을 때, 아인슈타인은 자신의 방정식들이 본원적으로 다른 것-우주가 팽창하거나 수축해야 한다-을 함의한다는 점을 깨닫고 당황했다. 이것은 그에게 이상하다는 인상을 남겼고, 그래서 그는 영원하고 불변하는 우주를 허용하도록 자신의 이론에 하나의 보정

---

8   Holder, *Big Bang, Big God: A Universe designed for life?*, 18.
9   Lemaître, *The Primeval Atom - an Essay on Cosmogony*, 77-78.
10 Lemaître, *The Primeval Atom - an Essay on Cosmogony*, 134, 142.

요소인 우주 상수를 덧붙였다.

아인슈타인의 상대성 이론 자체의 논리적 결론까지 대담하게 밀어붙여서 상대주의적 우주론을 제시했던 사람이 르메트르였다. 코페르니쿠스, 갈릴레오, 뉴턴을 포함한 근대 과학자들은 대부분 우주란 영원할 뿐 아니라 전체적으로 변하지 않는 공간이라고 확신했다.

아인슈타인은 일반 상대성 이론을 제시했기에, 우주는 영원불변이지 않을 수 있다고 인식할 수도 있었지만, 그는 정적인 우주론을 유지했다. 아인슈타인을 비롯한 당시 사람들은 우주가 정적이라고 믿었다. 하지만 아인슈타인에게 충격적인 사건이 1929년에 발생하는데, 은하들이 후퇴하고 있음을 허블이 관측하고, 우주가 팽창한다는 사실을 발표했다. 결국 아인슈타인은 우주는 무한하고 정적이라는 당시의 상식을 맞추기 위해 억지로 우주 상수를 도입했던 것을 철회했다.

1931년 윌슨산 천문대에 방문한 아인슈타인은 자기의 생각이 틀렸음을 인정했다. 우주 상수를 넣어서 만들려고 했던 정적이고 무한한 우주가 아니라, 역동적이고 팽창하는 우주가 옳다고 인정한 것이다. 그는 우주는 팽창하지도, 수축하지도 않는 정적인 상태를 유지한다는 정적 우주론을 위해 우주 상수를 도입한 것이 그의 인생에서 가장 큰 실수 중 하나라고 생각했다. 아인슈타인과 르메트르는 여러 번 만남을 가졌다. 아인슈타인은 팽창하는 우주론을 수용하지 않았다. 아인슈타인은 르메트르의 제안에 대해서 "당신의 계산은 맞다. 그러나 당신의 물리학은 혐오스럽다"고 말했다.

르메트르는 자신의 원시적 원자 가설을 창조의 순간으로 파악했다. 르메트르의 가설은 당시 동료 과학자들로부터 회의적인 반응에 부딪혔다. 에딩턴 경도 르메트르의 견해가 불쾌한 것으로 간주했다. 아인슈타인도 그것을 의심스럽게 생각했는데, 왜냐하면 그 이론이 물리적 관점에서는 정당화될 수 없는 것처럼 보였기 때문이다. 몇 차례 만남 이후 르메트르가 더욱 상세하게 자신의 이론을 설명했을 때, 아인슈타인은 일어나서 박수와 함께 다음과 같이 말했다고 한다.

> 이것은 내가 지금까지 들었던 우주 창조에 대한 가장 아름답고 만족스러운 설명이다.[11]

2. 르메트르와 호일: 빅뱅 우주론과 정상상태 우주론의 대결

'빅뱅'이란 용어는 '정상상태 우주론'(steady-state cosmology)을 지지했던 프레드 호일(Fred Holyle)이 1950년 영국 BBC 라디오방송에서 대폭발설에 대해서 "그럼 태초에 대폭발(big bang)로 우주가 생겼다는 게 말이 되느냐?"며 조롱한 것이 계기가 되어, 결국 그 말이 정식 용어가 되었다.

1965년 우주배경복사가 밝혀지면서, 정상상태 우주론은 쇠퇴하고, 이후 대폭발 이론이 정설로 자리잡았다. 호일은 호킹이 빅뱅 특이점을 수학적으로 증명하기 전까지만 해도 영국에서 가장 저명한 천문학자였다. 많은 학자가 르메트르의 원시적 원자 가설을 받아들이지 못했다. 호일은 폭발로 인해 이 세상이 시작되었다는 것은 '케이크에서 튀어나오는 파티 도우미'처럼 품위가 없는 방식이라고 느꼈다.

르메트르는 우주는 초고밀도의 원시적 원자가 폭발적으로 팽창하여 탄생한 것이라고 주장했다. 호일을 비롯한 많은 학자는 우주가 초고온 초밀도의 특이점에서 시작되었다는 대폭발 우주론을 받아들이지 못했고, 대신 우주는 팽창하지만, 시작과 끝이 없이 영원히 존재한다는 정상우주론 혹은 정상상태 우주론을 제창하였다. 아인슈타인의 일반상대성 이론을 태양의

---

[11] 자세한 내용은 John Farrell, *The Day Without Yesterday: Lemaitre, Einstein, and the Birth of Modern Cosmology* (New York, NY: Thunder's Mouth Press, 2005)를 보라.

일식 관측으로 입증한 에딩턴 경도 우주의 기원이라는 관념을 불쾌하게 여겼고, 사물들의 현 질서가 한 번의 폭발로 시작했다는 것을 절대 믿지 않았다. 그에게 있어서 팽창하는 우주는 기괴하고 믿을 수 없었다.

특이점을 피할 수 있는 정상상태 우주론은 학자들의 지지를 받으며, 빅뱅 이론과 선의의 경쟁을 벌였다. 하지만 정상(상태) 우주론은 1965년 독일 태생의 미국 천체물리학자 펜지어스(Arno Penzias)와 윌슨(Robert Wilson)이 우주배경복사를 발견하면서 거의 폐기되었다고 할 수 있다. 펜지아스와 윌슨은 우주팽창 이후 허블의 최고의 관측이라고 평가되고, 빅뱅 우주론을 결정적으로 증명하는 우주배경복사를 발견한 공로로 1978년 노벨 물리학상을 받았다. 빅뱅의 발견은 왜 우주가 '무'가 아니라 '유'인가라는 의문을 훨씬 더 회피하기 어렵게 만들었다.

"만일 우주가 항상 존재했던 것이 아니라면, 과학은 우주의 존재를 설명할 필요에 직면하게 될 것이다"라고 우주배경복사를 발견한 펜지아스는 말했다고 한다. 많은 과학자는 르메트르가 사제라는 이유로 그의 원시적 원자 이론이 과학과 종교를 혼동한 것이라는 의심스러운 눈길을 보냈다. 무신론자였던 호일을 비롯한 천문학자와 물리학자들은 르메트르의 기독교 신앙이 우주의 기원에 대한 그의 관점을 왜곡시켜 성경 창세기의 '창조'라는 개념으로부터 원시적 원자 이론을 도출했다고 공격했다.

호일은 우주가 시작점을 가진다는 주장은 어떤 창조주를 증명하는 논증을 닮은 유사학문(pseudoscience)이라고 보았다. 빅뱅은 비이성적 과정이며 그것은 과학적 용어로 묘사될 수 없다고 보았다. 그러나 르메트르는 과학과 종교를 혼동하지 않았고, 진리에 이르는 두 독립적인 길로 파악해서, 그의 논문에는 '창조'뿐만 아니라 그와 비슷한 용어조차 사용하지 않았다.

사실 빅뱅 이론 자체가 상식적으로 믿기 힘든 이론임이 틀림없다. 빅뱅 이론은 예수 그리스도의 부활만큼이나 믿기 힘든 이론일 수 있다. 그리고 그것은 다시금 과학자들이 메타물리학적 질문, 곧 왜 우주가 '무'가 아니라

'유'인가라는 의문을 훨씬 더 회피하기 어렵게 만든 이론이기도 하다. 창조주가 말씀으로 권능 있게 '무'로부터 우주를 창조했다는 기독교 교리(*creatio ex nihilo*)만큼이나 믿기 힘든 이론이지만, 현재 천체물리학의 표준모델로 자리 잡고 있다.

빅뱅 이론은 창세기의 "빛이 있으라"(*Fiat Lux*)라는 말씀으로 우주를 창조했다는 성경 구절만큼 신비로운 이론임이 틀림없다. 우주가 양자역학으로도 묘사될 수 있는 순수에너지 점으로부터 탄생하였고 이후 수십 억 년의 진화와 개현과정을 통해서 구조화되었다는 것은 아인슈타인을 비롯해서 많은 사람에게 충격을 주었다. 빅뱅 우주론과 양자 이론은 그렇기에 다시금 무신론적 자연주의에 빠져있던 과학공동체가 물질의 신비와 우주의 신비를 깨닫게 하는 이론으로 작용했다. 이는 신학적으로는 새로운 자연신학의 르네상스를 가져오기도 했다.

르메트르는 진리를 향한 두 길, 즉 과학적인 길과 신학적인 길을 명료하게 구분했다. 진리를 향한 과학과 종교라는 두 길을 함께 걸었던 르메트르는 최근의 과학과 종교연구에서도 모범적인 예로 간주하고 있다. 그는 창조에 대한 신학적 개념을 '자연적 시작점'(initial singularity)으로 혼동하지 않았다.[12] 르메트르는 1936년 교황청 과학원(Pontifical Academy of Sciences)의 회원으로, 1960년에는 회장으로 선출되었다. 당시 교황 비오 12세는 르메트르의 가설과 관련해서 1951년 교황청 과학원에서 다음과 같이 말했다.

> 최초의 물질의 상태와 성격은 여전히 해결할 수 없는 수수께끼로 남아 있지만, 오늘날의 과학은 최초의 "빛이 있으라"(*Fiat Lux*)를 증거하고 있는 것처럼 보인다.

---

[12] Dominique Lambert, "Georges ElmaiRte: The Priest Who Invented the Big Bag," in Holder and Mitton (eds), *Georges Lemaître: Life, Science and Legacy*, 9.

교황은 르메트르의 이론이 하나님의 존재에 대한 과학적 확증을 제공한다고 보았다. 하지만 르메트르는 종교와 과학은 모두 진리를 향해 가는 것으로 서로 개입해선 안 되는 독립된 두 길이라 생각하여 교황의 공표를 그다지 환영하지 않았다고 한다. 과학과 종교의 혼동을 피하고, 독립성을 유지하려는 의도와 함께 르메트르의 가설에 대한 당시 과학계의 반응도 이런 문제와 관련이 있었을 것이다.

앞에서 살펴본 것처럼 르메트르가 자신의 학문적 저작에 있어서 신학적 언급을 거의 하지 않았음에도 불구하고, 호일을 비롯한 당시 많은 학자는 사제이기도 한 르메트르의 원시적 원자 가설에 대해서 호의적이지 않았다.

데이비드 흄이나 버트런드 러셀을 비롯한 많은 무신론자는 우주가 영원하다고 보았다. 전통적 종교도 모두 우주가 영원하다고 보았다. 빅뱅 이론은 우주의 절대적 시작과 종말을 말하기에 기독교 창조론에 더 가깝다고 볼 수 있다. 빅뱅 특이점이라는 시작점으로부터 우주가 급팽창했다는 것은 전통적인 기독교의 교리 '무(無)로부터의 창조'(creatio ex nihilo)의 교리와 대화를 피할 수 없게 하였다. 무로부터의 창조 이후의 우주의 역동적이고 드라마틱한 개현과 진화와 그리고 이후의 생명의 개현과 진화는 '계속되는 창조'(creatio continua) 개념 속에서 이해될 수 있다.

우주가 영원한 것이 아니라, 절대적 시작점을 가진다는 빅뱅 이론은 기독교적 창조개념을 내포하기에, 무신론적 입장을 가진 학자들에 의해서 거부되었다. 시공간의 저편에 존재하는 영원하고 자존적이고 필연적인 만유의 주재의 자유로운 사랑의 선택 때문에 무(無)로부터(ex nihilo) 창조된 우주는 언젠가 종말을 맞이하게 된다. 빅뱅 이론은 이처럼 우주의 급진적인 피조성과 우연성(contingency)를 보여준다. 홀드 교수의 입장처럼, 르메트르와 호일 사이에서 과학과 종교에 대한 '대조적인 특징'을 발견할 수 있다.[13]

---

[13] Rodney D. Holder, "Georges Lemaître and Fred Hoyle: Contrasting Characters in Science

호일은 기독교를 경멸했던 '헤세 부리는 요크셔맨'이었다. 이 두 학자는 정면으로 반대되는 우주론적 모델을 제시했다. 홀드 교수는 어떤 이데올로기, 특히 종교가 빅뱅 우주론과 정상상태 우주론에 대한 논쟁에서 어떤 역할을 했는지를 다룬다. 호일을 포함한 많은 우주론자에게는 특별한 문제가 하나 있는데, 그것은 바로 우주가 시간적 시작점을 가진다는 사실이다. 영원하고 불변하는 우주를 형이상학적으로 더 선호하기가 용이하다. 호일은 그의 대중적인 저술들에 있어서 종교(기독교)에 대해서 매우 격렬하게 비판했다.

반대로 르메트르는 빅뱅 이론으로부터 어떠한 신학적 수입(import)도 하지 않았다. 그는 결코 빅뱅 이론의 신학적 함의에 대해서는 논쟁에 참여하지 않았는데, 예상치 않게 당시 교황이 빅뱅 이론에 대해서 견해를 밝히자, 자신도 견해를 밝히게 되었다. 홀드 교수가 지적한 것처럼 처음에는 빅뱅 우주론에 대한 '이데올로기적인 의구심'이 존재했었다. 우주가 시간적 기원을 가진다는 것은 무신론자들에게는 문제로 인식되는데, 지금까지도 호킹을 포함한 학자들에게도 그러하다. 우주의 시간적 기원을 제거할 수 있다면, 그들은 하나님을 제거할 수 있다고 생각한다.[14]

호일은 자신의 정상상태 우주론을 무신론과 연결했는데, 우주의 시작 조건을 수용해야 하는 빅뱅 이론을 받아들이면, 우리가 이해할 수 없는 이유로 해서 우리에게 부과된 초기 조건을 그대로 수용해야 한다는 것이다. 이런 절차는 원시인들이 자연법칙에 대한 무지에서 물리적 세계의 지역적 행위들을 설명하면서 임의적인 시작 조건에 의지해야 하는 것과 비교된다는 것이다. 예를 들어 신들의 존재를 상정한다든가 해야 하기에 문제가 있다는 것이다.[15] 결국 빅뱅 우주론이 '승리'하였지만, 호일은 사망할 때까지

---

and Religion," in *Georges Lemaître: Life, Science and Legacy*, ed. Rodney D. Holder and Simon Mitton (Heidelberg: Springer, 2012), 39-53.

[14] Holder, *Big Bang, Big God: A Universe designed for life?*, 30.
[15] Holder, *Big Bang, Big God: A Universe designed for life?*, 33.

빅뱅 이론을 받아들이지 않았다. 홀드 교수가 빅뱅 우주론을 반대한 호일에게서 하나의 '이데올로기의 역할'을 분석한 것은 틀린 것이 아니다.

전투적인 무신론적 정상우주론 이론가들에게는 우주가 시작점을 가진다는 것은 문제였다. 오늘날의 '무신론 우주론자'들도 우주에 시작점이 있다는 사실에 힘들어한다.[16]

자신을 불가지론자라고 소개하는 천문학자 재스토로(Robert Jastrow)도 저서 『하나님과 천문학자들』(God and the Astronomers)에서 1929년 이래로 빅뱅 우주론에 대한 증거가 다른 우주론의 그것에 비해 매우 탁월하였지만, 많은 과학자는 단지 빅뱅 우주론이 가지는 철학적 함의가 마음에 들지 않는다는 이유만으로 빅뱅 이론을 거부해 왔다고 말한다.[17] 그는 과학의 첫 잔을 마시게 되면 무신론자가 되기 쉽지만, 그 잔을 끝까지 다 마시게 되면, 그 잔의 바닥에서 하나님이 기다리고 계신다는 하이젠베르크의 말을 연상케 하는 말을 남겼다.

이성의 힘에 대한 믿음으로 살아왔던 과학자들에게 빅뱅의 이야기는 나쁜 꿈으로 끝나게 된다. 그들은 무지의 산들을 정복해 왔다. 이제 가장 높은 꼭대기를 정복하려고 한다. 과학자들이 그 산의 마지막 바위로 올라갔을 때, 거기에는 이미 수 세기 동안 그 자리에 앉아있던 신학자들이 기다리고 있었다.[18]

---

[16] Holder, *Big Bang, Big God: A Universe designed for life?*, 29.
[17] Robert Jastrow, *God and the Astronomers* (New York: W. W. Norton, 1978).
[18] R. Jastrow, *God and the Astronomers*, 116.

또한 그는 천문학자들은 자신들의 방법으로 우주가 "갑자기 어떤 창조행위를 통해서 시작되었다는 것을 증명했다." 우주의 '모든 별과 행성들의 씨앗들은' 바로 이 창조행위로부터 나왔다. 이것으로 인해 어떤 초자연적 힘들이 작용하고 있다는 것은 과학적으로 증명된 사실이라 생각한다고 그는 말한다.[19] 무한한 공간인 것처럼 보이는 우주는 겨자씨만한 순수에너지 덩어리로부터 급속도로 팽창되었고 또한 개현되었다.

빅뱅 이론은 시간과 공간의 탄생을 의미하고, 빅뱅 특이점의 도입이 우주의 4차원 시공간 저편에 존재하는 초월적이고 초자연적 원인 혹은 존재를 필요로 하기에 많은 과학자들(특히 무신론자들)은 특이점의 도입을 피하려고 시도했다. 호일과 같은 정상 우주론자들의 노력이 그 대표적인 예다. 천문학자인 버비지(Jeffrey Burbidge)는 1992년에 수행된 COBE 위성의 우주배경복사 관측을 '빅뱅 그리스도교의 초대교회'에서 나온 실험이라고 비판했다. 그는 자신이 정상우주론을 선호하며, 정상우주론이 끝없는 사이클이 반복되는 힌두교의 윤회적 세계관을 뒷받침한다고 언급했다.

스티븐 호킹도 이후의 연구를 통해 특이점 문제를 피하려는 노력을 해왔다. 그는 우주에 양자역학적 모델을 적용해 특이점을 필요하지 않은 모델을 수학적으로 구상했다. 그러나 주류 우주론자들은 수정된 빅뱅 이론인 인플레이션 모델을 정설로 받아들이고 있으며, 창조의 순간은 모든 물리법칙의 한계를 넘어서는 설명할 수 없는 순간이라는 점을 받아들이고 있다.

빅뱅 우주론이 초월적 존재를 암시하고, 우주의 설계자가 존재한다는 것을 보여주는 직접적인 증거라고 보는 과학자들은 "존재하는 모든 것에는 원인이 있다"는 우주론적 논증을 통해서 기독교 교리인 '무로부터 창조'(creatio ex nihilo)의 증거를 빅뱅 우주론에서 발견한다. 시간이 '0'이라는

---

[19] "A Scientist Caught Between Two Faiths: Interview with Robert Jastrow," *Christianity Today*, August 6, 1982, 15, 18.

점에서 모든 시간, 공간, 물질 그리고 에너지가 탄생되었다면, 이것은 결국 '무'에서부터 우주가 탄생 되었다는 의미가 된다.[20]

이후에 상술하겠지만, 호일은 어떻게 탄소와 모든 다른 중원소들이 별 안에서 이루어지는 핵반응을 통해서 형성되는지를 보여줌으로써 우리가 결국 별의 먼지(stardust)로 구성되었음을 보여주었다. 호일은 우주에서의 핵합성(nucleosynthesis)에 대한 견해와 과학의 대중화를 통해 명성을 얻었기도 했지만, 그의 경력은 또한 과학공동체 다수의 의견과 증거들에 정반대에 서 있는 여러 가지 과학적 이슈들에 대한 그의 논란이 많은 입장으로 대부분 점철되기도 했다.[21]

그리하여 호일은 영국의 천문학 공동체 속에서 많은 점에서 동료들과 연구소들과의 불화와 반목으로 1971년 케임브리지대학교를 떠나게 되었는데, 이 사건은 이후에 그의 경력에서 분수령이 되었다. 그 이후 그는 개성이 강한 아웃사이더로서 비주류적인 주장들만 제기하곤 했다.[22]

호일의 선구자적인 별들의 핵 합성(nucleosynthesis) 연구는 그에게 '물리학을 가지고 만지작거리는 어떤 초 지능적 존재'(superintellect monkeying with physics)를 인정하게 했다. 하지만 그는 이 초 지능적 존재를 고전적 유신론의 하나님으로는 보지 않았다. 그는 진화론을 비판하면서 대신 자신의 제자인 스리랑카 출신의 위크라마싱(Chandra Wickramasinghe)과 함께 60년대부터 생명의 혜성유입설을 주장했다. 즉 인류의 기원은 38억 년 전 혜성에 실려 지구에 도착한 미생물이라는 것이다. 우리가 상상할 수 없는 우주 환경에서 생존하며 원시지구에 도착한 이 미생물이 바로 최초 '생명의 씨앗'이라는

---

20 우종학, "빅뱅 우주론이 신을 보여준다는데…,"「복음과 상황」98년 4월호 시리즈 2.
21 홀드 교수와 함께 2012년에 르메트르에 관한 책을 출판한 Simon Mitton의 책, *Fred Hoyle, a Life in Science* (Cambridge: Cambridge University Press, 2011), 제12장을 보라.
22 Simon Mitton, *Fred Hoyle, a Life in Science* (Cambridge: Cambridge University Press, 2011), 제11장을 보라.

포자설, 혹은 범종설(panspermia)로 불리는 '외계 생명 유입설'을 주장했다.

하지만 이 두 학자의 범종설은 결코 분자생물학자들에게 진지하게 받아들여지지 않았다. 천문학 공동체도 이 가설을 조롱에 가까운 회의적 시각으로 바라보았다. 생물학자들도 다윈의 진화론을 거부하는 이 두 학자의 견해를 무시했다. 생물학자들을 화나게 한 것은 질병의 원인에 대한 그들의 견해다. 이 두 학자는 대부분의 전염병, 혹은 세계적 유행병의 원인은 지나가는 혜성이 분출한 바이러스 때문이라고 주장했다. 이 논란을 불러일으키는 가설은 과학저널에는 수용되지 못했고, 『우주로부터 온 질병들』(*Diseases from Space*)이라는 대중적인 책으로 출판되었다.[23] 두 학자의 이 가설은 전염병 전문가들에 의해 거의 보편적으로 거부되었다. 호일은 에이즈도 외부 우주로부터 왔다는 가설을 주장하기도 했다.

생애 후기에, 호일은 지구에서의 생명의 기원을 설명하는 자연발생설에 대한 확고한 비판자가 되었다. 그의 제자와 함께 지구에서의 첫 생명은 범종(panspermia)을 통해서 우주 속에 퍼지게 되었고, 지구에서의 진화는 혜성을 통해서 도착하는 바이러스의 지속적인 유입을 통해서 영향을 받았다는 가설을 주장했다.

호일은 생명의 기원에 대해서 우주적 창조론(Cosmic Creationism)을 제시한 위크라마싱과 함께 편집한 책 『우주로부터 온 진화』(*Evolution from space*)에서 지구에 기초한 생명의 자연발생설이 가지는 희박한 가능성에 대해서 지적한다. 그러면서 다른 과학자들의 분노를 두려워하지 않는다면서 다음과 같은 결론을 제시한다.

경이로운 질서를 가진 생명체는 지성적인 설계(intelligent design)의 결과다.

---

[23] Mitton, *Fred Hoyle, a Life in Science*, 309.

필자는 다른 가능성에 대해서는 지금까지 생각할 수 없었다.[24]

무신론자와 다원주의자였던 호일은 어떤 '인도하는 손'에 대한 이와 같은 명백한 암시로 인해서 자신은 많이 흔들렸다고 한다. 호일은 범종(panspermia) 없이 가장 단순한 세포의 무작위적 출현 가능성은 고물 야적장을 휩쓰는 태풍이 운 좋게 보잉 747을 조립해낼 확률과 별다를 바 없다고 말했다.

3. 정상상태 우주론과 영원회귀의 불교 우주론

40년 이상 함께 연구한 호일과 스리랑카 출신의 위크라마싱은 빅뱅 우주론을 끝까지 수용하지 않았다. 호일은 1982년 스리랑카 대통령도 참석한 '스리랑카 기초연구 연구소'가 개최한 학술대회에서 '바이러스로부터 우주론까지'라는 제목으로 혜성 범종설(cometary panspermia)에 대해서 개막연설을 했다. 불자인 위크라마싱은 일본 창가학회(Soka Gakkai International)인 이케다(Daisaku Ikeda)와 오랜 친분을 유지했는데, 1998년에는 호일이 서문을 쓰기도 한 대담집 『우주와 영원한 삶』에서 빅뱅 우주론, 불교의 영원하고 무한한 우주론, 그리고 현대 물리학에 대해서 논하고 있다.

이 책은 처음에는 일본어로, 이후 영어로 출판되었다. 서문에서 호일은 서양에서의 과학과 철학의 역사적 관계에 대해서 말한 뒤, 21세기에는 지구와 우주의 관계를 포용할 수 있는 새로운 세계관이 필요하다고 하면서, 이 대담이 보여주는 것처럼 아시아의 옛 철학들이 21세기의 새로운 과학적 문화에서 중요한 역할을 할 것이라고 예견했다.[25]

---

[24] Fred Hoyle, *Evolution from space (the Omni lecture) and other papers on the origin of life* (Hillside, N.J.: Enslow Publishers, 1982), 27-8.

[25] Chandra Wickramasinghe, Daisaku Ikeda and Fred Hoyle, *Space and Eternal Life: A Dia-*

호일과 지속적으로 연구를 함께 한 위크라마싱은 호일을 우리 세기의 위대한 사상가 중 한 사람으로 간주하면서, 그의 정상상태 우주론에 대한 변호가 갈릴레오, 코페르니쿠스 혹은 뉴턴과 같은 역사적 상황에서 중요하다고 주장했다. 왜냐하면, 호일의 정상상태 우주론이 현대과학을 '목 조르기'를 하고 있는 것처럼 보이는 '강력한 유대-기독교적 패러다임'에 "역행하고 있기 때문이다"라고 그는 말한다.[26] 그는 호일의 견해들이 기독교와는 결코 어울리지 않고, 일반적으로 불교 교리와 일치한다고 주장한다. 위크라마싱은 "현대적 추세에도 불구하고, 빅뱅 우주론이 근본적으로 틀렸다고 보는 것이 나의 굳은 확신이다"라고 말한다. "우주가 빅뱅으로 시작되었다는 구체적인 증거가 거의 없다"고 한다. 오히려 점증하는 증거들은 빅뱅 이론이 옳지 않다는 것을 보여준다고 한다.[27]

위크라마싱은 나아가 현대 자연과학 문화 속에 깊이 뿌리내리고 있는 것처럼 보이는 빅뱅 우주론은 그런 우주론이 모종의 창조라는 개념이 '요청되는' 유대-기독교 전통이라는 상황에서 발전된 것이라는 사실과 관련된다고 말한다. 현재 137억 년이라는 한정된 시간에 제한되는 어떤 우주에 대한 빅뱅 이론은 몇 가지 비판에 노출되어 있다고 한다. 자신의 개인적인 견해이지만, 빅뱅 이론은 언젠가는 버려질 것이라고 주장한다. 그에 의하면, 물론 이 폐기는 쉽게 오지 않을 것이다. 왜냐하면, 너무나 많은 사람이 '세뇌를 당해서' 그 이론이 옳다고 믿고 있다. 그렇기에 우리는 이 문제를 해결하기 위해 일종의 '코페르니쿠스적인 투쟁'과 직면해야만 한다고 말한다.[28]

---

logue Between Chandra Wickramasinghe and Daisaku Ikeda (Sterling, VA:Journeyman Press, 1998).

[26] Wickramasinghe, Ikeda and Hoyle, *Space and Eternal Life: A Dialogue Between Chandra Wickramasinghe and Daisaku Ikeda*, 12.

[27] Wickramasinghe, Ikeda and Hoyle, *Space and Eternal Life: A Dialogue Between Chandra Wickramasinghe and Daisaku Ikeda*, 15, 17.

[28] Wickramasinghe, Ikeda and Hoyle, *Space and Eternal Life: A Dialogue Between Chandra*

이케다에 의하면, 불교는 우주가 바로 자기 자신이라고 가르친다. 불교에서는 본질적으로 우주가 하나이며, 또한 인간 마음의 광대함을 보여준다. 우주의 광대함이 인간 마음 속에 담겨져 있다는 것이다. 불교가 추구하는 것은 결국 우리 안의 무한한 우주를 개방시키는 것이다. 불교에서는 우주가 시작점도 종말도 없다고 가르친다. 우주 전체는 어느 날 사라질 무엇이 아니다. 우주는 영원하고 무한하다. 빅뱅 이론에 대해서 처음의 많은 학자가 거부했는데, 무엇이 무로부터 창조되었다는 것을 믿을 수 없었기 때문이라는 사실도 그는 알고 있다. 현재로서는 빅뱅 이론이 '확실하게 자리를 잡은 이론'이고 정상상태 우주론은 인기가 없다고 인정한다.[29]

국내에서도 대체로 불교의 우주관은 시작점과 종말을 가지는 유한한 우주를 말하는 빅뱅 우주론보다는 우주는 시작도 끝도 없이 시공간적으로 무한하다고 보는 정상상태 우주관에 더 가깝다고 보는 것 같다. 불교에서는 우주의 생성이나 진화를 구체적으로 언급하지 않지만, 시공간적으로 무한한 우주에서 만유는 연기의 법칙에 따라 끊임없이 순환한다고 본다.[30]

대담에 참여한 이케다는 불교의 다양한 우주론적 이론들의 독특성, 즉 그 우주론들이 깊은 명상을 통해서 나왔다는 사실을 지적한다. 즉 소우주와 대우주의 실상을 명상을 통해서 알게 된다는 것이다.[31]

불교의 우주론이 독특한 것은 그것이 (사회인류학적으로 분석하자면) 붓다들의 혹은 붓다들만의 우주론이라는 것이다. 『법화경』에 의하면, 우주의

Wickramasinghe and Daisaku Ikeda, 28.

[29] Wickramasinghe, Ikeda and Hoyle, *Space and Eternal Life: A Dialogue Between Chandra Wickramasinghe and Daisaku Ikeda*, 6, 14, 28, 30, 31.

[30] 천문학자 이시우 박사가 '현대불교'에 기고한 글, [이시우 박사가 쓰는 첨단과학과 불교 21]"우주론"을 보라. http://www.hyunbulnews.com/news/articleView.html?idxno=124483

[31] Wickramasinghe, Ikeda and Hoyle, *Space and Eternal Life: A Dialogue Between Chandra Wickramasinghe and Daisaku Ikeda*, 39.

실상은 오직 붓다와 붓다만이 주고받는 것이다. 우주의 궁극적 실상은 깨달음을 얻기 전에는 알 수가 없다는 뜻이다. 어떤 불자들은 2500년 전 석가무니 붓다가 고도의 정신적 경지, 곧 명상을 통해서 관찰한 우주가 오늘날 천문학의 우주관과 그 차원에 있어 상통한다고 주장한다. 붓다가 깊은 선정 상태에서 명상을 통해 초논리적 사고를 바탕으로 관찰한 불교의 장엄한 우주관이 현대의 실험과 관찰에 의한 천체물리학과 상통한다는 것이다.

기독교와 불교가 우주론에 대해서 다른 것이 바로 이런 것이다. 구약 창세기의 우주 창조는 일부 성직자들의 높은 수준의 영성에서 나온 것은 아니다. 그것은 모든 사람을 위한 메시지이다. 불교의 경우는 다르다. 불교는 본래 출가 불교였고, 불교 우주론도 엄밀히 인류학적으로 분석하자면, 그것은 출가승들의 매우 특정한 관점의 우주론이고, 그것도 명상을 통해서 투영된 우주론이다. 이 우주론에는 비의적이고 신화적인 차원이 존재한다. 어떤 학자들은 과학시대의 불교는 '비의적이고 신화적인 요소를 과감하게 떨쳐내고'[32] 불교를 과학적이라고 제시하고 싶은 모방적 욕망을 느낀다.

하지만 다른 한편으로 독일에서 물리학을 전공한 정윤선 박사와 같은 학자들은 불교에 대한 가벼운 과학적 해석을 경계한다. 「불교평론」 가을호(통권 40호)에 기고한 "창조주의와 진화론의 논쟁에 비추어 본 불자의 과학관"[33]이란 논문을 통해 "불교가 과학적이라는 말은 불필요하다"고 지적했다. 불자의 과학관 정립의 필요성을 주장하면서도 최근에 증가된 불교학자들과 불자 과학자들에 의한 '불교와 과학의 관계'에 대한 연구에 대해서 몇 가지 바르게 지적하고 있다. 이들 연구의 기저에는 많은 경우 공통적으로 '불교는 과학과 양립할 수 있는 유일한 종교' 내지는 '불교는 과학적'이라

---

[32] 「법보신문」의 다음 기사를 보라. http://www.beopbo.com/news/articleView.html?idxno=58492
[33] 「불교평론」 40호, 2009년. http://www.budreview.com/news/articleView.html?idxno=873

는 전제가 깔려있다. 그러나 "이런 주장은 증명이 되거나 적어도 설명이 되어야 하지 전제될 것이 아니다."

정윤선 교수는 불교도 믿음의 대상인 종교이기에 초월적인 그 무엇이 전제되어 있다고 말한다. "누구나 부처님이 될 수 있다"라는 말이 그중 하나이다. 범인(凡人)들은 그 경지에 이르기 전에는 알 수 없고 경험한 사람에게는 "특수경험이기 때문에 그대로 보편화할 수 없다." 그런 의미에서 '과학적으로' 증명될 수 없다. 윤회 사상은 말할 것도 없다. 수미산을 중심으로 한 우주관은 또 어떠하냐고 지적한다.

즉 다른 학자보다는 불교가 물려받은 전근대적이고, 비의적이고, 전과학적이고(pre-scientific) 신화적인 세계관에 대해서 비판적으로 인식하고 있는 것 같다. 정윤선 교수는 적어도 소위 프로테스탄트 불교(Protestant Buddhism)가 말하는 '과학적 불교'라는 논증의 연약함을 알고 있는 듯하다. 유대-기독교 전통과는 달리 불교 전통은 자연과학적 합리성을 발전시키지 못했다. 과학적 불교를 화두로 삼은 많은 담론은 사실상 그 기반이 약한 서구 기독교 전통에 대한 모방적 욕망의 산물로 보는 것이 정확하다.

필자는 지라르의 모방적 욕망 이론을 통해서 '프로테스탄트 불교'의 모방적 욕망에 대해서 논의한 바 있다.[34] 섬세한 욕망담론을 가진 불교가 욕망의 모방적 본질과 성격에 대해서도 깊게 깨달아야 할 것 같다. 19세기부터 남방불교에서도 2500년 전 붓다가 명상을 통해서 이미 현대과학의 각종 발견을 앞서서 발견했다는 시대착오적인 주장이 존재했었다.

불교의 공(空)을 현대 물리학적 법칙과 무리하게 비교하는 것은 마치 성경 전도서에 등장하는 구절, "헛되고 헛되니 모든 것이 헛되도다"라는 구절을 양자역학, 아인슈타인의 상대성 이론, 불확정성의 원리와 유사 학문적

---

[34] Ilkwaen Chung, *Paradoxie der weltgestaltenden Weltentsagung im Buddhismus. Ein Zugang aus der Sicht der mimetischen Theorie Renée Girards*, Beiträage zur mimetischen Theorie 28 (Müunster, Germany: Lit Verlag, 2010), 109.

으로 비교하는 것만큼이나 헛된 시도라고 자신의 '과학적 불교에 대한 비판적 성찰'을 논의에서 어느 불교학자는 바르게 지적하고 있다.[35]

정윤선 교수는 나아가 "불교에는 '6,000년 지구 역사' 같은 '경솔'한 주장은 없다. 부처님의 판정승이다"라고 적고 있다. 하지만 저자는 지라르의 미메시스 이론의 빛으로 일견 판정승을 했다는 그 붓다들의 요가적-명상적 '특수경험' 속에 있는 비의적이고 신화적인 것들을 지라르가 신화 속에서 은폐된 것으로 분석해 낸 희생양 메커니즘과 일종의 마녀사냥 논리 속에서 해석했다. '과학적 불교'라는 담론을 통해서 불교의 고속근대화를 쉽게 이루고자 모방적으로 욕망하는 학자들이 부인하고 싶은 불교의 비의적이고 신화적인 요소에 대해서 '과학적' 접근을 하는 것이 우선일 것이다.

4. 우주의 공성(空性)과 요가적(yogic) 우주론

지라르의 신화 이론을 통해서 필자는 『붓다와 희생양』에서 이미 우주의 궁극적 실상을 연기와 공성으로 파악한 붓다들을 은폐된 희생양으로 파악했다. 불교의 우주론, 좀 정확하게 말하자면, 붓다들의 우주론을 너무 쉽게 현대 천체물리학적 발견과 연결할 것이 아니라, 사회인류학적으로 다시 읽어볼 필요가 있다.

불교에서는 무시무종(無始無終)이라 하여 우주의 탄생과 종말 자체를 부인하고, 끊임없는 변화만 있을 뿐이라는 연기설(緣起說)을 주장한다. 불교의 우주관은 연기법으로 집약된다. 하지만 연기는 또한 공(空)이다. 연기(緣起)이기에 무상(無常) 무아(無我)이다. 연기로서의 우주는 그렇기에 '없다.'

---

[35] Winston L. King, *A Thousand Lives Away. Buddhism in Contemporary Burma* (Berkeley: Asian Humanities Press. 1964), 145.

그렇기에 물리학적 의미에서 불교의 우주론도 '없다.' 혹자는 기존의 입자물리학을 대신해 최소의 본체인 끈의 진동으로 소립자가 탄생하여 우주의 모든 물질을 만들어낸다는 주장 '초끈 이론'(Super string theory)과 불교의 우주론을 연결한다. 그래서 원형으로 감은 끈의 가운데가 텅 빈 일원상의 모습은 불교의 공(空)을 연상시킨다고 하기도 한다. 그러나 우주의 공성(空性)은 물리학적 개념이 아니라, 특정한 사람들 곧 세계를 포기하고 출가한 출가승들만의 특정한 논리와 다르마(dharma)다.

공성(空性)은 물리학적 논리가 아니라, 희생논리다. 저명한 불교학자 콘즈(Edward Conze)가 불교철학에 대한 수많은 오해와 관련해서 잘 지적했듯이, 불교의 무(無)는 물리학적 개념이 아니다.[36] 그것은 사회인류학적 개념이다. 그것은 출가자들에게만 요구된 희생 논리다. 출가승들의 특정 논리를 반영하고 있는 (출가)불교에 의하면, 시공간까지 포함하여 모든 존재의 나타남은 인연에 의하여 생멸하게 된다. 색(色)으로서 나타난다고 하여도 그 자체는 자성(自性)이 있는 것이 아니라, 제 요소가 화합하여 연기하는 것일 뿐이므로 이를 공성(空性)이라 한다. 즉 색의 성품이 그대로 공(空)임을 드러난다.

반야심경의 구절 색즉시공(色體卽空), 공즉시색(空體卽色)이 불교의 우주관을 보여준다. 용수도 연기하는 것을 공성이라고 했다. 우주는 연기이기에 비실체다. 우주의 공성(空性)을 믿는 불교에는 그렇기에 엄밀하게 말해 자연과학도 '없다.' 상호연관이라는 연기에 의해서만 현현하는 우주는 자성(自性)이 없다. 앞에서 말했듯이, 우주의 실상은 오직 붓다와 붓다만이 주고받는 것이라고 한다. 사회인류학적으로는 붓다들의 특정 우주론이다. 정윤선 교수가 바르게 지적했듯이, 불교의 우주론은 소위 깨달음을 얻지 못한

36　Edward Conze, *Buddhistisches Denken. Drei Phasen buddhistischer Philosophie in Indien* (Frankfurt am Main: Insel Verlag, 1988), 82.

재가신자들, 곧 범인(凡人)들은 그 경지에 이르기 전에는 알 수 없다. 붓다만의 우주론에서 나온 '특수경험'이기에 과학적으로 "보편화할 수 없다"고 정교수는 바르게 지적했다. 붓다들의 그 요가적 '특수경험'은 자신의 비실체와 우주의 공성을 깨닫고 언제든지 자신의 몸을 재가자들을 위해 공양하고자 하는 자세와 서원과 관련이 있다.

불교의 우주론은 엄밀히 말해 물리적 우주론이 아니라, 요가적(yogic) 우주론이다. 콘즈의 바른 분석처럼, 불교철학은 근본적으로 출가하는 요가 수행자들의 철학이요 '요가적인 철학'이다. 많은 불교 철학적 개념들은 서구적 사고와는 대조적으로 요가체험을 그 전제로 하는 요가적인 의미를 지니고 있다.[37] 그것들은 '요가 수행자의 관점에서' 바라본 철학이다.[38] 붓다는 전형적인 요가 수행자다('Buddha ist der Yogi par excellence').[39]

붓다가 깊은 선정 상태에서 명상을 통해 초논리적 사고를 바탕으로 우주의 궁극적인 실상이 연기요 공성이라는 것을 깨달았다고 하는데, 이 초논리적 사고는 요가적 사유를 의미한다. 하지만 물리학은 초논리적 사고가 아니라, 논리적-수학적 사고에 기초를 두고 있다. 콘즈의 지적대로 대승불교의 (우주론적) 형이상학은 일종의 '도취 상태'(a state of intoxication)를 표현하면서도 동시에 그것에 대처하기 위해, 후대에는 그것을 약하게 표현하려고 시도하고 있다(to sober it down).[40]

본래 석가무니(Shakya-muni) 부처님에서 무니(Muni)는 어원적으로 (디오니소스적) 광기를 의미하는 마니아(mania)와 같이 일종의 종교적 엑스타시

---

[37] Conze, *Buddhistisches Denken. Drei Phasen buddhistischer Philosophie in Indien*, 15, 18.

[38] Conze, *Buddhistisches Denken. Drei Phasen buddhistischer Philosophie in Indien*, 351.

[39] Heinrich Dumoulin, *Östliche Meditation und Christliche Mystik* (Freiburg/ München: Karl Alber, 1966), 142.

[40] Edward Conze, *Buddhist Thought in India: Three Phases of Buddhist Philosophy* (London: Allen & Unwin, 1983), 202.

와 광기라는 의미를 포함하고 있다.⁴¹ 힌두교에서 본래 무니(muni)는 요가적이고 종교적인 광기와 도취 상태에 있는 인도의 성자들을 지칭한다. 불교의 우주론은 출가승들의 요가적 특수경험 혹은 특정한 요가적(yogic) 경험으로부터 투영된 것이다. 붓다들만의 요가적-명상적 특수 경험에 의해 우주적으로 투영되어 생산된 특정 우주론이라는 것이다. 물리학적인 차원이 없는 요가적 우주론이 과연 현대 천체물리학의 이론들과 어떻게 상응하는지 의문이다.

앞에서 언급한 일본의 이케다와 스리랑카 출신의 위크라마싱은 불교의 우주론을 호일의 정상상태 우주론과 연결하면서, 소우주와 대우주를 언급한다. 그리고 불교 우주론은 붓다들의 명상으로부터 생산된 것을 언급한다. (출가)불교 우주론, 곧 세계 포기적(world-renouncing) 명상에 잠긴 요가 수행자 붓다가 우주의 실상인 연기와 공성을 깨닫고 투영해서 만들어낸 우주론은 먼저 출가한 요가 수행자(yogi) 자신의 신체 우주화로부터 시작된다.

요가에 대한 엘리아데의 고전적인 연구에 의하면, 출가한 요가 수행자들은 자신이 스스로 일종의 소우주가 되어서 우주의 생성과 파괴를 자신의 몸속에서 발생시킨다.⁴² 요가는 우선 요가 수행자의 육체가 우주화되는 것으로 시작한다. 요가 수행자의 신체와 기능들은 우주적 구조와 현상들과 '상응화'된다.⁴³ 요가 수행자의 몸은 소우주가 된다. 그의 척추는 세계의 축인 수메루(Sumeru) 산이 된다. 그래서 붓다는 고개를 돌리지 못하고, 코끼리처럼 몸 전체를 돌려야 한다고 한다.⁴⁴

불교 우주론의 중심에 있는 수미산은 바로 수메루 산이다. 정윤선 교수

---

41 J.W. Hauer, *Der Yoga. Ein indischer Weg zum Selbst* (Stuttgart: Kohlhammer, 1958), 30–1.
42 M. Eliade, *Yoga. Unsterblichkeit und Freiheit* (Frankfurt am Main: Insel Verlag, 1988), 126.
43 M. Eliade, *Geschichte der religiösen Ideen, Band I: Von der Steinzeit bis zu den Mysterien von Eleusis* (Freiburg–Basel–Wien: Herder, 1978), 219.
44 Eliade, *Yoga. Unsterblichkeit und Freiheit*, 245–6.

는 윤회사상과 수미산을 중심으로 한 우주론이 그다지 과학적이지 않음을 인정하는 것 같다. 수메루 산은 고대 인도의 우주관에서 세계의 중심에 있다는 상상의 산이다. 불교에서도 우주는 끝없는 생성, 소멸이 반복되는 과정이며, 그 중심은 수미산이라고 한다.

불교의 요가적이고 탄트라적인 많은 수행은 요가 수행자의 몸을 우주의 별들이나 우주적 리듬, 특히 해와 달과 상응시키는 것을 주요 의도로 삼고 있다. 『붓다와 희생양』에서 필자는 이미 요가 수행자의 몸 안에서 이루어지는 해와 달의 폭력적 결합과 일치를 우주적 무차별화로 읽어보았다.

요가 수행자는 자신의 몸 안에서 지라르가 말하는 문화적 질서의 붕괴, 차이의 위기(crise des différences) 혹은 최초의 무차별화(l'indifférenciation originelle)를 통과제의적으로 재현하고 있는 것 같다. 왜냐하면 "해와 달의 결합은 우주의 파괴를 의미하기 때문이다."[45] 요가는 "카오스를 생산하고 그것을 우주화하는 것으로 시작한다."[46]

불교 우주론에서 말하는 대우주와 소우주의 상응은 결국 요가 수행자들의 우주화와 관련이 되고, 그것은 또한 힌두교와 불교에서 점차적으로 진행된 희생제의의 내면화와 관련된다. 희생제의의 '내면화'는 세계 포기(world-renunciation)의 가장 중요한 목적 중 하나다. 특히 불제사가 출가자 속으로 이동해 와서 내면화된다. 출가자는 '내적인 불제사'를 바친다.[47] 요가 수행자는 소우주가 된다. 요가 수행자는 "자신의 몸 안에 우주의 생성과 파괴를 재생산한다."[48] 요가는 대체로 두 단계로 이루어진다.

첫째, 요가 수행자 신체의 '우주화'이다.

---

45 Eliade, *Yoga. Unsterblichkeit und Freiheit*, 278.
46 M. Eliade, *Ewige Bilder und Sinnbilder. Über die magisch - religiöse Symbolik*. 2. Auflage. Freiburg. 1988, 98.
47 Joachim Friedrich Sprockhoff, *Saṇnyāsa – Quellenstudien zur Askese im Hinduismus*, Bd. I: *Untersuchungen über die Samnâysa–Upanishads* (Wiesbaden: Harrassowitz, 1976), 65.
48 Eliade, *Yoga. Unsterblichkeit und Freiheit*, 253.

둘째, "해와 달과 같은 반대되는 것의 결합으로 발생되는 우주의 파괴이다." 이런 의미에서 요가 수행자와 출가자들은 "자신의 신체적이고 심리적 활동을 희생 시킨다."[49] 출가자들의 요가 수행에는 언제나 우주적 차원이 존재한다. 그렇기에 모든 붓다들과 힌두교 요가 수행자들의 신화적 모델인 시바의 춤도 양자 물리학적인 춤이 아니라, 바로 이 요가적인 춤으로 우주의 생성과 파괴를 주기적으로 재생산한다.

불교의 우주론, 곧 붓다들의 요가적 우주론을 필자는 지라르의 신화 이론의 빛으로 분석해서 은폐된 희생양 메커니즘과 초월화되고 신비화된 박해의 논리를 분석해냈다. 불교의 우주론을 밝히는 것, 즉 유정세간과 기세간을 밝히는 것은 4성제 가운데 고제를 밝히는 것이다. 유정세간이나 기세간이나 모두 업번뇌(karma-kleśa)의 힘으로 생겨나고, 업번뇌의 증상력에 의해 일어나기 때문에 총괄적으로 고제(苦諦)라고 이름한다.

마을에 속한 세계의 구조와 질서를 등지고 세계 포기의 길로 들어선 붓다는 본래 물리학적 의미에서의 우주론적 질문에 관심이 없었고, 대답을 회피했다. 불교의 우주론은 물리학적 차원에서보다는 불교가 탄생한 본래적인 요가적 세계 포기의 상황으로부터 다시 읽어야 한다. 붓다는 만동자의 우주론적 질문에 대해서 그것이 "깨달음과 지혜와 해탈에는 아무런 도움이 되지 않나니, 네가 성급하게 알고 행해야 할 바는 너의 현 존재가 괴로움이라는 사실과 나아가 그것을 근본적으로 해결할 길이라"고 말했다.

---

[49] Ibid., 166; "It. is in this sense that the various ascetics and yogins 'sacrifice' their physiological and psychic activities" (Eliade, *Yoga, Immortality and Freedom*, 157).

5. 붓다들의 우주론: 우주는 연기이기에 공이다

불교 우주론에서 우주생성원리는 카르마(karma)다. 이 업설은 우주를 움직이는 근원적인 힘이 무엇인가에 대한 불교의 답변이기도 하다. 불교의 업설에 의하면, 우주를 움직이고 있는 궁극적인 힘은 바로 중생들 자신의 '업력'(業力)인 것이다. 우주의 생기 원인은 카르마다. 그래서 번뇌 망상이 곧 세계가 되고 다시 고요하여서는 허공이 된다고 한다. 우주의 기원이 업(業, karma)으로 설명된다. 업보의 전개가 우주와 삼라만상이다. 업과 윤회는 전생, 금생, 후생이라는 삼생을 관통하는 힘이라 한다.

붓다가 명상을 통해 보았다는 우주의 궁극적인 진상은 바로 이 카르마적 인과법(karmic causality)인 연기법이다. 연기법은 현대적 의미의 존재적이거나 물리적인 관계성과는 다르다. 이 연기법이라는 관계성은 비실체적이다. 연기는 또한 공이기 때문이다.

앞에서 우리는 카르마의 인과관계에서 마술적 인과관계를 보았다. 이 마술적 인과관계는 신화적 마녀사냥의 인과관계이기도 하다. 『붓다와 희생양』에서 분석했듯이, 붓다들도 전생에 오이디푸스적인 범죄를 범해서 그 형벌을 지상에서 출가승으로 살면서 갚고 있다고 믿어진다. 붓다의 나쁜 카르마(bad karma)는 결국 붓다들의 희생양으로서의 실존을 정당화하는 이론이다. 그렇기에 카르마 교리는 앞에서 본 것처럼 마술적, 전근대적 그리고 신화적 인과관계다. 우주가 업보의 전개라고 파악하는 한, 천체물리학은 탄생할 수 없다. 지라르의 분석처럼 마녀사냥의 종식, 곧 마술적 인과관계의 종식이 자연과학적 인과관계의 탄생을 가져왔다.

출가자 붓다가 우주의 궁극적인 법인 연기법을 깨달은 것은 관계성을 깨닫기 위해서가 아니라, 우주의 실상이라는 무아(無我), 무상(無常), 연기(緣起) 그리고 공성을 깨닫기 위해서다. 우주가 공인 것은 바로 연기이기 때문이다. 유대-기독교 전통에서는 엄청난 노력으로 점차 우주의 물리적 자연법칙을 수학적으로 발견하려고 했다.

왜냐하면 우주의 자연법칙의 창조자(law-giver), 곧 우주를 창조한 지성적이고 초월적인 창조주에 대한 신앙이 있었기 때문이다. 유교에서는 초월적 신 개념이 부족해서 많은 초기의 과학적 발명에도 불구하고, 근대적 자연과학을 발전시키지 못했다. 불교는 특정 부류의 사람들, 곧 출가승들의 특정 우주론을 받아들여서 우주가 연기이기에 무상한 허상으로 파악했기에 결국 수학적으로 물리적 자연법칙을 발견해내는 자연과학의 발전도 지체되었다.

전술한 것처럼 불교의 우주론(붓다들의 우주론)은 결국 고제(苦諦)를 깨닫기 위한 것이고, 번뇌 망상이 곧 우주가 되고 다시 고요하여서는 허공이 된다는 사실을 깨닫는 것이다. 결국 우주론도 불교의 절대적인 진리인 공성을 깨닫기 위한 것이다. 붓다들이 명상을 통해 전생까지 거슬러 올라가는 것은 신화적 희생양 메커니즘과 관련이 있다고 필자는 주장했다.

우주를 고해(苦海)로 보는 출가 불교 혹은 출가자들의 특정한 관점은 그들이 전생에서 범했다는 '악한 행위들'과 관련 있다. 붓다는 12번의 전생에서 '악한 행위들'을 범했고, 그 결과 수많은 환생동안 큰 고통을 당해야 했다. 불경은 붓다의 전생에 범한 악한 행위와 이후의 고통 사이에 명확한 인과관계를 말한다. 붓다는 그 '악한 행위'의 결과 '수천 년 세월의 고통' (dukkha)을 당한다.[50] 전생에 범한 '붓다들의 나쁜 카르마(bad karma)와 전생의 죄업'[51]을 필자는 희생양 메커니즘 속에서 해석했다. 즉 업보의 관계성과 카르마의 인과관계는 마술이고 신화적이다.

붓다는 인도 요가 수행자들의 '신체적인 죽이기'(physical mortification)를 '우주적 고통에 대한 명상이라는 정신적인 죽이기'(mental mortification)로

---

[50] Jonathan S. Walters, "The Buddha's Bad Karma: A Problem in the History of Theravada Buddhism," in *Numen: International Review for the History of Religions* 37/1(1990), 76.

[51] 정일권, 『붓다와 희생양』, '제2장 4. 붓다의 나쁜 카르마와 전생의 죄업'을 보라(100-103).

대체시켰다.⁵² 그러므로 무(無), 공(空) 그리고 무상에 대한 불교철학과 우주론은 모두 '출가자들의 정신적인 희생제의'(mental sacrifice, mānasa yajña)⁵³라는 의미에서 이해할 수 있다.

결국 불교의 우주론은 우주의 무아(無我), 무상(無常), 연기(緣起), 공성 그리고 괴로움(dukkha)을 깨닫는 것이다. 희생양 붓다가 오이디푸스의 근친상간과 부친살해의 죄악처럼 전생에서 범한 죄업, 악한 행위, 그리고 죄악 때문에 우주의 괴로움이 있다. 붓다는 그 악한 행위의 결과 수천 년의 세월과 수많은 우주에서 고통(dukkha)을 당한다. 그러므로 고제와 깊은 관련이 있는 불교의 우주론 속에서 은폐된 희생양 스토리를 읽어낼 수 있다. 우주를 고해(苦海)로 파악하는 불교의 우주론은 현대 천체물리학이나 양자물리학의 관점에서가 아니라, 사회인류학적으로 파악해야 한다.

불교문화가 출가승들의 우주론에만 집착하고 있었고, 또한 그 출가승을 신성화하고 초월화시키는 사회적 메커니즘을 깨닫지 못했기에, 물리학적 의미에서 우주의 기원까지 이해하려는 근대적 의미의 자연과학이 탄생하지 못했다.

앞에서 언급한 것처럼, 우주적이고 물리적 자연법칙의 수여자(law-giver)로서의 초월적 신에 대한 신앙이 있기에 근대 자연과학의 선구자들은 자연법칙을 발견할 수 있다고 강하게 기대하며 우주를 연구했다. 희생양 메커니즘에 대한 해독, 곧 그 탈신성화가 초월적 신 개념을 가능케 한다. 희생양 메커니즘을 깨닫지 못하면, 우주의 기원을 물리학적으로 이해하기 힘들다. 문화의 기원에 있는 코드인 희생양에 대한 사회학적 이해가 이루어져야, 우주의 기원에 대한 물리학적 이해까지 나아갈 수 있다.

---

52 Stanley Jeyaraja Tambiah, *The Buddhist Saints of the Forest and the Cult of Amulets. A Study in Charisma, Hagiography, Sectarianism, and Millennial Buddhism* (Cambridge: Cambridge University Press, 1984), 235.

53 Tambiah, *The Buddhist Saints of the Forest and the Cult of Amulets*, 57, 각주 11에서 인용됨.

제5장

인류원리와 미세조정

1. 인류원리와 코페르니쿠스 원리

전술한 바와 같이, 과학과 종교 사이의 대화에서 중요한 주제로 자리 잡은 우주적 인류원리와 미세조정에 대해서 좀 더 자세하게 논의를 할 차례다. 호일과 같은 무신론자들도 유신론을 지지해 줄 수도 있는 증거로 간주하는 것이 바로 인류원리(anthropic principle)와 미세조정(fine-tuning)이다.

사실 모두가 인정하는 압도적이고 경이롭고 신비스러운 우주의 기적, 곧 빅뱅 제로점에서의 미세조정과 인류원리 앞에서 학자들은 창조주와 다중우주론(God or Multiverse) 사이에서 메타물리학적(형이상학적) 선택을 하게 된다. 생명과 의식의 출현을 위한 극도의 미세조정이기에, 유신론적 결론을 피하고자 다중우주론이 제안되기도 한다. 빅뱅 시의 우주적 미세조정은 매우 특별하다(Specialness of Big Bang cosmic fine-tuning). 천문학자 로스(Hugh Ross)의 강연 중에서 일본 학자들이 이 경이로운 우주적 인류원리와 미세조정으로 인해 기독교 신앙에 관심을 끌게 되었다는 이야기를 들은 적이 있다.

과학과 종교 분야를 연구하는 다수의 학자와 심지어 무신론자들까지도 인류원리와 미세조정의 기적을 유신론을 지지해 줄 수 있는 증거로 간주한다. 앞에서 언급한 『빅뱅, 크신 하나님』(Big Bang, Big God)도 물리적 법칙들의 미세조정에 대한 최선의 설명은 그 법칙들 배후에 있는 신적인 지성

(mind)이라고 주장했다.

인류원리를 처음 사용하는 사람들은 이 개념을 의도나 목적 또는 신적 존재라는 것을 기술하기 위해 사용한 것은 아니었다. 이 원리들은 중립적이고 또한 철저하게 과학적 개념이다. 인류원리는 오늘날과 같은 탄소를 기반으로 한 생명체가 탄생하기 위해서는, 대폭발 직후의 초기 우주 상태가 지극히 예외적이며 도저히 일반적인 확률로서는 나올 수 없는 그런 상태로 정밀하고 미세하게 조율된 상태처럼 보인다는 것을 설명하기 위해 도입된 개념이다.

빅뱅 우주론에 대항해서 신의 개념이 필요 없는 우주 이론을 만들고 싶었던 호일도 우주적 미세조정에 대해서는 인정하였다. 홀드 교수에 의하면, 호일은 하나님의 형상(*imago Dei*) 교리에서처럼 인간이 하나님의 형상으로 지음을 받았기에 인간 두뇌의 내적인 논리가 우주 전체의 구조와 상응한다는 사실을 인정한다. 물론 그는 하나님을 우주라는 말로 대신하고 있다. 호일은 종교와 기독교에 대해서 부정적이었지만, 우주적 '미세조정'에 대해서는 인정했다. 그는 생명의 기원, 별들 속에서의 화학적 요소들의 생성, 그리고 핵물리학의 법칙들 사이에는 매우 놀라만한 연결이 존재한다고 보았다. 그에 의하면, 이 경이로운 관계들은 '무작위적으로 일어난 기이한 일'(random quirks)이든지 아니면, '우주 배후의 어떤 초지성적인 존재를 보여주는 징후들'이다.[1]

인류원리라는 개념은 1973년 코페르니쿠스 탄생 500주년을 기념하는 심포지엄에서 이론 천문학자 카터(Brandon Carter)가 처음 사용했다. 지구는 우주의 중심이 아니기에 특별하지 않다는 코페르니쿠스 원리(Copernican principle)에 대한 반작용으로 인류원리(Anthropic Principle)를 주장했다. 그는 지구상의 인류가 필연적으로 우주에서 중심적이지는 않다손 치더라도, '어느

---

[1] Holder, *Big Bang, Big God: A Universe designed for life ?*, 35-36.

정도 특권적'이라고 말한다.[2]

카터는 우주의 모든 큰 지역들과 시간이 통계적으로 같다고 주장하는 평범함의 원리를 정당화하기 위해 코페르니쿠스 원리를 사용하는 것에 동의하지 않는다. 평범함의 원리는 호일과 같은 학자가 주장한 정상상태 우주론의 기저를 이룬다. 하지만 정상상태 우주론은 1965년 우주배경복사의 발견으로 인해 이미 반증되었다(falsified). 우주배경복사의 발견은 우주가 시간을 거쳐서 급속도로 변화하고 있음을 보여주는 분명한 증거다.

칼 세이건(Carl Sagan) 등이 주장했던 코페르니쿠스의 법칙이라고도 하는 평범함의 원리에 의하면, 지구는 평범한 막대 나선 은하 구석진 곳에 있는 평범한 행성계에 있는 평범한 암석 행성이다. 따라서 이 원리에 따르면 우주는 지구와 같은 생명체를 품은 행성으로 가득 차 있어야 한다. 칼 세이건은 최근의 인류원리와 설계로부터의 논증 등을 '코페르니쿠스로부터의 후퇴'라면서 비판하기도 한다. 하지만 인류원리 자체는 보편적으로 인정되고 있는 것 같다. 최근의 희귀한 지구 가설도 코페르니쿠스의 원리에 반발했다.

지구, 태양계 그리고 우리 은하 내 태양계의 위치처럼 생명체가 살기에 아늑한 곳은 전 우주를 통틀어도 매우 희귀하다는 것이 이들의 주장이다. 희귀한 지구 가설은 왜 복잡한 생명체는 우주에 드문가에 대한 질문에서 시작한다. 이 가설은 행성 천문학과 우주생물학 분야에서 등장한 개념으로 지구상에 복잡한 후생동물이 나타나기 위해서는 천체물리학 및 지질학적으로 거의 일어날 가능성이 없는 사건 및 정황들이 맞물려야 한다는 이론이다.

희귀한 지구 가설에 의하면, 복잡한 생명체가 태어나려면 여러 가지 조건이 필요하다. 예를 들어, 은하 생명체 거주영역 내에 어머니 항성이 있어

---

[2] B. Carter, "Large Number Coincidences and the Anthropic Principle in Cosmology," *IAU Symposium 63: Confrontation of Cosmological Theories with Observational Data*(Dordrecht: Reidel. 1974), 291–298.

야 한다. 어머니 항성과 행성계가 생명체 탄생에 적대적이지 않은 속성을 지녀야 한다. 행성이 항성 주위의 생명체 거주 가능 영역 내에 있어야 한다. 작은 암석 행성에서 복잡한 생명체가 탄생하는 데 필요한 여러 가지 변수들의 허용 범위는 매우 협소한 수준이 된다는 것이다.

희귀한 지구 가설에서는 우리가 알고 있는 우주 대부분 영역(우리 은하 내 대부분 지역 포함)이 복잡한 생명체가 태어나기에 적합하지 않은 곳, 곧 죽음의 지대라고 가정한다. 지구의 예를 볼 때 복잡한 생명체의 생존에는 액체 상태의 물이 필수적이며 따라서 행성은 항성에서 적당한 위치에 놓여 있어야 한다. 이는 생명체 거주 가능 영역 또는 골디락스 원리의 핵심 개념이다. 이후에 골디락스 수수께끼에 대해서 상세하게 다룰 것이다.[3]

코페르니쿠스적 전환과 혁명을 가져온 코페르니쿠스는 천문학이 아닌 교회법으로 박사학위를 받은 이후 교회법학자로서 주교를 지원하는 원로 겸 자문역할을 하는 성당 참사회의 회원(a church canon)이었다. 17세기 독일의 천문학자인 케플러와 16세기에 지동설을 제창한 코페르니쿠스 연구의 권위자인 하버드대학교 천문학과 교수 깅그리치(Owen Gingerich)가 말했듯이 코페르니쿠스는 성직자이면서 천문학자였다.[4]

당시에는 망원경이 발명되지 않았기에 코페르니쿠스의 혁명적 이론은 복잡한 수학적 계산과 하늘을 맨눈으로 꾸준히 관찰해서 도출한 결과였다. 그는 교회법학자로 활동하면서도 천문학에 관한 지대한 관심을 버릴 수 없어 꾸준하게 하늘을 관찰하여 지동설이라는 혁명적 이론을 제시했다. 결국 당시에는 혁명적 사상으로 인식되어 수용이 쉽지 않았다. 코페르니쿠스적

---

[3] Holder, *Big Bang, Big God: A Universe designed for life?*, '5. 골디락스 수수께끼'도 참고하라.

[4] 제임스 맥라클란, 오언 깅그리치, 『지동설과 코페르니쿠스』, 이무현 역 (서울: 바다출판사, 2006), '제7장 성직자와 천문학자'를 보라; Owen Gingerich, *The Book Nobody Read: Chasing the Revolutions of Nicolaus Copernicus* (New York: Walker, 2004).

전환을 서구 지성사에 가져온 온 학자가 교회법을 전공한 신학자이자 교구에서 활동했던 성직자라는 사실은 흥미로운 것이다. 그래서 케플러와 함께 코페르니쿠스 연구의 권위자인 깅그리치 교수는 현대 자연과학의 발전에서 기독교 신앙의 기여를 지적하면서, 자신의 저서 『하나님의 우주』(God's Universe)에서 미세조정된 우주가 하나님의 우주라고 말하고 있다.[5]

수학자이자 천문학자였던 케플러도 창조주의 창조세계의 숭고함을 인류에게 선포하고자 했다. 그에게 있어서 천문학을 연구하는 것은 창조주의 지성을 읽어내는 것이었다. 그에게 있어서 천체의 운동에 대한 법칙을 발견하는 것은 창조주의 신비를 발견하는 것이며, 일종의 예배(Gottesdienst)였다. 코페르니쿠스는 자신의 책 『천구의 회전에 관하여』(De revolutionibus orbium coelestium)에서 "전능한 창조주의 신적인 작품은 의심할 바 없이 참으로 광대하도다"라고 적고 있다.[6]

성직자이면서도 수학자요 천문학자였던 코페르니쿠스의 혁명적 이론은 이후 소위 인간이 우주에서 독특한 위치에 있지 않다는 '코페르니쿠스의 원리'가 되었다. 깅그리치는 우주적 미세조정과 인류원리에 근거해서 이 코페르니쿠스의 원리를 비판적으로 점검하고 있다. 자신에게 있어서 최종적 원인으로서의 창조주 하나님에 대한 신앙은 왜 우주가 지성적이고 자의식적인 생명체의 존재를 위해 딱 맞게 설계된 것처럼 보이는지에 대한 일관성 있는 이해를 제공한다. 그는 다이슨(Freeman Dyson)의 다음의 말을 인용한다.

우주는 인류가 오고 있는 것을 알고 있었다.

---

[5] Owen Gingerich, *God's Universe* (Cambridge, Mass.: Harvard University Press, 2006).
[6] Gingerich, *God's Universe*, 9.

깅그리치는 인류원리와 미세조정과 같은 이론들이 창조주의 존재에 대한 증명이라고 주장하지는 않는다. 다만 그는 이러한 유신론적 이해로 말미암아 우주가 더 이해가 잘된다고 말한다.[7]

빅뱅 우주론에 의하면, 가시적인 전체 우주는 태초에는 순수 에너지가 고밀도의 한 점으로 압축된 것이었다. 극도로 미소한 순수 에너지 덩어리로부터 우주가 창조되었다. 밖으로 팽창하려는 에너지와 모든 것을 끄집어 당기는 중력 사이에 존재하는 균형은 믿을 수 없을 만큼 정교하다. 그는 DNA의 복잡성에 비하면 별들의 진화는 어린아이들의 장난 수준이라고 말한다. 우주 개현의 역사 중에 가장 흥미로운 것은 바로 생명과 인간의 출현인데, 바로 이 인간 의식의 출현을 깅그리치는 에딩턴 경(Sir Arthur Stanly Eddington)의 말을 빌려 '반-우연'(anti-chance)의 사건이라 부른다.[8]

깅그리치는 빅뱅 이론이 유신론적 세계관에 가장 잘 들어맞는다고 주장한다. 또 우주는 의도와 목적을 가지고 창조되었다고 본다. 그는 유물론적 철학으로서의 진화론은 '이데올로기'라고 말한다. 또한 진화론자들이 우주적 목적론을 부인하고 우주의 무목적성을 주장하는데, 이것은 과학적으로 확립된 사실이 아니라고 말한다. 그들은 단지 자신들의 개인적 형이상학적 생각을 말하고 있을 뿐이라고 지적한다.[9]

깅그리치에 의하면, 순수 에너지가 극도의 밀도로 압축된 점으로부터 관측 가능한 현재 우주를 탄생케 한 창조적인 능력을 소유한 창조주는 불가해하며, 인류의 상상을 초월한다. 우리는 상상할 수 없을 만큼 능력 있는 창조적 행위의 결과들을 본다. 생명체에 궁극적인 형성, 그리고 과학이 답할 수 없는 그런 질문을 제기할 수 있는 지성적 존재의 탄생을 위해 조율된

---

[7] Gingerich, *God's Universe*, 12-13.
[8] Gingerich, *God's Universe*, 60.
[9] Ibid., 75.

우주가 그 결과다. 우리우주는 바로 '하나님의 우주'라고 그는 주장한다.[10]

그렇기에 우리는 우주의 기원에 대한 초월적 질문을 제기할 수 있다. 우리의 우주론은 논리적으로 시간과 공간 저편에 있는 어떤 초월성에 대한 개념으로 이끌며, 우주가 그저 존재하거나, 존재했거나, 그리고 영원히 존재할 것이라는 주장이 거짓임을 밝혀준다.[11] 킹그리치는 신학자 폴킹혼과 무신론자인 와인버그(Steven Weinberg)의 지적인 토론의 사회를 보기도 했다.

2. 코페르니쿠스, 다윈, 프로이트와 인류원리

존 바로우(John D. Barrow)와 프랭크 티플러(Frank J. Tipler)에 의해서 인류원리는 좀 더 확장되어 소개되었다.[12] 인류원리를 심도 있게 다루고 있으며, 자연계의 복잡성이 나타나도록 하는 물리 법칙들이 얼마나 특별히 조율되었는지에 대하여 설명하고 있는 이 책에서, 저자들은 인류가 최소한 은하계 또는 아마도 우주 전체에서 유일한 지적 생명체일 것 같다는 가설을 적극적으로 주장한다. 이들은 정보처리 능력에 있어서 인류의 진화에 비할 만한 지성 있는 생명의 진화는 일어날 가능성이 매우 희박하므로, 관찰이 가능한 전우주의 다른 어떤 행성에서도 그러한 일은 일어났을 것 같지 않다고 주장한다.

이 책에서 저자들은 인류원리와 관련성이 있는 개념들의 역사를 다룬다. 인류원리는 목적론(teleology)과 지적 설계에 대한 개념들에서 중요한 선례

---

[10] Ibid., 105.

[11] Milton K. Munitz, *Cosmic Understanding: Philosophy and Science of the Universe* (Princeton: Princeton University Press, 1990), 78.

[12] John D. Barrow and Frank J. Tipler, *The Anthropic Cosmological Principle* (Oxford: Oxford University Press, 1988).

를 발견할 수 있다고 한다. 그래서 그들은 피히테, 헤겔, 베르그송, 화이트헤드, 그리고 테야야르 드 샤르댕(Teilhard de Chardin)의 오메가 포인트 우주론도 논의하고 있다. 혹자들은 이 두 학자의 강한 인본원리를 비판하는데, 그것이 과학적 진술이라기보다는 목적론적 견해를 포함하고 있는 과학적 진술이라는 것이다. 하지만 다중우주 가설도 다분히 철학적인 견해가 포함되어 있다.

카터(Brandon Carter)의 약한 인류원리는 우주 안에서의 특권적인 시공간적인 위치에 대한 인류적(anthropic) 선택을 지칭한다. 펜로즈에 의하면, 이 약한 형태의 인류원리는 현재의 시간에 지구 위의 (지성적) 생명체의 존재를 위해서 모든 조건이 조율된 것 같다는 것을 의미한다.[13] 우주적 인류원리에 대한 설명으로 다중우주를 상정하는 것이 확실히 급진적인 선택이라는 것은 일반적으로 알려져 있다. 그것은 정상적인 과학의 범위 밖에 있는 것처럼 보이는 다음과 같은 의문에 대한 부분적인 대답을 제공할 뿐이다.

왜 물리학의 근본적인 법칙들이 우리가 관찰하는 것과 같은 특정한 형식을 지니고 있으며, 왜 다른 법칙이 아닌가?

마틴 리스(Martin Rees)는 다중우주론이 '매우 사변적'이라는 것을 알면서도 설계보다는 다중우주를 선호한다. 그는 왜 '무'가 아니라, 무엇인가가 존재하는지에 대한 질문에 대해서 과학이 무기력하게 대답할 수 없음을 인정하지만, 다중우주론을 선택함으로 하나님을 설명으로 제시할 필요를 제거하고자 한다고 홀드 교수는 지적한다.

끈 이론의 창시자 중 한 사람인 서스킨드(Leonard Susskind)도 만약 자신의 다중우주론의 끈 이론 풍경 버전이 옳다면, 하나님을 설명으로 제시할 필요가 없을 것이라고 보았다. 하지만 그는 초기의 호킹, 리스 등과 같이

---

[13] 앞에서 언급한 책 Penrose, *The Emperor's New Mind: Concerning Computers, Minds and The Laws of Physics*, 제10장을 보라.

다음의 사실을 인정한다. 왜 '무'가 아니라, 무엇인가가 존재하는지에 대한 궁극적인 실존적 질문에 대해서는 끈 이론 이전이나 이후도 마찬가지로 대답할 수가 없다.[14]

와인버그(Steven Weinberg)도 인류원리로 우주상수 문제를 설명하는 논문을 적었다. 그에 의하면, 우리가 살고 있는 우주의 초기 우주 상수들은 10-120 정도의 정밀도로 미세조정 되었다. 과학자들은 이런 식의 미세조정을 무척 싫어한다. 그래서 왜 관측된 우주 상수 값이 그렇게 작을까 고민해 왔다. 그러나 아직 만족할만한 답은 없다. 우주 상수 문제는 21세기 과학이 해결해야 할 가장 중요한 문제 가운데 하나라고 여겨지고 있다. 최근 다시 자연신학적 토론을 촉발시킨 원인은 빅뱅 우주론뿐 아니라, 현대 과학적 우주론에서 제기된 인류원리 논쟁 때문이다.

최근 빅뱅 우주론의 정립 과정에서 우주물리학자들은 우주 안에 지적 생명체가 출현할 수 있는 물리적 조건의 확률은 극도로 미세한 범위 안에 있다는 점에 주목한다. 이 우주 안에 지적 생명체를 존재할 수 있게 하려고 우주의 모습을 결정하는 몇 가지 우주 상수들과 법칙들을 마치 누군가 의도적으로 미세조정(fine tuning)해 놓은 것처럼 보인다는 것이다. 폴킹혼과 같이 과학과 종교 분야에 연구하는 많은 학자는 중세 토마스 아퀴나스 시대의 자연신학처럼 신을 직접 증명하고자 의도하지는 않지만, 우주의 배후에 존재하는 하나님을 넌지시 암시하는 수정된 자연신학을 제안한다.

폴킹혼도 여러 저서를 통해서 인류원리의 신학적 의미에 대해서 논하고 있다. 케임브리지대학교 패러데이 과학과 종교연구소에서 발간하는 논문집에서 폴킹혼은 "인류원리, 과학 그리고 종교 논쟁"이라는 제목으로 우주적 미세조정에 대해 가능한 설명은 두 가지 방향으로, 곧 다중우주라는 추측 아니면 창조의 개념으로 나누어진다고 말한다.

---

[14] Holder, *Big Bang, Big God: A Universe designed for life?*, 133.

인류원리의 핵심적인 통찰은 바로 법칙적인 필연성이 가지는 특정한 성격이 매우 특별한 형태를 지녀야만 한다는 것이다. 즉 우주의 장대한 역사 속에서 이후 인류를 출현할 수 있게 하는 자연법칙의 '미세조정'이라는 메타포로 자주 표현되는 그러한 매우 특별한 형태를 가져야만 한다는 것이다. 우주는 그 시작점으로부터 이미 생명과 인간의 출현 가능성을 잉태하고(pregnant) 있었다. 그래서는 폴킹혼은 인류원리와 관련해서 인류적 특정성(Anthropic Specificity)에 대해서 말한다.[15]

최근에는 프로이트가 지적한 인류의 나르시시즘에 상처를 입힌 3가지 모욕들(Kränkungen), 곧 코페르니쿠스의 지동설, 다원의 진화론, 그리고 프로이트 자신의 정신분석학과 같은 서구 지성사에 가장 심대한 변화를 일으킨 지적 혁명도 비판적으로 재고되고 있다. 유대-기독교적 전통에 의해 전통적으로 인간은 창조의 면류관으로서 하나님의 형상으로 지음을 받았다고 이해됐다. 프로이트는 인류의 이러한 나르시시즘에 상처를 입힌 3가지 혁명적인 과학적 이론을 주장했다.

첫째, 우주론적인 이론으로 소위 '코페르니쿠스적 전환'을 가져온 지동설이다. 지구가 우주의 중심이 아니라는 것이다.

둘째, 생물학적 이론인데, 인간이 동물 세계에서 나왔다고 주장하는 다윈의 이론이다.

셋째, 심리학적 이론으로 바로 자신의 무의식 리비도 이론을 지칭하는데, 그의 이론에 의하면, 인간 의식이 의식적인 의지의 지배를 받기보다는 상당한 부분 무의식의 지배 아래에 있다는 것이다. 그래서 인간은 자신의 집에서도 주인이 아니라는 말을 했다. 인간이 자아의 주인이 아니라는 것이다.

코페르니쿠스, 다원 그리고 프로이트의 이론이 지성사적 혁명과 전환을

---

[15] John Polkinghorne, "Anthropic Principle and the Science and Religion Debate," *Faraday Paper* No. 4 (April 2007), 2.

가져오면서 동시에 일종의 재앙으로서 인간의 나르시시즘(자기애)에 심대하게 상처를 입혔다고 말해진다. 코페르니쿠스 혁명은 인간에 대한 '우주론적 모욕'이며, 다윈의 진화론은 '생물학적 모욕'이다. 프로이트는 인간의 이성과 의식 아래에 존재하는 거대한 빙하와 같은 개인의 무의식을 발견한 자신의 이론이 가져온 '심리학적 모욕'이야말로 가장 심각한 모욕이라고 말한다. 프로이트는 무의식 속에 억압되어 있는 비이성적 (성)충동의 해방을 목표로 한다.

코페르니쿠스적 전환 이후 파스칼은 『팡세』에서 무한한 우주 공간의 영원한 침묵이 자신을 전율케 한다고 하기도 했다. 하지만 20세기 후반부터 진지하게 논의되기 시작한 인류원리와 미세조정으로 인해 프로이트가 말한 3가지 모욕에 대해서 다시금 비판적으로 점검할 수 있게 되었고, 일부 과학자들은 그렇게 주장하기도 한다.

독일의 어느 과학자는 2005년 『신앙과 사유. 칼 하임 학회 연보』라는 책에 실린 자신의 논문 "현대 우주론과 생명을 지향한 자연상수들의 미세조정"에서 프로이트가 말한 '(3가지) 모욕들과 인류적 현상들'에 대해서 논하고 있다.[16] 인간과 지구가 우주의 중심은 아니라 할지라도, 우주 안에서 매우 독특하고 특별한 위치에 있다는 것을 최근 천체물리학은 발견했다.

폴킹혼은 최근에 논의되는 우주적 미세조정과 인류원리는 '반코페르니쿠스적' 의미도 있다고 본다. 그래서 우리는 코페르니쿠스적 전환 이후의 새로운 전환으로서 '인류원리적 전환'(anthropic turn)도 생각해 볼 수 있다.

프로이트는 쇼펜하우어의 무의식적 의지에 대한 개념으로부터 영향을 많이 받았고, 니체가 말한 디오니소스적인 것도 프로이트가 말한 '인간

---

[16] Peter C. Hägele, "Die moderne Kosmologie und die Feinabstimmung der Naturkonstanten auf Leben hin," in M. Bröking-Bortfeldt, M. Rothgangel (Hrsg.) *Glaube und Denken. Jahrbuch der Karl-Heim-Gesellschaft 18. Jahrgang* 2005 (Frankfurt a.M: Peter Lang. Europäischer Verlag der Wissenschaften 2006). '1. Kränkungen und anthropische Befunde'를 보라.

안의 아프리카,' 곧 무의식 세계와 맥을 같이 한다. 이후 분석심리학자 칼 융이 비판하듯이 오스트리아 빈의 중산층 출신의 프로이트 이론은 지나치게 개인의 성욕망에 집중되어 있기에, 범성욕주의(Pansexualismus)의 위험이 있다. 또한 지라르는 프로이트가 풀지 못한 오이디푸스의 수수께끼를 희생양 메커니즘 속에서 설득력 있게 해독해 내었다.

지라르에 의하면, 오이디푸스는 그리스 폴리스의 은폐된 희생양이다. 인간이 성적인 무의식에 의해 강한 영향을 받기도 하지만, 프로이트가 강조한 만큼 성욕망의 지배를 받는 것이 아니다. 프로이트 이론으로 프로이트 자신의 가정환경에서의 섹슈얼리티를 정신 분석해 보아야 한다.

프로이트의 범성욕주의적 경향은 오이디푸스 신화까지도 성적으로 해석해서 오이디푸스 콤플렉스를 말했지만, 근친상간과 부친살해는 모든 사람에게 내재된 억압된 성욕망이 아니라, 그리스 폴리스의 희생양 오이디푸스를 향한 사회적 비난으로 해석해야 한다. 즉 가장 더러운 죄악인 근친상간과 부친살해를 했다고 비난받는 오이디푸스는 은폐된 희생양이다. 성적인 욕망보다 더 포괄적이고 근본적인 것은 바로 인간의 모방적 욕망이다.

포르노그라피 소비에서 볼 수 있는 것처럼, 성욕망도 모방적이고 경쟁적이다. 프로이트가 말했던 인류의 나르시시즘에 미친 심리학적 모욕과 상처는 이렇게 상대화될 수 있다. 다윈의 진화론이 가져온 모욕과 상처에 대해서도 우리는 다음의 사실을 기억해야 한다: 창세기 인간 창조 스토리에도 인간은 마지막 날 6일째에 동물과 함께 창조되었다. 그렇기에 인간은 동물 세계와의 연속성과 함께 불연속성도 가진다.

3. 인류적 미세조정과 다중우주론

폴킹혼은 여러 저서와 강의에서 인류원리를 유신론적 의미로 해석했다. 그는 호일을 언급하면서 탄소의 원리(The carbon principle)를 인류원리의 한 예로 설명한다.[17] 인류는 엄청나게 특별한 우주에서 살고 있다. 우주의 대폭발에서부터 팽창 속도를 결정해야 한다. 너무 빨리 팽창하면 우주는 급격히 밀도가 낮아진다. 너무 천천히 팽창하면 우주는 다시 수축되어 버린다.

또한 별 내부에서 생명체를 위해서는 더 무거운 원소들을 통해서 탄소 원자 하나가 만들어져야 한다. 이 탄소원자가 만들어지기까지 세 개의 헬륨 원자의 핵이 융합되어야 하고, 그 과정은 매우 까다로워서 한 번에 일어날 수 없다. 두 개의 헬륨이 융합되어 먼저 베릴륨이 만들어지고, 그런 후에 만들어진 베릴륨이 충분히 오랫동안 존재한다면 세 번째 헬륨과 융합되어 탄소를 만드는 것이다. 베릴륨이 불안정하므로 이런 반응이 수월하게 일어날 수 없다.

공명(resonance)이 매우 정확한 에너지에서 발생해야 한다. 공명이 다른 에너지에서 일어나면 탄소는 만들어지지 않는다. 그러면 탄소를 기반으로 하는 생명체가 존재할 수 없다. 이 특별한 에너지에서 발생하는 공명을 발견한 호일은 평생동안 무신론에 기울어져 있었지만, 우주는 자연법칙의 미세한 조절을 통해서 만들어진 것이라고 했다. 신이라는 단어를 좋아하지 않았던 그는 이 모든 것의 배경에는 어떤 우주적 지성이 존재할 것이라고 했다. 호일에 의하면, 그러한 '중대한 미세조정'은 단지 '행복한 우연'이 아니라, 일종의 미리 짜고 하는 일(put-up-job)이라는 것이다.[18]

호일의 공명(The Hoyle resonance)은 미세조정에 대한 가장 유명한 사례 중

---

[17] John Polkinghorne, *Beyond Science. The Wider Human Context* (Cambridge: Cambridge University Press, 1996), 87.
[18] Polkinghorne, "Anthropic Principle and the Science and Religion Debate," 2.

하나다. 초기에 종교를 허상으로 간주했던 호일이 이러한 미세조정을 주장하기에 더욱더 흥미롭고 의미심장하다.[19] 호일은 별 안에서 이러한 결과들이 산출될 수 있도록 핵물리학의 법칙들이 의도적으로 설계되었다는 결론을 내렸다. 즉 이러한 사실에 대한 '상식적 해석'은 어떤 '초지성적 존재'가 물리학뿐 아니라, 화학과 생물학을 가지고 만지작 거렸다는 것을 보여준다고 호일은 말했다.[20]

초기 우주는 매우 단순하여서, 실제로 수소와 헬륨이라는 두 가지 화학원소를 만들어 낼 수 있었다. 그러나 생명을 생성시키기에는 여전히 부족하다. 생명에는 수소와 헬륨이 필요하지만, 훨씬 더 복잡한 또 다른 화학작용이 있어야 한다. 특히 탄소의 화학작용이 필요하다. 탄소는 생명의 가능성에 반드시 있어야 하는 자원이다. 그리고 탄소는 엄청난 복잡성을 지닌 거대 분자를 만들어내는 요소이다. 이렇게 생명의 필수적인 원소들을 제자리에 놓도록 하는 일은 매우 어려운 작업이다.

폴킹혼에 의하면, 우리의 우주는 매우 특별한 우주로서 인류적 우주(anthropic universe) 혹은 인류 지향적 우주다. 그에 의하면, 우주의 물리적 구조는 탄소에 기반을 둔 생명체가 우주의 역사 속에서 출현할 수 있도록 매우 특정한 형태를 가졌어야만 했다는 사실에 대해서 모든 과학자는 동의한다. 의견이 일치하지 않는 것은 바로 이 놀랄만한 사실의 의미에 대한 것이다. 그에 의하면, 많은 과학자에게 우주적 미세조정은 '환영하고 싶지 않은 충격'처럼 다가왔다. 그러나 인류원리(Anthropic Principle)는 "우리의 우주는 말하자면 1조(兆)개 중의 하나일 정도로 특별하다"라는 것을 의미한다.

인류원리를 인정하는 것은 '반-코페르니쿠스적 혁명'처럼 보인다. 물론 인류는 우주의 중심에 살지 않는다. 하지만 탄소에 기초한 생명체가 출현

---

[19] Holder, *Big Bang, Big God: A Universe designed for life ?*, 91; '5. The Hoyle resonance'(호일의 공명)을 보라.
[20] Ibid., 37.

하기 위해서는 우주의 고유한 물리적 구조가 매우 좁은 범위 안에서 제한 돼야만 했다. 그래서 몇몇 과학자들은 "환영하고 싶지 않은 유신론의 위협을 느꼈다고 두려워하기도 한다. 만약 우주가 미세조정된 잠재성을 가지고 태어났다면, 그것은 어떤 신적인 미세 조정자(Fine-Tuner)가 있다는 것을 의미할 수도 있다."[21]

생명체를 위한 기본 재료들을 만드는 일이 쉽지 않고 매우 특별한 우주에서만 가능하다는 것이다. 인류는 우주의 먼지에 불과한 작은 한 점에 사는 외견상 하찮은 존재이지만, 밤하늘에 반짝이는 우주의 이 모든 별이 존재하지 않았더라면 현재 인류도 존재할 수 없었다. 인류를 위해서 우주의 140억 년의 세월이 필요했다. 폴킹혼은 우주의 크기와 우주역사의 시간적 길이 사이에는 연관성이 존재한다고 주장한다.[22]

최소한 우리가 사는 우주 정도의 크기가 되어야만 탄소에 기반을 둔 생명체가 개현되는데 필요한 140억 년을 견뎌낼 수 있다. 탄소에 기반을 둔 생명체가 개현될 수 있는 우리우주는 매우 특별한 종류의 우주다. 또 다른 인류적 필연성(anthropic necessity)은 관찰 가능한 우주의 크기에 관한 것이다. 우주의 먼지와 같은 지구에 사는 우리에게 우주의 크기는 상상을 초월하는 크기이지만, 적어도 우리우주의 크기 정도 되어야 140억 년 정도의 역사를 가지면서 인류가 이후에 출현할 수 있게 된다는 것이다. 만약 우주의 크기가 작았다면, 너무 그 역사가 짧았을 것이고, 그렇다면 인류는 출현하지 못했을 것이다.[23]

우리우주는 생명에 필요한 조건을 거의 허용하지 않는 우주다. 인류원리는 만약 자연법칙과 물리상수가 달랐더라면 인간의 출현으로 이어지는

---

[21] Polkinghorne, "Anthropic Principle and the Science and Religion Debate," 3.
[22] Ibid., 2.
[23] Ibid., 2.

일련의 사건들이 절대 일어나지 않았을 것이라고 주장한다. 즉 법칙과 상수가 달라지면, 원자들은 서로 결합하지 않고, 별들은 너무 빨리 진화해 버리기 때문에 그 근방의 행성 위에 생명이 진화할 시간적 여유가 없어지고, 생명을 구성하는 화학 원소들이 결코 생겨날 수 없다는 것이다. 즉 자연법칙이 극도로 미세한 범위에서 달라져도 인간은 우주에서 존재할 수 없었다. 그렇기에 매우 새로운 형태의 설계로부터의 논증이 중요한 아젠다로 떠오른다고 폴킹혼은 간주한다.

인류적 잠재성(anthropic potentiality)을 진지하게 받아들이는 인류원리는 이전 형태의 설계로부터의 논증과는 다른 차원에서 자연법칙 자체를 논의한다. 즉 인류원리는 '정직한 과학'이 설명할 수 없는 어떤 것으로서의 자연법칙 자체의 특정하고 특별한 차원에 대한 것이다. 이 자연법칙들은 과학에서 '설명되지 않는 기초'로서 받아들여진다.

폴킹혼은 우주적 미세조정은 구약성경의 하나님 행위에만 제한적으로 사용되는 단어인 바라(bara)에 해당하지, 하나님과 인간 모두의 '창조' 행위를 지칭하는 아사(asaha)와는 다르다고 말한다. 강한 형태의 인본원리는 강한 목적론적 진술이다. 기독교인들에게는 이 필연성을 창조주의 뜻에서 감사하게 발견할 수 있을 것이지만, 순수하게 세속적 주장으로서의 강한 인류원리는 신비로운 것으로 남을 뿐이다. '인류 지향적 특정성에 대한 메타과학적 이해'가 필요하다고 그는 본다.[24]

폴킹혼에 의하면, 다중우주론에서 우리우주와 같은 인류적 우주(anthropic cosmos)는 수많은 다중우주라는 복권에 당첨된 매우 희귀한 대박이라는 주장이다. 폴킹혼은 인류원리를 비판하기 위한 가설로 등장한 다중우주론에 대해서 다음과 같이 평가한다. 다중우주론은 '건전한 물리적 사고의 범위를 벗어난 영역'으로 들어간다.

---

[24] Ibid., 3.

폴킹혼은 다중우주론이 "잘 정의되지 않은 최근의 양자 우주론에 불안한 호소를 하고 있으며, 또한 우주들의 법칙적인 특성들 사이에 존재하는 급진적인 이질성이라는 임시변통의 가정들에 호소하고 있다"고 본다. 이런 형태의 다중우주론은 "과도한 존재론적인 낭비에 대한 형이상학적 추측(a metaphysical guess of excessive ontological prodigality)에 지나지 않으며, 그것은 부분적으로 유신론을 회피하기 위한 것처럼 보인다"고 그는 평가한다. 유신론자들은 오직 하나의 우주가 존재하며, 그것의 인류적(anthropic) 성격은 우주가 그 역사에서 생명체와 인간 의식과 같은 열매를 맺는(fruitful) 역사가 되게 하려고 창조주에 의해서 잠재성을 선물 받았다는 것을 보여준다.

우주의 이해할 수 있고 경이로운 질서는 많은 과학자에게 깊은 인상을 주는데, 이는 창조주의 지성(mind)에 대한 반영으로 이해될 수 있다. 바로 이런 방식으로 이해된다면, 우리우주의 인류적 특정성(anthropic specificity)은 오직 바보들만이 부인하는 하나님에 대한 신앙을 논리적으로 강제할 수 있는 논증을 제공하는 것으로 주장될 수는 없다. 하지만 그것은 우리우주의 본질에 대한 '최선의 설명'으로 간주하는 유신론을 지지하는 '축적적 사례'를 위한 '통찰력 있는 기여'을 할 수 있다.[25]

빅뱅의 초기조건들과 자연법칙들은 '우주적 결실성'(Cosmic Fruitfulness)을 향해 미세조정되었다. 우주의 개현의(unfolding) 과정에는 이 결실성을 향한 경이로운 추진력이 존재하는데, 이것이 새롭게 형성된 지구가 자기 의식적인 존재들의 고향이 되도록 했다.[26] 천체물리학자들은 초기 우주에서 물리학적 상수나 그 밖의 조건들이 우주가 가졌던 값과 미세한 차이라도 있었다면 우주에 생명은 존재하지 않게 되었을 것이라는 사실을 발견했다.

스티븐 호킹은 빅뱅 후 1초가 지났을 때 우주의 팽창 속도가 1,000억 분

---

[25] Ibid., 4.
[26] Polkinghorne, *Beyond Science. The Wider Human Context*, 77.

의 1 정도만 늦었다면 우주는 생명이 출현하기 전에 다시 찌그러져 버렸을 것이라고 한다. 이와 같은 생명체의 존재 가능성은 몇 개의 기본 변수에 달려 있고, 또한 그 변수가 조금만 달라진다 해도 생명은 그 존재 가능성을 상실하고 만다. 생명의 원소들이 조합되는 과정은 대단히 복잡하다. 이런 모든 과정을 통제하는 핵력(核力) 사이의 정교하고도 엄밀하게 맞추어 놓은 균형에 의해서 이것은 이루어진다.

이런 수치가 조금이라도 달라지면 우리를 현재 존재하도록 만든 이 우주공간은 사라지고 황폐한 허공이 되고 만다. 생명의 결실을 보는 우주가 되게 하는 것이 얼마나 어려운 작업인가는 인간의 머리로는 상상하기 어렵다. 그래서 '정밀하게 조율된 열매 맺는 우주'는 매우 특별하다.

폴킹혼에 의하면, '인류적 독특성'(anthropic uniqueness)을 완화하고자 원하는 사람들은 서로 매우 다른 자연법칙들과 환경들을 가진 수많은 우주가 존재한다는 '낭비적인 가정'들에 이끌려지게 된다. 우리우주는 우연히 탄소에 기초한 생명체가 가능하게 된 우주라는 것이다. 수많은 우주라는 복권에서 대박이 터진 것과 같다고들 비유한다.

폴킹혼은 "이 막대한 수의 다중우주에 대한 제안은 과학적 제안이 아니라, 형이상학적 사변으로서, 무모하게 확장된 자연주의 안에서 인류적 미세조정(anthropic fine-tuning)을 수용하고자 하는 방법이다"라고 주장한다. 그래서 자신에게 있어서는 더욱더 '경제적인 이해'는 바로 오직 하나의 우주가 존재한다는 것이다. 또한 인류적 미세조정된 우주는 그에게 있어서 '일관되고 지적으로 만족스러운' 입장이라는 것이다.

창조주 하나님에 대한 신앙은 인류적 미세조정뿐 아니라, 앞에서 언급한 우주의 '심오한 이해 가능성'에 대해서도 최선의 설명을 제공한다고 본다. 다중우주에 대한 가설은 '유신론의 가능성을 신중하게 고려하지 못하도록'

하는 설명적 작업을 주로 하는 것 같다고 그는 분석한다.[27]

4. 골디락스 수수께끼

우리우주는 생명체를 탄생시키기에 더할 나위 없이 적합해 보인다. 불가지론적이거나 무신론적인 과학자들까지도 신비스러운 것으로 이해하는 이 놀랍도록 정교하게 조율된 우리우주의 생명 친화성에 대해서 폴 데이비스는 지적해 왔다. 그는 "왜 우주는 생명체에 적합한가"라는 주제를 가지고 우주의 법칙을 이해할 만큼 복잡한 생명체의 출현을 허용한 우주의 생명 친화성을 어떻게 설명할 것인지 질문한다. 우주나 생명의 법칙을 이해할 만큼 복잡한 생명체의 출현을 허용한 우주에 대해 더 높은 차원의 설명이 필요하게 된 것이다.

『골디락스 수수께끼』에서 폴 데이비스는 우주의 경이로운 생명 친화성과 미세조정에 대해서 다루고 있다.[28] 우주 안에 있는 미세조정(fine-tuning)의 존재를 논증하는 이 책에서, 그는 우주의 생명 친화성은 우주를 어떻게 해서든지 생명과 정신의 발전을 향해 나아가게 하는 지배적인 원리를 보여주고 있다고 말한다. 골디락스 지대(goldilocks zone)란 생명체 거주 가능 영역으로 지구상의 생명체들이 살아가기에 적합한 환경을 지니는 우주 공간의 범위를 뜻한다. 태양과 같은 중심별로부터 적절한 거리에 위치해 액체 상태의 물이 존재 가능한 생명체 거주 가능 구역이다. 생명 가능 지대로서 너무 차갑지도 않고 뜨겁지도 않은 적당한 온도의 지대라는 의미이다.

---

[27] John Polkinghorne, *Science and the Trinity. The Christian Encounter with Reality* (New Haven and London: Yale University Press, 2004), 71.
[28] Paul Davies, *The Goldilocks Enigma – Why is the Universe just Right for Life?* (London: Penguin, 2006).

폴 데이비스는 빅뱅 우주론을 끝까지 수용하지 않았던 무신론자였던 프레드 호일(Fred Hoyle)의 유명한 말을 인용하고 있다. 즉 어떤 초지성적 존재(superintellect)가 "물리학의 법칙들을 가지고 만지작거린 것 같다"(monkeying with the laws of physics)고 했다.

즉 타자기를 마구 두들겨대는 원숭이들에 관한 이야기와 조금 비슷하다. 원숭이들이 타자한 글은 대부분 쓰레기에 불과하겠지만 순전히 우연히도 셰익스피어의 소네트(14행시) 한 수를 타자할 가능성도 확률적으로 존재한다. 즉 물리학의 법칙들이 생명체와 의식의 탄생을 위해 미세하게 조정되었다는 것이다. 즉 우주는 생명체를 탄생시킬 목적으로 어떤 지성적 창조주가 설계한 것처럼 명백하게 보인다는 것이다.

생명체의 출현을 위해 미세하고 기적적으로 조율된 설계에 관해서 설명하지 않는 한 우주에 대한 과학적 설명은 완전한 것이 될 수 없다고 그는 말한다. 그동안 골디락스 요인들은 무시되어 왔지만, 최근 급속도로 학계의 분위기는 달라지고 있다. 과학은 이제 왜 우주가 생명체를 위해 그토록 미세하게 조율되었는지에 대한 수수께끼에 직면하게 되었다. 이 골디락스 수수께끼를 푸는 것이 우주적 코드를 푸는 것이다.[29]

골디락스 딜레마와 미세조정의 수수께끼에 대한 최근 논의는 증가하고 있다. 탄소 원자의 성질에서부터 빛의 속도에 이르기까지 우주의 수많은 측면은 생명체를 탄생시키기에 극도로 미세하게 조율되고 조정되어 있는 것처럼 보인다.

왜 우주는 하필 다른 법칙이 아닌 현 자연법칙을 따르는 것일까?

만일 우주의 기초적 상수들이 조금이라도 바뀌었더라면 실재로는 근본적으로 바뀌어 버렸을 것이다. 극도의 미세조정과 조율이 이루어지지 않았다면, 원자도, 화학도, 생명체도, 인류의 의식도 존재하지 못했을 것이다.

---

[29] Ibid., 3.

만일 우주가 그 시초에 조금만이라도 더 밀도가 높았다면, 우주는 그 즉시 블랙홀 속으로 붕괴해 버렸으리라. 아주 조금만이라도 밀도가 낮았다면, 우주는 아주 빠르게 흩어져 버렸을 것이고 별과 은하 그리고 행성들이 생겨날 기회는 영영 사라져 버렸을 것이다. 폴 데이비스는 우리 인간이 우주의 가장 깊은 작동원리에 대한 수수께끼에 접근하도록 허용되었다고 말한다. 지구상의 다른 동물들도 동일한 자연현상을 관찰하지만, 오직 호모 사피엔스만이 우주를 설명할 수 있다.

왜 그러한가?

어떤 면에서 우주는 단지 자신의 의식뿐 아니라, 자신의 이해력까지 생산한 것이다. 진화하는 우주가 그 대서사시와 드라마를 관찰하는 그것뿐 아니라, 우주의 수수께끼를 풀 수 있는 존재를 낳은 것이다. 인간이 수학적 방정식과 물리학을 통해 우주적 코드를 풀기 시작한 것이다.[30]

기독교 유신론의 관점에서 보자면, 폴킹혼 등이 잘 지적하고 있듯이, 인간이 우주적 코드의 수수께끼를 해독할 수 있고, 우주적 질서 속에서 하나님의 지성(mind of God)을 읽을 수 있는 이유는 생각하는 갈대로서의 인간이 우주적 지성인 창조주를 닮은 하나님의 형상(*Imago Dei*)이기 때문이다.

자연법칙들은 어디서 왔는가?

폴 데이비스가 바르게 지적하고 있듯이, 갈릴레오, 뉴턴, 그리고 그들의 동시대 학자들은 자연법칙들을 하나님의 지성 안에 존재하는 사유들로 간주했고, 그들의 세련된 수학적 형식들을 우주를 향한 하나님의 합리적 계획의 표현으로 파악했다.[31] 물리적 세계가 수학적 법칙들에 일치한다는 사실로 인해서 갈릴레오는 유명한 말을 남겼다.

---

[30] Ibid., 5.
[31] Ibid., 6.

자연이라는 위대한 책은 그것이 기록된 언어를 아는 자에게만 읽혀질 수 있다. 그리고 그 언어는 수학이다.

그 이후로도 학자들은 우주는 어떤 순수 수학자에 의해서 설계된 것 같다고 주장했다.[32]

"잘 가세요, 하나님?"(Goodbye God?)이라는 제목 아래 자연과학의 발전으로 인해서 종교와 신학은 점차 후퇴하여 주로 사회적이고 윤리적 문제들에 집중하고, 물리적 우주에 대한 해석은 자연과학자에게 넘겼다는 사실을 폴 데이비스는 바르게 지적한다. 물리적 우주에 대한 완전하게 포괄적인 이론을 수립하고자 분투하는 많은 과학자들은 공공연하게 자신들의 연구 동기 중 하나는 마침내 '하나님을 제거하는 것'이라고 인정한다.

그들은 창조주를 위험하고 유아기적인 망상으로 간주한다. 하나님뿐 아니라, '의미,' '목적,' '설계'와 같은 하나님에 대한 언어(God-talk)의 흔적들을 제거하려고 한다고 폴 데이비스는 바르게 지적한다. 즉 플란팅가가 바르게 지적했듯이, 일부이긴 하지만, 결코 과학자들이 종교적으로 중립적이지 않은 경우가 있다. 아카데믹한 신학에서의 하나님은 우주의 합리적 질서를 통해서 그의 존재가 표현되는 지혜로운 우주적 건축가로 묘사된다. 그 위대한 설계자는 과학을 통해서 사실 '계시'된다. 그러한 하나님은 과학적 공격에 무너지지 않는다.[33]

참으로 큰 질문은 왜 우주가 생명체를 위해 조정되었는가 하는 것이다. 우주는 수학적 법칙의 지배를 받는다. 그 법칙들은 자연 속의 감추어진 서브텍스트(subtext, 대사로 표현되지 않은 생각, 느낌, 판단 등의 내용을 말하는 것)처럼 보인다. 물리학의 수학적 법칙들은 모든 것 아래에 존재한다. 많은 물리

---

[32] Ibid., 8.
[33] Ibid., 14-15.

학자는 그 수학적 법칙들이 실제적이며, 그것들은 어떤 '초월적인 플라톤적 영역'에 있는 것 같다고 생각한다.[34] 과학자들은 극도의 우주적 미세조정이라는 '불편한 진실'에까지 점차 접근하게 되었다. 바로 자연의 그 법칙들에 관한 문제다.

논쟁을 가열시키는 것은 바로 과학의 심장부에 숨어 있는 물리학의 법칙들 기원에 관한 미해결의 질문이다. 전통적으로 과학자들은 물리학의 법칙들을 그저 단지 '주어진 것'으로 간주하고, 그 정교한 수학적 관계들은 우주의 탄생 때 각인된 것으로 생각했다. 즉 그 법칙들의 기원과 본질에 관한 연구는 자연과학의 정당한 영역으로 간주하지 못했다.

그러나 '골디락스 수수께끼라는 곤란한 상황(embarrassment)'은 과학자들의 재고를 요청했다. 영국 왕립협회의 회장이자 케임브리지대학교 우주론자 마틴 리스 경(Sir Martin Rees)은 물리학의 법칙들은 절대적이거나 보편적이지 않고, 메가-우주적 규모에서 장소마다 차이가 있는 '지역적 하부법칙들'(local bylaws)과 유사하다고 제안했다. 즉 우리우주는 지역적 하부법칙을 가진 수많은 우주, 곧 다중우주(multiverse) 중 하나에 불과하다는 것이다. 우리우주가 서로 약간씩 다른 무수히 많은 우주 가운데 생명체에 적합한 매우 희귀한 우주라는 것이다. 그렇기에 '지적 설계'는 환상에 불과하며, 그저 우리는 거대한 우주적 도박이나 복권에서 잭팟(거액의 상금이나 대박)을 터뜨린 셈이라는 것이다.[35] '빅뱅으로부터 생명권에 이르기까지'라는 제목에서 마틴 리스는 우리우주는 무한히 많은 사막과 같은 우주들 속에 존재하는 '비옥한 오아시스'라고 표현했다.[36]

그러나 다중우주론은 존재의 완전한 설명에 도달하지 못하고 있다고

---

[34] Ibid., 17.

[35] Paul Davies, "Yes, the universe looks like a fix. But that doesn't mean that a god fixed it," *The Guardian*, Tuesday 26 June 2007.

[36] Lees, *Our Cosmic Habitat*, xvii.

폴 데이비스는 주장한다. 처음부터, 모든 이들 수많은 우주를 만들고 그들에게 부속법칙들을 할당하는 어떤 '물리적 메커니즘'이 존재해야만 하기 때문이다. 즉 이 과정은 그 자신의 법칙들 혹은 메타-법칙들(meta-laws)을 요구한다.

하지만 그 메타-법칙들은 어디에서 왔는가?

문제가 우주의 법칙들에서 다중우주의 메타-법칙들로 한 단계 올려진 것에 불과하다. 수많은 관찰되지 않은 우주들과 설명되지 않은 일련의 메타-법칙들에 호소하는 것은 더 좋은 설명이 아니다. 폴 데이비스는 물리적 법칙에 대한 개념 자체가 신학에 그 기원을 두고 있음을 바르게 지적한다.

마찬가지로, 물리학자들은 우주는 영원한 법칙들의 지배를 받지만, 법칙들은 우주의 어떤 사건에 의해서도 영향을 받지 않는다고 선포했다. 폴 데이비스는 자연법칙이 거대한 우주적 컴퓨터를 운행하는 데 필요한 프로그램으로서 컴퓨터 소프트웨어와 같은 것으로 생각할 것을 제안한다. 그것은 빅뱅으로부터 우주와 함께 출현했다. 그래서 그는 존재의 궁극적 의미가 있다면, 그 해답은 자연을 넘어서가 아니라, 자연 안에서 발견돼야만 한다고 주장한다.[37]

폴 데이비스는 방법론적 자연주의에 충실히 하려고 하는 것 같다. 하지만 그가 인용했던 마틴 리스는 이와 같은 궁극적 질문의 해답은 과학 저편에 있을 것이라고 보았다. 그에게 가장 중대한 미스터리는 왜 무엇인가가 도대체 존재하는가 하는 것이다. 스티븐 호킹의 질문처럼 마틴 리스도 "무엇이 물리학의 방정식에 생명을 불어넣어서, 실제의 우주 속에서 그것을 현실화시켰는가"라고 질문한다. 그런 질문들은 '과학 저편에' 있는 것이고, '철학자들과 신학자들의 영역'이라고 말한다.[38]

---

[37] Davies, "Yes, the universe looks like a fix. But that doesn't mean that a god fixed it."
[38] Lees, *Our Cosmic Habitat*, ix.

우주적 창조주를 아예 방법론적으로 배제하는 것도 하나의 종교적이고 형이상학적 결단, 선택, 그리고 헌신에서 나온 것이지 중립적이지는 않다. 질문의 무한한 소급의 문제를 해결하기 위해서라도 하나님 가설(God hypothesis)은 최선의 설명을 위한 후보로서 진지하게 고려돼야 한다.

호킹의 표현처럼, "무엇이 혹은 누가 물리학의 수학적 방정식에 불을 지피거나 아니면 마틴 리스의 표현처럼 생명을 불어넣었는가?" 폴 데이비스는 불가지론적이고 방법론적 자연주의에 머물고자 함에도 불구하고 다음과 같이 적고 있다.

> 나는 생명, 지성 그리고 목적을 심각하게 받아들이며, 우주가 적어도 고도의 정교함으로 설계된 것처럼 보인다는 사실도 인정한다. 나는 이러한 특징들이 그저 이유 없이 우연히 발생한 것으로 받아들이지는 못한다. 우주는 무엇에 '대한 것이다'. 나는 인간의 지성과 과학과 수학을 통해서 우주를 파악하는 우리의 경이로운 능력을 중대한 의미를 지닌 사실로 간주한다. 생명과 지성이 우주의 구조 안에 깊게 아로새겨져 있다고 믿는다.[39]

5. 인류적 우주론(Anthropic Cosmology)

폴 데이비스는 '인류적 우주론'(Anthropic Cosmology)[40]에서 말하는 미세조정, 인류원리, '우주적 우연의 일치' 등에 대한 하나의 대안적 설명으로 제안된 다중우주론의 한계에 대해서 지적한다. 다중우주론은 '미세조정의 수수께끼'와 그것이 포함하는 미세조정자(a Fine-tuner)로서의 신의 가능성을

---

[39] Davies, *The Goldilocks Enigma – Why is the Universe just Right for Life ?*, 302.
[40] J. Gribbin and Martin Rees, *Cosmic Coincidences: Dark Matter, Mankind, and Anthropic Cosmology* (New York: Bantam Books, 1989).

제거하고자 한다. 그래서 모든 가능한 우주들을 포함하는 극도로 많은 우주를 가정한다. 그러나 이 이론은 과학적 관찰과 실험의 범위를 넘어서고 있다. 즉 무신론자들은 검증할 수 없는 다중우주론을 통해서 미세조정이라는 수수께끼와 불편한 진실을 해결하고자 한다. 이것이 무신론적 입장을 가진 학자들이 가지고 있는 지적인 딜레마다.

폴 데이비스를 비롯한 많은 학자는 미세조정과 골디락스 등의 수수께끼를 해결하기 위해 제안된 다중우주론을 과학적 관찰, 실험 그리고 검증 저편에 존재하는 매우 '사치스러운' 이론으로 본다.

문화의 기원에 존재하는 희생양 메커니즘에 대한 불편한 진실에 직면한 지라르는 자신의 연구 결과, 실존적 기독교 신앙으로 회심했다. '가장 악명 높은 무신론자'였던 안토니 플루(Antony Flew)도 우주의 기원에 존재하는 물리적 메커니즘들, 특히 기적적인 우주적 미세조정과 같은 불편한 진실에 직면한 이후 형이상학적 결단으로 최근 유신론으로 회심했다. 그의 회심은 새 천 년의 가장 큰 종교계의 뉴스가 되기도 했다.[41]

물리적 우주의 완전한 복잡성 배후에는 우주적 지성이 존재함이 틀림없다는 아인슈타인을 비롯한 다른 과학자들의 견해에 동의하게 되었다는 것이다. 또한 물리적 우주보다 훨씬 더 복잡한 생물체들의 완전한 복잡성도 지성적인 근원에 의해서만 설명될 수 있다는 자신의 통찰이 회심으로 이끌게 되었다고 한다. 인류원리와 인류적 미세조정에 대해서 다이슨(Freeman Dyson)은 다음과 같이 말한다.

> 우리가 우주를 바라보면서 우리 인류를 위해 함께 작동한 물리학과 천문학의 많은 우연을 알게 될 때, 그것은 어떤 의미에서 우주는 우리 인류가

---

[41] Antony Flew, *There is a God – How the world's most notorious atheist changed his mind* (New York: Harper One, 2007).

오고 있다는 사실을 알았다는 것처럼 보인다.[42]

폴 데이비스는 무한한 숫자의 대안으로 가능한 우주들과는 달리 우리우주의 법칙들은 생명체와 의식이 출현할 수 있도록 거의 "억지로 만들어낸 듯할 정도로 미세조정 되었다"(contrived-fine-tuned). 그는 인류가 의식 없고, 기계적인 우주가 만들어낸 우연한 부산물이나 맹목적이고 목적 없는 힘들이 만들어낸 결과라고 보지 않는다. 생명체와 의식의 출현 가능성은 매우 근본적인 방식으로 우주의 법칙들 안에 각인되어 있다고 말한다. 그는 다음과 같이 적고 있다.

> 만약 우주가 한 번 더 작동하게 된다면 그때에는 태양계도, 지구도, 인류도 없을 것이다.[43]

폴킹혼을 비롯한 많은 학자가 주장하는 것처럼, 정밀하게 조율되고 엄밀하게 맞추어진 인류적 미세조정으로부터 우주의 위대한 설계자와 창조주를 추리하는 것은 충분히 합리적이고 이성적이다.

최근 자연신학의 르네상스는 전통적인 유대-기독교적 창조 이해를 확증해 주는 빅뱅 우주론이나 생명과 자기의식(Selbsterkenntnis)과 신의식(Gotteserkenntnis)을 가진 인류의 탄생을 위한 미세조정과 인류원리 혹은 인류지향원리(anthropic principle) 등에 의해 촉발되었다. 또한 미시적 양자세계의 존재론적 불예측성과 거시적 카오스 이론의 불예측성으로 인한 개방성에 대한 논의들도 이 르네상스에 기여했다.

최근의 거시적 천제물리학과 미시적 양자물리학의 발견들은 모두 우주

---

[42] Barrow and Tipler, *The Anthropic Cosmological Principle*, 318.
[43] Davies, "Physics and the Mind of God: The Templeton Prize Address."

의 신비와 물질을 신비를 보여줌으로 우리를 창조의 신비로 이끈다. 천문학적인 대우주와 극도의 미시적 세계인 양자세계의 소우주로서는 연결되어 있다. 약 137억 년 전 우주는 바늘 끝에 있는 원자보다도 수조 수천억 배나 더 작은 극도의 초고온 양자진공의 불덩이 혹은 에너지 덩어리 혹은 에너지 점에서 갑자기 대폭발을 일으켰다. 이 제로점인 특이점이라는 양자 우주는 그 후 고무풍선처럼 계속 팽창하여 현재의 지구와 은하계를 비롯한 우주를 만들었다.

최근 스티븐 호킹과 같은 학자들은 우주가 중력의 법칙과 양자 이론에 따라 무(無)에서 자연적으로 발생했다고 말하기도 한다. 우주는 무(無)에서부터 자연 발생적이고 무작위적인 양자역학적 요동(fluctuation) 때문에 생성되었다는 것이다. 우주가 빅뱅 특이점으로부터 양자불확정성에 의해 시간과 공간과 에너지가 혼돈의 상태로 출현했다. 하지만 경이롭게도 빅뱅의 대폭발은 보통의 폭발처럼 카오스적인 대폭발로 해체되지 않고, 별들과 은하계와 태양계와 같은 현재 우주의 구조가 되도록 극도로 미세하게 조율되어서 급팽창하게 된다.

더 나아가 인류원리에 의하면, 약 137억 년 전 양자진공 요동으로 우주가 빅뱅으로 창조되었을 때, 그 진공 에너지에서는 지적 생명체인 인류가 탄생할 수 있도록 물리상수 값들이 극도로 미세하게 기획되고, 조정되고 조율되었다.

하지만 빅뱅 우주론은 왜 우주 창조가 처음으로 발생했는지에 대한 의문을 풀어주지는 못한다. 입자물리학은 텅 빈 곳이 가상 입자들로 들끓고 있다고 말한다. 그것들은 갑자기 솟아 나와 일순간 존재하곤 소멸해 버린다. 우주 전체는 일종의 가상 입자로부터 시작되었다고 하기도 한다. 하지만 왜 하필 '무'가 아닌 그 무엇이 존재하는가에 대해 아무것도 모른다는 사실을 이론물리학자들은 인정한다.

우주 창조를 가능케 했다고 일컬어지는 양자력은 도대체 그 무엇이 생성시켰다는 말인가?

폴킹혼과 토론하기도 했던 노벨 물리학상 수상자이자 무신론자인 와인버그(Steven Weinberg)는 대폭발 이전에 어떤 일이 일어났었는지, 아니 이 물음이 과연 어떤 의미를 띠는 것인지조차, 아무도 확언할 수가 없다고 말한다. 최근 그는 어느 방송 인터뷰에서 창조주를 우리우주의 신비스러운 법칙성에 대한 논리적 답변들 중 하나의 가능성으로 인정하기도 했다.

6. 창조의 극장과 우주적 드라마

어떤 외부의 것도 하나님을 제한하거나 강요할 수 없지만, 우주의 창조주는 사랑과 자유 가운데 자신을 제한하고 비움으로 말씀으로 세계를 창조했다. 그렇기에 피조물로서 우연성을 가진 우주의 역사는 정적이지 않고 역동적이며 또한 종말론적이다. 칼뱅은 창조세계를 하나님의 영광을 드러내는 극장(*theatrum gloriae dei*)이라고 했다. 그는 세계를 극장으로 파악했다(*theatrum mundi*). 그는 세속적 극장에 대한 거리에도 불구하고, 극장이라는 메타포를 자주 사용했다.

르네상스 인문주의뿐 아니라, 당시 천문학과 자연과학에도 큰 관심을 가졌던 칼뱅은 앞에서 살펴본 건턴(Colin Gunton)의 분석처럼 창조세계를 역동적으로 파악했다. 17세기 자연과학에 헌신한 사람들의 모임으로 출발한 영국 왕립협회(The Royal Society) 회원 대부분은 칼뱅의 영향을 받은 학자들이었다고 한다. 폴킹혼도 인용하고 있는 호이카스(Reijer Hooykaas)는 칼뱅의 영향을 받은 금욕적 프로테스탄트의 신앙적 자세가 어떻게 현대 자연과학의 발전에 기여 했는지를 보여주었다.[44] 호이카스는 파스칼의 과학과 신앙에

---

[44] Reijer Hooykaas, *Religion and the Rise of Modern Science* (Grand Rapids: Eerdmans, 1972).

대해서도 연구했다.⁴⁵ 막스 베버의 분석처럼, 칼뱅주의적 세계내적 금욕주의(innerweltliche Askese)는 자연과학 뿐 아니라, 자본주의와 현대성을 탄생시키기도 했다. 하지만 출가승들의 무욕과 희생만을 강조하고 강요하는 불교의 세계포기(world-renunciation) 전통은 자연과학과는 그다지 관련이 없었다.

우주의 대서사시와 장엄한 드라마가 벌어지는 창조의 극장은 기계적인 꼭두각시 극장과는 다르다. 폴킹혼은 사랑의 하나님은 우주를 단지 어떤 '신적인 꼭두각시 극장'(divine puppet theatre)으로 만든 것이 아니라고 말한다. 창조주는 피조물에게 어느 정도의 독립성을 주셨다. 그에 의하면, 삼위일체 신학은 우주의 역사를 영원 전부터 하나님에 의해 기록된 고정된 시나리오의 퍼포먼스로 보는 것이 아니라, 창조주와 피조물이 함께 참여하는 '위대한 즉흥연주의 개현'으로 파악한다.⁴⁶ 피조물에게 자율성과 독립성을 허용하시는 사랑의 하나님은 우주를 "사랑의 작품, 곧 케노시스로서의 창조세계"로서 창조하셨다.⁴⁷ 우주의 창조는 하나님의 자기비움(케노시스)의 창조행위였다.⁴⁸

창조주는 피조물을 꼭두각시 극장의 꼭두각시들처럼 기계적으로 조작하는 우주적 폭군이 아니라, 사랑과 자유 그리고 자기비움(케노시스) 가운데 피조물에게 독립성과 자기 창조성을 허용하는 분이다. 모든 일이 절대적으로 발생하도록 하는 일종의 '우주적 폭군'의 모습은 기독교적 창조주의 모습이 아니며, 칼뱅 자신도 그렇게 이해하지 않았다고 폴킹혼은 본다. 하나님은 '꼭두각시를 놀리는 자'(puppet master)가 아니다. 사랑의 선물은 언제나 적절한 자유를 주는 것이다. 부모들은 이것이 무엇인지 잘 알고 있다.

---

45 Reijer Hooykaas, "Pascal: His Science and His Religion," *Tractrix* 1, 1989, 115-139.
46 Polkinghorne, *Science and the Trinity. The Christian Encounter with Reality*, 67.
47 J.C. Polkinghorne (ed), *The Work of Love: Creation as Kenosis* (London:, SPCK/Grand Rapids: Eerdmans, 2001).
48 J. Polkinghorne, "Kenotic Creation and Divine Action," in: Polkinghorne (ed), *The Work of Love: Creation as Kenosis*, 90-106.

마찬가지로 창조주께서도 피조물로 하여금 그들 스스로가 되게 한다.[49] 하나님은 세계와 상호작용을 하시지, 우주적 폭군이나 꼭두각시를 놀리는 자와 같이 위에서 억누르며 다스리지 않는다.

폴킹혼은 프랑스 생화학자이면서 무신론자인 자크 모노(Jacques Monod)가[50] 진화의 과정을 우연과 필연성의 상호작용을 포함한 과정으로 파악한 것에 대해서, 우연이라는 말에 '눈 먼'(blind)라는 말을 붙이는 경향에 동의할 필요까지는 없다고 본다. 우연이 변덕스러운 여신 포르투나(Fortuna)의 활동을 의미하지는 않는다. 그것은 단지 저것이 아니라 이것이 발생했다는 역사적 우연성을 의미할 뿐이다. 그러므로 우연이라는 말은 단지 잠재성을 연구하면서 '회피하는 메커니즘'일 뿐이다.[51]

창조주는 피조물이 '스스로를 만들 수 있도록'(to make themselves) 허락했다.[52] 진화는 자연법칙의 주어진 필연성 안에서 발생한다. 이 사실에 대해서 모노는 주목하지 않았다고 폴킹혼은 지적한다. 그에 의하면, 최근 인류원리라 불리는 과학적 통찰들로 인해서 우리의 우주처럼 매우 특별한 세계에서 생명체의 복잡성을 개현시키고 진화시키게 되었다는 놀라운 결론에 이르렀다. 진화적 과정의 우연성이 분명 우주적 스토리의 한 부분을 차지하지만, 그것은 한 측면일 뿐이며, 우주의 스토리를 제대로 이해하기 위해서는 우주의 '법칙적인 필연성'을 의미하는 '미세조정'에 대해서도 인정해야 한다고 폴킹혼은 주장한다.

이 '미세조정이라는 법칙적인 필연성'('fine-tuning' of the lawful necessity)은

---

[49] John Polkinghorne, "Does God Interact with his Suffering World?," James Gregory Public Lectures on Science and Christianity, St Andrews Thursday, 9 October 2008. http://james-gregory.org.uk/downloads/John_Polkinghorne/john_polkinghorne_lecture.pdf
[50] J. Monod, *Chance and Necessity* (E.T.: Collins, 1972).
[51] 이 부분에 대해서 폴킹혼은 다음의 저작을 인용하고 있다. A. R. Peacocke, *Creation and the World of Science* (*Oxford*: Oxford University Press, 1979), 3장.
[52] Polkinghorne, *Science and the Trinity. The Christian Encounter with Reality*, 66-67.

우주가 생명성을 가지기 위해서는 필수불가결한 것이다. 실제적인 의미에 있어서 우주는 거의 빅뱅 특이점 때부터 탄소에 기반한 생명체의 가능성을 "잉태하고 있었다." 즉 그것의 물리적 구조가 생명체의 궁극적인 출현을 허락하는데 필요한 바로 그 형태를 가지고 있었다.[53]

폴킹혼은 우주의 개방성에 대해서 말한다. 최근의 과학은 점차적으로 우리가 '카오스의 끝에서'(at the edge of chaos)라고 말할 수 있는 영역에 참된 새로움의 창발(emergence of true novelty)이 의존되어 있다는 사실을 알게 되었다. 규칙성과 개방성, 질서와 무질서가 매우 미묘한 방식으로 얽힌다. 그에 의하면, 물리적 법칙의 기본적 성격은 양자역학적이다. 그 결과 신뢰성(원자들의 안정성)뿐 아니라, 개방성(많은 결과의 예측 불가능성)이 동시에 존재한다.[54] 그는 일부 양자역학에 대한 뉴에이지적 해석이나 일부 서구불교적 해석과는 달리, 양자역학의 불확정성뿐 아니라, 신뢰성과 안정성도 균형 있게 강조한다. 우주의 역사는 개현되고 진화하는 드라마틱한 역사다. 그래서 진화와 개현의 우주의 대서사시에는 규칙성뿐만 아니라 어느 정도의 개방성과 우연성이 존재한다고 폴킹혼은 본다. 규칙성만 있다면 새로운 것은 전혀 발생할 수 없다.

복잡계에 대한 최근 연구에 의하면, 새로운 것은 카오스의 끝에서 혹은 무질서의 모서리에서 발생한다고 한다. 우연성이라는 개념은 창조주가 피조물의 자유를 무시하고 모든 것을 꼭두각시 놀리는 자처럼 조종하지 않는다는 것을 의미한다. 하지만 우주의 드라마에는 우연성만 존재하는 것이 아니라, 지속성, 규칙성 그리고 법칙성이 존재하는데 그것은 토랜스가 강조한 것처럼 하나님의 신실하심을 보여준다고 폴킹혼은 말한다. 시간의 역사뿐 아니라, 우주의 드라마틱한 역사에서도 진화와 개현의 과정에서 점차 복잡

---

[53] Polkinghorne, *Science and the Trinity. The Christian Encounter with Reality*, 68.
[54] John Polkinghorne, "Anthropic Principle and the Science and Religion Debate," *Faraday Paper* No. 4 (April 2007), 1-2.

성이 증가하지만, 그것은 우연과 필연의 상호작용을 통해서 이루어진다.

신학에서 하나님의 자유와 피조물의 자유 사이에 존재하는 드라마틱한 변증법과 상호성은 중요한 주제 중 하나다. 창조주는 독립성의 자유라는 사랑의 선물을 주셨다. 판넨베르크(W. Pannenberg)도 창발적 진화 개념을 통해서 창조자 하나님께서 우주적 진화과정의 모든 새로운 전환점에 개입하신다고 보았다. 복잡성의 과학에 의한 자기조직화 현상의 발견은 생물학적 진화의 단계에 국한된 것이 아니라, 물리적 우주의 창조과정 전체에 내재한 일반적인 현상이라고 보았다.

또한 이스라엘의 역사과정 안에서도 인간이 전혀 예측할 수도 없고 상상도 할 수 없는 새로운 일을 일으키시는 분임을 지적한다. 폴 데이비스는 자연의 참된 기적은 우주의 천재적인 법칙성이라고 본다.

카오스로부터 복잡한 질서가 탄생하도록 허용하는 그 법칙성은 기적적이다. 폴 데이비스도 혁신과 새로움(novelty)이 발생하는 '카오스의 끝'(the edge of chaos)을 언급한다. 그는 이 카오스의 모서리를 일종의 '법칙적인 자유'(lawful freedom)로 파악한다.[55]

우리는 앞에서 문화의 기원에 은폐되어온 것들을 빛처럼 밝혀주는 유대-기독교 전통의 반신화적이고 종말론적인 메시지가 우주를 점차 영원회귀의 정적인 것으로서가 아니라, 우연성과 피조성을 가진 우주로 역동적으로 보도록 했다는 것을 살펴보았다.

칼뱅이 말한 창조의 극장은 정적이고 영원한 극장이 아니다. 역동적이고 드라마틱한 극장이다. 빅뱅 우주론은 우주의 드라마틱하고 역동적인 우연성과 피조성을 드러낸다. 또한 우주의 운명과 종말을 이야기하기에 그것은 또한 묵시록적이며 종말론적이다. 칼 바르트에게 큰 영향을 받은 스위스의 신학자 폰 발타자르(Hans Urs von Balthasar)는 드라마와 신학 그리고 드라마와

---

[55] Davies, "Physics and the Mind of God: The Templeton Prize Address."

계시의 관계를 강조하는 『하나님의 드라마』(Theodramatik)를 출간했다. 그의 드라마틱한 신학은 변증법과 비극주의적인 과정신학과는 구별된다. 그는 지라르를 신학적으로 수용한 제1세대 신학자에 속하는데, 그의 『하나님의 드라마』 3권에는 지라르의 희생양 메커니즘에 대해서 길게 논의한다.[56]

스위스 출신의 신학자 슈바거(Raymund Schwager)는 지라르의 이론을 신학적으로 수용해서 인문학과의 학제적 대화 속에서 발전시킨 교의학자인데, 지라르의 문화 이론과 폰 발타자의 드라마 개념에 영향을 받아 드라마틱한 신학(Dramatische Theologie)을 발전시켰다.[57] 그는 예수 그리스도의 사건을 구원드라마(Heilsdrama) 속에서 파악했다.[58]

폰 발타자르, 지라르, 슈바거는 주로 신학적이고 성경적이고 문화적인 드라마를 생각했지만, 우리는 이 드라마틱한 이해를 우주론에도 적용할 수 있다. 우주의 대서사시를 알파와 오메가인 하나님의 드라마(Theodramatik)로 파악하는 것이다. 창조의 극장은 정적이고 기계적인 꼭두각시 극장이 아니라, 창조의 드라마틱한 개현과 발전의 역사다. 보다 드라마틱한 우주론은 테이야르 드 샤르댕(Pierre Teilhard de Chardin)에게서도 일부분 발견된다고 볼 수 있다. 샤르댕의 입장에 대한 평가는 이 책의 마지막 부분에서 논의될 것이다.

---

[56] Hans Urs von Balthazar, "Der Sündenbock-Mechanismus," *Theodramatik III* (Einsideln:Johannes Verlag, 1980), 276-291.

[57] Józef Niewiadomski (Hg.), *Dramatische Theologie im Gespräch*. Symposion / Gastmahl zum 65. Geburtstag Raymund Schwagers (Beiträge zur mimetischen Theorie 14) (Münster: Thaur 2003).

[58] Raymund Schwager, *Jesus im Heilsdrama. Entwurf einer biblischen Erlösungslehre* (ITS 29). 2. Auflage, (Innsbruck: Tyrolia, 1996).

7. 혼돈으로부터의 질서: 카오스 이론과 미메시스 이론

카오스의 끝에서 발생하는 새로움의 창발현상은 문화적 무질서(카오스)의 끝에서 새롭게 갱신되는 질서를 보여주는 지라르의 희생양 이론과 연결될 수 있다. 실제로 지라르는 자신의 이론을 학제적으로 확장해 적용하고자 했던 프랑스 에콜폴리테크니크(École Polytechnique)와 스탠포드대학의 사회정치학자 장 삐에르 뒤피(Jean-Pierre Dupuy)와 함께 1981년 스탠포드대학교에서 '무질서와 질서'란 주제를 가지고 스탠포드 국제 학술심포지움을 개최했다.

이 학제적 심포지움에 3명의 노벨상 수상자를 비롯한 저명한 학자들이 초대되었다. 이 학제적인 연구에 대한 지적인 기획은 뒤피에 의해서 주로 제안되었다고 지라르는 말한다. 뒤피는 카오스 이론과 미메시스 이론 사이의 관계를 알고서 학제적으로 발전시키고자 했다. 이 심포지움에서는 카오스 이론 등과 관련해서 물리학자, 생물학자, 경제학자 그리고 인문학자와 사회학자들이 학제적으로 카오스와 질서의 문제를 연구했다.

뒤피는 프랑스 응용인식론 연구센터(Centre de Recherche en Epistémologie Appliquée)의 소장으로서 여러 학자와 함께 생물학적이고 물리학적 자연과학에서의 자기 조직화와 문화 이론에서의 자기 조직화의 모델 사이의 관계를 주된 연구기획으로 삼았다. 신경생물학자인 발레라(Francisco Varela)와 정치철학자인 뒤피는 지라르의 이론과 관련된 인식 이론들을 함께 연구했다.

노벨 화학상 수상자인 프리고진(Ilya Prigogine)도 이 학술모임에 초대되었는데, 그는 산일구조(dissipative structures)에 대한 이론과 지라르의 희생양 메커니즘 이론 사이의 유사성에 대해서 논의했다. 철학자이자 생물학자인 앙리 아틀랑(Henri Atlan)은 물리적 시스템에서의 자기조직화 개념을 사회적 격변과 안정화에 대한 지라르의 모델과 연결해서 논의했다.

이처럼 뒤피는 지라르의 미메시스 이론을 정치철학, 시스템 이론,

카오스 이론, 경제학 그리고 인지과학 분야를 연결하는 학제적 연구를 주도했다.[59]

자연을 이해하는 새로운 방법인 '복잡성의 과학'을 정립하고 이 과정에서 카오스 이론을 통합, 과거의 결정론적이고 기계적인 세계관에서 벗어나 확률론적인 입장에서 자연법칙을 이해해야 한다는 새로운 패러다임을 제시한 프리고진을 비롯한 다수의 저명한 학자들이 나타났다. 프리고진의 복잡계의 과학은 바로 비평형 상태에서 일어나는 비가역적, 비선형적 변화를 설명하기 위한 새로운 방향의 과학흐름 중 하나이다.

프리고진은 물질과 에너지의 출입이 가능한 열린계가 평형에서 멀리 떨어져 있으면 미시적 요동의 결과로 무질서하게 흐트러져 있는 주위에서 에너지를 흡수하여 엔트로피를 오히려 감소시키면서 거시적으로 안정한 새로운 구조가 출현할 수 있음을 밝혔다. 그렇게 생성된 새로운 구조를 '산일구조'라고 하고, 그런 구조가 자발적으로 나타나게 된다는 뜻에서 '자기-조직화'라고도 한다. 그의 저서 『혼돈으로부터의 질서』(*Order Out of Chaos*)는 생물학에서부터 문학비평에 이르기까지 다양한 분야에서 논쟁을 일으키면서 인문·사회과학자들에게 데카르트의 결정론적 세계관의 대안으로 수용되기도 했다.

이 책의 결론은 개방된 과학(an Open Science)를 말하면서 자연의 재주술화(Reenchantment of Nature)를 말하고 있다. 지라르와 프리고진 사이의 미셸 세르(Michel Serres)의 입장을 논의한 논문은 당시 심포지움에 대해서 다음과 같이 적고 있다. 이 심포지움에서 프리고진이 난류 이론(turbulence theory)과 산일구조(dissipative structure)에 대해서 발표했을 때, 지라르와 학문적 동반자였고 아카데미 프랑세즈의 회원으로 선출된 미셸 세르는 난류 이론(turbulence)의 어근이 군중(turba)으로부터 파생되었다는 사실을 지적해 학자들에

---

[59] Chris Fleming, *Rene Girard: Violence and Mimesis* (Malden: Polity Press, 2004), 154-155.

게 신선한 충격을 주었다고 한다.[60]

지라르와 세르는 모두 스탠포드대학교가 자랑하는 아카데미 프랑세즈 불멸의 40인의 반열에 오른 학자다. 세르는 미셸 푸코와도 학문적 친분을 가졌다. 세르가 프리고진과 지라르의 이론을 학제적으로 연결하려는 야심 찬 시도를 이 심포지움에서 제안했다. 세르가 즉흥적으로 '질서를 생산하는 무질서'에 대한 지라르의 모델과 물리적 과학에서의 난류 이론 사이에 연결점으로써 군중(turba)을 끄집어낸 것은 아니다.[61]

물리학의 탄생에 관한 그의 저서에서[62] 세르는 이미 원인과 결과로 환원될 수 없는 카오스적이고 동화될 수 없는 실재의 특성을 지칭하는 군중(turba)의 어원 연구를 했다.[63] 지라르도 세르의 난류(turbulence)의 어원적 기원인 군중에 대해서 논문을 발표했다.[64] 이 학술심포지움 이후 지라르는 1984년 "신화에서의 무질서와 질서"라는 논문을 출판했고,[65] 프리고진도 1984년 『혼돈으로부터의 질서』를 출판했다.[66]

지라르와의 깊은 학문적 교류가 가장 선명하게 드러나는 책 중 하나는

---

60 William A. Johnsen, "The Girard Effect," in *For René Girard. Essays in Friendship and in Truth*, eds. Sandor Goodhart, Jørgen Jørgensen, Tom Ryba, and James G. Williams (Studies in Violence, Mimesis, and Culture) (East Lansing, Michigan State University Press, 2009), 116.

61 William Johnsen, "Frères amis, not Enemies: Serres Between Prigogine and Girard," in *Mapping Michel Serres,* Niran Abbbas ed. (Ann Arbor: University of Michigan Press, June 2005), 37-38.

62 Michel Serres, *La Naissance de la physique dans le texte de Lucrèce. Fleuves et turbulences* (Paris: Minuit, 1977).

63 Johnsen, "Frères amis, not Enemies: Serres Between Prigogine and Girard," 30.

64 R. Girard, "Michel Serres:Interferences et Turbulences," *Critique 35* (January 1979).

65 R. Girard, "Disorder and Order in Mythology," In *Disorder and Order: Proceedings of the Stanford International Symposium (Sept. 14-16, 1981),* ed. Paisley Livingston , 80-97. Stanford Literature Studies 1. Saratoga, Calif.: Anma Libri, 1984.

66 Ilya Prigogine and Isabelle Stengers, *Order Out of Chaos: Man's New Dialogue with Nature* (New York: Bantam, 1984).

세르의 로마의 희생제의적 기초에 관한 『로마: 기초에 관한 책』이다.[67] 로마의 건국신화와 지라르가 분석하는 초석적 폭력에 관한 내용이 포함되어 있다. 로마라는 도시의 경계선 설정은 신화적 쌍둥이 중 한 사람을 살해함으로 가능해졌다. 로마를 비롯해서 모든 도시와 국가의 경계선 아래에는 희생양의 시체가 묻혀져 있다.[68]

지라르의 영향으로 세르는 '기하학의 기원'도 희생제의적으로 파악한다. 프로고진과 그의 동료가 후기를[69] 쓴 책에서 세르는 다음과 같이 분석한다.

> 기하학의 기원은 희생제의적 역사 속에 담겨져 있다. … 기하학은 폭력과 성스러움으로부터 시작된다.[70]

우리는 앞에서 문화적으로 볼 때 시공간의 기원 자체가 최초의 상징적 기호이자 의미 중심이었던 희생양에게 있음을 보았다.

"제의로부터 과학으로"(From Ritual to Science)라는 논문에서 지라르는 과학의 희생제의적 기원을 추적한다.[71] 이 책에서 우리는 지금까지 자연과학의 제의적 기원, 종교적 기원 그리고 신학적 계보학을 추적해 보았다. 자연과학도 희생제의와 종교의 산물이다. 보다 깊은 차원에서 문명의 전환이 없이는 자연과학의 발전도 힘들다. 지라르의 표현처럼 마녀사냥의 종식이

---

67 Michel Serres, Rome, le livre des fondations (Paris:Grasset, 1983), trans. Felicia McCarren, Rome: The Book of Foundations (Stanford, CA: Stanford University Press, 1991).

68 Bruno Latour, "The Enlightenment without the Critique: A Word on Michel Serres' Philosophy," Contemporary French Philosophy, ed. A. Phillips Griffiths (New York: Cambridge University Press, 1987), 92.

69 Postface: Dynamics from Leibniz to Lucretius by Ilya Prigogine and Isabelle Stengers.

70 Michel Serres, Hermes. Literature, Science, Philosophy, ed. Josué V. Harari and David F. Bell (Baltimore and London: The John Hopkins University Press, 1982), '10. The Origin of Geometry'(125-134)를 보라.

71 R. Girard, "From Ritual to Science," Configurations, no. 8 (2000), 171-185.

자연과학의 탄생을 가져왔다. 현대적 의미의 자연과학도 유대-기독교적 세계관이라는 종교의 유산이다. 제의의 코드인 희생양 메커니즘에 대한 과학적 인식이 점차적으로 가능해질 때 자연과학은 가능해진다.

앞에 언급한 난류(turbulence)는 불규칙적이며 예측하기 어려운 비선형적 행동을 보여준다. 비선형적 특성을 보여주는 것이 혼돈과 카오스다. 카오스는 나비효과처럼 초기 조건에 민감한 의존성을 가진 시간 전개이다.

나비효과를 처음 발견했을 때 컴퓨터 화면에는 일정한 모양새를 가진 그림이 나타났다. 혼돈(불규칙성) 속에 모양(규칙성)이 숨어 있었던 것이다. '규칙적인 불규칙성'의 발견으로 혼돈 과학이 출현했다. 난류 혹은 요동(turbulence)이라는 혼돈의 상태를 통해 새로운 질서가 창출될 수 있다는 것이 확인되었다. 지라르 학파에서도 카오스(무질서)와 질서의 문제는 중요한 화두로 자리 잡고 있고, 자연과학에서의 카오스 이론, 복잡계 이론, 창발성과의 연관성에 대한 학제적인 연구를 진행하고 있다.

20세기에 몇몇 과학자들은 자기 조직적 시스템 이론과 복잡계에 대한 이론을 발전시켰다. 카오스(무질서)가 끝까지 가서 어느 순간 한계점에 도달하게 되면, 해체의 힘이 재통합의 힘으로 전환되게 된다. 무질서의 책임을 희생양을 전가시킴으로 질서를 갱신하는 희생양 메커니즘도 같은 맥락에서 이해될 수 있다.[72]

『르네 지라르와 창조적 화해』라는 최근의 책에서도 카오스 이론과 미메시스 이론 사이의 연관성이 논의되고 있다. '창발적 창의성'이라는 개념에 의하면, 창조적인 창발적 현상이 카오스의 끝에서 복잡한 시스템으로부터 발생한다. '희생양 만들기와 희생제의적 메커니즘의 창발에 대한 지라르의 전체 시나리오도 창발적 창의성으로 생각되어 질 수 있으며 폭력의 카오스

---

[72] René Girard, The *Girard Reader,* ed. James G. Williams (New York: Crossroad, 1996), 202.

상태에서 화해가 발생하는' 메커니즘을 보여준다.[73]

군중(*turba*)은 무질서의 끝과 카오스의 모서리에서 위기의 책임자를 찾기 시작하고. 군중의 미메시스로 인해 무질서의 화신으로 지목된 희생양은 살해된 이후 새로운 질서의 초석과 상징이 된다. 근친상간과 부친살해를 한 그리스 폴리스의 희생양이자 왕인 오이디푸스처럼 희생양은 세상에서 제일 나쁜 놈이며 카오스를 상징하는 자다. 오이디푸스의 수수께끼는 무질서의 화신이 추방 혹은 살해 이후 질서의 초석이 되는 희생양의 수수께끼이다. 그는 차이의 파괴자로서 혼돈의 화신이다. 사회에 무질서를 가져온 자로서 그는 디오니소스적 희생양 축제의 카오스의 모서리에서, 혼돈의 끝에서, 그리고 축제의 마지막 날 클라이맥스에 카오스의 화신으로 살해당하고 이후 공동체에서 찢겨진 이후 질서의 상징으로 신격화된다.

신화가 때로는 전원적이고 시적이고 미학적으로 보여도 그 내용적 코드는 오이디푸스의 근친상간과 부친살해의 '더러운 죄악들'처럼 막장드라마에 관한 것이다. 막장 드라마의 비극적 영웅은 희생양으로 추락하고 공동체는 그 추락으로 카타르시스를 느끼고 폴리스는 질서를 회복한다. 예수드라마는 그 신화적 막장드라마가 주는 카타르시스와 질서에 주기적으로 의존할 수밖에 없었던 일그러진 군중의 비극을 밝혀준다.

축제의 코드는 카오스를 시뮬라시옹하는 것이며, 카오스를 극단적으로 끝까지 밀고 나감으로, 마지막 날 희생양에게 모든 혼돈의 책임을 전가시키는 것이다. 물리적 질서도 카오스의 끝에서 발생하지만, 문화적 질서도 극도의 무질서 끝에서 비로소 발생하고 갱신된다. 새로운 질서를 위해서 의도적으로 극도의 혼란에 빠져드는 것이 축제의 본질이다.

물리학에서 엔트로피 증가의 법칙처럼, 인류의 문화적 질서도 항상

---

[73] Vern Neufeld Redekop and Thomas Ryba (eds), *René Girard and Creative Reconciliation*, Conceptual And Practical Challenges From A Girardian Perspective (Lanham, Maryland: Lexington Books, 2014), 64.

무질서의 방향으로 흐른다. 문화적 엔트로피(무질서)는 인간의 욕망 모방성과 경쟁성 때문에 발생한다. 문화는 항상 무질서의 방향으로 흐르기에, 인류는 주기적으로 희생양 축제를 개최하여 무질서의 끝에서 무질서의 책임자를 살해함으로 질서를 갱신시킨다.

물리학 영역에서 카오스와 질서의 관계는 인류학 영역에서의 카오스와 질서의 관계와 유비적이다. 열역학 제 2법칙(엔트로피 증가의 법칙)에 의하면, 우주는 무질서가 증가하는 방식으로 나아가듯이, 인류의 사회와 문화는 모방적 욕망과 미메시스로 인해서 점차 무질서가 증가하는 방향으로 진행된다. 그래서 인류는 오래전부터 새로운 질서를 갱신하기 위해서 의도적으로 희생 제의적 축제 때에 카오스의 끝(edge of chaos)을 재현하는 디오니소스적 드라마를 반복해 왔다. 미메시스가 문화적 엔트로피의 원인이기도 하지만, 그 미메시스로 인해서 인류는 문명을 모방적으로 학습하고 교육해서 찬란한 문화를 축적해 왔다.

8. 양자역학, 카오스 이론 그리고 하나님의 행동(Divine Action)

프리고진은 저서 『혼돈으로부터의 질서』 결론 부분에서 뉴에이지 운동을 연상시키는 '자연의 재주술화'를 대안으로 제시하지만, 이론물리학자 폴킹혼은 카오스 이론을 양자역학과 함께 우주 속에서의 하나님의 행동(Divine Action)이 이루어지는 채널로 이해한다. 지라르는 카오스의 끝에서 질서를 생산하는 (희생양) 메커니즘을 참된 초월성이 아니라, '거짓 초월성'으로서의 '사회적 초월성'으로 파악한다.[74] 무질서와 질서가 희생양 속에서 일치를 이루는 이 메커니즘은 카인과 아벨의 이야기에서부터 로마의 건국신화

---

74 Girard, The *Girard Reader*, 202-203.

에 이르기까지 "태초로부터 감추어져 온 것"들이다.

폴킹혼은 하나님이 세상을 섭리하는 방식을 비결정성과 예측불가능성을 보여주는 양자역학과 카오스 이론으로 설명한다. 양자역학과 카오스 이론에서 볼 수 있는 세계의 근본적인 예측불가능성은 이 세계에 하나님께서 행동할 수 있는 여지가 존재하지만, 과학에는 그것이 숨겨져 있음을 보여준다. 뉴턴 역학에 바탕을 둔 기계론적 사고를 넘어서는 이런 통찰은 하나님께서 창조세계와 상호작용할 수 있는 채널들을 보여준다. 양자세계의 비결정성은 우주를 하나의 기계로 볼 수 없다는 충격을 던져주었다.

양자역학의 코펜하겐 해석에 따르면, 자연 자체가 양자 차원에 있어서 비결정적인데 이것은 인식론적 불확실성을 넘어서는 존재론적 비결정성을 보여준다. 구름들과 같이 우리가 익숙한 대부분의 물리적 시스템은 근본적으로 예측이 불가능하다.

폴킹혼은 양자세계를 구름과 같다고(cloudy) 자주 비유한다. 양자세계 안에 구름처럼 불확정적이고 예측이 쉽지 않은 카오스적 저층구조가 존재한다는 것이다. 즉 양자세계의 카오스를 말한다. 양자역학으로 인해 거대한 우주적 시계로 그 동안 간주되었던 우주가 카오스 혹은 구름 위에 세워진 세계라는 것을 알게 되었다. 양자역학으로 인해 카오스와 우연이 중대한 과학적 개념으로 들어와서 자리 잡았다. 즉 우연과 필연성이 공존하게 되었다.

폴킹혼에 의하면, 카오스 현상은 초기조건의 미시적 변화가 예측 불가능한 미래의 인과적 효과를 초래하는 현상이다. 그는 카오스 현상이 거시물리적 세계 안에서의 본질적 불확정성 또는 비결정주의를 나타낸다고 파악한다. 양자 차원에서의 변화가 야기되고 카오스 체계의 증폭효과가 사용되어 이 변화가 거시 물리적 결과로 확대된다고 본다.[75]

---

[75] John Polkinghorne, *Quarks, Chaos and Christianity: Questions to Science and Religion* (New

폴킹혼에 의하면, 카오스 이론은 본질적 예측 불가능성과 비기계론적인 행위가 원자보다 작은(subatomic) 차원에서 발견할 수 있는 양자 이론에서만 특징적인 것이 아니라, 일상적인 과정에서도 그러하다는 것을 보여준다. 물리적 우주에는 정확한 시계(clocks)뿐 아니라, 불확정적인 구름(clouds)도 존재한다고 폴킹혼은 말한다. 이는 이들 시스템의 행위가 카오스의 끝에서(at the age of choas) 질서와 무질서의 모순어법적인 결합에 자리 잡고 있다는 것을 의미한다. 질서와 개방성 사이의 균형 잡힌 상호작용을 통해서 우주는 열매를 맺는다고 그는 본다.

우주 안에서의 하나님의 행동(Divine Action)에 대한 인터뷰에서 폴킹혼은 개현되고 진화하는 세계는 우연과 필연성의 상호작용으로 가능하다고 말한다. 우연은 무의미한 무작위성을 의미하는 것이 아니라, 역사적 우연성(contingency)을 의미한다고 본다. 우연성은 저것이 아니라, 이것이 발생하는 것이고, 바로 그러한 방식을 통해서 새로운 것(novelty)이 탄생한다. 하지만 어느 정도의 법칙적인 규칙성이 없다면 이 새로운 것은 곧 사라지고 만다.

폴킹혼은 앞에서 논의한 토랜스를 과학적 통찰을 신학적 사유에 진지하게 통합하고자 했던 위대한 신학자로 평가한다. 폴킹혼에 의하면, 우주는 그 성격에 있어서 18세기와 19세기 사람들이 생각했던 것보다 "훨씬 더 개방적이고 미묘하고 또한 유연하다"(more open, more subtle, and more supple)고 말한다. 하지만 이러한 우주에 대한 이해가 아직도 충분히 신학적 사유에 침투하지 못했다고 지적한다.[76]

『주 하나님은 미묘하시도다. 알버트 아인슈타인의 학문적 전기문』[77]이라

York: Crossroad, 2005).

[76] Divine Action: an Interview with John Polkinghorne (by Lyndon F. Harris). http://www.crosscurrents.org/polkinghorne.htm

[77] Abraham Pais, *Raffiniert ist der Herrgott...Albert Einstein: Eine wissenschaftliche Biographie* (Heidelberg: Spektrum Akademischer Verlag, 2009).

는 책 제목처럼 아인슈타인도 다음과 같이 말한 적이 있다.

> 주 하나님은 미묘하시지만, 악하지는 않으시다(Raffiniert ist der Herrgott, aber boshaft ist Er nicht).

이 유명한 말은 프린스턴대학의 어느 돌에 영구히 새겨져 있다.

아인슈타인은 어린 시절 학교 선생님의 무신론적 발언에 대해서 다음과 같이 대답했다.

"추위는 더위의 부재 때문이고, 어둠은 빛의 결여 때문이다."

악은 하나님의 사랑을 경험하지 못했기에 발생한다. 악은 선의 결핍이지, 독립적인 존재가 아니다. 빛에 대해서 깊이 명상했던 아인슈타인은 인간은 빛을 측량할 수 있지만, 빛의 결여인 어두움을 측량하지는 못한다고 말한다. 그는 자신의 질량과 에너지에 관한 유명한 방정식 뒤에 존재하는 우주적 지성을 믿었다.

폴킹혼은 양자역학, 카오스 이론, 복잡성 이론 등에 근거해서 세계 안에서의 하나님의 행동 가능성을 신뢰한다. 그렇기에 기도의 능력과 기적의 가능성도 변호한다. 20세기 현대 물리학은 세계가 기계의 톱니처럼 완벽하게 연결된 것이 아니라, 아주 복잡하고 개방된 체계요, 불확정적이고 비선형적이기에 외부로부터의 개입에 대해서 열린 세계라는 것을 보여준다. 하나님의 행동(Divine Action)에 대한 학제적 연구 프로젝트는 지라르 이론에 기초한 폭력과 종교(Violence and Religion) 연구와 과학과 종교(Science and Religion)처럼 공동연구가 잘 진행됐다. 『카오스와 복잡성: 하나님의 행동에 과학적 관점들』이라는 책은 교황청 천문대(Vatican Observatory)와 버클리의 신학과 자연과학연구소(Center for Theology and Natural Sciences)가 공동 출판한 것이다.

이 책에 기고한 논문에서 폴킹혼은 양자역학과 카오스 이론 등에 기초해서 세계 안에서 하나님의 행동을 논한다.[78] 이 책에서 낸시 머피(Nancy Murphy)를 비롯한 많은 학자는 양자역학의 불확정성에 하나님께서 행동하실 여지와 가능성을 보지만, 폴킹혼은 카오스 이론에서, 더욱더 큰 가능성을 보고 있다. 그는 에너지 없이 패턴을 형성하는 능동적인 정보(active information) 개념을 사용해서 물리적 세계에서 하나님께서 행동하신다고 본다. 순수정신인 하나님은 위로부터의 지속적인 정보입력(information input)을 통해서 활동한다는 것이다.

폴킹혼은 하나님께서 역사의 과정들을 형성하고 인도하면서 개현되는 미래 속의 정보입력을 통해서 세계의 개방된 미래와 상호작용한다고 주장한다. 정보입력을 통해서 세계와 섭리적으로 상호작용하는 것이 가능해진 이유는 세계가 본질적인 예측불가능성으로 가득 차 있기 때문이라고 그는 생각한다. 세계는 어떤 의미에서 "본질적으로 클라우디(cloudy)하다." 세계에는 (확정적이고 정확한) '많은 시계'(clocks)도 존재하지만, 본질적으로 불확정적이고 예측 불가능한 '많은 구름'(clouds)도 존재한다. 과학은 규칙성이 존재하기에 가능하다.

기독교 신학은 세계 안의 규칙성을 창조주의 신실하심의 표징들로 파악한다.[79] 하지만 이 세계에는 클라우디한 시스템들도 많이 존재한다. 불확정성 원리(Heisenbergsche Unschärferelation)에 의하면, 양자세계 자체가 흐릿하게 불명확하며(unscharf) 또한 폴킹혼의 표현처럼 클라우디하다. 또한 카오스 이론과 나비효과도 클라우디한 조건에서 가능하다.

---

[78] John Polkinghorne, 1995. "The Metaphysics of Divine Action," in: Robert J. Russell, Nancey Murphy and Arthur R.Peacocke (eds.), *Chaos and Complexity: Scientific Perspectives on Divine Action*, Vatican City: Vatican Observatory/Berkeley: Center for Theology and Natural Sciences, 243-252.

[79] John Polkinghorne, "Does God Interact with his Suffering World?" James Gregory Public Lectures on Science and Christianity, St Andrews Thursday, 9 October 2008. http://james-gregory.org.uk/downloads/John_Polkinghorne/john_polkinghorne_lecture.pdf

폴킹혼은 클라우디한 시스템 속에 하나님께서 정보입력을 통해서 섭리적으로 세계와 상호작용하며 인도한다고 파악한다. 플란팅가도 그의 강연들을 통해 위에서 언급한 물리적 세계에서의 하나님의 행동(Divine Action)에 대한 연구들을 소개하고, 자신의 입장도 전개하고 있다. 하나님의 창조는 자기증여 활동이고 하나님의 자기증여는 피조물에게 자기 초월과 자기 조직화의 능력을 수여한다. 이 능력은 물질이 생명이 되고 생명이 자의식의 정신이 될 수 있게 한다. 하나님은 우주의 개현과 진화의 방법을 통해서, 그리고 우연과 규칙성을 통해서 지속적으로 창조하며(creatio continua) 피조물의 자율성을 인정하고 보호한다. 하나님의 활동(Divine Action)은 비개입적이어서 자연의 법칙을 위반하는 식으로 세계에 개입하지 않는다.

제6장

만유인력, 만유모방 그리고 인류의 범죄

1. 모방적 욕망과 타락 그리고 폭력적 성스러움

지금까지 주로 기독교 창조론에 대한 새로운 차원의 자연신학적이고 자연철학적인 논의를 해 왔다. 폴킹혼은 과학 사상과 화해하기 가장 까다롭다고 생각하는 주된 기독교 교리를 타락이라고 대답한 적이 있다. 인간의 모방적 욕망으로 인한 유혹과 타락, 죄악과 비참함, 탐욕과 폭력 그리고 형제살해와 야만성 등 문화의 기원에 존재하는 불편한 진실들에서는 주로 지라르의 이론을 중심으로 이야기 하고자 한다.

지라르의 욕망 이론과 문화 이론을 통해서 창조 이후의 타락과 십자가 사건을 통한 구원의 스토리를 인문학적으로 더욱 깊게 논의하려고 한다. 우주를 생각하는 인간의 수학적 로고스의 위대함과 동시에 모방적 욕망의 파토스로 인한 죄와 비참함에 대해서도 논의한다. 우주에서 가장 복잡한 물리적 실체는 인간의 두뇌라고 한다.

인간의 두뇌에서 나오는 수학적 지성뿐 아니라, 미묘한 감정과 모방적 욕망과 경쟁으로 가득한 인간의 마음도 우주에서 가장 복잡하지 않을까?

인간 감정의 복잡성은 미메시스 때문이다. 인간이 타자와 이웃을 의식해서 모방적으로 욕망하고 경쟁하지 않고, 자신의 떡에 만족하고 자신의 샘물로부터 욕망과 행복을 끌어올린다면, 우리는 좀 더 소박하고 평안하게 살아갈 수 있을 것이다. 인류의 비참함은 바로 욕망의 모방적 복잡성과 폭력적 경쟁성 때문이다. 항상 남의 떡이 커 보이는 것은 모방적 욕망 때문이다.

폴킹혼을 비롯한 최근 자연신학적 논의에서 부족한 부분이라 할 수 있는 모방적 욕망으로 인한 죄와 타락, 우상숭배의 문제, 거짓 초월성에 대한 문제, 그리고 십자가 사건을 통한 인류구원의 문제도 논의돼야 한다. 폴킹혼은 인간의 성스러움(the sacred)과의 대면을 우주의 깊은 이해 가능성과 함께 신의 존재를 보여주는 것으로 파악한다.[1]

세계종교의 다양성에도 불구하고, 이 성스러움과의 만남에서도 그 흔적을 발견할 수 있다는 것이다. 칼뱅이 말한 것처럼, 인간 속에는 종교의 씨앗(semen religionis)과 신의식(sensus divinitatis)이 있기에 일반은총적인 관점에서라도 세계종교에서 발견되는 성스러움과 만남에서 신 존재의 흔적을 볼 수 있기도 하다.

하지만 세계종교에는 아름답고 숭고한 것만 존재하는 것이 아니다. 세계종교에는 인간 제사와 같은 폭력적인 요소도 존재한다.

지라르에 의하면, 세계종교의 원형은 인간 제사에 있다. 지라르는 인류 문화의 폭력적 기원뿐 아니라, 인류 종교의 폭력적 기원을 밝혔다. 종교의 기원은 문화의 기원과 마찬가지로 희생양 메커니즘에 있다. 인간 제사가 모든 희생제사의 기원으로서 종교의 기원에 자리 잡고 있었다. 지라르는 성스러움(le sacré) 속에 희생양 살해와 인간 제사와 같은 폭력(la violence)이 존재한다고 주장한다.[2] 지라르는 희생양 메커니즘이 아직도 은폐된 채 작동함으로써 사회적 거짓 초월성을 발생시키는 옛 성스러움(old sacred)과 이것으로부터 점차 벗어나서 폭력적 성스러움 저 편에 존재하게된 거룩함(sanctus)

---

[1] Polkinghorne, *Science and the Trinity. The Christian Encounter with Reality*, 71.
[2] René Girard, *La Violence et le Sacré* (Paris: Grasset, 1972).

을 내용적으로 구분한다.

레비나스는 탈무드 강의에서 '성스러움으로부터 거룩함으로'(Du sacré au saint) 옮아가는 과정에 대해서 말했고,[3] 지라르도 유대-기독교적 전통의 영향으로 점차적으로 인류가 원시적이고 폭력적인 성스러움(le sacré)으로부터 거룩함으로 나아간다고 주장한다.[4] 지라르의 분석처럼 세계 종교는 평화를 지향하고 있지만, 많은 경우 역설적이게도 성스러운 폭력(sacred violence)을 통해서 그것을 성취하려고 한다. 타종교의 전통 속에 존재하는 선하고 아름다운 것을 부인하지 않으면서도, 세계종교에 대한 보다 현실적이고 정확한 이해가 필요하다.

지라르의 이론은 인류의 문화에 대한 낭만적 견해를 넘어서 보다 현실적이고 드라마틱한 이해를 제공한다. 폴킹혼은 토랜스를 인용하면서, 자의식을 가진 존재로서의 인간 뿐 아니라, 인간 본성의 어두운 측면, 곧 신학자들이 죄라는 범주 아래서 파악하는 부패한 측면도 고려해야만 한다고 말한다.[5] 자연신학의 르네상스로도 해결할 수 없는 것은 창조 이후의 인간 모방적 욕망과 자유의지로 인한 죄와 타락, 그리고 인간의 우상숭배와 사회적 거짓 초월성의 문제, 또한 그리스도를 통한 구원과 세계완성에 관한 문제일 것이다.

폴킹혼이 말한 것처럼 자연신학적 연구를 통해서 창조세계 안의 삼위일체 하나님의 흔적(vestigia trinitatis)을 발견할 수 있지만, 하나님의 존재와 본질을 증명할 수는 없다. 창조주의 자기 계시와 자기증명을 통해서만 유한

---

[3] E. Levinas, *Du sacré au saint. Cinq nouvelles lectures talmudiques* (Paris: Editions de Minuit, 1977).
[4] 2012년 프랑스 파리에서는 지라르 학파와 레비나스 학파에 속한 학자들이 모여서 '르네 지라르, 엠마누엘 레비나스: 성스러움으로부터 거룩함으로'란 제목으로 학술대회를 가졌다. Colloque international ARM/BnF/SIREL, "René Girard, Emmanuel Levinas: du sacré au saint," 12, 13 novembre 2012, Paris.
[5] Polkinghorne, *Science and the Trinity. The Christian Encounter with Reality*, 15.

한 피조물인 인간이 하나님을 참으로 알 수 있다.

2. 진화의 그림자: 자유와 모방적 욕망의 대가

폴킹혼은 창조의 극장에서 개현되는 우주적 드라마에는 어두운 측면이 존재한다고 말한다. 자연 속의 물리적 악과 고통의 문제다. 폴킹혼이 주로 진화의 그림자로서의 물리적 고통과 악의 문제를 말한다면, 지라르의 이론을 통해서는 욕망의 진화 대가로 인한 인위적이고 사회적인 고통, 폭력, 유혹 그리고 죄악에 대해서 말할 수 있다. 인간의 욕망도 동물적인 단계로부터 벗어나 진화되었다고 할 수 있다. 모방적 욕망은 인간 조건이기도 하지만, 그 욕망의 모방성과 경쟁성에는 언제나 어둡고 폭력적인 그림자가 존재한다.

먼저 물리적 고통과 악의 문제를 폴킹혼의 입장에 따라 알아보자. 창조세계가 스스로를 만들 수 있는 것은 좋은 것이지만, '필요한 대가'(a necessary cost)와 '진화적 과정의 피할 수 없는 어두운 측면'이 존재한다. 사랑의 하나님은 피조물에게 두 종류의 자유, 곧 자기 자신이 될 수 있는 자유, 그리고 자기 자신을 실현하는 자유를 준다.

이러한 자유의 선물은 아주 좋은 것이지만, 어쩔 수 없는 그림자도 드리운다. 생물학적 진화의 과정에서 새로운 형태의 생명은 유전자적 변이라는 엔진에 의해 생성된다. 자연선택 때문에 어떤 형태의 생명은 유지가 되지만, 변이 과정에서 유지되지 못하는 형태도 있다. 피조물이 생성되고 보존되기 위해서 반드시 필요한 고통이 존재한다는 것이다. 창조세계 안에 암이 존재하는 것도 세계가 스스로를 만들 수 있도록 허용 받은 데 대한 '필요한 대가'로 폴킹혼은 본다.[6]

---

6   Polkinghorne, *Science and the Trinity. The Christian Encounter with Reality*, 72.

겨자씨보다도 훨씬 작은 빅뱅 특이점에서부터 창조세계는 개현되고 발전되었고, 수많은 열매를 맺은 지금의 우주가 창조되었다. 앞에서 본 것처럼 카이퍼와 같은 학자에게도 창조의 역동적인 개현 과정에 대한 통찰들을 발견할 수 있다. 역동적인 창조 이해와 창조신학이다. 폴킹혼이 인용하는 다윈 당시의 신학자 킹즐리(Charles Kingsley)의 표현처럼 창조주는 완제품의 세계(a ready-made world)가 아니라, 피조물이 스스로를 만들 수 있도록 보다 더 현명한 방식으로 창조하셨다. 창조주는 위대한 잠재성을 가진 우주를 창조했다. 그러나 '진화의 그림자 측면'으로써 '고통'이 세계에 존재하기도 한다.[7]

자연에 속한 물리적 고통과 악은 창조세계의 개현 과정에서의 피할 수 없는 대가와 그림자로 설명되지만, 문화에 속한 인위적 고통과 악도 존재한다. 이 문화적이고 사회적인 악과 고통은 자유의지와 모방적 욕망을 가진 인간이 자초한다. 모방적 욕망은 축복인 동시에 저주다. 모방적 욕망으로 인류는 동물과는 달리 경이로운 문명을 건설해 왔지만, 그것으로 또한 종 내에서의 살해와 폭력과 전쟁을 일으켜왔다. 가장 모방적이고 경쟁적인 동물인 인간은 가장 폭력적이고 가장 어리석은 동물이기도 하다.

인간이 가지는 욕망의 최상급의 모방성과 경쟁성은 인간을 인간답게 만드는 축복인 동시에 비인간적이고 야만적 행위를 범하게 하는 유혹이기도 하다. 모방적 욕망의 어두운 그림자에 대해서 성경은 잘 보여주고 있다.

인간은 고도로 모방적이고 경쟁적인 동물이다. 인간은 고도로 미메시스적인 존재다. 고도로 모방적이기에 인간은 문화와 기술을 서로 모방하고 경쟁함으로 축적해 왔다. 하지만 고도로 모방적인 존재는 그 모방성 때문에 서로를 미워하고 질투하고 살해하는 어리석음과 죄악도 범한다. 고도의

---

[7] John Polkinghorne, "Does God Interact with his Suffering World?" James Gregory Public Lectures on Science and Christianity, St Andrews Thursday, 9 October 2008. http://james-gregory.org.uk/downloads/John_Polkinghorne/john_polkinghorne_lecture.pdf

모방성은 축복인 동시에 저주다. 동물 세계에는 결코 같은 종 안에서의 살해가 발생하지 않는다.

개미들은 완벽한 분업을 보여준다. 욕망의 모방성으로 인한 사회적 엔트로피(무질서도)가 매우 적은 이런 동물 세계에는 폭력적이고 뜨거운 불안정성이 거의 없고, 매우 차갑고 안정된 시스템을 이룬다. 하지만 인류집단은 고도의 모방적 상호관계 때문에 언제나 불안정한 경쟁상태와 뜨거운 내전상태가 존재한다. 해 아래 평화가 없었다. 인류의 강한 모방성과 경쟁성은 창조질서이기도 하면서 죄악의 원인이기도 하다.

미메시스는 유혹이다. 미메시스는 찬란한 인류 문명의 엔진이기도 했지만, 또한 가장 야만적인 범죄의 동기이기도 하다. 선하고 평화스러운 미메시스도 존재하지만, 대부분의 경우 소유욕적이고, 경쟁적이고 폭력적인 미메시스가 지배적이다. 특히 현대사회의 경우처럼 사람들 사이의 올바른 거리가 붕괴되어 사회적 인력이 강해지는 내적 중개 상태에서 미메시스는 폭력적이고 갈등적이고 경쟁적으로 변한다. 미메시스는 축복인 동시에 유혹이다. 세상을 등진 사막의 기둥성자들까지도 극복하기 힘든 것이 경쟁심일 것이다. 기둥성자들 사이의 내부경쟁과 모방으로 기둥이 지속적으로 올라갔다고 한다.

3. 경쟁적 미메시스와 원죄론의 과학적 설명

창세기의 타락 이야기에서도 우리는 욕망의 모방적 구조를 발견할 수 있다. 여기서 지라르의 모방적 욕망 이론으로 성경의 인류 타락 이야기를 분석해 보자. 신경 정신병학자이자 심리학자 우구를리앙(Jean-Michel Oughourlian)은 1970년대부터 지라르의 미메시스 이론을 공동 연구해 온 학자다. 그는 자신의 저서 제3장 '창조와 타락'에 대한 논의에서 뱀을 '모방적 욕망의

상징'으로 분석한다.[8]

지라르의 『나는 사탄이 하늘에서 떨어지는 것을 본다』의 독일어 번역본의 후기(Nachwort)를 쓴 독일 철학자 슬로터다이크(P. Sloterdijk)는 지라르가 말한 '갈등적 미메시스'는 기독교 '원죄론의 과학적 버전'이라고 했다.[9] 창세기에서 뱀은 사탄적 존재로 묘사되는데, 지라르의 이론을 신학적으로 수용해서 학제적으로 발전시켜 지라르에게 있어서 중대한 학문적 동반자였던 슈바거 교수도 원죄와 구원드라마(Heilsdrama)에 관한 자신의 저서에서 뱀을 갈등적 미메시스의 상징으로 해석했다.[10]

슈바거 교수는 칼 라너(Karl Rahner)의 후임으로 오스트리아 인스부르크대학교 조직신학부에 와서 지라르의 이론을 중심으로 인문학과의 학제적 대화 뿐 아니라, 자연과학과의 학제적 대화도 발전시켰다. 지라르의 이론에 영향을 받아 '연구 프로젝트 드라마틱한 신학'(Forschungsprojekt Dramatische Theologie)을 출범시켰고, 이후 지속적으로 학문적 대화와 학술심포지움을 학제적으로 진행시켰다. 종말론적 부활의 물리학적 가능성에 대해서 이후에 논의하겠지만, 이 드라마틱한 신학 연구 프로젝트 속에서 판넨베르크(Wolfhart Pannenberg)와 티플러(Frank Tipler)가 인스부르크대학교에 초대되어서 학술모임을 가졌다.

이 책은 드라마틱한 해석학을 문화 이론뿐 아니라, 우주론에도 적용시켜서 빅뱅 특이점으로부터 우주의 종말과 죽음에 이르는 대서사시를 삼위일

---

[8] Jean-Michel Oughourlian, *The Genesis of Desire,* trans. Eugene Webb (East Lansing, MI: Michigan State University Press, 2010), '제3장 창조와 타락.'

[9] Peter Sloterdijk, "Erwachen im Reich der Eifersucht. Notiz zu René Girards anthropologischer Sendung," in René Girard, *Ich sah den Satan vom Himmel fallen wie einen Blitz. Eine kritische Apologie des Christentums.* Aus dem Französischen von Elisabeth Mainberger-Ruh (Munich and Vienna: Carl Hanser Verlag, 2002), 250.

[10] Raymund Schwager, *Erbsunde und Heilsdrama: Im Kontext von Evolution, Gentechnologie und Apokalypse,* Beitrage zur mimetischen Theorie 5 (Munster, Germany: LIT Verlag, 1997), 174.

체 하나님의 드라마(Theodramatik)로 파악하는 일종의 드라마틱한 우주론을 위한 작은 시도라 할 수 있다.

칼 바르트의 개혁주의 교의학에 깊은 관심을 가졌던 폰 발타자르(Hans Urs von Balthasar)와 같이 스위스 출신의 예수회 신부였던 슈바거 교수는 지라르의 이론을 중심으로 '폭력과 종교에 관한 학술대회'를 창립했고, 그 초대회장으로 활동했다. 하지만 슈바거 교수는 폭력과 종교의 문제뿐 아니라, 과학과 종교(Science and Religion) 연구에도 깊은 관심을 가졌다. 특히 슈바거 교수는 예수 그리스도의 부활 역사성, 과학과 종교의 학제적 연구 등과 관련해서 독일 뮌헨대학의 조직신학 교수 판넨베르크의 연구를 높이 평가했다. "르네 지라르와 볼프하르트 판넨베르크: 종교학과 신학"[11]이라는 논문도 이 사실을 보여준다. 슈바거는 폴킹혼의 과학과 종교에 대한 저서들도 인용하고 있다.

앞에서 언급한 『원죄와 구원드라마: 진화, 유전자기술, 그리고 묵시록의 관점에서』라는 책은 바로 과학과 종교, 물리학과 신학, 창조와 진화론의 문제, 양자역학과 카오스 이론, 그리고 지라르의 미메시스 이론을 학문통합적으로 연구한 것이다. 창세기에서 뱀은 잘못된 방식으로 하나님의 말씀을 왜곡하여 하나님을 인간에 대한 라이벌로 제시했다. 뱀은 하나님께서 인간에게 무엇인가를 숨겨서 인간이 하나님처럼 되지 못하게 한다고 암시했다. 뱀의 이러한 왜곡으로 말미암아, 하나님은 자신의 라이벌에 대항해서 자신의 것을 지키고자 하는 존재로서 인간에 대한 라이벌처럼 보이게 되었다. 뱀은 인간이 적대적인 방식으로 하나님을 닮도록 했다.

이 하나님에 대한 경쟁적인 모방은 피조물로서의 인간 본연의 위치를 떠나 인간이 하나님처럼 되게 조장했다. 즉 창세기의 타락과 원죄에 대한

---

11 Raymund Schwager, "René Girard und Wolfhart Pannenberg: Religionswissenschaft und Theologie," *Kerygma und Dogma. Zeitschrift für theologische Forschung und kirchliche Lehre* 44 (1998) 172-192.

스토리에서 우리는 갈등적이고 경쟁적인 미메시스를 보게 된다.[12]

이처럼 지라르에게 영향을 받은 학자들은 슈바거의 경우처럼 창세기의 타락과 원죄를 미메시스적인 사건으로 파악한다(Erbsünde als mimetisches Geschehen).[13] 슈바거의 드라마틱한 신학에서는 인류의 죄는 왜곡된 모방과 왜곡된 하나님에 대한 이해라는 악순환 속에서 이루어지는 하나님에 대한 거부를 의미한다. 죄는 하나님에 대한 (왜곡시키는) 모방으로부터 시작되는데, 이 모방이 경쟁을 만들어낸다.[14] 유혹은 처음부터 하나님에 대한 모방으로부터 시작되는데, 앞에서 말한 것처럼 뱀은 하나님의 본래 말씀의 일부분만 떼어서 왜곡해서 말한다. 경쟁적이고 갈등적인 모방으로 인해서 죄는 이후 형제들 사이의 경쟁으로 작용하고 이후 형제살해로 끝나게 된다. 슈바거에 있어서 카인이 아벨을 살해한 가장 근본적인 동기는 질투심이다.

4. 인류의 자기심판(Selbstgericht)

성경은 (모방적) 욕망이 잉태한 즉 죄를 낳는다고 말한다. 탐심은 우상숭배라고 했다. 십계명에서 금지하는 탐욕과 탐심을 지라르는 모방적 욕망으로 분석했다. 카인은 모방적 욕망으로 인한 질투심으로 동생을 살해했다. 그러나 로마건국신화와는 달리 성경은 이 폭력을 정당화하지 않는다. 하나님은 땅에서 부르짖는 아벨의 목소리를 찾는다. 해 아래에 있는 인류의 문화와 사회에서의 타락상과 부패상은 모방적 욕망 때문이다. 지라르도 욕망의

---

12 Petra Steinmair-Pösel, "Original Sin, Grace, and Positive Mimesis," in *Contagion. Journal of Violence, Mimesis, and Culture* (Vol. 14) (2007)에서도 이 논의에 대해서 다루어졌다.

13 Nicolaus Wandinger, *Die Sündenlehre als Schlüssel zum Menschen. Impulse K. Rahners und R. Schwagers zu einer Heuristik theologischer Anthropologie* (Münster: LIT Verlag 2003), 257.

14 Schwager, *Erbsünde und Heilsdrama: Im Kontext von Evolution, Gentechnologie und Apokalypse*, 25.

모방적이고 경쟁적인 성격이 갈등과 폭력의 원인이라고 본다.

지라르의 미메시스 이론의 영향을 받아서 슈바거는 드라마틱한 신학을 발전시켰는데, 『구원드라마 속의 예수: 성경적 구원론을 위한 기획』이라는 책에서 그는 심판을 보다 드라마틱하게 인류의 자기심판(Selbstgericht)으로 이해했다.[15] 자유의지와 모방적 욕망(자유 욕망)을 가진 인간이 선택하는 결과를 자신이 끝까지 책임지도록 하나님께서는 지켜보고 있고, 또한 그대로 '내버려둔다'는 것이다. 로마서 2:24-28에는 인간이 자유의지와 모방적 욕망으로 인해 범한 죄악을 내버려 두시는 하나님의 방임과 인류의 자기심판에 대해서 기록되어 있다.

> 그러므로 하나님께서 그들을 마음의 정욕대로 더러움에 내버려 두사…하나님께서 그들을 부끄러운 욕심에 내버려 두셨으니…하나님께서 그들을 그 상실한 마음대로 내버려 두사(롬 2:24-28).

그래서 슈바거는 묵시록과 인류의 자기심판이라는 주제 아래서 핵전쟁의 위협으로 지구적인 차원에서의 자멸 앞에 선 인류가 직면한 자기심판의 문제도 논의한다.

야고보서 1:13-15도 인간이 받는 유혹과 시험이 인간 자신의 (모방적) 욕심 때문이라고 강조한다.

> 사람이 시험을 받을 때에 내가 하나님께 시험을 받는다 하지 말지니 하나님은 악에게 시험을 받지도 아니하시고 친히 아무도 시험하지 아니하시느니라. 오직 각 사람이 시험을 받는 것은 자기 욕심에 끌려 미혹됨이니 욕심이 잉태한즉

---

[15] Raymund Schwager, *Jesus im Heilsdrama. Entwurf einer biblischen Erlösungslehre* (Innsbruck: Tyrolia, 1990).

죄를 낳고 죄가 장성한즉 사망을 낳느니라(약 1:13-15).

인간 자신의 모방적 욕망의 유혹에 끌려서 인간은 죄악과 폭력을 범하고 자기심판의 결과를 감내해야 한다. 하나님께서는 꼭두각시나 로봇처럼 인간을 창조하지 않으셨기에, 자유의지와 자유 욕망을 가진 인간과 창조주 사이의 상호작용은 복잡하고 드라마틱할 수밖에 없다. 인간 진화의 그림자와 함께 자유의지와 모방적 욕망의 대가를 보다 드라마틱하게 보아야 한다. 인간은 욕망진화의 결과도 자신이 책임져야 한다.

가장 모방적이고 경쟁적인 동물인 인간이 가진 욕망의 모방적 성격은 창조질서에 속하는 선한 것인 동시에 인간 조건의 대가이기도 하다. 모방적 욕망은 참으로 인간적인 것이지만, 그 대가로 우리는 모방적 욕망이 주는 그늘 속에서 괴로워한다. 모방적 욕망의 그늘 속에서 인간은 죄악과 타락, 살인과 폭력, 질투와 증오, 전쟁, 내전 그리고 인종청소와 같은 야만적 행위도 범한다. 가장 야만적 범죄는 가까운 곳에 있는 경쟁자에 대한 불타는 질투심과 살해에서 발생한다. 물질뿐 아니라, 사람들 사이에도 일종의 중력과 인력이 존재하기에, 사람들 사이에 심리적 거리가 붕괴된 곳에서 가장 뜨거운 폭력과 증오가 도사린다.

인간은 자유의지뿐 아니라, 자유 욕망도 가진다. 인간의 의지가 자유스럽듯이, 인간의 욕망도 무엇을 욕망할지 모를 만큼 자유롭다. 성 욕망에 대해서 자기 금욕을 실천하면서 신부와 수녀처럼 사는 사람들도 있고, 성 욕망에 중독되어 살아가는 사람들도 있다. 동물과는 달리 인간은 물리적이고 생리적 욕구에 제한되지 않는다.

인간의 욕망은 물리적이고 생리적인 욕구에 제한되거나 통제받지 않은 채, 메타물리학적, 곧 형이상학적인 것으로까지 무한하게 확장된다. 지라르의 말처럼 인간의 욕망은 무엇을 욕망할지 모른다. 그만큼 인간의 욕망은 자유롭다. 동물의 욕구로부터 진화된 인간의 욕망에는 형이상학적 거품이 가득하다. 만약 인간의 욕망에 모방성, 경쟁성 그리고 전염성이 거의 없다면, 인간의 공동체 내부에서는 거의 갈등과 분쟁과 증오가 없을 것이다. 아마 알프스의 소처럼 평화스럽게 자기 풀을 뜯고 있을 것이다.

그러므로 인류의 문화를 제대로 파악하려면 인간의 자유의지뿐 아니라, 자유 욕망, 곧 욕망의 모방성과 경쟁성에 대해서 성찰해야 한다. 인간에게는 욕망도 본능에 의해서 통제되거나 제한되지 않는다. 인간의 죄악은 성경 스토리에 의하면, 자유의지뿐 아니라, 자유 욕망, 곧 모방적 욕망으로 인한 것이다. 선악과 이야기에서도 자유의지뿐 아니라, 욕망의 모방성을 읽어낼 수 있다. 자유의지가 인간 조건에 속한 축복과 저주로서의 양면성을 가지고 있듯이, 자유 모방도 양면성을 가져서 창조적이면서도 때로는 자기 파괴적이다. 앞에서 논의한 것처럼 인간의 두뇌는 잉여지성뿐 아니라, 잉여 욕망도 생산해낸다. 인간의 수학적 지성은 위대하지만, 인간은 모방적 잉여 욕망으로 인해서 각종 범죄와 폭력과 살해를 저지른다.

5. 뉴턴의 만유인력과 지라르의 만유모방(universal mimesis)

인간 행동과 욕망의 강한 모방성은 거울 뉴런(mirror neurons)에 의해 시작된다. 거울 뉴런의 발견으로 지라르의 미메시스 이론은 뇌과학적으로 확증되었다. 뇌과학과 인지과학 분야를 연구하는 학자들은 DNA 발견이 생물학에서 이룬 변화처럼, 거울 뉴런의 발견이 심리학 분야에서 큰 지각변동을 일으킬 것으로 예상한다.[16]

최근의 책 『미메시스와 자연과학: 모방에 대한 경험적 연구와 문화와

---

[16] Jean-Michel Oughourlian, *The Genesis of Desire,* trans. Eugene Webb (East Lansing, MI: Michigan State University Press, 2010), 2.

종교에 대한 미메시스 이론』은 미메시스 이론과 자연과학 사이의 학제적 융합과 통섭을 논의하고 있다.[17] 앞에서 언급한 우구를리앙은 임상연구와 함께 지라르의 이론을 정신의학, 심리학 그리고 정신병리학 분야에서 적용하고 발전시키는 연구를 지속해 왔다. 그는 모방적 욕망 이론에 관하여 임상적 관점을 전개했던 몇 권의 책을 쓰기도 했다. 그는 『욕망의 꼭두각시: 히스테리, 빙의, 최면의 심리학』에서 지라르의 미메시스 이론과 연결해 '모방적 욕망의 현상학'을 제안했다.[18]

그는 임상연구를 병행하는 신경 정신병 학자로서 지라르의 분석처럼 욕망의 근본적 '타자성'을 발견했고, 모방적 욕망이 만들어내는 각종 정신병리학적 현상에 대해서 미메시스 이론이 지니는 '치유적 가치'를 발견했다. 욕망의 모방성, 경쟁성, 타자성 그리고 관계성이 수많은 형이상학적 질병을 만들어낸다는 것이다. 그가 임상에서 발견한 대부분의 병리학들(히스테리, 공포증, 불안, 파괴적 격정, 강박적 질투심, 신경성 무식욕증 등등)은 '욕망의 질병들'이라고 분석한다. 모방적 욕망에 의해 촉발된 경쟁이 우리를 너무 강하게 사로잡아서 증오의 관계성 속에 사로잡아 넣는다는 것이다.

인간의 상호관계에 존재하는 미메시스적인 것(mimetism)을 이해하지 못하기에 그렇다는 것이다. 그래서 자신의 '미메시스적 심리치료'(mimetic psychotherapy)는 끝없는 경쟁에 사로잡혀 있는 사람들을 풀어서 그 허구적 집착을 깨닫게 하는 것이다. 우리가 강한 모방성에 대한 깨달음을 얻게 되면, 그 깨달음이 우리를 점차 해방해 모방적 욕망이 우리를 '욕망의 꼭두각시'처럼 조종하지 못하게 한다는 것이다.[19]

---

17 Scott R. Garrels(ed), *Mimesis and Science: Empirical Research on Imitation and the Mimetic Theory of Culture and Religion* (East Lansing: Michigan State University Press, 2011).

18 Jean-Michel Oughourlian, The *Puppet of Desire: The Psychology of Hysteria, Possession, and Hypnosis*, trans. Eugene Webb (Stanford:Stanford University Press, 1991).

19 Oughourlian, *The Genesis of Desire,* 11-13.

창조주는 인간을 인형처럼 만들지 않았지만, 자유의지뿐 아니라, 모방적 욕망을 가진 인간은 쉽게 갈대처럼 흔들려 '욕망의 꼭두각시'가 되고 만다. 이것이 인간실존의 비극이요 비참함이다. 성경을 인류학적으로 읽어보면, 이 비참함의 근원이 타락과 죄에 있고, 그것은 또한 인간만이 가지는 욕망의 강한 모방성, 전염성 그리고 경쟁성 때문이라는 것을 알 수 있다.

우구를리앙은 모든 인간관계는 '보편적 미메시스' 혹은 만유모방(universal mimesis)에 의해 지배를 받는다고 표현한다. 만유인력이 자연계를 지배한다면, 만유 모방은 인류사회를 지배한다. 만유 모방을 벗어날 수는 없다. 인간의 두뇌 속의 거울 뉴런으로 인해서 우리는 끊임없이 서로를 모방하고 경쟁한다. 해 아래서 모방과 경쟁을 벗어날 길은 없다. 거울 뉴런의 발견은 이 보편적 미메시스 혹은 만유 모방이 '신경계의 차원에서' 끊임없이 발생한다는 것을 보여준다.

거울 뉴런은 우리의 두뇌에서 우리가 타인들이 행동하거나 행동하고자 의도할 때, '자동으로' 작동된다. 인간은 태어나면서부터 타자와의 끊임없는 '미메시스적인 상호작용' 속에 있다. 그렇기에 우리의 행동과 감정들을 결정하는 요소 중 '미메시스적인 메커니즘'이 강하게 작용하고 있다. 전체적인 인간의 장(field of human being)을 특징짓는 것은 바로 이 모방적 메커니즘이다.

우구를리앙은 다음과 같이 주장한다.

> 만유인력(universal gravitation)과 똑같이 만유 모방(universal mimesis)은 수많은 서로 다른 현상들을 설명한다.

이 만유 모방은 매력(attraction)과 혐오(repulsion)을 함께 일으킨다. 그렇기에 미메시스는 '근본적으로 애매모호한 힘'이다.[20] 미메시스는 '무의식적 모방의 특별한 형태'라 볼 수 있다.[21] 우리는 무의식적으로 또한 자동으로 타자를 모방하고 타자의 욕망을 빌려온다. 근본적으로 복잡하고 애매모호한 만유 모방으로 인해 인류의 욕망에는 형이상학적 복잡성이 자리잡고 있다.

우구를리앙은 제3장 '만유모방'(Universal Mimesis)에서 모방적 욕망의 보편성을 물리학에서의 만유인력과 비교하고 있다. '만유 모방의 법칙은 물리적 운동을 지배하는 만유인력의 법칙처럼' 인간관계를 지배한다. 이 만유 모방의 원칙은 명백한 모순처럼 보이는 것들, 곧 사랑과 증오, 연대와 갈등, 매력과 혐오라는 일련의 인간 현상을 결정적으로 해명할 수 있다고 그는 본다.[22] 필요와 욕구와는 달리 인간의 욕망은 모방적이고 경쟁적이어서 언제나 형이상학적인 욕망으로 증폭된다. 그 물리적 욕구를 벗어난 메타물리학적(형이상학적) 욕망은 또한 우리에게 각종 형이상학적 정신병리학을 일으킨다.

지라르는 르상티망이야말로 현대인들의 전형적인 병리학이라 분석한다. 우구를리앙의 표현처럼, "미메시스는 보편적인 메커니즘이다. 그 누구도 이것에서 벗어날 수 없다." 하지만 이 사회적 만유인력인 미메시스적 메커니즘이 결정주의를 의미하는 것은 아니다.[23]

우리가 타자와의 모방적 관계 속에서 때로는 '욕망의 꼭두각시'처럼 행동하기도 하지만, 그런데도 우리는 꼭두각시는 아니다. 인간 중에는 성 욕망이나 모방적 욕망에 꼭두각시처럼 사로잡히거나 중독된 사람도 있지만, 그것을 절제하면서 세계 안에서와 일상 속에서 자기 금욕을 실천하면서 사는 사람들도 있다.

프로이트가 범성욕주의적 관점에서 오이디푸스 신화마저도 지나치게

---

[20] Ibid., 13-14.
[21] Ibid., 30.
[22] Ibid., 81.
[23] Ibid., 27.

개인의 성 욕망의 관점에서 잘못 해석했지만, 지라르는 오이디푸스 신화를 사회적으로 해석해서, 은폐된 희생양 메커니즘을 분석해 내었다. 성 욕망보다 더 근본적이고 급진적인 것은 모방적 욕망이다. 성 욕망도 모방적이다. 성 욕망이 모방적 욕망으로 인해 증폭되고 가열되어서 범람하는 사회가 현대사회다.

우구를리앙은 인간만이 가지는 다양한 형태의 성적인 도착 현상(페티시즘, 관음증, 가피학증, 등등)은 모방적 욕망이 기저에 존재하는 성적인 본능을 변경시켜서 발생하는 것으로 분석한다. 동물들도 성적인 본능과 필요가 있지만, 그들에게는 성적인 도착은 존재하지 않는다. 왜냐하면, 그들에게는 (모방적) 욕망이 없기 때문이다.[24]

우구를리앙은 고전적 심리학을 넘어서 이제는 '새로운 상호개인성(interdividuality)의 심리학'을 제안한다.[25] 상호개인성이라는 개념은 앞에서 보았듯이 지라르가 제안한 개념이다. 상호개인적 관계의 장 속에 우리는 존재하기에 우리의 "모든 욕망은 경쟁적이고, 모든 경쟁은 또한 욕망적이다." 욕망과 경쟁은 얽혀 있다. 모방적 욕망은 경쟁을 생산하고, 경쟁은 욕망을 가속한다.[26]

우구를리앙은 자신의 책에서 오스트리아 비엔나 출신의 의사 메스머(Franz Anton Mesmer)의 동물자기(animalischer Magnetismus) 이론을 언급한다. 현대에 와서 최면의 역사가 그로부터 시작된다. 그의 가설에 의하면, 우주 전체에는 자성 유체(magnetic fluid)가 활동하면서 그가 동물자기라고 불렀던 최면 효과를 일으킨다. 물론 그의 가설은 과학적 한계를 지니고 있긴 하지만, 그럼에도 불구하고 그의 대담하고 상상력이 풍부한 시도는 사람들을

---

[24] Ibid., 29.
[25] Ibid., 34.
[26] Ibid., 66.

끌어당기는 내적인 힘에 대한 진지한 질문에 답변하고자 했다.

우구를리앙은 뉴턴의 만유인력 이론에서 묘사된 그러한 물리적 효과들과 유사한 이 힘이 가지는 '심리학적 효과들의 보편성'에 대해서도 확신하게 되었다. 그는 바로 뉴턴의 만유인력에 대한 물리학적 법칙과 유사한 심리학적 법칙이 존재한다고 보았다. 그래서 그는 인간이 서로에 대해서 끌어당기는 매력(attractions)에 대해서 심리학적 관찰을 진행했다.

우구를리앙은 물리학과 심리학을 혼합시키고, 또 혼동하고 있긴 했지만, 그런데도 그의 이론들은 이 물리적 자연법칙과 인간 사회의 문화적이고 심리적인 법칙 사이에 존재하는 '유비들'을 처음으로 생각하고 있었다.

우구를리앙에 의하면, 메스머는 심리학에서 근본적인 문제는 바로 '심리학적 운동'을 설명하는 것이라는 것을 바로 보았다. 최근의 거울 뉴런의 발견은 메스머가 직관적으로 보았던 '보편적 힘'이 하나의 실재라는 것을 이론적으로 또한 경험적으로 기초된 방식으로 보여주었다. 물론 그것은 비록 '행성적인 것이 아니라, 신경학적인 실재'이긴 하지만, 그럼에도 불구하고 실재한다.[27]

메스머는 태양이나 달의 움직임이 인간의 신체와 지구의 생명체에 분명한 영향을 끼친다고 보았다. 그는 의학 이전에 예수회에서 공부하기도 했고, 철학과 신학도 공부했다. 어느 신학자의 영향으로 그는 행성의 인력이 인간의 신경계에도 영향을 준다고 믿었다. 그래서 그는 인간의 신체에 미치는 행성의 영향(*De planetarum influxu in corpus humanum*)에 관해서 박사학위 논문을 썼다.

우구를리앙은 만유모방(universal mimesis)이 큰 인간 집단의 심리학에 미치는 영향력을 뉴턴의 만유인력과 유비적인 방식으로 적용 가능하다고 본다. 그래서 그는 군중심리학(Collective Psychology)과 뉴턴의 만유인력을 유비적

---

[27] Ibid., 84-85.

인 방식으로 비교한다. 두 물리적 대상 사이에 존재하는 인력(force of attraction)은 그 질량과 정비례하고, 그 물체 사이의 거리에 반비례한다. 이것은 '심리학적 주체들' 사이에 존재하는 인력에도 그대로 적용된다.[28]

6. 거울 뉴런과 신경인문학

뉴턴의 물리적 만유인력의 법칙과 마찬가지로 심리적 만유 모방의 법칙도 질량에 정비례하고 거리에 반비례한다는 것이다. 특히 질량이 커지고 거리가 매우 좁아지는 군중들 사이에 존재하는 심리학적 만유 모방은 엄청나게 증가하게 된다. 군중심리학에서 바로 인류사회를 심리적으로 지배하는 만유 모방(universal mimesis)이 매우 강하게 응집된 방식으로 작용한다. 군중 속에서 개인은 자신의 개인성을 상실하게 되어 더 이상 개인 심리학이 아니라, 군중심리학이 지배하게 된다.

군중 속에서 개인은 '미메시스적인 상호 개인성'(mimetic interdividuality)로 용해된다. 물리적 세계에는 (뉴턴의) 만유인력의 법칙이 지배하고, 심리적 세계에는 (지라르)의 만유 모방의 법칙이 지배한다.[29] 우주의 기원에 만유인력이 있었다면, 문화의 기원에는 만유 모방이 존재했다. 만유인력이 점차 빅뱅 특이점으로부터 거대한 우주를 형성시켜 왔다면, 만유 모방이 인류의 놀라운 문화를 형성하고 발전시켰다고 볼 수 있다.

물리학에서 중력은 가장 근본적인 힘으로써 물질들을 점차 융합시켜서 복잡성을 증대케 했다. 마찬가지로 사회학에서 인류학적 혹은 사회적 중력인 보편적 미메시스(만유 모방)가 사람들을 응집케 하고, 모방하고 학습하게

---

[28] Ibid., 85.
[29] Ibid., 85-88.

하여 고도로 복잡한 문명시스템을 건설하도록 했다.

거울 뉴런은 다른 행위자가 행한 행동을 관찰하기만 해도 자신이 그 행위를 직접 할 때와 똑같은 활성을 내는 신경세포다. 운동하는 것을 보기만 해도 몸은 마치 운동을 하는 것과 같은 효과를 나타낸다. 거울 뉴런 계는 시각 정보를 곧바로 운동 신호 형식으로 변환시켜 주는 기제를 이용하여 타 개체의 행동을 이해한다. 즉 단지 '미러링'(mirroring)을 통해 타 개체의 마음을 읽을 수 있다는 뜻이다.

거울 뉴런은 원래 원숭이의 뇌에서 처음 발견되었다. 이탈리아 파르마대학교의 신경과학 연구팀이 원숭이의 특정 행동과 특정 뉴런의 활성화 관계를 연구하고 있었다. 그러던 어느 날, 원숭이가 뭔가를 쥘 때 활성화되는 복측 전운동피질이 갑자기 활성화되는 일이 발생했다. 그런데 그때 원숭이는 뭔가를 쥐었던 것이 아니라 인간 실험자의 쥐는 행동을 단지 보고 있었다.

연구자들은 이미 F5 영역이 운동과 연관된 영역임은 알고 있었지만, 원숭이가 행동할 때가 아니라 볼 때도 그 영역이 활성화된다는 사실을 그때 우연히 발견한 것이다. 통념과는 달리, 지각과 운동이 연동되어 있음을 의미하는 놀라운 발견이었다. 즉, 원숭이가 어떤 운동을 수행할 때 활성화되는 F5 영역의 뉴런들은 다른 개체(원숭이 또는 인간)가 똑같은 운동을 수행하는 것을 단지 관찰해도 동일하게 활성화된다.

거울 뉴런의 발견으로 말미암아, "어떤 행위에 대한 관찰 자체가 어떤 행동의 실행 때문에 유발되는 동일한 신경계 메커니즘의 자동적인 실행을 일으킨다"는 사실이 밝혀졌다. 거울 뉴런은 '자동적으로' 작동된다.

2007년 스탠포드에서 우구를리앙은 지라르와 함께 이 거울뉴런을 발견한 비토리오 갈레세(Vittorio Gallese) 교수와 대담을 나누었다. 이 대담에서 갈레세 교수는 "미메시스에 대한 지라르의 개념이 이 발견으로 말미암아 확증되었다"는 것을 인정했다. 심지어 불과 태어난 지 몇 시간밖에 되지 않는 유아들도 혀를 내미는 것을 '자동으로' 모방했다. 그러나 인간이 아니거나 동물이 아닌 사물에 의해 행해진 행동을 보고서는 거울 뉴런은 활동하지 않았다.[30] 원숭이들 집단에서는 모방의 과정이 매우 제한적이다. 그리고 원숭이들이 서로 모방하는 것은 매우 위험한 것이다.

왜 모방이 위험한가?

예를 들어 어떤 원숭이가 어떤 물체를 줍기 위한 목적과 의도를 가지고 움직인다면, 그것을 관찰하는 다른 원숭이는 거울 뉴런이 활성화되어 자동으로 그 행위를 모방하게 될 것이다. 즉 다른 원숭이는 같은 물체를 줍고자 하는 행위는 맹목적이고 자동으로 모방하게 됨으로, 같은 물체를 두고 두 원숭이는 갈등과 싸움을 할 수밖에 없게 된다.

우구를리앙에 의하면, 거울 뉴런의 발견은 모방이 인간 심리학의 심장부를 차지하는 그 중심적인 위치에 대한 실험적 확증이다. 거울 뉴런의 발견은 지라르가 1961년부터 주장한 욕망의 모방적 성격에 대한 뇌과학적 확증이다. 또한 거울 뉴런은 메스머와 같은 사상가들이 관찰한 '인류의 신비스러운 응집력'에 대한 해답을 제공한다.

메스머는 앞에서 본 것처럼 어떤 사람으로부터 다른 사람 사이에서 움직이는 자석과 같은(magnetic) 움직임을 보았다. 이제 '전염되고 모방적인 욕망'은 메스머가 생각했던 것처럼 '어떤 신비스러운 유체'가 아니라, 거울 뉴런의 발견으로 말미암아 하나의 '신경생리학적 실재'로 확인되었다.[31]

우구를리앙과 지라르가 거울 뉴런을 발견한 갈레세(Vittorio Gallese) 교수와 나눈 대화에서 흥미로운 사실이 또 하나 지적되었다. 만약 경쟁이라는 요소가 추가되면 거울 뉴런이 더욱 더 활성화된다는 사실이다. 두 마리의 원숭이가 같은 먹이를 두고서 경쟁할 때 거울 뉴런은 매우 활성화된다. 이 사실을 접한 지라르와 우구를리앙은 열광했다.

---

[30] Ibid., 89-90.
[31] Ibid., 93-94.

왜냐하면, 신경학상으로 경쟁이 모방을 가열시킨다는 사실이 증명되었기 때문이다.[32] 거울 뉴런이라는 미러링(mirroring) 시스템으로 인해 '욕망의 전염성'이 발생한다. 경쟁이 이 모방적 욕망의 전염성을 가열시키며, 나중에는 모방적 욕망과 경쟁의 대상 자체는 사라지고 경쟁 자체가 경쟁의 대상이 되어버리는 비이성적 상태로까지 나아간다. 거울 뉴런의 작동으로 인한 욕망의 모방적 실행은 우리가 살펴본 것처럼 "자동적이며 불가피하다." 경쟁의 모방적 가열도 회피하기 힘들다. 바로 이런 방식으로 인류는 자신도 알지 못하는 방식으로 미메시스적인 경쟁 속으로 휘말리게 된다.[33]

우구를리앙은 4장 '경쟁에 대한 임상적 분석'에서 '모방적 욕망의 임상적 표현'으로서의 경쟁의 문제를 심도 있게 다룬다. 현대인들의 고통은 '욕망의 질병들'이다. '욕망의 병리학들'이 현대사회에 범람한다. 각종 범죄, 불필요한 폭력, 어린이를 대상으로 하는 성도착, 마약, 오직 경쟁적 열정을 표현하기 위한 각종 종류의 카오스적인 혁신들이 그것이다. 그는 현대인들의 모방적 욕망과 경쟁의 형이상학적 병리학들과 질병들에 대한 힐링으로서 '미메시스적인 심리치료'(mimetic psychotherapy)를 제시한다. 즉 모방적 메커니즘을 인정하게 함으로 증오와 르상티망[34]과 불필요한 경쟁에서 벗어날 수 있도록 한다.[35] 거울 뉴런의 발견으로 자연과학과 인문학의 통섭이 가능케 된 지라르의 미메시스 이론은 신경인문학에도 중요한 통찰을 제공한다.

---

[32] Ibid., 95.
[33] Ibid., 105.
[34] 르상티망은 보다 폭력적인 질투심을 의미한다.
[35] Ibid., 116-8.

7. 밈(Meme), 미메시스 그리고 문화의 진화

앞에서 본 것처럼 만유인력의 법칙은 질량과 거리와 관계가 있다. 사회적 만유인력, 혹은 만유모방(universal mimesis)도 사람들 사이의 질량과 거리에 연관되어 있다. 둘 사이의 거리가 서로 접촉하지 않을 만큼 충분히 떨어져 있을 경우를 지라르의 외적 중개(la médiation externe)라 한다.

하지만 서로 어느 정도 깊이 침범할 만큼 그 둘 사이의 거리가 상당히 좁혀져 있을 경우를 내적 중개(la médiation interne)라 한다. 심리적 거리가 매우 먼 외적 중개의 경우는 중력을 발휘하는 중개자와 어떤 갈등 관계나 경쟁 관계가 성립되지 않는다. 그래서 긍정적 미메시스가 가능하다. 반면에 주체와 중개자의 거리가 좁아서 같은 세계에 살고 있는 상태라면 주체와 중개자는 대상을 두고 경쟁적 상대가 된다. 여기에는 이웃과의 분쟁과 갈등의 원인으로 작동하는 부정적 모방욕망이 지배한다. 위기의 사상가로 지라르가 관심을 가지는 것은 바로 인간 상호 간의 올바른 거리가 무너진 경우다. 심리적 거리가 좁아짐으로써 사회적 중력과 인력이 증가할 때 갈등과 경쟁은 뜨거워진다고 본다.

이 경우 주체는 모델에게 갈등의 감정을 느끼는데, 이 갈등의 감정은 존경과 원한이라는 상반된 두 가지 감정의 결합으로 이루어진다. 이 부정적이고 경쟁적이고 갈등적인 미메시스를 피하고자 지라르는 올바른 거리와 창조적 포기의 중요성을 강조한다. 지라르는 현대사회 속의 폭력적인 근접성의 문제를 지적하는데, 우리는 소용돌이 같은 강한 사회적 중력장 속에서도 적정욕망과 올바른 거리의 중요성을 기억해야 할 것이다.

인류가 문화, 언어, 예술 등을 발전시킬 수 있었던 것은 바로 인류만이 가지는 욕망의 강한 모방성, 경쟁성 그리고 전염성 때문이다. 거울 뉴런과 그 뇌신경학적 메커니즘에 대한 과학적 이해는 가장 모방적인 동물인 인간의 독특성에 대한 이해이기도 하다. 인류문화의 기원, 진화 그리고 발전은 인간의 모방적 욕망의 전염성과 경쟁성과 밀접히 연관되어 있다. 거울 뉴런은 인간에게만 존재하는 문명의 기원과 진화를 이해하는데 중요한 통찰을 제공한다. 자연 세계의 동물의 왕국과 구분되는 인간의 독특성은 바로 문화적 창조능력일 것이다.

문화의 기원은 모방에 있다. 미메시스가 문명을 발전시켰다. 모방이 없었다면 교육도 문화도 존재하지 않았다. 새로운 신경 인문학적 담론으로서의 지라르의 미메시스 이론은 모방의 창조성과 함께 그 드라마틱한 비극성도 함께 본다.

모방은 창조적이기도 하지만, 매우 위험한 것이다. 그래서 인류의 오래된 지혜는 항상 경쟁적인 모방의 위험성과 무상성에 대해서 경고해 왔다. 모방 때문에 갈등과 분쟁이 생긴다. 모방적 욕망으로 인해 인류는 자연의 단계에서 문화의 단계로 넘어왔지만, 그 진화의 문지방에는 희생양에 대한 초석적 살해의 피가 묻어있다. 인류의 문화적 진화는 희생양의 초석 위에 세워졌다. 모방적으로 욕망하고 경쟁하기에 초기 인류사회는 각종 내부 갈등과 경쟁으로 인해 불안정했다. 현대에도 내전의 문제로 고통받는 나라도 많다. 그래서 인류는 오랫동안 희생제의 축제를 주기적으로 개최해서 뜨거운 내전의 문제를 해결하려고 했다.

거울 뉴런과 모방의 진화, 그리고 밈(meme)의 탄생과 같은 주제도 함께 생각해 볼 수 있다. 미메시스(모방)를 키워드로 하는 지라르의 미메시스 이론은 도킨스의 밈과 어느 정도 관련이 있다. 밈이란 도킨스의 『이기적 유전자』에서 문화의 진화를 설명할 때 처음 등장한 용어로서 한 사람이나 집단에 다른 지성으로 생각 혹은 믿음이 전달될 때 전달되는 모방 가능한 사회적 단위를 총칭한다.

최근 신경심리학에서 대두된 거울 신경세포(mirror neuron)를 설명하는데도 밈의 개념이 필요하다고도 하지만, 이 거울 신경세포의 발견은 지라르의 미메시스 이론을 지지하고 확증하는 것으로 이해된다. '모방, 거울 뉴런,

그리고 모방적 욕망: 르네 지라르의 미메시스 이론과 모방에 관한 경험적 연구 사이의 일치'에 대한 연구도 이를 반영하고 있다.[36]

다윈의 『종의 기원』을 염두에 둔 자신의 저서 『문화의 기원』에서 지라르는 도킨스의 이기적 유전자와 같은 가설은 사회적 상호작용을 설명할 수 없다고 말한다. 사실 이 가설은 게임 이론에 의지하여, 동물적 이타주의가 가능하다는 것을 보여준다고 한다. 도킨스의 이론을 문화영역에까지 확대하기 위해 최소한의 문화적 동일성인 '밈'이라는 더 문제가 많은 개념을 만들어내야 했다. 지라르는 도킨스는 문화의 출현에 대해서는 어떠한 설명도 제공해 주지 않기 때문에 그는 동물과 인간 사이에 근본적인 단절을 상정하고 있다고 지적한다.[37]

8. 만유인력과 사회적 중력

뉴턴의 만유인력에 관한 물리적 법칙과 유비적으로 비교될 수 있는 지라르의 만유모방에 관한 사회심리학적 법칙은 사회적 중력에 관한 시몬 베유의 통찰에 도움을 받기도 한 것이다. 필자는 오스트리아 인스부르크대학교에서 지라르의 문화 이론에 대한 공동 연구를 진행하면서, 시몬 베유 강독세미나 '시몬 베유의 신비와 정치'에 참여하고 논문도 발표했다. 특히 『중력과 은총』을 깊게 읽었다.[38] 베유는 거대한 짐승이 끌어당기는 미메시스적인 소용돌이에서 벗어날 수 있는 길로써 은총을 제시한다.

---

[36] Scott R. Garrels, "Imitation, Mirror Neurons, and Mimetic Desire: Convergence Between the Mimetic Theory of René Girard and Empirical Research on Imitation," Contagion: Journal of Violence, Mimesis, and Culture, 12-13, 2005-2006, 47-86

[37] 르네 지라르, 『문화의 기원』, 김진식 역 (서울: 기파랑, 2006), 152.

[38] Simone Weil, *Schwerkraft und Gnade*. Übersetzt und mit einem Nachwort versehen von Friedhelm Kemp (München: Kösel-Verlag, 1981).

지라르는 인간 상호 간의 관계들을 지배하는 사회적 메커니즘을 충실하게 묘사하고 있다는 점에서 베유를 위대한 작가로 평가한다. 베유는 '거대한 짐승'(The Great Beast, le gros animal)에서 이를 다루고 있다. '거대한 짐승'은 플라톤의 작품에 우선 등장하는데, 그것은 군중의 편견들과 열정들을 대변한다.

베유에 의하면, 사회는 우상이다. 사회는 동굴이다. 그 동굴을 빠져나오는 길은 고독이다. "사회적 메커니즘에 대한 명상이 이 점에 있어서 일차적으로 중요한 정화이다"라고 베유는 적고 있다. 심리학에서 대인 매력(interpersonal attraction)이라는 개념이 있듯이, 인간 상호 간에는 사회적 중력과 인력이 존재한다.

1987년의 어느 인터뷰에서 지라르는 시몬 베유가 자신의 미메시스 이론에 미친 영향에 대해서 자세하게 밝혔다. 지라르는 특히 호머의 『일리아드』에 대한 그녀의 독창적인 해석과 플라톤의 알레고리 '거대한 짐승'에 대한 그녀의 이해가 모방적 욕망과 폭력에 대한 사회적 메커니즘을 이해하는 데 도움을 주었다고 밝혔다. 지라르는 푸루스트에 대한 그의 초기 문학 작품에서부터 최근의 저서에 이르기까지 베유를 인용하고 있다.

지라르는 1987년 인터뷰에서 시몬 베유의 작품을 온전하게 수집하는 것은 위대하고 아름다운 과제라고 말하고 있다. 지라르는 자신이 '향락주의적'이라고 부르는 오늘 우리 시대를 향해 베유는 많은 것을 말하고 있다고 적고 있다. 베유는 소용돌이치는 폭력의 메커니즘을 연구하고 그 폭력의 가속화를 중단시키는 길을 찾으려고 했다는 것이다.

베유의 작품 『일리아드. 힘에 대한 시』(*L'Iliade ou le poème de la force*)는 지라르에게 큰 영향을 주었다. 지라르가 사회적 상호관계를 지배하는 '심리학적 법칙들'의 메커니즘을 발견했을 때, 베유는 그녀가 '가혹한 필연성'이라고 부른 세상의 질서에는 인간의 사회적 행위로 파악되어야 할 필요가 있는 법칙들을 가지고 있다고 보았다. 『일리아드』에서 두 반대자들은 비극적

투쟁으로 인해 점차 쌍둥이가 되어간다.

지라르는 베유의 이 작품이 자신의 짝패 이해에 도움을 주었다고 말한다. 베유는 이 『일리아드』에 관한 작품을 제2차 세계대전이 발발하려고 할 때 적었는데, 그녀는 자기의 생각을 이 고대의 그리스 서사시 속에서 전개했다. 그녀에 의하면, 호머는 이 작품에서 영원히 지속하는 힘의 메커니즘을 묘사하고 있다. 베유에 의하면, 이 영웅서사시는 타자에 대한 참된 사랑을 보여주는 따뜻한 관계를 드러내지 않는다. 그것은 힘의 제국 속에서 따뜻한 관계가 부재하고 있는 비극을 묘사하고 있다.

베유에게 있어서 모든 사람은 어떤 힘에 종속된다. 지라르에게 있어서 미메시스(모방)이야말로 역사를 움직이는 참되고 주된 엔진이다. 지라르는 베유를 파스칼과 비교했다. 욕망하고 생각하는 갈대인 인간의 위대함과 비참함에 대해서 성찰한 파스칼처럼 베유도 인간의 조건과 비극에 대해서 섬세하게 분석한다. 베유가 제시하는 해결책은 '거대한 짐승'이라는 사회의 성격에 대한 단순한 인식이다. 『중력과 은총』에서 베유는 거대한 짐승(사회, 집단)은 오직 우상숭배의 대상, 곧 하나님에 대한 유일한 대체물이라고 적고 있다. 베유는 거대한 짐승인 집단, 그룹 그리고 다수의 강력한 힘에 대해서 분석한다.

'우리'라는 집단이야말로 우리가 보호와 구원을 위해서 찾는 신이 된다. 베유는 플라톤의 거대한 짐승과 요한계시록 짐승의 우상으로 상징되는 전체주의적 도시를 거부한다. 베유에게 있어서 최고의 우상은 플라톤의 '국가론'에 등장하는 사회적 짐승이며, 또한 요한계시록에 등장하는 짐승이다. 이 사회적 짐승이 하나님이 부재해 보일 때, 하나님에 대한 욕구를 대신 충족시켜준다.

지라르의 모방욕망 이론은 베유의 거대한 짐승에 대한 이해로부터 이해될 수 있고 또 영향을 받았다. 지라르는 복음서에 의해서 조명되고 있는 인간 조건(*conditio humana*)에 대한 베유의 이해를 높이 평가한다. 복음서는 깨어지고 일그러지기 쉬운 인간 조건도 보여준다. 베유의 사상은 그대로 밑으로 끌어내리는 중력에 맡겨진 인간의 불행과 초자연의 빛인 은총을 통한 구원이라는 기독교적 주제에서 출발한다.

세상의 모든 것이 중력이라는 필연성의 영향 아래 놓여 있으며 초자연의 빛인 은총을 통해서만 구원받을 수 있다고 주장한다. 중력은 자연의 법칙이며 은총은 초자연의 법칙이다. 은총만이 거대한 짐승의 우상으로부터 우리를 구원할 수 있다. 인간의 비참함에 대한 이해에서 출발하여 모든 인간이 처한 근본적 삶의 미메시스적인 조건을 묘사한 작품이라 할 수 있다. 그녀의 사상은 인간의 근원적 비참함의 구원을 목표로 하는 기독교적 신비주의의 경향을 보인다.

제7장

우주의 공성(空性): 현대 물리학과 불교

1. 양자물리학과 동양사상: 뉴에이지 과학과 에소테리즘[1]

미시적 소우주를 가진 물질의 궁극적 신비를 연구하는 양자물리학은 때로는 지나치게 유사학문적 뉴에이지 신비주의와 에소테리즘으로 흐르기도 했다. 뉴에이지 운동은 양자물리학과 분리해서 생각될 수 없다. 현대 물리학과 동양사상의 유사성을 주장했고 스스로 동양적 명상수련을 실천했던 프리초프 카프라(Fritjof Capra)의 기념일에 대한 2012년 오스트리아 방송자료에 의하면, 이제 그는 뉴에이지 운동과 에소테리즘으로부터 결별을 선언했다고 한다.[2]

---

[1] 에소테리즘 혹은 에소테리시즘(Esotericism, Esoterism)은 밀교(密敎) 또는 비교(秘敎)를 의미한다. 사전적인 정의에 따르면, 이는 내적인 또는 숨겨진 견해, 믿음 또는 가르침을 뜻한다. 동양의 밀교로는 불교의 밀교와 힌두교의 우파니샤드 등이 있다. 요가와 불교 명상 그리고 뉴에이지 운동과 영지주의도 에소테리즘 혹은 에소테리시즘(밀교)에 속한다. 서양의 밀교로는 점성술, 연금술, 마이스터 에크하르트 · 요한네스 타울러(Johannes Tauler) · 헨리 수소(Henry Suso)의 기독교 신비주의(Christian mysticism), 야콥 뵈메(Jacob Böhme)와 그의 지지자들의 기독교 신지학(Christian Theosophy), 일루미나티 운동(Illuminism), 심령주의(Spiritualism), 헬레나 블라바츠키(Helena Blavatsky)와 그녀의 지지자들의 신지학(神智學, Theosophy) 운동, 루돌프 슈타이너(Rudolf Steiner)의 인지학(人智學, Anthroposophy) 운동 등이 있다. 이 운동들은 대체적으로 신비주의 · 오컬티즘 · 비밀엄수주의를 특성으로 가진다.

[2] Fritjof Capra Tage auf Schloss Goldegg. Interview mit Karl Kern, Orf Salzburg 4.9.2012.

카프라는 오스트리아 인스부르크대학교 물리학과 출신이다. 그의 아버지는 힌두교 철학을 공부했다고 한다. 동양 신비주의와 에소테리즘에 의지하지 않으면서 그는 시스템 이론이나 생태주의 운동을 계속하고 있다. 그의 최근 저작을 보면 그가 다시 서구 그리스적 르네상스와 유대-기독교 전통으로 회귀하고 있는 듯하다.[3] 양자물리학으로 새롭게 열린 우주의 신비와 물질의 신비를 인정하지만, 신화적이고 에소테릭한 신비주의로 지나치게 나아가서는 곤란하다. 뉴턴의 고전물리학이 폐기된 것은 아니다.

양자물리학자들은 물질의 영혼, 혹은 물질 속의 정신이나 '유령'을 보고서 다시금 종교적으로 변했지만, 많은 경우 세계 종교에 대해서는 다소간 낭만적인 입장을 가진 경우가 있다. 인류의 종교적 문헌과 신화와 스토리에는 진실하고 선하고 아름다운 것만 있는 것이 아니라, 은폐된 (자기)추방과 살해에 대한 비극적이고 드라마틱한 이야기도 존재한다.

카프라의 『현대 물리학과 동양사상』(The Tao of Physics)은 신과학운동, 혹은 뉴에이지 과학과 영성운동의 시발점이자 고전이 되었다. 국내에서는 주로 신과학운동으로 번역되어 소개되지만, 실제로는 뉴에이지 과학(New Age Science)의 대표적인 저작이다. 그의 저서들은 현대 물리학과 동양사상은 일맥상통한다는 대전제를 가지고 있다. 미시세계에서의 양자론과 불교의 공사상의 유사성을 주장하고, 현대 양자물리학의 '양자론'과 불교의 '색즉시공, 공즉시색'의 연관성에 대해서 상세하게 설명한다.

필자는 『붓다와 희생양』에서 이러한 기존의 몇몇 시도들이 학문적으로 연약한 기반에 세워진 담론이라고 주장했다. 양자물리학과 동양사상 혹은 양자물리학과 불교철학, 그리고 불교와 과정철학과 과정신학과의 연관논의에 대한 뉴에이지 운동이나 에소테리즘에 근접하는 일부 주장들을 보다

---

[3] 프리초프 카프라, 『다빈치처럼 과학하라』, 강주헌 역 (서울: 김영사, 2011)을 보라. 원제는 The Science of Leonardo: Inside the Mind of the Great Genius of the Renaissance이다.

엄밀하게 재점검할 필요가 있다.[4]

지식의 고고학이나 계보학의 측면에서 볼 때 동양의 신비주의 철학과 사상은 양자물리학과 빅뱅 우주론과 같은 이론을 포함한 자연과학을 탄생시키지 못했다. 폴킹혼이나 다른 여러 학자가 강조하는 것처럼, 현대 자연과학은 특정한 세계관적 토양, 곧 유대-기독교적 세계관에서 탄생했다. 현대 물리학과 불교사상의 관련성을 말하는 담론들도 소위 프로테스탄트 불교(Protestant Buddhism)의 산물이다. 필자는 사회인류학적 불교 이해를 통해서 이런 담론들에 대한 비판적 재검토를 시도했다.[5]

그동안 서구 오리엔탈리즘이나 아시아의 자기 오리엔탈리즘에 의해서 본디 세계포기적인 상황에서 급격하게 탈상황화 되어서, 20세기 후반의 새로운 그노시스(Gnosis) 같은 어떤 것이 되어버린 '무'와 '공' 그리고 연기 같은 불교철학의 중요한 개념들에 대해서 사회인류학적 개념해명(Begriffsexplikation)을 시도하고자 했다. 본래 출가자만의 세계 포기적인 다르마와 멍에로서의 '무'와 '공' 그리고 연기가 그동안 많은 개념혼동, 혹은 범주 오류(category mistake)를 발생시켰다. 불교의 '무,' 더 정확하게 말하자면, 출가자들의 명상대상과 멍에로서의 '무'는 (양자)물리학적 개념이 아니라, 사회인류학적 특정개념이요, 그 배후에는 신화적 희생 논리와 은폐된 희생양

---

[4] 이미 필자는 『붓다와 희생양』, '제7장 3. 과정철학과 출가승들의 비실재론'에서 불교철학과의 유사성을 추구했던 과정철학이나 과정신학자들의 주장들에 대한 비판적 검토를 시도했다. 그 외 소위 '과학적 불교'를 주장하는 프로테스탄트 불교에 대의 모방적 욕망에 대해서도 분석했다.

[5] Ikwaen Chung, *Paradoxie der weltgestaltenden Weltentsagung im Buddhismus. Ein Zugang aus der Sicht der mimetischen Theorie Rene Girards* (Beitrage zur mimetischen Theorie 28) (Wien/Munster: LIT Verlag, 2010). 불교를 출가자/재가자라는 사회인류학적 이중구조로 파악하고자 했던 이 작업은 불교이해의 새 지평을 열어준 획기적이고 오리지널한 연구로 평가받아 유럽의 거의 모든 나라의 출판사와 대학도서관의 지라르와 불교관련 도서로 소개되고 있다. 또한 북미, 일본, 터어키, 인도와 스리랑카, 호주 등의 출판사에도 소개되고 있다.

메커니즘이 작동하고 있다.[6]

폴킹혼은 인간이 환생한다는 믿음을 가진 힌두교와 인간 자아는 허상이라고 믿는 불교 문화에서가 아니라, 하나님의 형상으로서의 인간의 독특한 가치와 능력을 신뢰하는 유대-기독교적 세계관에서 17세기 이후의 자연과학이 탄생한 사실을 지적한다.[7] 사회인류학적으로 다시 읽어보면, 인간 자아가 허상이라는 불교사상은 출가자들의 고유하고 특정한 사상을 반영하고 있다. 출가하는 붓다들만 자신의 신체와 인격을 허상으로 파악한다. 불교 문화권이 이 출가자들의 특정 논리에 크게 집중하고 의존함으로 유대-기독교 전통에서처럼 자연과학을 발전시키지 못했다.

폴킹혼은 양자역학에 대한 입문서에서 동양사상의 마야(Maya, 허상)개념과 양자역학을 연결하는 일부 주장에 대해서 거리를 유지한다. 양자세계를 일종의 비실체성의 '사라지는 세계'(dissolving world of insubstantiality)로 파악하는 동양사상과 양자역학 사이의 관련성을 주장하는 것은 '반쪽의 진리'(half-truth)이다. 물론 양자세계의 '베일에 가려진 성격'(veiledness)이 존재하고 이미 잘 알려진 것처럼 잠재성이 양자세계에서는 중요한 역할을 한다. 하지만 다른 한편으로 양자세계의 지속적인(persisting) 측면들도 존재하기에, 이것을 동일하게 고려해야 한다고 그는 주장한다.

폴킹혼은 에너지와 모멘텀과 같은 물리적 양들이 고전물리학에서처럼 양자 이론에서도 보존된다는 사실을 지적한다. 그리고 양자역학 초기의 승리 중의 하나는 바로 원자들의 안정성을 설명하는 것이었다는 사실을 기억해야 한다고 주장한다. "결코 모든 양자세계가 모호함으로 사라지는 것은 (dissolves into elusiveness) 아니다"라고 그는 지적한다. 양자역학에 대한 논의에서 그는 '지적인 건강에 대한 경고'(an intellectual health warning)를 제시한

---

[6] 정일권, 『붓다와 희생양』, '제7장 현대 물리학과 불교: 그 개념혼동에 관하여'를 보라.
[7] http://meaningoflife.tv/transcript.php?speaker=polkinghorne 2014년 4월 23일 접속.

다. 즉 양자 이론이 분명 이상하고 놀랍기도 하지만, 그것이 "아무것이나 좋다"(anything goes)는 것을 의미할 정도로 기이하지는 않다는 것이다.

물론 누구도 그 정도의 생경함으로 양자역학을 주장하지는 않지만, 그럼에도 불구하고 그러한 방식으로 희화화하는 태도에 위험하게 근접하는 종류의 담론들도 존재한다는 사실을 폴킹혼은 지적한다. 바로 양자역학에 대한 대대적이고 과장된 광고를 의미하는 'quantum hype'(과대 광고)가 그것이다. 그래서 그는 양자세계에 대한 통찰에 호소할 때 냉철함(sobriety)이 요청된다고 말한다. 양자역학이 우리의 공상을 사로잡아 명백하게 모순적인 견해들을 수용하는 것에 빠져들도록 자유를 주는 것은 아니다.

> 강력한 마약처럼 양자 이론은 바르게 적용될 경우 경이롭지만, 오용되고 잘못 응용될 때에는 처참하게 된다(disastrous).[8]

2. 깨달음의 우상화과정에 대한 탈신성화

펜로즈는 '양자의 마력과 양자의 신비'에 대해서 논하면서, 양자역학의 의미를 다루는 물리학자들 중에도 저 밖에는 실제로 아무런 세계가 존재하지 않는다는 강한 주관적 관점을 가진 사람들을 대할 때마다 놀라지 않을 수 없다고 말한다. 그는 우리가 만약 철학의 주요 문제들, 즉 이 세계는 어떻게 돌아가는가, 혹은 '마음'(실제로 '우리')을 구성하는 요소는 무엇인가 등을 깊이 파고들고자 한다면, 양자론—가장 정확하고 신비한 물리 이론—에 대한 내용을 짚고 넘어가야 한다고 말한다.

---

[8] John Polkinghorne, *Quantum Theory: A Very Short Introduction* (Oxford: Oxford University Press, 2002), 91-2.

하지만 많은 물리학자가 보어(Niels Bohr)를 인용하여, 객관적인 그림은 아예 없다는 주장을 비판한다. 양자 레벨에서는 아무것도 '바깥세상'에 존재하지 않는다는 것은 오해라고 펜로즈는 지적한다. 양자론에 대한 이런 태도가 펜로즈에게는 너무 '패배주의적으로' 보이기 때문에, 그는 객관적인 물리적 실체를 양자적 묘사, 즉 양자 상태와 결부시키는 좀 더 적극적인 노선을 따르고자 한다.[9] 실험의 결과로서 보통은 단순히 확률만 산출된다는 사실에도 불구하고 양자역학적 상태에서는 어떤 '객관성'이 존재하는 것 같다고 그는 주장한다.[10] 사물의 극히 미세한 수준에서는 양자 법칙이 지배권을 가지고 있다. 그러나 야구공의 수준에서는 고전물리학이 지배한다.[11]

폴킹혼이 바르게 지적한 것처럼 양자세계를 동양사상, 특히 힌두교와 불교에서처럼 허상(maya)이나 무(nothingness)로 파악하는 것은 옳지 않다. 불교의 공사상은 물리학적 개념과 관련이 없으며, 그것은 출가자들에게 강요된 특정한 사회인류학적 희생 논리다.

하지만 최근까지도 양자 이론과 힌두교와 불교철학의 유사성을 주장하는 담론들이 등장한다. 폴킹혼을 비롯한 종교와 과학 분야의 전문가들이 철학과 과학, 그리고 하나님의 행동(Divine Action)에 대해서 기고한 논문들이 실린 최근 2009년 출판된 책에서도 어느 학자는 힌두교 베단타 철학과 불교의 중관학파의 극단적인 부정의 논리와 양자역학을 연결하고자 한다. 그에 의하면, 이 동양 신비주의 전통에서 발견할 수 있는 명백하게 모순적인 언설의 일치, 소위 종교학에서 말하는 반대되는 것의 일치(coincidentia oppositorum)는 본질적인 범주적 경험과 토론의 저편에 존재하는 사태(states of affairs)에 대한 언급이라는 것이다. 그래서 그는 불교 중관학파의 입장이

---

[9] 로저 펜로즈, 『황제의 새마음』, 박승주 역 (서울: 이화여자대학교출판부, 1997), 351-54.
[10] Ibid., 417.
[11] Ibid., 465.

양자역학에 대한 코펜하겐 해석과 '유사'하다고 주장한다.¹²

하지만 불교철학과 중관학파의 극단적인 부정의 논리는 세계포기자, 혹은 출가하는 붓다만의 고유하고 특정한 다르마(Dharma)와 논리로서 파악해야 한다. 또한 불교의 반대 일치는 (양자)물리학적으로 파악할 것이 아니라, 본래적인 상황으로부터, 곧 제의적으로 파악해야 한다. 불교의 반대 일치와 불일불이와 같은 개념들과 사상은 더욱 디오니소스적¹³인 제의적 상황으로부터 파악해야 제대로 이해할 수 있다. 반대의 일치는 양자물리학과는 별 관련성이 없고, 제의적인 차이소멸로 파악해야 한다. 중관학파의 논리들과 사상들은 세계 포기적인 보살들과 붓다들의 논리들과 관점들로서 불교제의로부터 탄생했고, 그것과 매우 밀접한 관련성을 가지고 있다. 이미 필자는 『붓다와 희생양』 '제3장 차이의 파괴자,' '제4장 무의 불교철학과 차이소멸,' '제3장 2. 반대의 일치와 차이소멸,' '제4장 3. 불일불이와 차이소멸'에서 이 문제를 자세하게 논의했다.

일부 서구의 양자 물리학자들이 유행하고 있는 종교학적 엄밀함이 결여된 서구불교적(Western Buddhism) 담론을 낭만적으로 수용해서 매우 신비스럽고 이상한 양자 논리와 보살들과 붓다들만의 매우 특정한 관점들과 인류학적 특정 논리인 반대의 일치와 불일불이의 디오니소스적인 차이소멸이라는 제의적 논리 사이에서 표면적, 피상적, 그리고 형식주의적 유사성만을 보고 있다. 양자 논리는 아무리 신비롭고 이상해도 물리적 논리이며 수학적 방정식으로 기술된다. 하지만 불교의 공사상과 부정의 논리는 요가적

---

12 Wesley J. Wildman, "Evaluating the Teleological Argument for Divine Action," in *Philosophy, Science and Divine Action*, eds., F. LeRon Shults, Nancy Murphy and Robert John Russell (Leiden and Boston: Brill, 2009), 189.

13 철학자 니체는 스스로를 디오니소스의 철학자로 불렀는데, 그가 말한 디오니소스적인 것에는 집단도취, 집단광기, 군중폭력 뿐 아니라, 성적인 통음난무(집단성교)도 포함되어 있다. 디오니소스 축제와 디오니소스적인 것에 대한 보다 자세한 논의는 필자의 책 『우상의 황혼과 그리스도. 르네 지라르와 현대사상』을 참고하라.

(yogic) 반대논리요 논리부정이다. 중관학파의 부정의 논리는 물리적으로나 수학적으로 기술될 수 없는 논리의 죽음을 의미한다. 그것은 또한 매우 특정한 부류의 사람들인 출가승들만의 축제적이며 디오니소스적인 관점이요 논리이다.

자연과학은 막스 베버가 말한 탈마술화(Entzauberung)로 대표되는 모더니티에서 탄생했다. 세계의 탈마술화와 탈신성화가 발생하지 못하고, 여전히 희생양 메커니즘이 만든 마술적 인과관계의 매트릭스 안에 갇혀 있다면, 우주의 물리적 메커니즘과 과학적 인과관계를 밝혀내는 자연과학이 싹트지 못했을 것이다.

옥스퍼드대학의 불교학 교수 곰브리치(R. Gombrich) 교수의 지적처럼, 불교는 본래 순전히 붓다들의 구원론(pure soteriology)이었고, 공동체적 종교(communal religion)가 아니었다.[14] 불교는 본래 결혼식과는 관련이 전혀 없었다. 오직 죽음과 관계하는 장례식 불교(funeral Buddhism)가 전통적 아시아의 불교였다. 전통적으로 불교는 자연과학과도 별로 상관이 없었다.

막스 베버의 분석에 의하면, 불교의 경우 재가 신자들의 삶의 합리화 과정이 발생하지 못했다. 소위 재가 신자들의 신앙은 출가승들에 대한 '우상숭배'(Idolatrie)와 '성자숭배'(Hagiolatrie) 중심으로 이루어졌다.[15] 희생양으로서의 붓다의 깨달음은 그들의 죽음 이후 즉시 우상화되었다.

한국 불교에서도 논의되고 있듯이 깨달음의 우상화 과정에 대한 계몽적 탈신성화가 발생해야 진정한 과학은 탄생할 수 있다. 불교철학과 논리 속에 숨겨진 마술적 인과관계가 비판적으로 계몽되어야 진정한 의미에서 자연과학이 탄생할 수 있다. 이미 불교학자들은 '깨달음의 우상화'(idolization

---

[14] Richard Gombrich: *Der Theravada-Buddhismus: Vom alten Indien bis zum modernen Sri Lanka* (Stuttgart, Berlin, Köln: Kohlhammer 1997), 35-37.

[15] Max Weber, *Gesammelte Aufsätze zur Religionssoziologie II, Hinduismus und Buddhismus* (Tübingen: J.C.B. Mohr [(Paul Siebeck], 1966), 277.

of enlightenment)에 대해서 논의했다.[16] 깨달음을 얻었다는 선승들은 우상화 되고, '미이라화'(mummification)된다. 붓다의 깨달음의 심리학은 이후 곧바로 사리숭배, 미이라숭배 등으로 우상화되어 버린다.

3. 우주의 공성(空性)과 출가승의 다르마

불교와 양자 이론, 불교와 뇌과학 등에 대한 비판적 논의를 위해서 우선 소칼 사건을 기억하는 것이 의미가 있을 것이다. 뉴욕대학의 물리학자 소칼(Alan Sokal)은 포스트모더니즘 저널의 하나인 「소셜 텍스트」(Social Text)의 1996년 특집기획호 "Science Wars"에 '경계를 넘어서: 양자 중력의 변형적 해석학을 위하여'라는 제목의 논문을 게재한 뒤 곧이어 자신의 논문이 포스트모더니즘의 학문적 비엄밀성을 고발하기 위한 사기 논문임을 밝힌다. 많은 프랑스 포스트모더니즘 철학자들이 양자역학을 비롯한 현대 자연과학 이론들을 엄밀하게 논의하지 않은 채 너무 쉽게 연결하는 일종의 지적 사기에 대한 비판이었다.

후기 구조주의자들은 서구 불자들을 이해하려고 한 이론가들이었다. 티베트 탄트라 불교가 서구에 초기에 유행하게 된 것은 1960년대 후반에 발생한 인간 의식과 삶의 스타일과 공동체에 대한 실험적 시도와 연관이 있었다. 들뢰즈, 가타리, 푸코, 크리스테바(Julia Kristeva) 등과 같은 학자들은 바로 이때부터 주목받기 시작했다. 들뢰즈와 가타리는 동양의 사유방식에 대한 동정적 견해가 있었는데, 이는 그들의 저서들에 잘 나타나 있다. 그들의 『안티 오이디푸스』는 서구의 존재 방식을 유지해 왔던 환상들에 대한 명백

---

[16] Robert H. Sharf, "The Idolization of Enlightenment: On the Mummification of Ch'an Masters in Medieval China.," *History of Religions* 1992 32/1, 1-31.

한 해체시도였다.[17]

프랑스 해체주의적 포스트모더니스트들의 과학에 대한 무지와 적대성, 그리고 정치성을 비판하는 이 논문에서 소칼은 양자 중력이 큰 정치적 함의를 가진다고 보았고, 심지어는 물리적 현실에 대한 우리의 관념 이외에도 물리적 현실 조차도 밑바탕은 사회적, 언어적 구성물이라고 주장했다. 그리고 양자중력에 대한 대안적 이론으로 뉴에이지적 개념을 가진 형태형성장(morphogenetic fields)을 제시했다. 일부 불자들도 양자 이론 등에 의지해 물리적 현실 자체도 '공'이라고 주장한다.

유심(唯心, Citta-Mātra) 사상에 의하면, 일체의 현상은 단지 마음의 산물이어서 실재하는 것이 아니다. 유심은 『화엄경』의 삼계유심(三界唯心)이라는 말에서 유래했다. 삼계유심 만법유식(三界唯心 萬法唯識)이라는 말에서처럼 우주 삼라만상과 천지만물을 지칭하는 삼계가 오직 마음이고, 만법이 오직 의식이라고 한다. 불교의 우주론을 일체유심조(一切唯心造)로 요약하기도 한다.

유식불교에 의하면, 수행은 삼계유심, 만법유식을 깨닫는 것이다. 삼계가 오직 마음일 뿐이며, 만법이 오직 인식일 뿐이다. 몸과 마음과 세계의 형상도 전혀 없는 것으로 본다는 것이다. 불교는 어떤 법도 실체가 없다는 제법개공(諸法皆空)의 교리와 마음이 세계를 만들었다는 삼계유심(三界唯心)의 교리에 따라 세상의 괴로움은 실재하는 것이 아니며, 다만 중생의 마음이 투영된 결과로 여긴다. 대승불교 역시 세상을 고통으로 바라보고 있다는 점에서는 기본적으로 동일하다. 중생계를 무명(無明)과 업(業)에 의해 감염된 고통의 세계라고 가르친다.

『붓다와 희생양』과 이 책에서 필자는 우주 자체의 존재론적 실체를 부정

---

17 Geoffrey Samuel, *Tantric Revisionings. New Understandings of Tibetan Buddhism and Indian Religion* (Delhi: Motilal Banarsidass, 2005), 335.

하는 논리가 매우 특정한 사람들, 곧 세계포기자 혹은 세계부정자 붓다에게 특정하게 요구된 희생논리였다는 사실을 주장했다. 또한 불교의 우주론은 결국 우주를 고통의 세계로 파악하는 붓다들의 관점에서 탄생했다. 우주에 대한 물리적 이해가 아닌 가치판단이 개입된 우주론이라는 것이다.

불교에는 기독교적 의미의 창조론은 없다. '순수 구원론'(pure soteriology)으로서의 불교는 우주를 가치중립인 물리적 실체로 보기보다는 우주 자체를 고통으로 본다. 왜냐하면 그것은 우주의 본질이 고통이라는 것을 깨닫고, 또한 우주의 공성을 깨닫고, 자신을 언제든지 공양하고 보시할 준비가 되어 있는 붓다와 보살들의 매우 특정한 관점을 우주론으로 투영하고 있기 때문이다. 삼계유심, 만법유식이라는 사상도 사회인류학적으로 분석해 보면, 그것이 출가한 세계포기자(world-renouncer)들인 붓다만의 특정하고 구원론적(soteriological)인 사상인 것을 알 수 있다. 불교의 무(無)와 공(空)은 '어떠한 물리학적 의미'도 가지고 있지 않다. 그것은 '순전히 구원론적 개념'이다.[18]

그것도 출가한 붓다만의 순전히 구원론적 특정개념이다. 무(無)와 공(空)은 인류학적으로는 일반인들에게 보편화시키기 위험한 개념이며, 물리학적으로는 더 보편화시키기 어려운 희생 제의적(sacrificial) 개념이다. 한때 이 신화적이고 희생 제의적 논리를 해체주의 철학적인 개념이나 양자 이론의 뉴에이지 과학적 해석과 연관시키곤 했지만, 좀 더 엄밀하게 분석해 보자면, 붓다들에게 자발적 혹은 비자발적으로 강요된 희생 논리이다. 이 사상의 배후에는 은폐된 희생양 메커니즘이 작동하고 있다.

우주의 존재론적 실체 자체를 부정하는 붓다들은 희생양들로서 또한 우주를 무명(無明)과 업(業)에 의해 감염된 고통의 세계로 보는 다르마를 가진다. 무에 대한 명상도 물리학적 명상이 아니라, 세계의 역겨움에 대한 명상

---

[18] Edward Conze, *Buddhistisches Denken, Drei Phasen buddhistischer Philosophie in Indien* (Frankfurt am Main: Insel Verlag, 1988), 82.

이었다. 초기 불교 출가자들의 명상은 자신의 육체와 세계에 대한 염증을 불러일으켜 속세에 대한 집착을 제거하려는 속세에 대해 '염증을 불러일으키는 명상(Ekelmeditationen)'이었다.[19]

출가자들은 화장터나 무덤에 거하면서 무상의 상징으로 '죽음에 대한 명상'과 시체가 부패해서 사라지는 과정을 명상했다. 이러한 세계를 포기하는 염증 명상의 결과 초기 많은 출가자는 심지어 우울증에 빠져 자살하는 예가 많았다.[20] '공(空)에 대한 명상'은(emptiness meditations) 자기 자신을 해체하는 '명상하는 자의 죽음'과 비견된다.[21]

명상의 본래 목적은 이처럼 우주와 세계에 대한 역겨움을 불러일으키는 것이었다. 결코 우주의 존재적 실상에 대한 가치 중립적이고 물리학적 명상이 아니라, 우주 자체에 대한 역겨움과 허무함을 느껴서 언제든지 자기 자신을 공양할 수 있도록 강요하는 희생 제의적 명상이었다. 그래서 불교에서는 우주가 공(空)일 뿐 아니라, 고통이기도 하다. 현대 천체물리학에서는 우주가 고통이라는 개념 자체가 없다. 불교 우주론이 다중우주론과 유사하다고 하지만, 다중우주론에도 우주가 고통이라는 사상은 없다. 우주가 고통이라는 불교사상은 희생양들인 붓다들만의 우주론적 사상이다.

독일어권 위키피디아(wikipedia)의 원수 사랑(Feindesliebe)에 관한 다음의 자료에서 불교의 입장과 관련해서 나의 독일어 단행본의 자료가 인용되었다.

---

[19] Michael von Brück, *Einführung in den Buddhismus* (Frankfurt a.M: Verlag der Weltreligionen im Insel-Verlag 2007), 93 ; Friedrich Heiler, *Die buddhistische Versenkung. Eine religionsgeschichtliche Untersuchung* (München: Reinhardt 1918), 15–16.

[20] Von Brück, *Einführung in den Buddhismus*, 158.

[21] Elizabeth English, V*ajrayoginī. Her Visualizations, Rituals, and Forms. A Study of the Cult of Vajrayoginī in India. Studies in Indian and Tibetan Buddhism* (Boston: Wisdom Publications, 2002), 130: "The emptiness meditations are sometimes likened to the death of the meditator, as he dissolves his ordinary self into the *dharmakāya*."

앙리 드 루박(Henri de Lubac)과 하인리히 두물린(Heinrich Dumoulin)과 같은 기독교 신학자들은 불교에서의 원수사랑, 용서, 그리고 자비에는 인격이라는 개념 자체가 결여되어 있고 너와 나도 공(空)한 것으로 보기에 진정한 의미에서 인격적인 관계를 의미하지는 않는다.[22]

불교에서의 원수 사랑과 관련해서 나의 입장은 일본 선불교를 서구에 수출한 스즈기(Daisetz Teitaro Suzuki)와 달라이 라마 그리고 틱낫한(Thich Nhất Hạnh)의 입장들과의 관련성 속에서 소개되었다. 어떤 의미에서 기독교적 원수 사랑보다 더 급진적인 것으로 보이는 불교에서의 붓다들과 보살들의 원수 사랑은 사실은 신화적으로 과장된 우주적 대자비를 말한다. 붓다들의 극도로 과장되고 영웅적이고 신화적 원수사랑의 스토리에서 우리는 은폐된 희생양의 비극을 볼 수 있다. 붓다들은 언제든지 자신의 몸을 분신공양과 소신공양의 희생제물로 바칠 서약을 한 자들이다. 극도로 과장된 붓다들의 카루나[23]에는 신화적 희생양 메커니즘과 박해의 논리가 은폐되어 있다고 필자는 분석했다.

4. 프로테스탄트 불교, 현대 물리학 그리고 모방적 욕망

한국 불교 내부에서도 현대 물리학이 불교를 과학적으로 입증했다는 주장이나 힉스 입자의 발견이 공(空)을 과학적으로 입증했다는 유사학문적

---

22 http://de.wikipedia.org/wiki/Feindesliebe. 각주 41번에 필자의 독일어 단행본의 자료가 인용되었음: Ilkwaen Chung: *Paradoxie der weltgestaltenden Weltentsagung im Buddhismus: Ein Zugang aus der Sicht der mimetischen Theorie Rene Girards.* Lit Verlag, 2010, 98.

23 산스크리트 카루나(karuna)는 사랑 혹은 자비를 의미한다.

주장에 대한 자성의 목소리가 있는 것으로 안다.²⁴ 이 보도에 의하면, 독일에서 소립자 전공으로 물리학을 공부한 정윤선 박사는 현대 물리학의 발전을 너무 쉽게 불교 진리의 과학적 입증으로 단정하는 경향은 위험하며, 지양돼야 한다고 강조한다.

최근 이른바 '신의 입자' 힉스(Higgs)가 발견되었다는 외신 보도와 관련, 불교의 공(空)이 과학적으로 입증되었다는 식의 해석이 불교 일각에서 나온 것에 대해서도 그녀는 거리를 둔다. 정 박사는 '불교와 과학'을 둘러싼 지나친 해석과 그 적용의 위험성을 지적해 왔다. 정 박사는 그동안 「참여 불교」, 「불교평론」 등에 이와 관련된 유사한 글을 발표해 왔다. 현대 물리학의 진전이 발표될 때마다 불교의 심오한 진리가 과학적으로 입증되었다는 반응이 반복되는 것에 대한 안타까움, 과학적 근거가 충분치 않은 상태에서 그런 내용을 설법이나 강의에 적용하는 데 대한 위험성과 경솔성을 정 박사는 바르게 지적하고 있다.

재가연대 사무총장으로 활동하기도 한 정박사는 양자역학의 상보성 원리를 이해 못한 채 무리하게 적용하는 경우가 많다고 지적한다. 양자역학의 '상보성 원리'는 물질에 입자성과 파동성이 동시에 있다고 하는 것이다. 우주 속의 가시적 모든 물체는 파동성과 물질성(입자성)을 동시에 가지고 있다. 그중에서 파동성만을 이해하면서 불교의 공의 개념을 갖다 붙여서 얘기하는 것은 맞지 않는 얘기라고 정 박사는 바르게 지적하고 있다.

정 박사의 바른 지적대로 물질은 파동성뿐 아니라, 입자성도 가지고 있다. 양자물리학이 물질주의의 황혼을 가져왔지, 불교에서처럼 물질 자체의 절대적 공성(空性)을 말하지 않는다. 물리적 실체를 존재론적으로 인정하지 않고, (수학적) 논리 자체를 무조건적이고 절대적으로 부정하는 불교가

---

24 「미디어붓다」의 언론보도를 보라. "현대 물리학, 불교 과학적으로 입증? 그런 견해, 부처 가르침 폄훼하는 것" (http://www.mediabuddha.net/bbs/board.php?bo_table=06_1&wr_id=331).

자연과학과 무관한 것은 당연한 일이다. 정 박사는 물리학이 유대-기독교 전통의 서구에서 발달한 학문이란 걸 불자들은 잊으면 안 된다고 강조하면서 "아전인수격으로 해석할 여지가 없다"고 지적한다. "남들이 해놓은 것 노력 없이 말로만 끌어들여서 되겠나"라고 바르게 지적한다.

현대의 물리를 붓다가 이미 다 깨쳤다고 하는 것도 '아전인수격'이라고 지적한다. 붓다가 가르쳐주셨다고 말하고 싶은 자랑스러운 것들, 곧 현대 물리학이 서구 기독교 문화에서 발달했다는 점을 잊지 말아야 한다고 바르게 지적한다. 그리고 이슬람교나 기독교가 근대과학발전의 사회적 기반을 마련했던 것에 비해 불교는 그렇지 못했음을 반성하는 것이 현실적 도움을 줄 것이라고 주장한다. 또한 서구 기독교 문명이 이룩한 자연과학의 발전을 불자들이 배워야 한다고도 말한다.

또한 물리학에서 진공이라는 개념은 붓다가 말한 공의 개념과는 굉장히 다르다는 점도 지적한다. 현대 물리학에서 말하는 진공과 불교에서 말하는 공의 개념에 대한 혼선이 있는 것 같다면서 이에 대한 차이를 명확하게 설명하는 것이 필요하다고 바르게 말한다. 그러면서, 만약 붓다가 깨달은 우주 진리 이상의 모든 것이 지금 단계의 물리적인 단계와 개념이라면, 지금 수준의 물리학을 붓다의 깨달음의 단계와 대응시키는 것은 붓다에 대한 모욕이라고 말한다.[25]

물론 정교수는 물리학자로서 불교가 현대 물리학 사이의 유사성을 말하는 담론들의 유사학문성을 바르게 지적하곤 있지만, 붓다들의 깨달음이 이후 재가자들에 의해 우상화되고 신성화되는 신화적 메커니즘에 대해서는 깨닫지 못하고 있는 것 같다.

자연과학의 어떤 구체적인 발견이 불교철학의 어떤 특정한 부분을 입증

---

[25] 현대 물리학, 불교 과학적으로 입증? http://www.mediabuddha.net/bbs/board.php?bo_table=06_1&wr_id=331

하는 것으로 성급하게 결론짓는 것은 삼가야 한다는 조심스러운 태도가 한국 불교 안에 있기도 하지만, 또 다른 한편으로 유대-기독교적 토양에서 탄생한 자연과학과 현대 물리학을 너무 손쉽게 모방해서 아전인수격으로 해석해서 불교의 과학적 우수성을 입증하려는 주장들도 존재한다.

양자역학과 상대성 이론이 발전하며 기존의 물질과 우주에 대한 인식들이 변화하면서 그것이 불교사상과 유사하다는 주장들은 다음처럼 요약될 수 있다고 한다.

과학의 인과원칙(causality)과 불교의 연기론적 세계관, 양자역학에서 물질이 입자와 파동의 성질을 동시에 가지며 측정방식에 따라 변화한다는 상보성 원리와 무아(無我)의 가르침, 특수상대성 이론과 일반상대성 이론에서 볼 수 있는 시간과 공간의 절대성 부정, 우리가 살고 있는 우주는 한정된 공간과 한정된 시간이 있으나 더 많은 우주가 생성될 수 있다는 이론과 불교의 '많은 세계' 이론 등이 그것이다.

또한 양자론의 코펜하겐 해석이 주장하고자 하는 주체와 객체의 상호관계성은 일체의 사물은 상호의존해서 존재한다는 불교의 연기론(緣起論)과 이론적으로 다른 것이 하나도 없다고 주장되기도 한다. 심지어 양자론의 인간원리는 그 용어만 다를 뿐 삼라만상의 모든 만물은 인간의 마음이 만드는 것이고 마음이 곧 부처이다는 불교의 심즉불(心卽佛) 사상과도 일치하고 있다고 주장한다.

하지만 앞에서 살펴본 것처럼 불교의 연기론을 과학적 인과관계로 재해석하려고 하지만, 문제는 연기이기에 인과관계 자체가 공(空)이라는 사실이다. 자연 과학적 인과관계는 연기적 인과관계처럼 공(空)이 아니다. 자연 과학적 인과관계는 그것이 관계적이라고 해서 비실체적이지 않고, 실체적이다. 연기는 그 자체가 목적이 아니라, 공성을 깨닫기 위한 것이다. 연기이기에 공인 것이다. (출가) 불교는 물리적 실체 자체도 부정하고, 우주의 존재론적 공성(空性)을 주장하기에, 물리학을 논하기가 쉽지 않다. 불교의 연기법은 기독교의 삼위일체적 페리코레시스(상호내주 혹은 상호침투)처럼 존재론적 관계성이 아니다. 그것은 엄밀하게 말해서 카르마적 인과관계를 말하며, 불교 교리에 의하면, 연기 또한 공(空)이다. 연기는 우주의 공성을 깨닫기 위함이다.

삼위일체적 존재론적 관계성으로서의 페리코레시스는 실제로 양자 이론의 기초가 되는 패러데이와 맥스웰의 전자기장 이론에 사상적 영향을 주었지만, 불교 문화에서는 이러한 예를 찾아볼 수 없는데도 불구하고, 갑자기 너무 쉽게 남의 전통을 모방하고 빌려와서 자기의 전통인것처럼 주장하는 것은 유사학문적이라 할 수 있다. 삼위일체적 페리코레시스는 공(空)이 아니다. 물질의 존재 자체를 무조건 부정하고 포기하는 불교에서는 엄밀하게 말해 물리학이나 수학과 같은 자연과학도 '없었다.' 또한 양자역학의 상보성 원리와 불교의 무아론도 같은 차원이나 지평에서 비교될 수 있는 것이 아니다. 입자와 파동의 이중성이 불교에서 말하는 존재론적 무아(無我)를 의미하지 않는다.

일본 교토 학파는 자신들의 선불교적 종교철학을 '절대적 무의 철학'이라 했고, 또한 '죽음의 철학'이라 했다.[26] 절대적 무는 살아있으나 죽은 자와 같은 세계포기자들인 붓다들에게만 가능하기 때문이다. 절대적 무는 곧 죽음을 의미한다. 그래서 절대적 무의 철학은 곧 (붓다들의) 죽음의 철학이다. 불교철학에 기저에 흐르는 과도하고 신화적인 부정주의는 붓다들만의 세계 포기적 부정의 다르마와 논리로부터 이해해야 한다.

그것은 또한 희생양 메커니즘 속에서 작동하고 있는 신화적 희생논리다. 『붓다와 희생양』에서 논의한 바처럼 죽음의 철학을 가진 장례식 불교(funeral Buddhism)가 결혼식과 관련이 없는 것처럼, 물리학과도 관련이 없다.

---

[26] Ryôsuke Ohashi, *Die Philosophie der Kyôto-Schule. Texte und Einführung* (Freiburg/München: Alber Verlag, 1990), 32.

불교와 현대 물리학의 관련성 논의도 유대-기독교적 자연과학의 전통에 대한 미메시스적인 관계로부터 자유롭지 못하다. 무욕의 종교로서 욕망에 대한 섬세한 이론을 가진 불교가 '과학적 불교'에 집착하는 그 모방적 욕망에 대해서도 성찰해 보아야 할 것이다.

5. 초끈 이론, M 이론, 다중우주론, 그리고 불교철학

그렇기에 우주의 존재론적 공성과 허상을 믿는 붓다들만의 특정우주론은 현대 천체물리학적 초끈 이론, M 이론, 다중우주론과도 관련이 없다. 일부 불자들은 이런 천체물리학적 이론이 불교적이라고 오해한다.

예를 들어 2016년 개봉된 불교적 배경이 강한 SF 영화 '닥터 스트레인지'(Doctor Strange)는 기본적으로 다중우주론에 기반하고 있다. "God or Multiverse?"(창조주 신인가 아니면 다중우주인가?)라는 큰 질문 앞에서 불교 측 과학자들은 현대 우주론의 표준모델인 빅뱅 우주론과 정교하게 조율된 우주(fine-tuned universe)에 대한 이론 등은 결국은 성경 창세기를 확증하고 유대-기독교적 창조자 신의 존재를 보여주기에, 그것의 회피수단으로 무한한 다중우주론쪽으로 기울어진 경우가 많다는 사실이 이 영화를 통해서 한번 더 확인된다. 무신론자 입장에서 보더라도 정교하게 조율된 우주(fine-tuned universe) 혹은 우리우주의 정교하게 조율된 미세조정(fine-tuning)은 가장 강력한 신존재증명이다.

실제로 빅뱅 이론에 기초해서 우주론적 신존재증명을 전개하는 저명한 기독교변증가 윌리엄 레인 크레이크(William Lane Craig)와 공개논쟁을 하면서 무신론적 입장을 대변했던 미국 캘리포니아공과대학(California Institute of Technology)에서 우주과학과 물리학을 연구하는 션 캐롤(Sean Carroll) 박사는 정교하게 조율된 우주(fine-tuned universe)야말로 무신론적 입장에서 보더라도 가장 강력하게 신의 존재을 증명할 수 있는 근거가 된다는 것을 인정했다. 션 캐롤 박사는 최근에는 저명한 기포드 강좌에 초대되어서 강연하기도 했다.

리처드 도킨스와 무신론 논쟁을 하기도 한 영국 옥스퍼드대학교의 수학자이자 과학철학자로서 존 레녹스(John Lennox) 교수의 증언에 의하면, 빅뱅 우주론이 1960년대 과학적 정설로 확립되기 시작할 때 당시 세계에서 가장 오래되었고 저명하다고 평가받는 과학 학술지 「네이처」(Nature)지의 편집부가 빅뱅 이론이 결국은 성경 창세기와 기독교적 의미에서의 창조자를 지지하는 함의가 있기에 빅뱅 이론에 대한 논문을 거절했다고 한다. 존 레녹스 교수는 당시 빅뱅 우주론을 끝까지 수용하지 않았던 프레드 호일(Fred Hoyle) 교수가 '영원한 우주'라는 아리스토텔레스적인 개념에 사로잡혀서 끝까지 빅뱅 이론을 반대했다고 분석한다.

하지만 다중우주론이나 M 이론에는 우주가 고통이라는 사상이라든지 우주의 공성이라는 개념 자체가 없다. 불교에서 말하는 다중우주론이나 많은 세계 이론은 신화적 뿌리를 가지고 있다.

갠지스 강의 모래알처럼 수많은 붓다들이 갠지스 강의 모래알처럼 수많은 우주를 투영했다가 그것의 진상, 곧 공성(空性)을 깨닫고 자신의 몸을 공양으로 바친다. 불교 명상과 해탈에 구성적이고 연속적인 마술적인 능력에는 여러 가지가 있는데, 그 중에서도 수 많은 붓다들을 마법으로 복사하는 것(Buddhäufung)이 주목할 만하다. 즉 8,000명의 붓다들은 이 마법으로 8,000명의 붓다들을 복사해내고, 결국에는 $8,000^3$명의 붓다들을 복사해낸다.[27]

수없이 많은 붓다들이 요가적 명상으로 투영해 낸 수많은 우주는 우선

---

[27] Dieter Schlingloff, *Die Religion des Buddhismus. I. Der Heilsweg des Mönchtums* (Berlin: de Gruyter, 1962), 62.

신화적이다. 그것은 물리학적인 것이라기보다는 카르마적이고 또한 결국 그 수많은 우주도 공(空)이기에, 우주의 물리적 실체를 인정하고 연구하는 현대 천체물리학과는 상관이 없다. 윤회 사상과 카르마 사상도 천체물리학과 상관이 없다. 출가승 붓다가 세계포기자(world-renouncer)로서 세계와 상관이 없듯이, (출가)불교는 물리학과 거의 관련이 없다.

세계포기자 붓다들은 물리학과 자연과학도 포기했다. 불교는 순수 구원론(pure soteriology)으로써 세계 질서와 문화와 사회를 부정하는 방식으로 관계를 맺었고, 그렇기에 자연과학과 물리학도 포기하고 부정했다고 보는 것이 정확하다. 불교와 물리학에 대한 논의들은 모방 현상일 뿐이다. 불교는 성스러운 반대구조로서 탄생했고, 모든 것을 부정해 버리는 부정의 논리가 이후에는 약화하긴 했어도 그 흔적이 남아있다.

불교는 물리학도 부정하고 포기했다고 보는 것이 정확하다. 왜 붓다들이 공성(空性)의 우주론을 가지게 되었는지에 대한 질문이 선행되어야 한다. 왜 붓다가 우주를 공으로 파악해야만 했는지, 그 사회적 메커니즘에 대한 깨달음이 과학적 불교라는 담론보다 선행되어야 한다. 우주의 공성과 자신의 공성을 깨닫는 것을 자신의 다르마로 생각했던 붓다들의 비극적이고 영웅적인 실존 속에 은폐된 신화적 코드와 박해의 논리를 먼저 이해하는 것이 '과학적' 불교를 향한 첫걸음이라 할 수 있다.

기독교와 불교의 결정적 차이 중 하나는 기독교의 경우 창조론이나 우주론이 성직자와 평신도 모두에게 적용이 되지만, 불교의 경우 창조론이나 우주론 자체는 재가자들이 아니라, 오직 출가승들만의 매우 특정한 관점, 그것도 요가적 명상을 통해서 투영된 우주론이라는 것이다.

불교는 본래 출가 불교였다. 사회인류학적으로 불교를 이해하지 못하는 데서, 불교사상에 대한 각종 오해가 발생한다. 하이데거는 서양 형이상학의 역사를 존재 망각(Seinsvergessenheit)의 타락 역사로 파악했는데, 현대 불교학에서는 일종의 '무'의 망각(Nichtsvergessenheit)이 발생했다고 본다.

즉 불교의 무(無)와 공(空)이 누구의 무(無)와 공(空)인지를 망각하기 시작했다는 것이다. 붓다들만의 무(無)와 공(空)이라는 사실을 망각하기 시작했다. 무(無)와 공(空)의 사회인류학적 주체를 망각했다는 것이다. 불교는 한마디로 무(無)와 공(空)의 철학인데, 그것이 본래 세계 포기자와 세계 부정자인 붓다들만의 사상과 철학이라는 사실을 망각하기 시작했다는 것이다. '무'에 대한 기억상실증으로 인해 '무'에 대한 양자 이론적, 포스트모던 철학적, 그리고 해체주의 철학적 오해가 발생했다.

불교를 제대로 이해하려면 사회인류학적으로 출가자와 재가자 사이의 상호성을 이해해야 한다. 인도 문명에 대한 권위자인 뒤몽(L. Dumont)의 분석처럼 힌두교와 불교를 바르게 이해하기 위한 열쇠는 세계 질서와 세계포기, 재가자와 출가자 사이의 상호성과 대화의 코드를 읽어내는 것이다.

우주의 공성을 파악하는 것은 붓다들만의 다르마(Dharma)였다. 쉽게 말해 출가승들의 일은 무조건적으로 마을에 속한 문화질서와 우주질서를 부정하는 것이다. 출가자들의 다르마는 가정과 결혼을 중심으로 형성되는 세계 속에 살아가는 평범한 사람들의 다르마의 정반대다.[28]

출가승들은 세계 질서와 문화 질서에 있어서 하나의 '예외'로서, 그는 자신의 무엇을 하는 것에 의해서라기보다는 무엇을 포기하느냐에 따라 정의되는 존재다. 출가승의 다르마는 긍정적인 명령이 아니라, 부정적인 금지(nivṛttiśāstra)에 있다.[29]

세계 포기는 그것의 고유한 다르마로서 정의되는 것이 아니라, 마을에 있는 재가신자들의 다르마를 부정함으로써 정의된다. 세계 포기와 붓다들

---

[28] Olivelle, *The Āśrama System. The History and Hermeneutics of a Religious Institution* (New York: Oxford University Press, 1993), 230. 자세한 내용은 『붓다와 희생양』, '제4장 1. 출가승들의 다르마로서의 무(無)'를 보라.

[29] Olivelle, *Saṃnyāsa Upaniṣads: Hindu Scriptures on Asceticism and Renunciation* (New York, Oxford: Oxford University Press, 1992), 67.

의 다르마는 일반사회의 다르마에 대한 부정에 있다. '세계 포기의 이 부정적 성격' 때문에 세계포기자는 희생 제의적 불이 없는 사람(anagni), 집이 없는 사람(aniketa)으로 불린다.³⁰

마을과 집과 가정과 욕망을 포기하고 출가승들은 정글로 나아간다. 그러므로 '전체 불교를 관통하는 부정주의'나,³¹ '부정의 신학'은 출가자들의 부정주의적 다르마와 세계를 포기하고, 세계로부터 (자기를) 추방하는 부정의 길과 깊이 관련되어 있다. '부정주의'(Negativismus)의 가장 핵심 되는 인물은 철학자 용수이며, 이 부정주의는 일본 선불교로부터 영향받은 교토 학파의 종교철학에까지 이른다.³²

철학자 용수의 '부정주의'와³³ 대승불교의 '극도로 치닫는 부정주의'는³⁴ 모두 출가승들의 부정주의적 다르마로부터 이해해야 한다. 우주의 공성을 절대적 진리로 파악하는 불교사상에서도 바로 이 붓다들의 극단적이고 신화적 부정주의(Negativismus)를 발견할 수 있다.

종교 현상학적 불교 이해에 의하면, 붓다는 우주의 진상을 보았다고 한다. 세계포기자 붓다는 사물의 진상을 공(空)으로 보았다. 희생양 붓다는 자기만 사물의 진상을 공(空)으로 본 것이다. 붓다가 사물을 공(空)으로 보았다고 해서 실제로 사물의 실체가 그러한 것은 아니다. 또한 (양자)물리학적 사물의 진상이 공(空)이라고 오해해서도 안 된다. 불교에서 붓다들의

---

30 Patrick Olivelle, "A Definition of World Renunciation," in *Wiener Zeitschrift für die Kunde Südasiens* 19 (1975), 80,

31 Dumoulin, *Östliche Meditation und Christliche Mystik* (Freiburg/ München: Karl Alber, 1966),29.

32 Heinrich Dumoulin, *Begegnung mit dem Buddhismus. Eine Einführung* (Freiburg–Basel–Wien: Verlag Herder, 1978), 112–113.

33 Helmuth von Glasenapp, *Der Buddhismus in Indien und im Fernen Osten. Schicksale und Lebensformen einer Erlösungsreligion* (Berlin–Zürich: Atlantis Verlag. 1936), 73.

34 Helmuth von Glasenapp, *Die Literaturen Indiens. Von ihren Anfängen bis zur Gegenwart* (Stuttgart: Kröner 1961), 178.

다르마로서의 공(空)은 순전히 구원론적이고, 세계 포기적 개념이지, 물리학적 개념이 아니다. 우주의 공성을 깨닫는 출가승에게는 선악의 구분도 공(空)하다. 원효도 디오니소스적 파계 이후 한순간에 깨달음을 얻고 그때의 심경을 삼계유심 만법유식으로 요약하면서 다음과 같이 표현했다고 한다.

> 마음이 생하는 까닭에 여러 가지 법이 생기고 마음이 멸하면 감(龕)과 분(墳)이 다르지 않네. 삼계가 오직 마음이요, 모든 현상이 또한 식(識)에 기초한다. 마음밖에 아무것도 없는데 무엇을 따로 구하랴!

불교의 좀 더 정확히 붓다들의 깨달음의 세계는 선악이 모두 공한 세계이다. 필자는 이미 『붓다와 희생양』에서 니체의 (디오니소스적인) 『선악을 넘어서』(Jenseits von Gut und Böse)를 연상케 하는 불교의 선악 구분도 공(空)하다는 사상을 지라르가 제의에서 읽어내는 디오니소스적인 차이소멸로 파악했다.

원효는 대단히 파격적이고 파계적인 행보로 잘 알려져 있다. 광대 옷을 입고 노래를 부르고, 창녀촌을 찾았다. 깨달음을 위해 디오니소스적 파계(transgression)을 범하고서는 만법일심, 삼계유심이라고 말한다. 우주론적 사상인 것처럼 보이는 삼계유심 사상도 디오니소스적 파계 이후의 사유다. 우주가 공하고, 선악의 구분도 공하다는 출가승들만의 특정사유는 양자역학이나 현대 물리학과 같은 물리적 메커니즘이 아니라, 사회인류학적 지평에서 은밀하게 작동하는 희생양 메커니즘 속에서 파악되어야 한다.

불교문화에서 우주의 기원까지 수학적으로 연구하는 자연과학이 탄생하지 못한 것은 바로 신화적 메커니즘에 대한 근대적인 계몽이 충분히 이루어지지 않았기 때문이다. 우주의 공성(空性)에 대한 세계 포기적 명상을 강요하는 메커니즘에 대한 탈마술화와 탈신성화가 문명의 참된 합리화를 가져오고, 그 현대성 속에서 자연과학은 점차 싹틀 수 있다.

폴킹혼이 유교 문화가 지나치게 사회적인 문제에 집중하느라, 진정한 의미에서의 자연과학을 발전시키지 못했다고 지적했는데, 불교의 경우는 더욱더 그러하다고 볼 수 있다. 결국 불교 문화의 경우도 모방적 욕망으로 인한 사회 내부적 갈등과 폭력을 통제하는데 많은 사회적 에너지를 소비함으로, 자연과학의 탄생이 힘들게 되었다. 사회적 질서유지를 위한 희생양 메커니즘과 그 '사회적 초월성'에 머물고 있기에, 좀 더 나아가 우주의 기원과 그 물리적 코드와 메커니즘까지 수학적 방정식을 통해서 연구하는 자연과학의 탄생이 지체되었다. 사회 심리적 희생양 메커니즘의 탈신성화 이후에 비로소 물리적 메커니즘에 대한 수학적 연구가 가능해진다.

폴킹혼의 지적처럼 우주의 물리적 실체 자체를 허상으로 파악하는 문화권에서는 결코 수학과 물리학에 기반한 자연과학이 탄생될 수 없었다.

6. '붓다 브레인': 뇌과학과 법열로 솟아오른 두개골

일부 신경심리학자들과 명상 지도자들은 '붓다 브레인,' 곧 뇌과학과 불교에 대해서 말한다. 주로 과학자와 선승이 불교의 좌선을 통해 얻는 뇌의 긍정적 변화를 논하는 연구들이다. 물론 우리는 불교 명상을 통해서 얻을 수 있는 긍정적인 뇌과학적 효과를 긍정하고 인정할 수 있다. 불교 명상뿐 아니라, 기독교 명상을 비롯해 모든 형태의 명상은 뇌과학적으로 긍정적인 효과를 보여준다. 문제는 불교 명상의 본래적 독특성과 본질이 무엇인가 하는 것이다.

좌선이나 명상에서 생각하는 것은 절대로 안 된다. 생각이 떠오르는 것은 어쩔 수 없지만 사고(思考)는 흘려보내야 한다는 것이다. 이성이나 언어로 작동하는 뇌를 가능한 한 무시하고, 의식 밖에 두는 것이 확실히 중요하다고 말한다. 앞에서 본 것처럼 불교 명상의 목적은 생각, 논리, 세계, 우주, 자아 등 모든 것을 포기하는 것이다. 후대에는 약화하였지만, 본래 불교만의 특정한 명상법은 세상에 염증을 느껴 세계를 포기하도록 하는 명상(Ekelmeditation)이었다. 불교 명상, 혹은 더욱 정확하게 출가승들만의 명상의 심리테라피적 효과는 '부산물'이지, 그 본래의 의미와 목적은 아니다.³⁵

본래 죽음을 향하고 죽음을 일시적으로 재현하고자 하는 불교 명상은 그렇게 뇌과학적으로 무해하거나 힐링을 주는 것이라기보다는 위험한 것이었다. 명상자인 붓다들의 통과제의적-명상적 죽음을 최종목표로 두고 있는 불교 명상은 힐링보다는 생각, 논리, 개념, 자아, 우주의 킬링이 그 목적이라 할 수 있다.

기독교 신비주의와 불교 명상을 연구한 두물린(H. Dumoulin)이 잘 분석하고 있듯이, 일본 선불교에서도 더욱 원형적인 불교 명상에서는 언제나 그 '위험성'이 지적됐다. 해탈체험에 이르게 하는 수행법은 '거의 필연적으로 영혼에 가해지는 폭력적인 노력을 요구하는데,' 이는 해를 끼칠 수 있다. 그래서 선불교 명상에는 환상들과 같은 '악마의 영역들'이라 불리는 위험이 존재한다.³⁶

달라이 라마가 하버드대학교에서 강의한 것을 요약한 불교 입문서에도 적고 있듯이, 탄트라 명상에서는 필요할 경우 '분노'와 '증오'도 사용해서 의식상태를 보통상태에서 거친 야생적 상태로 변화시키고자 한다. 증오로 가득 찬 모습을 한 붓다들과 보살들은 바로 이 명상적 상태를 보여준다.³⁷

『붓다와 희생양』에서 자세히 논한 것처럼, 붓다의 솟아오른 두개골에서 볼 수 있듯이 명상은 본래 내면화된 불 제사이다. 그 결과 엘리아데의 말처

---

35 Heinrich Dumoulin, *Östliche Meditation und Christliche Mystik* (Freiburg/ München: Karl Alber, 1966), 217.

36 Dumoulin, *Östliche Meditation und Christliche Mystik*, 218.

37 Dalai Lama, *Einführung in den Buddhismus. Die Harvard-Vorlesungen*. Aus dem Amerikanischen von Christoph Spitz (Freiburg–Basel–Wien: Herder, 1993), 272–273 ; Dalai Lama, *Logik der Liebe. Aus den Lehren des Tibetischen Buddhismus für den Westen* (München: Goldmann Arkana, 1989), 134–135.

럼 붓다는 불타고 있다.[38] 붓다는 힌두교 불 제사의 내면화된 형태인 내적인 열 타파스(Tapas)를 발생시킨다. 몸에 열을 발생시키는 이 타파스의 열기가 신체와 정신에 혼수와 착란을 가져온다고 한다. 희생 제의적 위기를 몸속에서 재현하는 것이다. 불상의 머리 위에 뾰족한 형상은 바로 이 내적인 열인 법열의 상징으로 이해된다.[39]

붓다의 두개골 돌출(ushnisha)은 이 내적인 불제사의 결과다. 남방불교 붓다상 머리 위에 양초 불꽃 같은 것은 이런 희생 제의적인 맥락에서 이해해야 한다. 붓다는 자신을 희생제물 삼아 양초처럼 태우고 있다. 니르바나의 문자적 의미는 (양초의 불을) 불어서 끄는 것, 불어서 꺼진 상태, 혹은 그 양초가 수명을 다해서 사라지는 것이다.[40]

출가한 세계포기자가 탁발을 통해 먹는 것은 내적인 열을 통해서 불태우는 희생제물이 된다. 출가자들 속에 내면화된 제의는 보다 안정되고 영속적이다. 출가승들의 내적인 불은 영원히 불타오른다. 출가자들이 먹는 것은 일종의 희생제물이 된다. 출가자들의 몸 자체가 하나의 신성한 제단이다.[41]

요가 수행자의 몸 자체가 '희생제의의 장소'(devayajanam)가 된다.[42] 요가 수행자의 어근에는 "함께 묶는다"는 의미가 담겨져 있다. 독일 나찌 당원으로 활동했고 힌두교를 독일 제3 제국의 공식종교로 채택하기를 원했

---

[38] "The Budha is 'burning,' because he practices asceticism, *tapas*." (M. Eliade, *Yoga, Immortality and Freedom* (New Jersey: Princeton UP, 1969), 332; Mircea Eliade, *Yoga. Unsterblichkeit und Freiheit* (Frankfurt am Main: Insel Verlag, 1988), 340.

[39] Otto Karow, *Symbolik des Buddhismus* (Stuttgart: Anton Hiersemann Verlag, 1989), 187–188.

[40] Dieter Schlingloff, *Die Religion des Buddhismus. I. Der Heilsweg des Mönchtums* (Berlin: de Gruyter, 1962), 113.

[41] Patrick Olivelle, *Saṃnyāsa Upaniṣads: Hindu Scriptures on Asceticism and Renunciation*, translated and with an Introduction (New York, Oxford: Oxford University Press, 1992), 68–69.

[42] Hertha Krick, "Nārāyaṅabali und Opfertod," in *Wiener Zeitschrift für die Kunde Südasiens* 21 (1977), 107–108.

던 하우어(Jakob Wilhelm Hauer)의 분석처럼 본래 요가 수행자의 자세는 희생제의의 준비과정과 밀접하게 관련되어 있다.[43] 쉽게 말해 수동적이고 식물적인 요가 수행자와 명상은 희생제물의 자세다. 조용하게 희생을 기다리는 자세다. 자신의 몸을 제물삼아 제사드릴 때 가지는 신체 자세다. 옛 동물을 묶어서 제물로 바치기 직전 조용하고 잠잠하게 있도록 위치시키는 것과 같다.

'붓다 브레인,' 곧 불교와 뇌과학에 대한 연구를 통해서 명상이 주는 심리적 효과를 뇌과학적으로 증명하려는 시도가 많다. 물론 불교 명상의 힐링 가능성 자체를 부인할 수는 없다. 본래 일종의 불제사로서의 명상이 주는 우연한 부산물로서의 테라피 효과가 있을 수 있다. 사실 인류문화 자체가 희생제의의 부산물이다. 하지만 힌두교와 불교에서의 명상의 본래 의미와 목적에 대한 종교학적 이해까지 포기할 필요는 없다.

유튜브 자료에서 한국에도 초청된 바 있는 어느 서구 불교학자가 불교와 뇌과학에 대해서 강연하면서 보여준 자료 중에는 '붓다 브레인' 위로 양초처럼 타오르는 법열을 볼 수 있었다. 기독교 명상도 뇌과학적 힐링을 줄 수 있다. 하지만 기독교 명상에서는 붓다의 두개골 돌출이나 파열 같은 것은 존재하지 않는다.

기독교 명상의 최종목표는 무덤이나 멸절이 아니다. 기독교에도 명상적 전통이 있다. 형식적 유사성뿐 아니라, 내용적 차이도 기억해야 한다. 기독교 명상이 대상적 명상이라면, 불교 명상, 좀 더 정확히 말하자면 붓다들의 무(無)에 대한 세계 포기적 명상은 비대상적 명상이라 할 수 있다. 불교 명상은 본래 일종의 불 제사였다. 명상과 소신공양은 그 정도에 있어서 차이가 나지만, 의미에 있어서 연속적으로 보아야 한다. 명상자세는 죽음의 자세였다. 명상의 힐링효과는 부산물일 뿐이다. 명상은 정신적이고 내면화된

---

[43] J.W. Hauer, *Der Yoga. Ein indischer Weg zum Selbst* (Stuttgart : Kohlhammer, 1958), 21.

불 제사다.

분신공양과 소신공양은 더욱 원색적이고 오리지널한 외적인 형태의 불 제사다. 힌두교와 불교에서 명상자세는 희생제물의 자세였다. 붓다들 자신이 희생제물이 되고, 불로써 자신을 태워 소신공양한다. 명상자세로 소신공양하거나 죽음을 받아들이는 것도 바로 명상자세가 곧 희생제물의 자세라는 것을 보여준다. 불교 명상의 심볼리즘에는 식물적 죽음, 재 그리고 무덤의 이미지가 지배적이다. 명상은 죽음을 앞당겨서 실현하는 것이다. 살아 있으나 실제로는 죽은 자로 간주 되는 붓다들은 명상자세로 마침내 죽음에 들어간다. 좌탈입망이다. 앉은 채로 열반에 들어간다.

승려들은 열반의 순간 죽음의 시를 읊는다. 임종게라 한다. 그리고 다비식 이후 그들의 사리는 재가 신자들의 마스코트가 된다. 마스코트라는 말은 본래 마녀를 화형시킨 이후 남은 일종의 사리와 유물이다. 희생양 마녀가 화형당한 이후 남은 유물은 신성화되어 행운을 선물하는 마스코트가 된다.

7. 칼 융, 파울리의 양자 이론 그리고 만다라

분석심리학자 칼 융(C. G. Jung)과 오스트리아 출신의 노벨 물리학상 수상자 볼프강 파울리(Wolfgang Paluli)가 학문적 교류를 가진 것은 잘 알려져 있다. 두 학자는 모두 불교의 만다라를 그들의 연구에 있어서 심리학적이고 물리적인 상징과 은유로 사용했다. 물론 우리는 만다라가 줄 수 있는 심리치료적이거나 미학적인 효과를 부분적으로 긍정할 수 있다.

하지만 그렇다고 해서 만다라에 대한 보다 엄밀한 종교학적 이해까지 포기할 필요는 없다. 파울리의 어머니는 부부간의 문제로 자살했고, 그 이후 그는 교회를 떠났다. 또한 어느 무용수와의 결혼도 순탄치 않았고 자신도 알코올 중독에 빠졌다. 그 이후 그는 칼 융의 비서로부터 심리치료를 받았고, 이후 칼 융과도 깊은 교제를 나누었다. 칼 융은 자신의 어머니를 비롯해서 가정환경에서부터 에소테릭한 분위기가 있었다.

융의 어머니는 자주 트랜스 상태에 빠지고, 이해할 수 없는 말들을 하곤 했다고 한다. 칼 융도 이 영향을 받아서 "소위 오컬트한 현상들의 심리학과 병리학"(Psychologie und Pathologie sogenannter okkulter Phänomene)이란 제목으로 박사학위 논문을 적었다.

칼 융은 또한 히틀러와 독일국가사회주의에 대한 지지자였다. 이 사실은 힌두교를 독일 제3 제국의 공식종교로 채택하기를 원했고 요가 수행자를 전문적으로 연구했던 인도학자 하우어(Jakob Wilhelm Hauer)와 친분뿐 아니라, 다른 여러 가지 사실들로부터도 확인된다.

1927년『북쪽 지방 불교에서의 다라니와 소위 미드라스 제의와의 유사성』[44]이라는 책도 하우어는 출판했다. 불교철학을 담은 경전들이 마술적 효력을 발생시키는 다라니로 사용되었다. 우리나라의 다라니경도 마찬가지다. 불교철학의 정수가 담긴 본문들은 신비적이고 마술적인 힘을 가진 것으로 믿어지는 주문(呪文, 다라니)으로 사용되었다.[45]

불교철학과 주문의 경계는 많은 경우 명확하지 않다. 여전히 마술적이고 주술적이고 비의적인 불교철학의 개념을 갑자기 양자 이론이나 천체물리학적인 개념으로 재해석하는 것은 과도한 비약이다. 불교가 과학적이라고 주장하기 이전에, 먼저 불교의 전근대적이고 신화적이고 비의적인 차원에 대한 '과학적' 접근이 먼저 필요하다. 하우어는 로마제국 초기의 미드라스 신비 종교와 불교의 비의성 사이에 유사성을 발견한 것 같다.

집단 무의식을 말한 분석심리학자 칼 융과 양자 이론가 파울리는 탄트라

---

[44] Die Dhāranī im nördlichen Buddhismus und ihre Parallelen in der sogenannten Mithrasliturgie.

[45] Bernard Faure, *The Rhetoric of Immediacy. A Cultural Critique of Chan/Zen Buddhism* (Princeton: Princeton University Press; 1991), 105.

비밀 불교의 성적인 결합을 'unus mundus'(하나된 세계)의 상징으로 보았다. 나중에 좀 더 상술하겠지만, 이 결합은 결코 조화스러운 통합이나 융합이 아니라, 지라르가 희생제의의 코드로 분석하는 폭력적인 차이소멸로 파악해야 한다.

칼 융은 영지주의와 연금술 연구에 몰두했다. 칼 융 자신이 자신의 이론은 초기 영지주의적 기독교와 잘 어울린다고 주장했다. 만다라를 치료의 도구로 응용하기도 했다. 그래서 융은 자신이 걸어 다니는 정신병원이었을 뿐 아니라, 그 병원의 최고 의사라고도 한다. 또한 그는 프로이트가 어린 시절의 성적 트라우마에 과도한 의미를 부여하는 범성욕주의적 경향을 비판한다.

지라르도 프로이트가 오이디푸스 콤플렉스를 말하면서 오이디푸스 신화를 지나치게 개인적 차원에서의 성욕망과 관련지으면서 사회적인 인식을 못 해서 오이디푸스가 그리스 폴리스의 은폐된 희생양이라는 사실을 알지 못하고 있다고 비판한다. 칼 융은 신화와 종교는 물론 영지주의, 연금술, 만다라, 도교, 주역에 관해서도 연구했지만, 많은 부분이 불투명해서 여러 가지 해석과 오해를 낳았다. 엘리아데와 캠벨은 칼 융의 이론을 신화와 종교연구에 적용하여 대중화하기도 했다.

지라르는 엘리아데가 세계에 흩어져 있는 창조신화와 기원에 관한 이야기에서 공통으로 발견한 '창조적 살해'(creative murder)를 희생양에 대한 초석적 살해(founding murder)로 새롭게 해독해 내었다. 그래서 자신이 신화의 수수께끼를 해독했다고 주장한다(The Einigma of Myth Resolved).[46]

티베트 탄트라 불교(비밀불교)의 만다라를 심리치료의 도구로 사용한 칼 융뿐 아니라, 현대 인도학과 불교학 그리고 탄트라 연구의 대가들인 짐머(H. Zimmer), 엘리아데 그리고 에볼라(J. Evola)는 모두 정치적으로는 파시스

---

[46] René Girard, *I See Satan Fall Like Lightning* (Maryknoll, NY: Orbis, 2001), 83.

트였다. 그들은 탄트라를 선악을 초월하고 관습적인 법을 범하면서 '성스러움에 이르는 가장 파계적이고 가장 폭력적인 길'로 이해했다.[47] 이 중에 볼라는 '회개하기를 거부한 파시스트'였고, 엘리아데도 루마니아 파시스트였다는 과거로부터 자유롭지 못하다.[48] '파시즘 시대의 불교학'에 대한 비판적 논의는 최근 시작되었다.[49]

칼 융도 독일 라디오방송과 여러 논문에서 독일국가사회주의를 동조하는 발언을 해서 그에 대한 격렬한 비판의 여지를 제공했다. 스위스 바젤대학에서 의학을 전공했던 칼 융은 바젤대학교의 교수였던 니체의 철학에 심취해서, 니체의 『차라투스트라는 이렇게 말했다』를 즐겨 읽었다고 한다. 집단무의식에 대해서 논하는 칼 융은 '유대인의 심리학'을 비판하고, '게르만적 정신'을 옹호하고, 니체처럼 게르만적 야만인들(germanische Barbaren)과 금발의 야수(blonde Bestie)를 재활성하고자 하는 듯한 표현들을 사용했다.

실제로 프로이트의 저서들이 불에 태워졌지만, 칼 융의 심리학은 나치의 선동에 의해 찬양을 받았다. 1918년 『무의식에 대하여』(*Über das Unbewusste*)라는 책에서 칼 융은 기독교가 게르만적인 야만인들을 위쪽과 아래쪽으로 나누어서 어두운 측면은 억압하고 밝은 측면은 길들여서 문화적으로 만들었다고 적고 있다. 이런 사상은 니체 철학의 핵심 사상이기도 하다. 칼 융의 집단 무의식이라는 개념은 바로 이 어둡고 게르만적이고 야만적이고 또한 니체가 말한 디오니소스적인 것과 관련이 있다.

칼 융과 파울리 사이의 학문적 대화는 칼 융의 논문 "비인과적 연관성의

---

[47] Hugh B. Urban, *Tantra. Sex, Secrecy, Politics, and Power in the Study of Religion* (Berkeley: University of California Press, 2003), 167.

[48] Urban, *Tantra. Sex, Secrecy, Politics, and Power in the Study of Religion.*, 168.

[49] Gustavo Benavides, "Giuseppe Tucci, or Buddholoy in the Age of Fascism," in *Curators of the Buddha. The Study of Buddhism under Colonialism*, ed. Donald S. Lopez, Jr (Chicago: University of Chicago Press, 1995).

원리로서의 동시성"⁵⁰과 파울리가 적은 논문으로 출판되었다. 칼 융이 처음으로 이론화하기 시작했고 이후 파울리가 함께한 동시성 이론은 비인과적이고 불확정적인 양자물리학적 세계상과 어울린다고 생각했다. 파울리는 측정 행위가 대상에 영향을 미치는 양자역학적 과정을 관찰자의 주관적이고 심리적 행위가 대상에 영향을 미치는 것으로 해석했다. 관찰자의 주관적 행위가 대상에 영향을 미치는 것은 마치 소우주인 인간이 정신적으로 만다라(mandala)에 들어가서 우주 생성과 파괴에 개입하는 것과 같다는 것이다.

칼 융과 파울리는 물질과 정신을 나누는 데카르트적 이원론의 견해와는 달리 실재는 물리적 측면과 정신적 측면을 동시에 포함하는 전체로서 이해되어야만 한다고 생각했다. 파울리는 칼 융의 동시성 개념, 집단무의식 그리고 원형 이론 등에 깊은 관심을 보였다. 그는 원형적인 '물질의 정신'(Geist der Materie)을 발견하고자 했다.

두 사람은 소위 데카르트적인 분열을 사물이 모두 분리된 것이 아니라 통일된 하나라는 '하나의 세계'(unus mundus) 개념으로 극복하려고 했다. 일종의 '세계영혼'(Weltseele) 개념이다. 파울리의 물리학과 칼 융의 심리학이 만나서 '물질의 정신' 혹은 심리물리적(Psychophysical) 실재를 가정하게 되었다. 『세계영혼의 귀환: 볼프강 파울리, 칼 융 그리고 심리물리적 실재(unus mundus)의 도전』이라는 최근의 연구도 이를 보여준다.⁵¹

칼 융은 물리학자 파울리와 함께 자신의 원형과 동시성 개념이 '하나의 세계'(unus mundus)와 관련될 가능성에 대해서 연구했다. 즉 칼 융이 말한 원형(Archetypen)이 '하나의 세계'(unus mundus)의 표현이 아닌지를 질문했다.

---

50 C.G.Jung, "Synchronizität als ein Prinzip akausaler Zusammenhänge," In C. G. Jung, *Gesammelte Werke Band* 8.18, S. 457–538. 이 논문은 본래 다음의 책 안에 포함되어 출판되었다: *Naturerklärung und Psyche*. Studien aus dem C. G. Jung-Institut IV, Rascher Zürich 1952.

51 Remo F. Roth, *Return of the World Soul, Wolfgang Pauli, C.G. Jung and the Challenge of Psychophysical Reality* [unus mundus] (Pari Publishing, 2011).

그리고 의미 있는 우연의 일치를 말하는 동시성이 가능한 이유가 바로 관찰자와 그와 연관된 현상이 궁극적으로는 같은 근원인 '하나의 세계'(unus mundus)로부터 파생되어서 그런 것이 아닌지를 질문했다. 칼 융은 하지만 실재에 대한 일원론적인(unitarian) 개념에 대한 탐구의 가정적이며 임시적인 성격도 강조했다고 한다.

칼 융은 자신의 저서 『합일의 신비』(Mysterium Conjunctionis)에서 만다라는 그 중심점으로서 모든 원형뿐 아니라, 현상계의 다양성의 궁극적인 일치를 상징하기에 '하나의 세계'(unus mundus 대자아, the Self)라는 형이상학적 개념에 대한 경험적인 증거를 말하고 있다.[52]

칼 융이 말한 '하나의 세계'(unus mundus) 혹은 세계영혼의 개념으로 해석하고자 했던 '합일의 신비'(Mysterium Conjunctionis)나 엘리아데가 요가 수행자와 샤머니즘을 비롯한 세계 종교, 신화, 제의에서 공통된 것으로 발견한 '반대되는 것의 일치'(coincidentia oppositorum)는 조화로운 통합이 아니라, 지라르가 신화와 제의에서 읽어내는 폭력적인 차이 소멸로 파악해야 한다.

『붓다와 희생양』에서 이미 자세하게 분석한 것처럼, 만다라가 표현하는 분노존이나 합체존에서 볼 수 있는 남자와 여자, 정확히 말해서 붓다들과 (종교적) 창녀들의 성적인 결합은 결코 조화스러운 합일이 아니다. 그것은 실재의 궁극적 본질로서의 세계영혼이나 '하나의 세계'(unus mundus)를 상징하거나 반영하는 것이 아니라, 티베트 불교가 자리잡고 있는 사회적 현실을 반영할 뿐이다.

만다라는 파울리가 생각했던 것처럼 물리적인 것을 보여주지 않고, 비밀불교의 성적인 희생제의의 미술적 표현을 보여준다. 만다라는 '탄트라 축제'인 가나샤크라(ganacakra)를 미술적으로 표현하고 있다. 가나샤크라

---

[52] Harold Coward, Jung and Eastern Thought, (Albany, New York: State University of New York Press, 1985), 121.

(Ganacakra)라는 말은 밤 중에 비밀스럽게 이루어지는 이 비밀불교의 성적인 제의에 참여하는 '무리들의 원'(티베트어로 tshogs 'khor)이란 뜻이다. 이 무리들이 둥글게 모여서 벌이는 비밀불교의 축제는 '비밀제의'(Geheimkult)이다.

가나샤크라(Ganacakra)는 바로 만다라를 제의적으로 집행하는 것이고, 만다라는 가나샤크라를 미술적으로 표현하고 있다. '만다라와 가나샤크라(Ganacakra) 사이의 신비적 용해'를 통해서 비밀스러운 탄트라 축제의 참여자들은 만다라에 그려진 붓다들과 여신들(창녀들)이 된다.[53]

만다라의 본래 뜻은 마술적인 원(magical circle)의 의미인데, 바로 '무리들의 원'인 가나샤크라(Ganacakra)를 표현하고 있는 것이다. 세계 모든 종교는 희생양을 가운데 두고 원형을 이룬 제사공동체였다. 희생 제의적 공동체가 희생양을 초점으로 원형을 이룬다. 만다라와 가나샤크라는 니체가 말한 디오니소스적인 것보다 정확히 말하자면, 디오니소스적인 통음난무(orgia)를 반영한다. 디오니소스 축제 때에는 비밀의식 가운데 축제적 위기를 재현하는 통음난무가 벌어졌다.

만다라의 원이 마술적인 효력을 지니게 된 것은 그 원 속에서 집행된 통음난무적이고 차이소멸적인 축제의 희생양들(폭력적이고 차이소멸적인 결합 속에 있는 붓다들과 창녀들)이 폭력적인 추방이나 살해 혹은 화형을 당한 이후 신성화되었기 때문이다. 『붓다와 희생양』에서 주장했듯이, 높은 카스트와 창녀들 혹은 붓다들과 창녀들 사이의 반사회적이고 파계적인 합일로 인해 그들은 공동체로부터 비난을 받고 화형된 이후 합체존과 분노존으로 신성화된다. 그래서 그 디오니소스적인 비밀축제가 집행된 원은 마술적인 효력을 가진 것으로 생각되어진다.

만다라는 칼 융의 세계영혼이나 파울리가 상상했던 양자세계에서의

---

[53] Adelheid Herrmann-Pfandt, *Ḍākinīs. Zur Stellung und Symbolik des Weiblichen im Tantrischen Buddhismus* (Bonn: Indica et Tibetica Verlag 1992), 369, 381. 10장은 바로 이 Ganacakra에 대해서 논의되고 있다.

물리적 의미의 궁극적 단위를 보여주지 않고, 디오니소스적인 집단 무의식과 원형 속에 작동하는 희생양 메커니즘을 반영한다. 파울리는 칼 융의 영향으로 원형 만다라의 기하학적 구조와 대칭을 양자세계의 그것과 연결해 보려고 했다. 만다라의 기하학 기원도 종교적 창녀들과의 불일불이의 차이소멸 상태로 성교를 통해서 성불을 이루고자 하는 붓다들의 희생제의에 있다.

앞에서 언급했듯이, 세르는 지라르의 이론을 수용해서 '기하학의 기원'도 희생 제의적으로 파악한다. 세르는 기하학의 기원은 희생 제의적 역사 속에 담겨져 있다고 주장했다.[54] 마술적 원형의 만다라의 기하학도 양자물리학과 성급하게 관련짓기보다는 기하학의 희생 제의적 기원의 관점에서 이해해야 한다.

원형의 희생제의적 제사공동체를 상징하는 만다라 기하학의 초점에는 성교를 통해서 성불(成佛)을 이루고자 하는 희생양으로서의 합체존과 분노존이 의미 중심으로 자리잡고 있다. 만다라의 기하학적 초점은 희생양의 장소다. 그렇기에 원형의 만다라 자체가 마술적인 효능을 가진 것으로 신성화된다. 지라르가 분석하듯이 그리스 폴리스의 초점도 비극적 영웅이자 희생양이 살해된 바로 그 장소이듯이 만다라의 초점도 희생양의 장소다. 후대로 가면 갈수록 그 의미 중심인 합체존이 사라져서 단순한 기하학적인 것으로 변화된 경우도 있지만, 많은 티베트 불교의 보다 원형적인 탱화에서는 디오니소스적인 붓다들의 모습을 발견할 수 있다.

비밀불교(밀교)에서의 디오니소스적인 통음난무에 빠져있는 붓다들과 창녀들의 비이원론적인 불일불이(不一不二)는 칼 융이 상상했던 것처럼 조화로운 통일과 융합을 의미하지 않는다. 만다라에서 보이는 반대되는 것의

---

[54] Michel Serres, *Hermes. Literature, Science, Philosophy*, ed. Josué V. Harari and David F. Bell (Baltimore and London: The John Hopkins University Press, 1982), '10. The Origin of Geometry'(125-134)를 보라.

일치(coincidentia oppositorum)는 출가승들이 전문화하는 제의적 무차별화(l'indifférenciation)로 이해될 수 있다.

불교에서도 '고행자와 창녀의 관계는 오래전부터 불이(不二)의 표현'으로 사용되었다.[55]

즉 애매모호한 불이(不二)의 논리는 이 제의적 논리에서 탄생했고, 결국은 축제적이고 디오니소스적인 논리를 의미한다. 불교 출가승들과 창녀들 사이의 불이(不二)는 지라르 이론에 있어서의 '폭력적 무차별화' 혹은 '차이들의 붕괴'로 해석되어져야 한다.[56] 창녀는 '고행자들에게 가장 알맞은 파트너'라고 믿어졌다.[57] 탄트라적인 '통음난무' 속에서 볼 수 있는 낮은 카스트나 창녀 출신 소녀들의 역할에 대해서는 이미 잘 알려져 있다.[58] 엘리아데의 지적처럼 이 제의적인 성관계는 어울리지 않는 것이며, 반사회적이고 파계적인 행위이다. 이 고행자들과 창녀들이라는 반대되는 것의 일치(coincidentia oppositorum)는 두 극단의 재일치[59] 보다는 근본적인 '차이들의 붕괴'로 보아야 할 것 같다.[60]

반대의 일치(coincidentia oppositorum)는 '조화스러운 종합'이라기보다는 '폭력적인 역설'로 보아야 한다.[61] '가장 고상한' 카스트 출신의 고행자들과

---

[55] Bernard Faure, *The Power of Denial. Buddhism, Purity and Gender* (Princeton: Princeton University Press, 2003), 262.
[56] R. Girard, *Ich sah den Satan vom Himmel fallen wie einen Blitz* (München Carl Hanser Verlag, 2002), 47–48.
[57] Monika Shee, *Tapas und Tapasvin in den erzählenden Partien des Mahābhārata*. Studien zur Indologie und Iranistik Dissertationen 1 (Reinbek: Dr. Inge Wezler Verlag fur orientalistische Fachpublikationen, 1986), 389.
[58] M. Eliade, *Yoga. Unsterblichkeit und Freiheit* (Frankfurt am Main: Insel Verlag, 1988), 269, 각주 76.
[59] Eliade, *Yoga. Unsterblichkeit und Freiheit*, 265.
[60] Girard, *Ich sah den Satan vom Himmel fallen wie einen Blitz* 47.
[61] McKenna, *Violence and Difference. Girard, Derrida, and Deconstruction* (Urbana and Chicago: University of Illinois Press, 1992), 39.

'가장 천한' 창녀들 사이에서 발생하는 이 반대되는 것의 결합과 일치는[62] 지라르에게 있어서의 폭력적 차이소멸(L'indifférenciation violente)로[63] 읽혀질 수 있다.

『붓다와 희생양』의 추천의 글까지는 성사되지 못했지만, 미국 미시간대 학교의 아시아 언어와 문화 학부 교수이자 권위 있는 불교학자인 도날드 로페즈 교수(Donald S. Lopez)는 지라르와 불교에 대한 나의 논의를 환영한다면서, 자신의 저서 *Elaborations on Emptiness: Uses of the Heart Sutra*(1996)에서 만다라 속의 폭력을 해명하려고 시도했다고 연락을 주었다. 로페즈가 본 만다라 속의 폭력은 지라르가 말하는 희생양에 대한 초석적 폭력으로 해석될 수 있다. 로페즈 교수는 달라이 라마와 티베트 지지자였지만, 이후 과도한 티베트 불교의 낭만적 신성화 전략에 대해서 동의하지 않으면서 보다 엄밀하고 정직한 종교학자로서 남게 되었다. 로페즈는 만다라와 『티베트 사자의 서』에 대한 칼 융식의 정신분석학적 각색을 용감하게 자기 반성적으로 비판했다. 포르(Bernard Faure)도 후기자본주의적 소비사회의 웰빙과 힐링의 이름으로 대중적으로 유행하는 명상불교에 대한 현상학적, 실존철학적 개념혼동을 비판하면서, 불교 명상의 그 본래적인 위험하고 신성한 제의성을 지적한 바 있다.

제의적 성(性)관계도 쉽게 추상적으로 심리학화해서는 안되며, 구체적이고 실제적인 제의적 현실로서 인정해야 한다.[64]

만다라는 성교를 통해 성불(成佛)을 이루려는 밀교의 수행을 미학적으로 반영하고 있다. 만다라를 치유의 상징으로 보기보다는, 먼저 제의적으로 보다 정확하게 말하자면 희생제의적으로 파악해야 한다. 그동안 유행했던

---

[62] Eliade, *Yoga. Unsterblichkeit und Freiheit*, 270.
[63] Girard, *Das Heilige und die Gewalt* (Zürich: Benzinger, 1987), 110.
[64] Lopez, *Prisoners of Shangri-La. Tibetan Buddhism and the West*, 153.

만다라에 대한 칼 융식의 심리학적 해석의 한계는 지적되어야 한다. 만다라는 디오니소스적이고 통음난무적인 탄트라 불교의 성적인 희생제의를 표현한 것이다. 만다라의 중심에는 종교적 창녀들과 불일불이(不一不二)의 성관계에 빠져있는 붓다들(합체존)이 자리 잡고 있다. 그리스의 바쿠스 축제에 관한 미술작품이 전원적이고 미학적인 인상을 남기지만, 실제로 그것은 디오니소스적인 통음난무를 표현하고 있듯이 티벳의 비밀불교의 만다라도 탄트라의 디오니소스적인 축제(통음난무)를 표현하고 있다. 그것은 심층심리학적인 상징이나 은유가 아니라, 희생제의의 미술적 표현이다.

레비-스트로스가 신화와 (희생)제의가 실제로는 같은 것을 표현하고 있다는 것을 이해하지 못한 채, (희생)제의를 무시하고 신화에만 집착한 것과 비교할 수 있다. 만다라는 바로 디오니소스적인 비밀불교의 성적인 희생제의와 낮은 등급이거나 카스트 자체가 없는 천한 천민 출신의 창녀들과 제의적 섹스에 빠져있는 붓다들을 표현하고 있다.

신화가 제의와는 무관한 상상의 세계가 아니라, 제의가 신화로 표현되듯이 비밀불교의 통음난무에 빠져있는 붓다들의 디오니소스적인 희생제의 축제가 만다라로 표현되고 있다. 『붓다와 희생양』에서 필자는 이 디오니소스적인 통음난무를 의도적으로 범하는 붓다들을 희생양들로 파악했다.

많은 불교학자도 인정하듯이, 불교의 미학화와 함께 심리학화는 20세기의 가장 중요한 해석적 전략이었다. 일견 섹슈얼리티를 긍정하는 듯한 인도의 수많은 에로틱한 조각상이 디오니소스적인 통음난무에 빠져있는 요가 수행자들을 미학적으로 표현하듯이, 만다라도 통음난무에 빠져있는 붓다들을 표현하고 있다. 만다라는 희생 제의적 무차별화와 티베트 사회의 집단무의식을 반영한다.

프로이트가 개인 무의식의 규명에 천착했다면, 칼 융은 보편적이고 원초적인 차원의 집단무의식(Das kollektive Unbewusste)과 원형(Archetypen)을 연구했다. 집단무의식에 원형이 자리잡고 있으며, 집단 무의식의 내용은 원형이라 할 수 있다. 칼 융은 바젤 카니발(Basler Fasnacht)에 즐겨 참여했고, 외국 친구들과 학생들로 하여금 이 카니발에서 표출되는 집단무의식에 함께 참여하도록 했다.

독일 낭만주의, 쇼펜하우어, 니체의 영향을 받은 칼 융에 대한 독일어권 다큐멘터리에 보면, 바젤 카니발 축제 때 일어나는 축제적인 무질서의 재현이 융의 집단 무의식과 원형에 관련이 됨을 알 수 있다. 억압되었던 집단 무의식의 축제적이고 일시적인 표출을 참된 정체성의 표현으로 보았다. 칼 융의 디오니소스적인 집단 무의식과 원형을 친신화적인 관점에서 낭만적으로 볼 수만은 없다. 지라르의 관점에서 보면, 그 신화적이고 디오니소스적인 집단 무의식과 원형에는 군중심리학에 의해 초석적으로 살해되거나 추방된 비극적인 영웅들/희생양들의 이야기가 자리 잡고 있다.

8. '순수 구원론'으로서의 불교와 자연과학

앞에서 왜 유교문화권에서 서구에 필적하는 자연과학이 발전되지 못했는지에 대한 니담의 큰 질문에 대해서 다루었다. 왜 근대 자연과학이 불교 문화권에서 탄생하지 못했는가에 대해서 질문할 수도 있다. 칼 융도 유교가 왜 자연과학을 탄생시키지 못했는지 질문을 했다고 한다.

유교에 비교한다면 현대 아시아의 불교가 지나치게 자신들이 더 과학적이라고 양자 이론을 비롯한 각종 현대 물리학의 새로운 발견들을 아전인수격으로 해석해 주장한다는 느낌을 받는다. 유교를 니체가 말한 아폴론적인 것에 비교한다면, 불교는 만다라에 대한 분석에서 볼 수 있는 것처럼 디오니소스적인 것을 대표한다고 볼 수 있다. 불교는 폭력적인 '성스러운 세계 포기 제도'(sacred institution of world-renunciation) 전통에서 진화되었다.

세계포기라는 반대구조는 신성한 실체이다.[65]

그래서 불교철학과 논리는 한마디로 축제적이고 디오니소스적인 반대논리와 부정논리이다. 그것은 마을의 일상적 논리를 부정하는 정글의 반대 논리다. 이 디오니소스적인 부정논리에서 논리적이고 수학적인 자연과학이 탄생할 수는 없다. 유대-기독교적 전통에서 탄생한 수학적이고 물리적인 자연과학이 마치 자기전통인 것처럼 너무 쉽게 그리고 유사학문적으로 주장하는 것은 옳지 않다. 한때 뉴에이지 과학이 현대 물리학과 동양철학 혹은 불교철학의 친화성과 유사성을 이야기하곤 했지만, 이 흐름도 최근 황혼에 접어든 것 같다.

왜 불교 문화권에서 자연과학이 탄생하지 못했는가?

그 이유는 불교가 공동체의 종교가 아닌, 순전히 붓다들의 구원론에 머물고 있었기 때문이다. 불교의 무, 정확히 사회인류학적으로 개념해명을 시도하자면, 출가자들의 논리와 다르마로서의 무는 (양자)물리학적 개념이 아니다. 그것은 출가자들의 구원론적인 논리요 멍에일 뿐이다. 출가하는 붓다들만이 우주의 공성을 깨닫도록 자발적 혹은 비자발적으로 강요받는다. 불교는 순수 구원론(pure soteriology)이었고,[66] 기독교적 의미에서 창조론이 존재하지 않았다.

본회퍼(Dietrich Bonhoeffer)가 옥중 편지에서 잘 지적했듯이, 기독교는 피안(彼岸)의 것(das Jenseitige)을 지향하는 이교적이고 신화적인 구원종교 (Erlösungsreligion)와 구원신화들(Erlösungsmythen)이 아니다. 그에 의하면,

---

[65] Patrick Olivelle, *The Origin and the Early Development of Buddhist Monarchism* (Colombo: Gunasena, 1974), 4: "The anti-structutre of world renunciation in India, therefore, was a sacred reality."

[66] Gombrich, Richard F. Gombrich, *Theravada Buddhism: A Social History from Ancient Benares to Modern Colombo* (London and New York: Routledge, 1988; reprinted 2001), 29.

다른 고대 근동의 종교들과는 달리 구약성경의 신앙은 '구원종교'가 아니다. 그리스도를 구약성경으로부터 분리해서 이교적 '구원신화들'의 관점에서 십자가와 부활 사건을 이해하는 것은 오류라고 그는 말한다.

구약성경에서 구원은 '역사적 구원'이다. 이교적 구원신화들은 비역사적으로(ungeschichtlich) 죽음 이후의 영원을 구한다. 그에 의하면, 기독교적 부활의 희망은 '신화적 희망'과 구분되는데, 그것은 구약성경과의 관계에서 볼 때 더 급진적이고 날카로운 방식으로 지상에서의 삶을 지향하고 있다. 그에 의하면, 기독교 전통에서는 차안성(Das Diesseits)이 너무 성급하게 지양되지(aufgehoben) 않는다.[67]

그에 의하면, 구약성경은 구원종교가 아니다. 그리스도를 구약성경으로부터 분리하기 때문에 기독교가 구원종교가 된다. 구원신화들은 죽음 이후의 피안(Jenseits)을 구한다. 신약성경의 부활 소망도 피안의 종교(Jenseitsreligion)가 아니다. 유대-기독교 전통은 차안적 구원과 해방과 변혁을 말한다. 그리스도의 부활도 물질의 변화이지, 물질로부터의 변화가 아니다. 그리스도의 부활은 디오니소스와 불사조와 같은 주기적이고 영원회귀적인 소생이 아니라, 우주의 종말론적 변화의 씨앗 사건이고 아침놀이다. 그것은 급진적인 새로움(Novum)의 출현이다. 그는 기독교 신앙의 급진적인 세계성(Weltlichkeit)과 차안성을 강조하면서, 탈세계적이고 이교적인 구원종교와 구원신화들과 구분 지었다. 그는 특히 구약성경의 세계긍정을 중요시했다. 칼 바르트를 따라서 그도 계시를 불신앙으로서의 종교로부터 구분지었다.

기독교의 하나님은 세계를 갱신하시는 하나님이다. 그리스도의 죽음과 부활은 차안성의 갱신을 의미한다. 니체가 희망했던 이 세상에 대한 디오니소스적인 긍정보다 더 급진적인 긍정의 소식을 유대-기독교 전통에서

---

[67] Dietrich Bonhoeffer, *Widerstand und Ergebung*, 13. Aufl. (Gütersloh: Gütersloher Verlagshaus Mohn 1985), 368f.

발견할 수 있다. 물론 니체의 디오니소스적인 긍정에는 불행하게도 폭력과 인간 제사에 대한 긍정까지도 포함되어 있다.

폴킹혼을 비롯한 과학과 종교의 연구자들이 지적하듯이 유대교는 물질 자체를 '공'으로 보지 않고, 선하고 좋은 것으로 긍정했기에 자연과학은 탄생하였다. 물질세계 자체를 신성화하거나 또 반대로 허상으로 파악하는 종교와 문화에서는 자연과학의 탄생은 힘들다. 기독교 신앙은 불교처럼 순수 구원론은 아니며, 또 본회퍼의 지적처럼 이교적인 구원종교(Erlösungsreligion)나 구원신화들과는 다르기에, 물질을 비롯한 차안적 세계성을 긍정했다. 물질에 대한 긍정은 자연과학에 대한 긍정이요 그 탄생을 의미했다. 물질 자체의 공성(空性)을 말하는 불교는 반이성적 혹은 비이성적 반대 논리와 부정논리의 철학이기에 엄밀하게 말해 수학적 방정식과 물리학에 기반을 둔 자연과학과는 무관하다.

세계포기자 스님들은 출가하면 시민적 본명을 지우고 법명으로만 불린다. 본래 세계를 포기하고 출가하는 요가 수행자들과 스님들은 시민법적으로 죽은 자들로서, 존재론적으로 재가자들과는 다른 층에 살고 있는 폭력적으로 성스러운 존재들이다. 불교에는 이 두 종류의 사람들의 이분법으로 인해 진리 자체도 두 가지다. 출가승의 진리와 재가자들의 진리가 따로 존재한다. 자연과학적 진리는 마을에 속한 진리이지만, (출가)불교의 진리는 정글에 속한 출가자들의 요가적 진리다.

불교의 진리와 논리는 정글로 들어간 출가승들의 진리와 논리이므로, 마을과 세계에 속한 자연과학과는 관련이 없다. 우주의 공성과 연기법 등 불교철학은 요가적(yogic) 이론들이지, 물리적 이론들이 아니다.

어떤 불교 학자들은 '과학적 불교'를 주장하지만, 우희종 교수는 「불교평론」의 글에서 기독교의 창조과학을 비판하고 '종교의 탈과학화'를 말하면서 이 시대의 통합적인 삶을 위해서 필요한 것은 '디오니소스적인 감성의 합리성'이라고 말한다.[68] 불교학자들은 대체로 불교적인 것과 니체가 말한 디오니소스적인 것(Das Dionysische) 사이의 유사성을 알고 있는 것 같다. 참으로 불교가 과학적이라면, 붓다들을 비극적 실존 배후에 존재하는 비의적이고, 디오니소스적이고 신화적인 것에 대한 '과학적' 접근을 시도해야 할 것이다. 불교의 저층에 흐르는 디오니소스적이고 뮈토스[69]적인 차원에 대한 인식과 계몽이 로고스와 수학과 물리학에 기초한 자연과학의 발전을 위한 첫 깨달음이라 할 수 있을 것이다.

---

[68] 우희종, [세미나중계] 풍요로운 삶을 위한 과학의 탈신성화와 종교의 탈과학화, 불교평론 53호 2013년 3월. http://www.budreview.com/news/articleView.html?idxno=1279

[69] 이성과 진리의 언어인 로고스와 달리, 아득한 과거에 대한 집단적 기억을 전해 주는 신화의 언어.

제8장

우주의 종말과 오메가 포인트

지금까지 우주 창조의 신비, 물질의 신비로서의 양자세계의 신비, 우주의 기원과 개현, 그리고 문화의 기원과 진화에 대해서 살펴보았다. 우주는 비유하자면 겨자씨와 같은 작은 씨앗 혹은 점으로부터 폭발적으로 팽창했고, 그 씨앗으로부터 점차 개현되어서 별들과 행성들과 생명체들과 마지막으로 우주의 기원과 그 의미에 대해서 질문하는 인류를 탄생시켰다.

이제 점차 책을 마무리하면서 우주의 종말에 대해서 이야기 하고자 한다. 20세기 초까지만 해도 많은 사람은 우주가 그저 존재하며 영원할 것이라고 보았다. 하지만 빅뱅 특이점으로부터 창조된 우주는 우연성을 가진 피조물로써 결국 묵시록적인 죽음을 맞이하게 된다.

우주의 종말에 대한 두 개의 과학적 시나리오가 있다. 빅뱅으로 폭발적으로 팽창한 우주는 미래 어느 시점에서 팽창을 멈추고 작고 밀도가 높고 열이 높은 상태를 향해 다시금 수축한다는 대함몰(Big Crunch) 시나리오가 하나 있고, 또 다른 하나의 시나리오는 우주는 끝없이 팽창하다가 쓸쓸하고 생명이 없는 상태로 분산할 것이라는 이론이다.

신학자로서 우주의 창조와 종말은 알파와 오메가 자체인 창조주에 가장 근접한 영역이기에 해석에 있어서 조심스러울 수밖에 없다. 성경 계시는 예수 그리스도의 십자가와 부활에 대한 부분이 가장 명확하고 창조와 종말로 가면 갈수록 어둡고 침묵 가운데 있는 경우가 많다. 여기에서는 최근 자연과학과 기독교 신학에서 논의되는 우주의 종말과 부활에 관한 논의들을 소개하고 논의하고자 한다.

1. 예수 그리스도의 부활과 우주의 종말

나치 만행 때문에 가족들을 잃은 와인버그(Steven Weinberg)는 무신론적 입장에 서서 우주를 이해하면 할수록, 우주는 그만큼 무의미해(pointless) 보인다고 말했다. 와인버그는 우주의 합리적 아름다움도 보았지만, 우주의 종말과 헛됨(futility)도 보았기 때문이다.

열역학 제2법칙에 의하면, 우주는 점차 엔트로피(무질서도)가 증가해서 종국에는 카오스로 종말을 맞이하게 된다. 와인버그와 토론하기도 한 폴킹혼은 무의미성을 말하는 '영웅적 무신론'보다는 우주적 종말에 의해서 제기된 딜레마에 대한 '유신론적 해결'을 제시한다.

'유신론적 형이상학'은 우주의 종말을 포용하면서도 그 종말을 신적으로 기초된 완성에 대한 기대 속에서 이해한다. 기독교적 희망은 옛 창조세계의 죽음(mortality)으로부터의 구원인 '새로운 창조의 씨앗,' 곧 예수 그리스도의 부활로부터 나온다고 폴킹혼은 말한다.[1]

폴킹혼은 인간뿐 아니라, 창조된 우주 전체의 죽음 이후의 운명이라는 종말론적 주제들을 논한다. 이러한 종류의 종말론적 희망은 자연적 기초에 의존하지 않고, 오직 창조주의 신실하심(faithfulness)에 기초하고 있다. 그는 옛 창조세계로부터 새로운 창조세계로의 전이과정 중에 존재하는 '연속성과 불연속성 사이의 필연적인 조합'에 대해서 말한다.

---

[1] John Polkinghorne, *Faith, Science and Understanding* (New Haven and London: Yale University Press, 2000), 25-26.

또한 새로운 창조는 그리스도의 부활이라는 '씨앗과 같은 사건'(seminal event)으로부터 이미 시작되었다. 또한 폴킹혼은 인간 영혼은 육체에 의해 움직이는 엄청나게 복잡한 정보를 가지고 있는 패턴(information-bearing pattern)으로 이해될 수 있기에 부활은 물리적으로 가능하다고 본다.[2] 그리스도의 부활은 '전적으로 새롭고 씨앗과 같은 사건' 으로 이 부활 사건 이후로 하나님의 새로운 창조가 성장하기 시작했으며 물질뿐 아니라, 인류를 포함하는 모든 창조세계의 궁극적 구원을 미리 앞당겨 보여주고 있다.[3]

그리스도의 무덤이 부활 이후 빈 무덤(empty tomb)이었다는 사실을 강조하는 폴킹혼은 부활이 장사된 지 사흘 만에 일어났지, '즉각적으로'(immediately) 일어나지 않았다는 사실도 중요하다고 지적한다. 3일 동안에는 침묵하고 있는 무덤과 그리스도의 실제의 죽음이 존재했다.[4]

앞에서 지적한 것처럼, 지라르의 중대한 학문적 동반자였던 슈바거 교수도 예수 그리스도의 죽음 이후 부활이 즉각적으로가 아니라, 3일 만에 부활했다는 사실에 큰 의미를 부여했다. 모든 희생양/신들은 살해당한 이후에 공동체에 의해 즉각적으로 신성화되어서 소생하는 것으로 믿어진다. 희생양 메커니즘에 의한 희생양의 신격화는 언제나 즉각적이다. 예수 그리스도의 죽음과 부활 사이에 존재하는 시간적 간격과는 달리,[5] 붓다는 그의 '죽음 직후' 유물은 분배되었고 분쟁의 대상이 되었다. 그의 죽음과 거의 동시적

---

[2] Polkinghorne, *Science and the Trinity: the Christian Encounter with Reality*, xvii.

[3] Polkinghorne, *Science and the Trinity: the Christian Encounter with Reality*, 22.

[4] Polkinghorne, *Science and the Trinity: the Christian Encounter with Reality*, 30. 여기서 폴킹혼은 좀 더 상세한 논의를 위해서 다음의 책을 보라고 한다: A.K.Lewis, *Between Cross and Resurrection* (Grand Rapids, Eerdmans, 2001).

[5] Raymund Schwager, "Memento: Die Asche der Vergangenheit (Erinnerung, Opfer und Auschwitz)," in http://theol.uibk.ac.at/itl/33.html (Publiziert in: Metamorphosen des Eingedenkens. Gedenkschrift der Katholisch-Theologischen Fakultäten Graz 1945-1995. Graz. 81-92), 1995.

으로 사리 전쟁(War of Relics)이 발생할 뻔했다.⁶

붓다의 유물은 그의 죽음 직후 '값진 부적처럼' 간주되었다.⁷ 그러나 예수의 시체와 유물은 디오니소스처럼 갈기갈기 찢기거나 붓다의 사리처럼 전쟁의 대상이 되지 않았다. 신화적 희생양 메커니즘과 박해공동체가 예수를 죽인 이후에 다른 신들처럼 신성화시킨 것이 아니다. 지라르의 말처럼 그는 신성화되기 전에 이미 신적이었고, 그를 죽은 자들 가운데서 일으킨 주체는 살해한 공동체가 아니라 성부다. 성부는 성령의 능력으로 죽은 자들 가운데서 예수를 일으키심으로 예수의 무죄성과 공동체의 유죄성을 확증했다.

성경은 부활과 관련해서 '영적인 육체'(*soma pneumatikon*)라는 표현을 사용한다. 육체(*soma*)라는 말은 신체성의 연속성을 강조하지만, 영적인(*pneumatikon*)이라는 말은 부활 속에서 포함된 종말론적 변화로부터 오는 불연속성을 강조한다고 폴킹혼은 말한다. 폴킹혼은 지금 우리우주 안의 아인슈타인의 상대성 이론에 의해 묘사된 그런 시간이 아니라, 다른 독립적인 성격을 가진 '새로운 시간' 속에 새로운 창조세계가 펼쳐질 것이라고 본다. 그는 우리의 종말론적 운명은 하나님의 영원한 무시간성(atemporality) 속에 동참하는 것이 아니라, 다가오는 세계의 '시간' 속에서 영원한 삶을 사는 것이라고 본다.⁸

원자들이 인간 연속성의 운반자가 아니라, 참된 나는 '거의 무한하게 복잡한 정보를 함유한 패턴'(information-bearing pattern)에 의해 구성된다. 이 정보를 가진 패턴이 원자들을 구성한다고 폴킹혼은 본다. 이러한 그의 견해

---

6 『붓다와 희생양』, '제3장 3. 사리 전쟁(War of Relics)'을 보라.

7 André Bareau, "Der indische Buddhismus," in André Bardeau, Walter Schubring, Christoph von Fürer-haimendorf, *Die Religion Indiens. III. Buddhismus–Jinismus–Primitvvölker*t (Die Religionen der Menschheit. Band 13), ed. Christel Matthias Schröder. Stuttgart 1964, 66.

8 Polkinghorne, *Science and the Trinity: the Christian Encounter with Reality*, 156-157.

는 정보가 에너지와 함께 우리의 물리적 세계를 이해하는 데 있어서 중요한 범주가 될 것이라고 예견하는 복잡계(complex systems) 연구로부터 시작된 최근의 연구와도 일치하는 것이다. 인간의 본질에 속하는 이 무한하게 복잡한 정보를 함유한 패턴이 죽음의 때에 창조주에 의해 "보존되고 종말론적 부활의 시간까지 신적인 기억 속에 저장되었다가 그 패턴이 새로운 창조세계에서 새로운 '물질' 속에 다시금 육체를 입을 수 있다"고 폴킹혼은 본다.

현재의 세계가 쇠퇴(decay)하는 근본적 원인은 닫힌 체계가 무작위성(randomness)에 굴복하는 경향성을 표현하는 열역학 제2법칙의 작용 때문이다. 이러한 현상은 질서의 가능성들보다 무질서의 가능성이 훨씬 더 크기 때문에 발생한다. 그 결과 닫힌 시스템은 점차 무질서가 증가하는 방향으로 흐르게 된다. 살아있는 개체들과 같은 산일적인 시스템들(dissipative systems)은 잠시 이 무질서의 파도를 거슬러 올라갈 수 있는데, 왜냐하면 환경으로부터 에너지를 받고 그 환경으로 엔트로피(무질서도)를 내보냄으로 말미암아 질서를 유지할 수 있기 때문이다.

폴킹혼뿐 아니라, 판넨베르크를 비롯해서 과학과 종교 분야를 전문적으로 연구하는 신학자들도 새로운 창조세계의 씨앗 사건인 그리스도의 부활에 대해서 우주론적으로 질문한다.[9] 러셀(Robert Russell)도 과학이 묘사하는 물리적 과정들은 자율적인 자연법칙의 지배를 받는 것이 아니라, 창조주로서의 하나님의 지속적인 활동의 결과로 가능하다고 본다.

자연의 규칙성은 하나님의 신실하심의 결과다. 그렇기에 창조주는 종말론적 새 창조의 씨앗 사건인 부활절 사건과 같이 지속적인 우주의 역사 속에서 급진적으로 새로운 방식으로 자유롭게 활동할 수 있다고 그는 본다. 그렇기에 하나님의 이전 행위에 근거한 법칙들에 대한 예견들이 반드시

---

[9] Ted Peters, Robert John Russell, and Michael Welker(eds), *Resurrection: Theological and Scientific Assessments* (Grand Rapids, MI: Eerdmans, 2002).

미래에도 적용되어야 할 필요는 없다는 것이다. 에스카톤(종말)에 창조주는 급진적으로 새로운 방식으로 활동하기를 선택함으로 세계를 변화시킬 수 있다고 본다.[10]

2. 부활의 물리학적 가능성: 판넨베르크, 티플러, 폴킹혼

독일 하이델베르크대학 조직신학 교수인 벨커(Michael Welker)도 폴킹혼과 마찬가지로 앞에서 언급한 최근의 정보과학에 비추어서 성경에 기록된 부활의 몸인 '영적인 육체'(soma pneumatikon)의 물리적 의미를 질문한다. 그는 『정보와 실재의 본질: 물리학에서 형이상학으로』라는 최근 책에 기고한 논문에서 영적인 육체가 무엇이며, 이것이 하나님, 물질 그리고 정보 사이에 존재하는 상호관계성에서 어떤 의미를 지니는지를 묻는다.[11]

벨커는 종말론적 새로운 창조와 완성의 아침놀이로써의 예수 그리스도의 부활 속에 나타난 신적인 창조성에 대해서 말하고 있으며, 이 관점에서 그리스도의 옛 창조세계와 새로운 창조세계 사이에 존재하는 연속성과 불연속성을 동시에 말하는 '영적인 육체'의 의미를 질문한다. 하나님은 우주의 단순한 유지자(sustainer)가 아니라 새로운 창조주다. '부활 속에 나타난 신적인 창조성과 그리스도의 영적인 육체'에서 부활한 예수 그리스도는 다시 소생한(resuscitated) 부활 이전의 나사렛 예수가 아니며, 부활(resurrection)을

---

[10] Robert John Russell, "Bodily Resurrection, Eschatology and Scientific Cosmology," in *Resurrection: Theological and Scientific Assessments*.

[11] Michael Welker, "What is 'the spiritual body'? On what may be regarded as 'ultimate' in the interrelation between God, matter, and information," in Paul Davies and Niels Henrik Gregersen(eds), *Information and the Nature of Reality: From Physics to Metaphysics* (Cambridge: Cambridge University Press, 2010).

물리적 소생(resuscitation)과 혼동해서는 안 된다고 그는 바르게 지적한다.¹²

앞에서 본 것처럼 폴킹혼과 벨커 등은 최근의 정보과학 등에 근거해서 죽은 자의 부활의 물리학적 가능성을 열어두고 있다. 이후 상술하겠지만, 그 동안 예수 그리스도의 부활과 죽은 자들의 종말론적 부활을 비판하는 사람들은 대체적으로 부활의 물리학적 불가능성과 함께 신화적 성격을 지적하곤 했다. 지라르의 신화 이론으로 예수의 부활이 디오니소스의 불사조와 같은 주기적인 소생과는 다른 차원에 있음을 보았다.

지라르의 신화해독으로 인해 예수 그리스도의 부활이 디오니소스나 오시리스와 같은 은폐된 희생양들의 주기적 소생과 같은 신화적 부활이 아니라는 것이 명확해졌다. 판넨베르크와 슈바거와 같은 학자가 강조하듯이 성자의 부활은 그를 살해한 공동체에 대한 심판인 동시에 십자가에 달리신 자에 대한 복권이다. 예수 그리스도의 부활 경우는 세계 신화들에서 볼 수 있는 것처럼 희생양을 살해한 공동체가 그 희생양을 즉각적으로 신성화시켜서 소생했다고 믿은 것이 아니다.

또한 예수 그리스도의 부활은 종말론적 새 창조가 조각 형태로 앞당겨져 일어난 사건이기에, 현 세계의 반복적이고 주기적인 규칙성의 저편에 존재하는 새로움(*Novum*)이다. 예수 그리스도의 부활을 통해서 하나님은 급진적으로 새로운 방식으로 활동했다.

예수 그리스도의 부활이 신화적인 것이 아니라는 것을 말했기에, 이제 두 번째로 부활의 물리학적 가능성에 대한 최근 논의를 다루고자 한다. 「불멸의 물리학: 현대 우주론, 하나님, 그리고 죽은 자들의 부활」이라는 제목으로 수리물리학자이자 우주론자인 티플러(Frank J. Tipler)는 컴퓨터 과학에 근거해서 죽은 자들의 부활 메커니즘을 물리학적으로 설명했다.¹³

---

12 Welker, "What is 'the spiritual body'? On what may be regarded as 'ultimate' in the interrelation between God, matter, and information," 355.
13 Frank J. Tipler, *The Physics of Immortality: Modern Cosmology, God and the Resurrection of*

기독교인은 아니지만, 티플러는 샤르댕(Pierre Teilhard De Chardin)에게서 용어를 빌려와 자신의 이론을 오메가 포인트 이론(Omega Point Theory)이라고 불렀다. 옥스퍼드대학의 물리학자 도이치(David Deutsch)는 티플러의 신학적 결론을 수용하지는 않지만, 오메가 포인트 우주론이 궁극적 실재에 대한 자신의 이론과 맥을 같이한다면서 옹호했다.[14]

앞에서 언급한 것처럼 지라르의 이론을 중심으로 해서 '연구 프로젝트 드라마틱한 신학'(Forschungsprojekt Dramatische Theologie)을 발전시킨 슈바거 교수는 폭력과 종교에 대한 문제뿐 아니라, 과학과 종교연구에도 깊은 관심을 가져 오스트리아 인스부르크대학교에서 매달 정기적인 학술 심포지움을 개최했는데, 1997년 6월에는 판넨베르크와 티플러를 초대해서 「불멸의 물리학」에 대해서 판넨베르크가 논평하도록 했다.[15]

판넨베르크는 과학과 종교연구에도 천착해 케임브리지대학교를 비롯한 여러 대학에서 명예박사 학위를 받은 저명한 조직신학자다. '현대 우주론: 하나님과 죽은 자들의 부활'이란 제목의 논평에서 판넨베르크는 티플러의 주장이 무엇보다 가장 강한 형태의 인류원리인 최종적 인류원리(final anthropic principle)라는 전제에서 출발한다고 분석했다.[16] 판넨베르크는 티플러의 이론을 다음과 같이 요약한다.

이 원리에 의하면, 생명체와 지성적 존재는 우리우주 안에서 필연적일

---

the Dead (New York: Doubleday, New York, 1994).

[14] David Deutsch, *The Fabric of Reality: The Science of Parallel Universes—and Its Implications* (London: Penguin Press, 1997). '14. The Ends of the Universe'(우주의 종말)을 보라.
[15] 오스트리아 인스부르크대학교의 '연구 프로젝트 드라마틱한 신학'의 전역사(Vorgeschichte)에 대한 자료를 보라. http://www.uibk.ac.at/rgkw/drama/allgemein/vorgeschichte.html
[16] 1997년 인스부르크대학교에서의 논평은 이후 조직신학 연구시리즈에 출판되었다: Wolfhart Pannenberg, "Eine moderne Kosmologie: Gott und die Auferstehung der Toten," in Wolfhart Pannenberg, *Natur und Mensch - und die Zukunft der Schöpfung* (Beiträge zur Systematischen Theologie Band 2 (Göttingen:Vandenhoeck & Ruprecht, 2000), 93-98.

뿐 아니라, 그들의 첫 출현 이후 더 이상 사라지지 않고 우주 전체에 퍼져서 지배하도록 되어 있다는 주장이다.

또한 티플러에 의하면, 우리우주는 최대한의 엔트로피 상태로 종말을 맞는 것이 아니라, 아마 최대한의 정보처리(maximal information processing)를 의미하는 영원한 생명의 상태로 끝난다. 티플러에게 있어서 생명체는 본질적으로 정보 축적(accumulation of information)이다. 오메가 포인트 자체가 최대한 정보축적의 장소가 될 것이다. 판넨베르크는 티플러가 말하는 오메가 포인트가 하나님에 대한 성경적 진술과 상응한다고 말한다. 판넨베르크가 말하는 궁극적 미래로서의 하나님과 오메가 포인트 사이의 부분적인 유사성이 있다는 것이다. 그것은 다가오는 하나님 나라를 말한다.

창조주는 이미 그의 피조물인 우주의 주(主)이지만, 이 우주의 완성이라는 미래를 통해서, 그리고 그의 왕국의 도래를 통해서 우주 전체에 대한 자신의 왕권과 신성이 온전히 계시될 것이라고 판넨베르크는 본다.

오메가 포인트의 하나님은 최대한의 정보축적에 의해 특징지워지기에, 어떤 인격으로서의 하나님에 대한 개념은 티플러에게는 문제가 되지 않는다고 판넨베르크는 본다. 이로 인해 티플러에게서 기독교적 삼위일체론에 대한 열린 자세를 기대할 수 있다고도 판넨베르크는 생각한다. 하지만 티플러가 예수 그리스도에 대한 그의 이해로 말미암아 삼위일체론에 대해서 비판적 입장을 가지고 있다는 사실을 판넨베르크도 알고 있다. 그럼에도 불구하고 오메가 포인트의 속성들과 기독교적 신 개념 사이에는 유사성이 일부 존재한다고 판넨베르크는 분석한다.

티플러는 신학을 물리학에 흡수해 일종의 신물리학(Theophysics)을 말하면서 하나님을 궁극적인 물리학자로 묘사한다. 티플러는 신학이 이제 물리학에 흡수될 것이라고 말하지만, 판넨베르크는 반대로 물리학이 신학에 접근하고 있다고 본다. 티플러의 이론이 인류원리로부터 시작해서 오메가 포인트를 향하는 과정에서 볼 수 있는 정보축적의 결정적인 증가를 묘사하고 있다면, 그것은 '우주의 절대적 미래로서의 하나님에 대한 이해'로 이끌어 준다고 판넨베르크는 평가한다.

티플러가 말하는 죽은 자들의 부활은 기독교 교리에 근접한다고 판넨베르크는 평가한다. 오메가 포인트에 특징적인 무한한 정보축적은 컴퓨터 시뮬레이션의 모델에 따라서 과거를 동일하게 시뮬레이션할 수 있도록 한다고 판넨베르크는 보았다. 이 시뮬레이션은 이전의 물리적 존재의 물질적 연속성이나 정체성을 포함할 필요는 없다고 본다. 그러한 정체성은 몸의 부활에 대한 기독교 교리에도 요청되지 않는다. 우리 신체의 물질적 요소들은 이미 이 세상에서의 삶 동안 끊임없이 변화하기 때문이다. 부활 이전과 이후의 정체성에 관한 결정적인 것은 토마스 아퀴나스가 오리게네스를 따라 이미 강조한 바처럼 우리의 신체적 존재가 보유하고 있는 영혼 속에 프로그램화된 형태이다(programmierte Form).[17]

판넨베르크는 티플러가 우주의 오메가 포인트에서의 죽은 자들의 부활을 물리학적 가능성을 말하면서도 역사적 이유로 인해서 예수 그리스도의 부활 역사성을 믿지 않는 것을 비판한다. 판넨베르크는 이 점을 매우 특이한 것으로 받아들인다. 왜냐하면 예수 그리스도의 부활을 역사적 사실로 받아들이지 않는 역사가들이나 주석가들은 역사 속에서의 그러한 부활사건의 가능성 자체를 배제하는 자연과학에 호소하고 있기 때문이다.

이 경우는 티플러에게는 해당되지 않는다고 판넨베르크는 보는데, 티플러가 죽은 자들의 종말론적 부활의 가능성을 인정하기 때문이다. 역사적 질문과 관련해서 많은 주석가들의 판단에 의하면, 기독교의 부활절 전통은 그 핵심에 있어서 전설적이지 않기에 그 역사성에 관해서는 의심할 여지가 없다. 사람들이 예수의 부활을 믿지 못하게 하는 걸림돌은 바로 부활의 '물리학적 불가능성'이다. 바로 이 이유로 해서 초기 기독교 전통의 핵심된

---

[17] Pannenberg, "Eine moderne Kosmologie: Gott und die Auferstehung der Toten," 96.

증언들보다 역사적으로 더 있을 것 같지 않은 부활 증언에 대한 대안적 재구성이 고안되곤 했다고 그는 지적한다.

폴킹혼은 티플러가 일종의 '물리학적 종말론'를 제안하고 있는데, 이 종말론에 의하면, 종말에는 더욱더 빠른 컴퓨터가 등장해서 궁극의 컴퓨터가 될 것이며, 그것이 컴퓨터 시뮬레이션을 통해 인류를 부활시킬 것이라고 주장한다고 비판한다.[18] 판넨베르크의 부분적인 지지 입장과는 달리 폴킹혼은 티플러의 물리학적 종말론이 진화론적 낙관주의가 낳은 결론이라고 비판한다. 대신 그는 이론물리학자이면서도 신학자로서 모든 것을 완성으로 이끄는 하나님의 신실하심(faithfulness)에 희망을 두어야 한다고 말한다.

폴킹혼은 신학자의 입장에 서서 과도하게 신학을 물리학에 흡수시키는 티플러의 물리학적 환원주의의 위험을 지적한 것이다.[19] 폴킹혼은 궁극적 희망은 궁극적 실재인 영원한 하나님 자신에게 있지, 피조물 우주에게 있지 않다는 전형적인 신학적인 입장을 대변하고 있다. 창조주가 시뮬레이션이 아니라, 우리를 기억해서 급진적으로 새로운 환경 속에서 우리를 재창조하리라는 것이다.

하지만 앞에서 본 것처럼 폴킹혼 자신도 최근의 정보 이론이나 컴퓨터 과학을 근거로 인간의 본질을 엄청나게 복잡한 정보를 함유한 패턴(information-bearing pattern)으로 보면서 부활의 물리적 가능성을 열어두고 있기에, 티플러의 오메가 포인트 이론에 모두 동의할 수 없다손 치더라도, 적어도 티플러가 그동안 자연과학의 이름으로 제기된 부활의 물리학적 불가능성을 비판하고 그 가능성을 물리학적으로 제시했다는 정도에서 긍정적으로 받아들일 수 있지 않을까 한다.

---

[18] John *Polkinghorne, The God of Hope and the End of the World* (New Haven and London: Yale University Press, 2002), 24.

[19] John Polkinghorne, The *Faith of a Physicist* (Princeton, NJ: Princeton University Press, 1994), 164-166.

차이점에도 불구하고 오메가 포인트 이론은 유대-기독교 전통이 예견해 왔던 죽은 자들의 종말론적 부활과의 부분적인 유사성을 보인다. 물론 티플러의 물리학적 종말론은 물리학 범위 내에서 죽은 자들의 부활을 말하고자 하기에, 신학이 물리학에 흡수되고, 초월적 우주의 창조자가 우주 안의 오메가 포인트로 흡수되는 인상을 주기도 한다. 티플러가 제시한 이론이 죽은 자들의 종말론적 부활 자체가 물리학적 불가능성의 이름으로 배제될 수 없다는 사실을 보여준 것으로 이해하면 될 것 같다. 알파와 오메가는 초월적이고 필연적인 창조주이기에, 오메가 포인트는 티플러 자신이 표현한 바처럼 에스카톤, 곧 종말(The Omega Point as Eschaton)로 이해하면 될 것 같다.[20]

3. 『인간 현상』, 인류원리 그리고 우주적 그리스도

티플러의 오메가 포인트 이론은 우주적 인류원리(anthropic principle)에 기초하고 있고, 이것은 또한 샤르댕(Pierre Teilhard De Chardin)의 대표적 저서인 『인간 현상』(Le Phénomène humain) 등에서 제시된 샤르댕의 오메가 포인트 우주론에 기초하고 있다. 인류원리를 대중화시킨 학자이기도 한 티플러는 샤르댕의 사상을 부분적으로 수용하고 있다.[21] 인류원리에 대한 최근의 뜨거운 논의로 다시금 샤르댕의 『인간 현상』이 재조명되고 있다.

샤르댕은 『인간 현상』에서 생명 이전의 단계에서부터 생명의 단계를 거쳐 인류에게 있어서의 생각의 탄생(La Naissance de la Pensée)과 정신세계의

---

[20] Frank J. Tipler, "The Omega Point as Eschaton: Answers to Pannenberg's Questions for Scientists," *Zygon: Journal of Religion & Science,* Vol. 24, No. 2 (June 1989), 217-253.

[21] John D. Barrow and Frank J. Tipler, *The Anthropic Cosmological Principle* (Oxford: Oxford University Press, 1988).

개현(Le Déploiement de la Noosphère)을 논의하고 있다.²² 우주의 창조, 진화, 그리고 개현을 신학적으로 사유했던 샤르댕에게 있어서 중요한 것은 우주의 진화가 우선적으로 일치를 위한 과정이라는 사실이다.

또한 우주의 진화와 개현은 인간에 와서 큰 의미를 지니게 되었다. 양성자, 중성자, 전자가 융합되어서 원자를 만들고, 이후 수소, 그 이후로 헬륨, 그리고 결국 92가지의 원소들을 만들었다. 원자들은 분자 속에서 또한 통합되어서 다양한 새로운 가능성을 생산했다. 작은 분자들은 모여서 더 큰 생체분자를 만들었고, 이것은 또한 살아있는 세포를 만들었다.

샤르댕의 입장은 죄와 폭력이 진화의 과정 중에 현격히 감소할 것이라는 낙관주의적 진화론의 문제가 있긴 하지만, 그럼에도 불구하고 그의 사상은 우주의 창조, 개현과 진화, 그리고 종말에 이르는 보다 역동적인 창조 이해와 우주 이해에 있어서 선구자적이라 할 수 있을 것이다. 특히 그에게 있어서 우주적 그리스도의 개념은 중요하다. 그는 참 인간(*vere homo*)이 된 참 하나님(*vere deus*), 곧 그리스도의 우주론적 의미에 대해서 질문했다.

옛 창조와 새로운 창조 사이에 존재하는 불연속성과 연속성 중에서 연속성만 지나치게 강조하는 진화론적 낙관주의에 대해서 폴킹혼은 거리를 둔다.²³ 물론 폴킹혼은 샤르댕이 신뢰할만한 유신론적 기초에 서 있다는 것을 부인하지는 않는다. 폴킹혼은 과학과 신학에 있어서 지나치게 연속성과 통합만 강조하는 것에 대해서 어느 정도 거리를 둔다. 샤르댕과 과정신학은 대체적으로 연속성을 강조하는 유형으로 분류된다.²⁴

폴킹혼은 과학과 종교 사이의 대화와 통합을 추구하는 샤르댕을 존경하면서도 지나치게 낙관주의적 진화론의 입장에 서 있는 것에 대해서 거리를

---

22 Pierre Teilhard de Chardin, *Le phénomène humain* (Paris: Les Éditions du Seuil, 1956).

23 Polkinghorne, *The God of Hope and the End of the World*, 25.

24 Polkinghorne, *Science and the Trinity*, 8

두고 있다. 폴킹혼에게 있어서 창조주와 피조물 사이의 구분은 중요하다. 전통적 신론이 지나치게 초월성만 강조해서, 우주와 세계로부터 너무 멀리 떨어져 있는 하나님을 제시했다면, 현대에 와서는 과도하게 내재성이 강조되어서 하나님이 세계과정 속에 휘말리게 되어서 죽음 이후의 운명에 대한 종말론적 희망의 근거가 될 수 없다고 폴킹혼은 비판한다.

이런 위험을 폴킹혼은 샤르댕의 우주론과 과정신학에서 본다. 폴킹혼은 새로운 창조는 하나님의 임재가 충만한 세계가 될 것이며, 세계가 온전히 성례전적으로 될 것이라고 본다. 그는 현재적 실체로서가 아니라, 종말론적 운명으로서 만유내재신론을 제시한다.²⁵

샤르댕은 창조를 하나님의 계속되는 창조 활동(creatio continua)으로 파악해서 보다 역동적인 우주론을 제시했다. 그에게 있어서 그리스도는 무엇보다도 우주적 그리스도다. 그리스도는 구원 중보자일 뿐 아니라, 창조 중보자다. 에베소서는 하늘에 있는 것이나 땅에 있는 것이 다 그리스도 안에서 통일되게 하신다고 기록되어 있다. 창조주는 만물 안에서 만물을 충만케 하신다. 골로새서는 만물이 모든 피조물보다 먼저 나신 이인 그리스도에게서 창조되었다고 말한다.

그리스도는 만물보다 먼저 계시고, 만물이 그 안에 함께 서 있다. 죽은 자들 가운데서 먼저 나신 그리스도는 만물의 으뜸이 되실 것이다. 샤르댕에게 있어서 우주 개현의 길은 십자가의 길이며, 그 상승운동의 목표는 우주적 부활절이다. 샤르댕은 우주적 그리스도론과 오메가 포인트 우주론으로 더욱 역동적으로 창조와 창조의 개현 과정을 이해했지만, 어느 면에서 충분히 드라마틱하게 파악하지 못한 점이 있는 것 같다.

샤르댕과 그의 영향을 받은 과정철학이나 과정신학과는 다른 지평에서

---

25 Divine Action: An Interview with John Polkinghorne by Lyndon F. Harris. http://www.crosscurrents.org/polkinghorne.htm

그리스도와 진화를 하나님의 드라마로 파악하는 시도도 있다. 2009년 케임브리지대학교 패러데이 과학과 종교연구소에서 '분리 혹은 통합을 넘어서: 하나님의 드라마로서의 그리스도와 진화'(Christ and Evolution as Theodrama)라는 제목으로 연구 세미나가 개최되기도 했다.[26]

이 연구에 의하면, 샤르댕의 오메가 포인트로서의 우주적 그리스도론에 영향을 받아 피콕(Arthur Peacocke)과 바버(Ian Barbour)는 샤르댕이 말한 진화와 그리스도의 통합으로 기울어진다. 그들의 기독론은 자유주의적이다. 이러한 샤르댕과 과정신학적 통합시도는 진화론적 심리학에 근거해서 인류의 진화를 이해하는 세속적 접근방식과 그 그랜드 내러티브를 단지 강화시킬 뿐이다. 역동적일 뿐 아니라, 드라마틱한 우주론적 진화과정과 개현과정을 파악하는 이 시도에서는 폰 발타자르(Hans Urs von Balthasar)의 『하나님의 드라마』(Theodramatik)를 도입해서 진화론적 개념을 기독론적 논의에 포용하는 다른 방식을 택하고 있다.

드라마개념을 범주로 도입하게 되면 방향성뿐 아니라, 예상하지 못했던 반전을 허용할 수 있게 된다. 이렇게 우주와 생명의 개현과정을 역동적일 뿐 아니라, 드라마틱하게 파악함으로 진화론적 과정의 우연성(contingency)을 정당하게 평가할 뿐 아니라, 그리스도 사건의 중요성도 정당하게 파악하게 된다. 그리하여 생물학적 과정들의 수동적 수용자가 아니라, 보다 능동적 주체로서의 인류의 자기 이해를 가능하게 한다.[27] 자유의지와 모방적 욕망으로 인한 인류의 타락도 드라마틱한 반전이요 첫 아담의 실패를 치유하고 완성으로 이끌기 위한 둘째 아담, 곧 예수 그리스도의 부활도 사탄을

---

[26] "Beyond Separation or Sythesis: Christ and Evolution as Theodrama," Research Seminar given by Prof. Celia Deane-Drummond. https://www.faraday.st-edmunds.cam.ac.uk/Multimedia.php?Mode=Add&ItemID=Item_Multimedia_287

[27] Celia Deane Drummond, *Christ and Evolution: Wonder and Wisdom* (Minneapolis: Fortress/London: SCM Press, 2009).

속인 하나님의 드라마틱한 반전이다. 이 드라마틱한 반전이란 개념은 옛 물리적 과정에 속하지 않은 새로움이 발생할 수 있다는 것을 의미한다.

샤르댕에 비판적인 학자들은 그의 신학에서 죄와 타락의 문제, 십자가와 구원, 그리고 은총이 충분히 논의되지 못했다고 말한다. 인간 의식의 출현과 정신세계의 개현(Le Déploiement de la Noosphère)으로 말미암은 새로운 문제, 곧 죄와 타락의 문제, 그것을 회복시키고 치유시키고자 하는 하나님의 구원드라마에 대한 논의가 부족하다는 것이다. 물론 새로운 자연신학의 르네상스를 주도하는 폴킹혼에게도 죄와 타락의 문제는 쉽지 않은 문제이다. 샤르댕은 죄와 폭력이 진화의 과정 중에 현격히 감소할 것이라는 낙관주의적 진화론의 입장을 보인다.

샤르댕은 우주의 역사를 창조의 개현과정과 오메가 포인트를 향한 상승운동으로 파악함으로, 정적인 우주론이 아니라, 역동적 우주론을 제시했다. 하지만 자유의지와 모방적 욕망을 가진 인간의식으로 말미암은 죄와 타락과 폭력, 그리고 그것을 회복하고 치유하는 십자가와 구원도 함께 논하는 보다 드라마틱한 우주론이 필요하다고 본다. 우리는 앞에서 창조 이후 타락의 문제와 문화의 기원을 지라르의 미메시스 이론으로 보다 자세하게 논의해 보았다. 역동적이면서도 드라마틱한 우주론은 폴킹혼이 지적한 것처럼 옛 세계와 새로운 창조 사이의 연속성과 함께 불연속성을 동시에 보는 것이며, 창조주의 초월성과 내재성을 균형 있게 파악하는 것이다.

동시에 전통적인 신학의 주제인 인류의 타락과 죄악, 폭력, 그리고 그것으로부터 구원의 문제도 우주론적으로 함께 논의하는 드라마틱한 해석학이 필요하다고 본다. 그렇지 않을 경우 인간 의식의 출현과 정신세계의 개현을 지나치게 낭만적이고 낙관적으로만 파악하게 될 것이다.

샤르댕은 DNA-생명권 진화의 종착점이 인간의 출현으로 보았다. DNA는 생명의 정보다. 인간의 DNA가 생성되는 데에 약40억 년이 걸렸다고 한다. 인류 역사상 최초로 시도된 인간 게놈프로젝트를 총지휘하는 인간

게놈연구소 소장 콜린스(Francis S.Collins)와 동료 학자들은 인간의 몸을 구성하는 31억 개의 유전자 서열을 모두 밝히는 게놈 지도를 완성했다. 콜린스는 생명의 암호가 숨겨진 DNA를 연구해오면서, 그 속에서 『하나님의 언어』를 발견했다.[28] 빌 클린턴 전 대통령은 2000년 6월 인간 게놈 프로젝트를 축하하면서 다음과 같이 말했다.

> 우리는 지금 하나님께서 생명을 창조할 때 사용한 언어를 학습하고 있다. 우리는 하나님의 가장 신적이면서도 거룩한 선물의 복잡성, 아름다움 그리고 경이로움에 대해서 더욱더 큰 경외심을 가지게 된다.

콜린스에게 있어서 인간 DNA는 하나님의 설계도였다. 그는 유전자 지도에서 하나님의 존재를 발견했다. 인간게놈 서열을 관찰하고 그 놀라운 내용을 밝히는 일은 매우 경이로운 과학적 성취이자 창조주를 향한 찬양의 순간이었다고 한다. 그는 「하나님의 언어」라는 책에서 인간 존재에 관한 심오한 질문들을 제기한다.

우주의 시작으로서의 대폭발 전에는 무슨 일이 있었을까?

우주먼지로 만들어진 인간이 갈대처럼 미약하고 보잘것없지만, 마치 우주가 이 인간이 출현할 것을 알고 있었던 것처럼 미세하게 조율되고 설계되었다고 말하는 인류 지향적 원칙의 경이로움 등을 논한다. DNA를 향한 경외감을 가지고 그는 하나님의 설계도를 해독하려고 했다. 콜린스는 무신론자이었다가 C.S.루이스의 글을 읽으면서 강한 도전을 받고 기독교로 회심했다.

지라르는 문화의 기원과 세계 창조를 이야기하는 모든 신화의 수수께끼와 코드를 해독했다. 동료 프랑스 포스트모더니즘 철학자들과는 달리 지라

---

[28] Francis Collins, *The Language of God* (New York:Free Press -Simon and Schuster, 2006).

르는 보다 자연과학적이고 과학적인 의미에서 '해독'(decoding 혹은 deciphering)이라는 말을 사용한다. 그리고 자신의 이론이 '과학적'임을 강조한다. 지라르는 신화라는 박해문서가 만들어내는 희생양에 대한 왜곡된 묘사를 '해독'했다.[29]

그리스 비극은 신화의 수수께끼에 대한 부분적인 '해독'이며, 복음서에 와서 그 수수께끼가 비로소 밝혀졌다고 지라르는 말한다.[30] 지라르는 신화 속에서 박해의 일그러진 논리뿐 아니라, 일종의 사회적 마녀사냥의 왜곡된 논리도 '해독'했다. 문화의 기원에 존재하는 마녀사냥의 논리가 숨기고 있는 수수께끼를 풀어야 우주기원의 신비와 수수께끼도 풀 수 있게 된다.

앞에서 언급한 것처럼 지라르의 미메시스 이론을 뇌과학적으로 확증해 주는 거울 뉴런의 발견은 DNA의 발견이 생물학에서 일으킨 혁명적 변화에 비견되는 영향을 심리학 분야에서 줄 것이다. 샤르댕의 이론에 의하면, 인류는 DNA을 넘어서 이제 정신권을 형성하여 사회유전을 일으키며 더욱 복잡한 사회구조를 만들어내었다.

이 사회적 유전과 모방은 도킨스의 밈(Meme)보다는 지라르가 말하는 미메시스(Mimesis)로 보다 더 잘 설명될 수 있다. 도킨스(Richard Dawkins)는 『이기적 유전자』(*The Selfish Gene*)에서 유전자(gene)처럼 개체의 기억에 저장되거나 다른 개체의 기억으로 복제될 수 있는 비유전적 문화요소, 또는 문화의 전달단위로 밈(meme)을 이야기한다. 생물학적 유전자처럼 사람의 문화심리에 영향을 주는 요소가 밈인데, 이는 모방 등 비유전적 방법으로 전달된다고 생각되는 문화의 요소다. 도킨스는 밈이라는 말을 모방을 의미하는 그리스어 '미메메'(mimeme)에서 찾아내 여기서 만들어냈다. 도킨스에

---

[29] René Girard, *The Scapegoat*, translated by Yvonne Freccero (Baltimore: The Johns Hopkins University Press, 1986), 95.
[30] René Girard, *Violence and the Sacred,* translated by Patrick Gregory (Baltimore and London: The Johns Hopkins University Press, 1977), 64.

따르면, 문화의 전달은 유전자(gene)의 전달처럼 진화의 형태를 취한다. 그러나 언어·옷·관습·의식·건축 등과 같은 문화요소의 진화는 유전자의 진화방식과는 다르다. 밈의 전달 형태는 모방을 통해 한 사람의 뇌에서 다른 사람의 뇌로 전달된다. 음악이나 사상, 패션, 도자기나 건축양식, 언어, 종교 등 거의 모든 문화 현상들은 밈의 범위 안에 들어 있다고 그는 말한다.

하지만 도킨스의 밈은 하나의 메타포로 기능할 뿐이다. 밈은 측정 불가능하다. 앞에서 지적한 것처럼, 도킨스의 모방적 밈보다는 지라르가 말하는 미메시스가 더 포괄적이고 과학적이라 할 수 있다. 지라르의 미메시스 이론(Mimetic Theory)은 최근 거울 뉴런(mirror neuron) 등의 발견으로 뇌과학적으로 검증되고 있다. 미메시스로 인해 인류는 동물의 단계를 넘어서 문화를 진화시키고 발전시킬 수 있었다.

미메시스가 문명의 엔진이다. 하지만 인류가 자연의 단계에서 문화의 단계로 진입하면서 미메시스로 인한 내부폭력의 문제에 직면하게 되었다. 모방적 욕망으로 인한 불타는 내부경쟁과 내부폭력의 문제를 진정시키고 해소하는 것이 바로 희생양을 원형의 제사공동체 안의 초점에 두고서 개최되는 희생제의였다. 세계 신화는 그 초점에 있는 희생양/신들에 대한 스토리텔링이다.

미메시스와 모방적 욕망은 사회적 중력과 인력으로 작용해서 문화를 건설하고 축적하게 했지만, 그 문화건설은 희생양에 대한 초석적 배제와 살해 위에 세워져 있다. 인류가 오랫동안 새로운 건물을 지을 때 희생 제사를 드렸다는 사실도 문화의 초석에 희생양이 있다는 것을 보여준다. 레비-스트로스(Claude Levi-Strauss)도 언어구조주의적인 관점에서 신화의 수수께끼와 '코드를 해독'하려고 시도했었지만,[31] 지나치게 언어학과 기호학에 집중

---

[31] W. G. Runciman, "What Is Structuralism?" in *The British Journal of Sociology*, Vol. 20, No. 3 (Sep., 1969), 258.

함으로, 일그러진 군중이 생산하는 왜곡된 논리체계로써의 신화의 진실을 보지 못했다.

지라르는 문화의 기원과 『창세로부터 은폐되어온 것들』[32] 속에 숨어 있는 수수께끼와 신비를 해독해냈다. 지라르는 스핑크스의 수수께끼와 관련된 오이디푸스의 수수께끼를 희생양의 수수께끼로 해독해내었다. 무질서의 원인자로서 살해된 이후 질서의 초석이 되는 희생양은 모순적이고 양가적이고 야누스적인 존재다. 한마디로 희생양의 존재 자체가 수수께끼다.

지라르에 의하면, 신화는 해독이 불가능한 모호하고 신비로운 영역이 아니라, 해독이 가능한 일종의 마녀사냥의 텍스트요 박해의 문서다. 그리스도의 박해와 수난을 기록한 복음서가 신화의 '수수께끼를 풀었다'고 지라르는 말한다.[33]

4. 창조의 개현과 하나님의 드라마(Theodramatik)

본서는 우주와 문화의 기원과 종말을 통섭적으로, 곧 학문 통합적으로 파악해서 알파와 오메가인 창조주로부터 이해하고자 하는 일종의 신학적 만유 이론을 위한 작은 시도다. 폴킹혼이 이미 삼위일체적 신학을 일종의 만유 이론으로 제시하고자 했는데, 필자는 자연신학적이고 자연철학적인 논의뿐 아니라, 지라르의 이론을 통해서 문화신학적이고 문화철학적인 차원을 논의에 포함했다.

우주는 어떤 대폭발점(Big Bang)에서 시작되었는데, 그 점에서는 전체

---

[32] René Girard, *Things Hidden since the Foundation of the World*. Research undertaken in collaboration with Jean-Michel Oughourlian and Guy Lefort (Stanford: Stanford University Press, 1987).

[33] René Girard, *I See Satan Fall Like Lightning* (Maryknoll, NY: Orbis, 2001), 75.

우주와 그 안의 모든 것들이 무한대의 밀도로 한 점으로 응축되어 있었다. 빅뱅 특이점 이후 수소원자로부터 인류의 출현까지 그리고 이후의 우주의 종말까지 우주의 역사와 창조의 개현은 역동적인 드라마였다. 겨자씨처럼 작은 씨앗과 같은 순수 에너지 점으로부터 폭발적으로 팽창하고, 이후 모든 것이 점차 개현되어 오늘 우리가 관측할 수 있는 우주가 되었다.

원자핵 내의 입자들의 결합을 지배하는 약한 핵력 및 강력 등 네 가지 근본적인 힘의 수치가 극도로 미세하게라도 달랐더라면 우리의 우주는 이미 사라져 버렸거나 전혀 다른 방식으로 존재했을 것이다. 예를 들어, 수소와 헬륨 원자들만 존재하는 우주, 또는 원자가 형성되기 이전의 상태인 쿼크로만 존재하는 우주, 아니면 더욱 원초적인 상태로서 빛과 에너지 복사들만 떠도는 우주 등으로 존재했지, 복잡성을 가진 생물체와 인류의식으로의 발전과 개현은 발생하지 못했을 것이다.

폴킹혼의 표현처럼, '반코페르니쿠스적 혁명'으로도 보이는 인류원리와 미세조정에서 신앙인들은 우주창조에 대한 창조주의 계획과 예정을 본다. 영원하고 불변하고 그저 존재하는 것으로 여겨졌던 우주는 현대 물리학의 새로운 발견들에 의해 시작점을 가진 우연하고(contingent) 유한한 실체라는 것이 밝혀졌다. 최근의 과학은 과학과 철학의 경계를 넘나들고 있다. 유럽 입자물리연구소(CERN)을 비롯한 세계 각국은 입자가속기를 통해 우주 창조의 비밀을 찾기 위해 우주 창조의 순간인 미니 빅뱅을 시뮬레이션하기도 했다. 스티븐 호킹은 최근 히브리대학을 비롯한 여러 곳에서 우주의 기원에 대해서 강연하면서 다음과 같이 말한다.

아리스토텔레스는 우주가 영원하다고 보았고, 20세기 과학자들은 우주가 시작점이 있다는 데 대해서 불편함을 느낀다. 왜냐하면, 빅뱅 특이점에 물리학이 무너지기 때문이다. 오랫동안 우주를 창조로 보는 신학자들과 우주가 영원하다는 철학자들의 논쟁은 빅뱅 이론으로 인해서 우주를 시작점을 가진 피조물로 이해했던 신학적 견해가 승리했다. 빅뱅 이론은 창조의 순간이요 창조의 신비를 보여준다.

고전물리학이 기계론적이고 결정론적 세계관과 우주관을 생산함에 따라 이후 이신론을 거쳐서 무신론으로 귀결되는 경우가 많았지만, 20세기 초반 양자물리학으로 인해 현대 자연과학이 다시금 보다 메타물리학적(metaphysical), 곧 형이상학적이고 철학적이고 종교적인 차원에 직면하게 되었다. 빅뱅 이론 이후 거시적 천체물리학적 세계를 미시적 양자 물리학적 세계와 통합해서 사고하게 되었다.

양자세계를 배후세계로 두고 있는 우주는 존재론적인 개방성(ontological openness)과 불확정성을 보여주기에, 하나님의 행동(Divine Action)에 열려있다. 방법론적 자연주의와 불가지론의 입장에도 불구하고, 많은 물리학자가 유신론적 가능성을 제공하는 이론으로 보는 것이 인류원리다. 생명체가 존재하기 위한 모든 우주 상수들의 절묘한 일치와 그 절묘한 일치를 주기위한 결정적인 빅뱅의 초기조건은 처음부터 아주 정밀하게 조율되었다. 중력이나 전자기력과 같은 물리법칙이 약간만 변해도 생명체의 개현은 불가능했다.

원자핵 내부에서 작용하는 강력이 만약 5% 작아지면, 이 우주는 단지 수소만으로 꽉 차 있게 되어 에너지 처리, 정보 저장, 그리고 복제등과 같은 최소한의 생명작용을 할 수 있는 분자적 복잡성을 가진 생명체로의 개현은 불가능하게 된다. 양자역학과 빅뱅 우주론, 인류원리와 극도의 우주적 미세조정으로 인해 많은 이론물리학자와 천체물리학자들은 다시금 유신론적 입장을 가지게 되었다. 특히 이론물리학자들이나 수학적 물리학자 혹은 수학자들이 유신론적 입장을 가진 경우가 많다.

아름다운 수학적 방정식의 불가해한 효율성에 대해서도 우리는 살펴보았다. 저명한 기독교 변증가 윌리엄 레인 크레이그(William Lane Craig)는 앞에서 논의한 노벨 물리학상 수상자 유진 위그너(Eugene Paul Wigner)가 주장하는 '자연과학에 있어서 수학의 불가사의한 효율성'(The Unreasonable Effectiveness of Mathematics in the Natural Sciences)을 21세기 새로운 신 존재 증명을 위한 증거로 보기도 했다.

우주의 현상들이 뉴턴의 운동법칙과 중력법칙, 맥스웰의 전자기 방정식과 같이 종이 위에 쓰인 몇 개의 방정식으로 파악된다는 것은 얼마나 놀랍고 경이로운가?

이 아름답고도 간명한 수학적 방정식은 우주와 그 법칙들의 근거가 되는 우주적 지성, 곧 창조주가 존재한다는 것을 보여준다고 많은 과학자는 생각한다. 칼 세이건의 책 『창백한 푸른 점』에서처럼 인류는 우주라는 거대한 공간의 주변에 있는 작고 푸른 점 위에 살고 있다. 코페르니쿠스적 전환과 혁명 이후 평범함의 원리 등장으로 많은 사람은 우주의 한 창백한 푸른 점에 사는 인류가 특권적인 지위를 누리는 유일한 존재라는 환상이 헛되다고 말해 왔다. 하지만 다른 과학자들은 인류원리와 미세조정의 경이로움에 놀라며 그 심오한 의미에 대해서 질문한다. 우주적 인류원리와 미세조정은 광대한 우주 속의 티끌과 같은 생각하는 갈대이자 창조의 면류관인 인간의 의식이 가지는 특별한 의미를 보여준다.

호킹이 지적하듯이, 인류원리는 정확히 공식화될 수 있으며, 우주의 근원을 이해하고자 할 때는 필수적으로 보인다. 현재까지 나온 우주의 완전한 통일 이론 중 최고의 후보라고 호킹이 말하는 메타물리학적 M 이론과 다중우주론의 경우에서도 대부분의 우주에서의 지적인 생명체의 발전은 매우 희귀하다고 한다. 즉 많은 우주는 텅 비어 있든지, 너무 빨리 없어지든지, 너무 심하게 휘어져 있거나, 혹은 다른 면에서 문제를 가지고 있다는 것이다. 이 가능한 역사 중 많은 수는 인류가 존재하는데 필수적인 요소인 별과 은하의 형성 과정을 포함하고 있지 않다. 호킹은 우리가 사는 우주의 역사가 수많은 역사 중에서 별들과 은하의 형성이 가능한 소수의 역사 중 하나라는 것을 의미한다고 말한다.

양자역학은 관찰자의 의식이 가지는 결정적 중요성을 보여준다. 양자물리학은 물질주의의 종말을 보여준다. 최근의 연구 결과들은 물질의 궁극적 기원을 물질 자체가 아니라, 의식이나 정보에서 찾고자 한다. 하지만 자기의식과 함께 신의식(Gotteserkenntnis)을 가진 인간의 수학적 이성은 위대하기도 하지만, 인간은 모방적 욕망과 경쟁으로 인해 죄를 범하게 되고 형제를 살해하고 전쟁을 일으키는 비참함에 빠지기도 한다.

물질의 신비를 발견하기도 했지만, 그것으로 인해 인류 전체의 자멸을 가져올 수 있는 핵폭탄도 만들어내었다. 우주가 인간 의식의 출현을 기다리고, 또 인간 의식을 통해서 스스로 의식하게 되었다면, 자유의지와 모방적 욕망을 가진 인류의 의식과 선택의 중요성은 우주적 차원에까지 이른다.

샤르댕이 말한 인간 의식의 출현으로 말미암은 정신세계의 개현(Le Déploiement de la Noosphère) 이후를 낙관적으로만 파악하기보다는 극적으로 이해해야 한다. 즉 자유의지와 모방적 욕망을 가진 인류의식의 출현으로 말미암아 영광스러운 것도 생겼지만, 비극적이고 비참한 것도 발생했다. 그러므로 정신세계의 개현 이후의 역사를 낙관주의적 진화론의 경우처럼 오메가 포인트를 향한 내재주의적 완성으로만 볼 수 없다. 우주는 인류가 출현하리라는 것을 알고 있었지만, 그 창조의 면류관인 인류의 출현으로 말미암아 우주의 역사는 더욱더 극적이어졌다.

본서는 이처럼 우주와 문화의 기원과 창조, 개현과 진화 그리고 그 종말과 운명에 이르는 대서사시와 드라마를 하나님의 드라마(Theodramatik)와 구원드라마(Heilsdrama)로 파악하고자 했다. 우주의 기원을 스티븐 호킹은 방법론적 자연주의의 관점에서 중력법칙에서 발견하려고 했지만, 그리스도인들은 창조주 하나님의 자유에서 우주의 기원을 발견한다. 창조주의 자유로운 선택으로부터 우연적 우주는 탄생했다.

결론

삼위일체론과 만유 이론

테이야르 드 샤르댕의 영향을 받은 과정신학자들은 전통적 기독교 유신론은 신의 불변성과 무감동성을 강조함으로 창조주를 무감각한 절대자나 우주적 독재자로 제시한 것을 비판하면서, 보다 역동적이고 여성적인 신 이해를 제시했다. 변화하고 공감하는 하나님, 무엇이든 할 수 있는 강제적인 힘이 아니라, 사랑의 설득력으로서의 하나님 이해를 제시했다.

과정신학자들에 의하면, 이 세상의 모든 현실성은 부분적으로나마 자기-창조적이기 때문에 미래의 사건들은 아직 미결정 상태로 여러 가능성 앞에 열려있다. 신은 그 모든 것을 통제하려고 하지도 않고, 또 통제할 능력도 없다고 본다고 그들은 말한다. 그 이유는 신은 사랑이신데 사랑은 그 속성상 사랑의 대상을 강제적으로 지배할 수 없기 때문이다. 신은 무엇이든 원하는 대로 할 수 있는 전능자가 아니라 사랑의 설복력이다. 하나님은 다른 이로 하여금 자유롭게 하고, 스스로 결정하게 하며, 창조성을 발휘하게 하고, 미래로 개방하게 하며, 스스로 책임지고 살도록 한다고 그들은 생각한 것이다.

필자도 "하나님의 고난에 관한 연구"에서 오래전 키타모리 카조, 한스 큉, 몰트만 등을 중심으로 하나님의 아픔과 그리스도의 케노시스, 고난, 하나님의 여성성에 대해서 연구한 바 있다. 한스 큉의 하나님의 고난 불가능성 공리에 대한 비판적 평가와 같이 몰트만도, 헬라 철학적 신 개념인 신

(神)의 무감정공리의 영향을 받은 전통적 기독교 신론은 고난을 겪을 수 없는 하나님의 고난을 말해야 하기에, 내적 모순을 가지고 있으며, 이는 만족스럽게 해소될 수 없다고 비판했다. 그러나 그리스적 신개념과는 달리 히브리적 신 이해에는 하나님 자신의 고통과 아픔과 슬픔과 파토스가 계시된다.[1]

과정신학의 역동적 신 이해에 대해서 어느 정도 동의할 수 있다. 하지만, 역동적일 뿐 아니라, 좀 더 드라마틱하게 창조주의 활동을 파악해야 할 필요도 있다. 폴킹혼이 주장했듯이, 사랑의 하나님은 우주의 독재자가 아니기에, 피조물을 장기 말 움직이듯 조종하지도 않고, 역사를 자의대로 끌고 나가지도 않는다. 창조주는 피조물에 독립성, 자기발전성, 자기 조직화라는 자유를 사랑의 선물로 주었다. 창조주는 피조물이 자신의 삶을 만들어 가는 세계를 창조했다. 어떤 외부의 것도 창조주를 제한시킬 수 없지만, 하나님은 자신을 제한해서 세계를 창조했다.

토랜스는 하나님만이 한없이 자유로우시며 하나님의 뜻에 따라서는 이 세계가 존재하지 않았을 수도 있다는 의미에서 이 세계의 존재와 구조의 우연성을 강조했다. 아인슈타인은 우주를 창조했을 때 창조주는 선택의 여지가 있는지에 대해서 질문했다. 삼위일체 하나님의 세계 창조는 우리 없이 또는 우리와 대립한 채로, 홀로 전능하기를 원치 않으시는 은혜로운 비자발성에서 나온 것이다. 곧 삼위일체적 세계 창조는 기독교 유신론에서처럼 세계를 창조하지 않은 채 지고의 자기만족 가운데 있는 영화로운 신보다는 세계 창조에 대한 열망을 품고 계시는 하나님을 보여준다.

또한 기독교 유신론에 대한 또 다른 반작용으로 세계 창조를 삼위일체 내적 삶의 필연적 유출과 발전으로 보는 기독교 범신론에 대해서는 세계 창조

---

[1] 정일권, "하나님의 고난에 관한 연구 - 한국교회의 번영신학적 교회 현실을 반성하면서," 고려신학보 26호 (1994), 176-227.

와의 관계에서 창조주의 자유를 강조한다. 삼위일체적 창조 이해에 의하면, 세계 창조는 성자를 통해 성령의 능력 가운데서 이루어진 성부의 자기 제한을 목적으로 한 자기 결정 행위이다. 그는 사랑과 자유 가운데서 우주의 창조자가 되시기로 자기 결정하셨고 우주를 창조했다.[2]

과정신학의 역동적 신 이해는 좀 더 드라마틱한 신 이해로 보충돼야 한다. 실체적으로 보다는 우주와 사물을 과정적으로 파악하고자 하는 과정철학과 과정신학은 지나치게 창조주의 사랑과 내재성을 강조해서 그의 자유와 초월성을 희생시킨 면이 있다. 과정신학자 존 콥(John Cobb Jr.)은 과정신학과 비실체론적 불교철학의 유사성을 주장하곤 했다. 하지만 불교철학의 비실체론은 물리적 의미에서 과정적인 것이 아니라, 세계에 대해서 죽은 자로서 여겨지는 붓다들만의 요가적 비실체론 혹은 반존재론이었다. 역동적 과정을 중시하는 과정신학은 우주적 절대군주 혹은 독재자와 같은 남성적 신 이해를 비판하면서 더욱 사랑의 설득력이 있는 여성적 신 이해를 강조했다.

하지만 우리는 이 두 입장을 지양해서 때로는 남성적으로, 때로는 여성적으로 활동하는 하나님에 대한 드라마틱한 이해가 필요하다. 지나치게 하나님의 여성성과 내재성만 강조하다 보니, 폴킹혼이 비판하는 것처럼 과정신학의 경우 창조주가 이 세계과정 자체에 휘말려서 끌려 다니고 이 세계과정 자체에 종속되는 듯한 인상도 준다. 드라마틱한 세계이해와 하나님 이해는 바로 초월성과 내재성, 사랑과 자유를 균형 있게 파악한다는 것이다. 우주가 그저 존재하고 영원불변하다는 기존의 정상상태 우주론에 대해서 빅뱅 우주론이 승리함으로 말미암아 우주에 대한 보다 역동적이고 드라마틱한 이해가 가능해졌다. 빅뱅 우주론은 드라마틱한 우주론이다.

---

[2] 정일권, "성삼위일체 하나님과 그분의 세계 – 삼위일체론적 송영의 회복과 삼위일체론적 세계관을 시도하며," 1995년 고신대학교 신학대학원 신학석사(M. Div.)학위 논문을 보라.

이후의 세계과정에도 창조주는 섭리적으로 활동하지만, 우주 드라마는 하나님의 드라마이기에 이 세계의 자기발전과 자기개현 과정에 허락된 우연성, 개방성, 불확정성, 예측 불가능성에도 불구하고, 종말론적으로는 창조주의 영원한 경륜과 섭리가 성취되고 관철될 것이라고 본다.

물리학의 만유 이론은 점차 우주 안에 작용하는 힘들을 통합해서 하나의 세계공식(Weltformel)을 발견하려는 노력이다. 이 세계공식은 신의 공식(Gottesformel)으로도 불린다. 현대 물리학의 발견으로 인해 물리학이 메타물리학, 곧 형이상학적 차원과 조우하게 되었다. 판넨베르크의 지적처럼 많은 부분 물리학이 신학에 근접하고 있다. 그러므로 형이상학적 자연주의의 관점에서 우주의 기원과 종말에 대한 큰 질문에서 철학과 신학을 배제하는 것은 옳지 않다.

가장 심오한 질문인 왜 '무'가 아니라 무엇인가가 존재하는지에 대한 답변은 물리학의 저편에 존재한다. 폴킹혼의 말처럼 우주의 수수께끼와 창조의 신비를 이해하기 위해서 과학과 종교는 진리를 추구하는(truth-seeking) 두 공동체로서 구도자적인 자세로 함께 대화하며 나아가야 할 것이다.

본서는 우주론적 혹은 자연신학적 신 존재 증명(Gottesbeweis)을 위한 시도라기보다는 창조주의 존재를 보여주는 흔적(Gotteshinweis)을 보여주고자 했다. 하나님의 자기증명이 참된 신 존재 증명이 될 것이다. 유한한 존재인 인간은 하나님을 정의할 수 없고, 오직 하나님의 자기정의(Selbstdefinition)를 통해서 우리는 그분을 바르게 인식할 수 있다. 기독교인으로서 우리는 그 하나님의 자기증명과 자기 정의가 매우 특정한 사건인 예수 그리스도의 십자가와 부활이라는 사건을 통해서 나타났다고 믿는다. 이것은 특수성의 스캔들이다. 인간과 세계의 비밀 안에 하나님은 숨어 계신다.[3]

---

[3] Yves Congar, Der Heilige Geist (Freiburg: Herder, 1982), 327.